Study on the Problems and Countermeasures of

CHINA'S FOOD
S E C U R I T Y

in the New Era

新时期

中国粮食安全问题与对策研究

蒋和平　杨东群　王晓君　◎著

中国财经出版传媒集团

经济科学出版社

Economic Science Press

序言

　　进入新时期以来，我国粮食供求整体呈现紧平衡状态，结构性紧缺矛盾凸显，对外粮食价格倒挂，面对新的国内国际形势，在依存度变大的综合复杂背景下，我国粮食安全战略必须与时俱进，以农村改革促进农业农村现代化，贯彻和落实国家粮食安全战略，构建国家粮食安全保障体系，把握国家粮食安全保障与农村改革的内在联系，应对农业农村现代化进程中的粮食安全问题。粮食安全问题的研究必须顺应当前全面深化改革的宏大背景，深入推进粮食安全保障体制机制创新，用改革的视角和创新的思维，把粮食安全及保障问题置于新的历史时期来重新审视。

　　为此，针对改革进程中国家粮食安全战略的一些急需解决的问题，由中国农业科学院农业经济与发展研究所农业现代化理论与政策学科首席科学家蒋和平教授率领的研究团队，以"基于改革视角下国家粮食安全问题研究"为题向全国哲学社会科学规划办公室申报了 2014 年国家社会科学基金重大项目，经过专家评审，该项目获得了立项资助。本书即在该重大项目研究成果基础上完成的。

　　首先，本书对粮食安全问题研究理论基础进行了系统深入的梳理，介绍了国内外众多学者对于粮食安全问题的经典阐述和发展理论，对中国粮食安全的理论框架展开了系统的研究。

其次，分析了我国粮食安全面临的新形势，提出了新形势下我国粮食安全保障的战略目标；从我国粮食主产区生产现状出发，分析了我国产粮大县粮食综合生产能力、节本增效和绿色发展，对粮食主产区与主销区粮食生产及经济发展水平差距进行了量化比较研究，分析和测算了粮食主销区粮食消费及产需平衡缺口，提出了主销区提升粮食生产能力及对主产区的补偿机制；对我国粮食安全进行了预警和评价，指出国家粮食中长期安全的政策重点，提出了完善政府调控下粮食市场体系和完善粮食价格形成机制等一系列政策建议。

本书重点在于，从改革的视角，运用系统思维，结合粮食主产区和主销区的粮食生产和消费等实际情况，对于完善国家粮食安全保障体系进行了尝试和创新，具有较高的理论应用价值、经济价值和实际指导意义。第一，尝试性地将粮食安全提升到农业农村改革的高度来认识，从保障国家安全层面提出完善国家粮食安全保障体系的建议。第二，从平衡主产区和主销区粮食安全利益关系的角度来完善国家粮食安全保障体系，确定好主产区和主销区的粮食安全任务，健全主销区对主产区的利益补偿机制，平衡主产区和主销区的利益关系。第三，强调粮食市场及流通体系的健全对完善国家粮食安全保障体系的重要意义，提出农业"走出去"战略，加快形成统一开放、竞争有序的现代粮食市场体系。第四，指出国家粮食安全保障体系的完善是实现我国农业发展方式转型和农业可持续发展的必然选择。我国人口多、耕地少，人均资源相对紧缺，生态环境整体上比较脆弱。保障粮食安全要在追求农业产量的同时，重视农业发展质量的改善，通过完善国家粮食安全保障体系，合理利用和保护农业资源，提高资源利用效率，降低各种要素消耗，节约资源，走出一条高产出、高效益、可持续的农业发展道路，确保农业持续、稳定、协调和健康发展。

本书充分吸收最新研究成果，按照党的十八届三中全会"让市场在资源配置中起决定性作用和更好发挥政府作用"的精神，从粮食生产环节和粮食市场及流通环节构建相应保障体系。这是适应经济社会发展趋势的理论尝试，将为全面深化改革和有效保障粮食安全提供有益的理论借鉴。

本书由蒋和平教授牵头，组织农业经济与发展研究所现代农业研究室科研人员，以求真、务实、创新的科学态度来撰写。为了保证本书的学术质量，课题组多次征求专家意见，反复进行论证、研究和修改，数易其稿，反复斟酌，终于按期完成任务并付梓。

新时代中国粮食安全问题与对策研究是加快我国农业农村现代化建设和乡村振兴的客观需求，更是我国农业供给侧结构性改革的重要内容。未来我国粮食安全战略与实践研究还将随着我国农业农村现代化发展和乡村振兴的进程不断探索和完善，在新形势新阶段下我国粮食安全专题研究成果也需要不断充实。

由于研究时间短、写作水平有限，本书难免存在一些错漏和欠缺，恳请广大读者给予批评指正。

蒋和平

二〇二一年七月于北京

目录 Contents

第一章 绪论 / 1

一、国家粮食安全问题的研究背景 / 1

二、国家粮食安全问题的研究意义与价值 / 2

三、关于国家粮食安全问题的研究综述 / 5

四、粮食安全的理论基础 / 14

第二章 新形势下我国粮食安全保障的战略目标 / 22

一、粮食及粮食产业概念 / 22

二、粮食安全的内涵 / 23

三、"十四五"时期我国粮食安全保障的战略目标 / 28

第三章 我国主要粮食品种的生产和消费分析 / 34

一、区域划分和主要粮食品种的消费测算 / 34

二、我国主要粮食品种的生产和消费总体情况 / 36

三、我国主要粮食品种的进出口情况 / 40

四、我国稻谷和小麦生产、消费的区域及省份变化 / 45

五、我国玉米和大豆生产、消费的区域及省份变化 / 49

六、研究结论与政策建议 / 53

第四章　我国粮食主产区综合生产能力研究 / 56

一、我国粮食主产区粮食生产现状与存在的问题 / 56

二、粮食主产区粮食综合生产能力评价指标体系的建立 / 63

三、评价指标体系的设计 / 64

四、粮食综合生产能力发展水平评价指标权重的确定 / 65

五、评价指标的预处理 / 67

六、数据来源 / 68

七、多指标综合评价模型的建立 / 68

八、评价结果分析 / 69

九、研究结论与政策建议 / 78

第五章　粮食主产区粮食生产节本增效研究 / 80

一、河南小麦生产节本增效概况 / 80

二、湖南水稻生产节本增效概况 / 87

第六章　我国粮食主产区绿色农业发展研究 / 95

一、绿色农业的提出背景 / 95

二、2000~2015 年我国粮食主产区农业生态环境质量综合评价 / 96

三、粮食主产区农业生态环境质量与农业经济发展的库兹涅茨曲线
关系实证研究 / 105

四、研究结论与政策建议 / 109

第七章　主产区与主销区的粮食生产及经济发展水平差距的
比较分析 / 113

一、粮食主产区和主销区的界定 / 113

二、主产区和主销区对国家粮食安全的贡献 / 114

三、主产区与主销区经济发展水平差距 / 120

四、典型省份粮食生产及经济发展水平差距分析——以河南和浙江
为例 / 133

　　五、主产区和主销区粮食生产潜在的危机　/　140

　　六、研究结论　/　141

第八章　粮食主销区粮食消费及产需平衡缺口分析　/　**143**

　　一、主销区粮食生产和人口变化　/　143

　　二、主销区城乡居民的粮食消费　/　144

　　三、粮食主销区基本口粮缺口和粮食产需平衡缺口　/　151

　　四、北京、广东、浙江3个主销区的调粮趋势　/　155

　　五、影响主销区粮食产需平衡缺口的因素　/　164

　　六、研究结论与政策建议　/　166

第九章　主销区提升粮食生产能力及对主产区补偿机制的研究　/　**169**

　　一、建立保障主销区粮食生产能力的机制　/　169

　　二、完善主销区粮食生产投入机制　/　173

　　三、发展粮食生产适度规模经营机制　/　175

　　四、强化粮食生产科技支撑机制　/　179

　　五、建立粮食生产保险机制　/　182

　　六、构建粮食主销区对主产区的补偿机制　/　185

　　七、基于粮食种植面积视角的利益补偿标准分析　/　191

　　八、研究结论　/　199

第十章　完善政府调控下的粮食市场体系研究　/　**201**

　　一、我国粮食市场历史演变与存在的问题　/　201

　　二、加强粮食宏观调控体系建设　/　211

　　三、完善粮食补贴政策　/　214

　　四、发展期货市场　/　217

第十一章　完善粮食价格形成机制研究　/　**220**

　　一、我国粮食价格政策演进　/　220

　　二、我国粮食价格现状分析　/　221

三、粮食收储对粮食市场价格的作用 / 227

四、粮食目标价格制度 / 239

五、粮食价格机制创新要求 / 244

六、完善我国粮食价格形成机制的对策 / 245

第十二章　我国粮食安全评价研究 / 248

一、评价指标体系的创建意义重大 / 248

二、指标选取原则 / 249

三、评价指标体系构建 / 250

四、粮食安全水平评价 / 269

五、粮食安全未来趋势判断 / 271

六、政策建议 / 272

第十三章　我国粮食安全预警研究 / 276

一、主要口粮品种水稻安全预警 / 277

二、粮食进口安全预警 / 294

三、政策建议 / 305

第十四章　国家粮食中长期安全的战略重点与路径选择 / 307

一、新形势下我国区域粮食安全格局分析 / 307

二、确保我国粮食中长期安全的战略重点与路径选择 / 310

第十五章　主要结论与政策建议 / 315

一、主要结论 / 315

二、政策建议 / 319

参考文献 / 326

第一章

绪　论

一、国家粮食安全问题的研究背景

国以民为本，民以食为天，食以粮为主。粮食在人民的日常生活中发挥着重要的作用，对医药和化工产业的发展也起到了推动作用。粮食是一个国家不可缺少的物质基础保障，有了稳定的粮食保障才能够维护国家和社会的稳定发展，因此，粮食也是衡量一个国家实力的标准之一。

一直以来，粮食生产都是我国的重要经济活动之一，我国作为世界上最大的粮食生产国和出口国之一，人口占世界的1/5，但耕地面积却仅占世界的1/7，因此，粮食生产对我国来说有特别重要的现实意义。近年来，我国人口增长速度放缓，但是，由于城市化进程的不断加快，人民的日常消费水平得到提升，粮食的消费比例也在发生着变化。随着科学技术的普及和经济的发展，我国粮食产量不断提升，据国家统计局2016年12月提供的数据显示，2016年我国粮食总产量12324.8亿斤[①]，其中，谷物产量11303.3亿斤；粮食单位面积产量363.5公斤/亩，其中，谷物单位面积产量399.3公斤/亩。2004年以来，我国粮食生产实现了12年连增，粮食储备相对充足，供需相对稳定，维持着95%左右的自给率（蒋和平，2018）。但粮食产业一直面临着利益低下、结构性矛盾突出等困境，如何不断改革和优化我国粮食供给与

---

① 1斤=0.5千克（公斤），全书同。

消费体系，保障我国粮食安全，日益成为学界所探讨和研究的重要问题。

2014年中央一号文件《中共中央 国务院关于全面深化农村改革加快推进农村现代化的若干意见》提出通过一系列措施完善我国粮食安全保障体系。2017年中央一号文件《中共中央 国务院关于深入推进农业供给侧结构性改革 加快培育农业农村发展新动能的若干意见》提出推进供给侧结构性改革，激发农业农村发展动力，加快农业现代化进程。中央一号文件持续聚焦"三农"问题，对农村改革和农业现代化不断提出新要求，并提出构建国家粮食安全保障体系的重要内容。我们应从改革的视角、用创新的思维，来审视和研究当前新历史时期的粮食安全及其保障问题。

二、国家粮食安全问题的研究意义与价值

（一）研究意义

在新形势下，我国粮食安全问题是一项十分复杂而系统的战略工程，需要从国家顶层着眼设计，以农业农村改革为抓手，系统地研究在保障国家粮食安全背景下的国家粮食安全保障体系的主要内容，从新时期城乡改革的角度来整体构建切实可行和全面系统的保障体系。与已有研究相比，本研究重点在于从改革的视角，运用系统思维，结合粮食主产区和主销区的粮食生产和消费等实际情况，对于完善国家粮食安全保障体系做了一些尝试和创新，除了有重要的基本理论、影响机制和实证案例创新外，更重要的是有较高的理论应用价值、经济价值和实际指导意义。

第一，本书研究尝试性地将粮食安全提升到农业农村改革的高度来认识，进而从保障国家安全层面提出完善国家粮食安全保障体系的建议。粮食安全是农业现代化的基础，农业现代化建设是粮食安全的保障。2014年中央一号文件已把农村改革和农业现代化作为政府工作的重中之重，提出要实施国家粮食安全新战略，为新时期农业农村改革宏观目标的实现和全面建成小康社会提供坚实支撑。

第二，本书研究从平衡主产区和主销区粮食安全利益关系的角度来完善国家粮食安全保障体系。保障国家粮食安全，需要提高粮食主产大省和生产核心区的粮食生产水平，同时保证主销区一定比例的口粮自给自足；确定好

主产区和主销区的粮食安全任务，健全主销区对主产区的利益补偿机制，平衡主产区和主销区的利益关系。

第三，本书研究强调粮食市场及流通体系的健全对于完善国家粮食安全保障体系的重要意义。粮食流通对调节消费需求、减少供求波动、合理引导消费等都具有重要作用。完善国家粮食安全保障体系，服务国家粮食宏观调控，建立农产品目标价格制度，促进各类粮食市场健康有序、又好又快发展；同时有效应对国际粮食市场的波动影响，提高国际市场合作和参与能力，合理利用国际农产品市场，实施农业"走出去"战略，加快形成统一开放、竞争有序的现代粮食市场体系。

第四，本书研究指出了农产品质量和食品安全与国家粮食安全保障体系的相互作用关系。我国粮食产量增长以消耗大量的耕地、水资源、化肥、农药等投入品为代价。我国农业用水有效利用率为40%左右，与发达国家70%的效率相比差距较大；化肥、农药利用率仅为30%~40%，单位面积化肥使用量是美国的两倍多（蒋和平，2019）。从第一次全国污染源普查结果看，每年来自农业面源污染的化学需氧量（COD）高达1324万吨。农产品是食品的源头，要保障群众"舌尖上的安全"，需通过构建国家粮食安全保障体系，完善食品安全监管的标准；依法加强农产品生产经营主体管理；健全监管制度机制，进一步推进农产品质量安全监测体系和监管能力建设。

第五，本书研究指出国家粮食安全保障体系的完善是实现我国农业发展方式转型和农业可持续发展的必然选择。我国由于人口多、耕地少，人均资源相对紧缺，生态环境整体上比较脆弱。近年来，虽然农业生态环境局部有所改善，但整体恶化势头没有明显改变。由于部分粮食主产区农业生产技术比较落后，粮食生产消耗的水资源、土地资源和化肥农药较多，使主产区粮食生产和农业发展面临资源、人口、环境等多重压力。因此，保障粮食安全要在追求农业产量的同时，重视农业发展质量的改善，通过完善国家粮食安全保障体系，注重合理利用和保护农业资源，提高农业资源利用效率，降低各种要素消耗，节约资源，走出一条高产出、高效益、可持续的农业发展道路，确保农业持续、稳定、协调和健康发展。

第六，发展的实践倒逼着理论的创新，理论变革是全面深化改革的必然要求。本书研究将充分吸收最新研究成果，按照党的十八届三中全会"让市场在资源配置中起决定性作用和更好发挥政府作用"的相关精神，分别从粮食生产环节、粮食市场及流通环节、粮食储备及质量保证环节和粮食风险及防范环节来构建相应保障体系。这是适应经济社会发展趋势的理论尝试，将为全面深化改革和有效保障粮食安全提供有益的理论借鉴。

（二）研究价值

无论是从解决国家粮食安全保障问题的工作重心，还是从学科发展的角度而言，完善国家粮食安全保障体系的研究都是一项具有前瞻性、开拓性和创新性的课题。本书的研究价值主要体现在学术价值和应用价值两个方面。其学术价值主要体现在以下五个方面。

（1）通过对粮食主产区和主销区粮食安全的问题、现状以及特点的研究，找出这些地区影响保障粮食安全的制约因素，通过在主产区产粮大省和主销区发达省份选择地区进行案例分析，提出增强主产区粮食生产能力和构建主销区粮食安全责任履行机制的思路对策，构建主销区对主产区的利益补偿机制，平衡主产区和主销区的利益关系，并进一步提出粮食主产区粮食生产能力和主销区履行粮食安全责任的政策建议。

（2）本书研究立足于宏观和微观两个层面，宏观上基于新时期深化农村改革的视角，构建国家粮食安全保障体系；微观层面运用系统分析与综合的原理，把本研究的主体"国家粮食安全调控体系"作为高层次的问题集合，分别研究每一部分的主要内容，提出各个子系统的发展思路和政策建议。

（3）通过优化粮食品种结构与区域布局的思路研究，分析不同粮食品种和不同区域的粮食生产存在的问题和影响因素，分析主要粮食作物品种结构现状，以及我国粮食生产区域布局的变化，提出改善我国粮食品种结构、优化我国粮食区域布局的对策建议。

（4）采用定性与定量结合的研究方法，建立粮食安全评价指标体系和预警模型，设计粮食安全评价方法，对全国和各个省（自治区、直辖市）[1] 粮食安全状况动态变化及时进行比较评价，利用粮食安全预警模型，对我国粮食安全状况进行预警，提出完善粮食安全预警体系的对策建议。

（5）将完善国家粮食安全保障体系纳入全面深化改革的宏大背景下，突破了传统粮食安全研究的思维定式。将完善国家粮食保障体系视为深化改革的一个重要构成部分，从改革视角运用创新思维，提出从主产区和主销区两

---

[1] 为行文方便，以下将省（自治区、直辖市）称为省份。

个方面和粮食生产、粮食市场与流通、粮食储备、粮食自然风险应对四个环节来完善国家粮食安全保障体系。

本书的应用价值主要体现在：通过对粮食主产区和主销区如何提高粮食安全保障能力的研究，分析不同案例的粮食供需结构以及粮食安全问题，包括不同类型地区保障粮食安全的特点和做法，进而提出主产区粮食生产能力和主销区履行粮食安全责任的思路和政策建议。本书选取部分主产区和主销区省份作为典型调研地区，在全国选择有代表性的 8~9 个省份作为具体研究案例，通过研究不同地区保障粮食安全，构建粮食安全调控体系，提出主产区提高粮食生产能力和主销区承担粮食安全责任、提出平衡主销区与主产区的利益关系的工作重点和实施方案，为我国保障粮食综合生产能力，推进主产区和主销区粮食安全保障提供参考方案。

综上所述，本书结合农村经济改革的背景和视角，把构建和完善国家粮食安全保障体系，与粮食主产区粮食生产和主销区承担粮食安全责任的实际相结合，提出国家粮食安全保障体系的内涵、特征、结构等具体内容，构建粮食安全水平的评价体系和预警模型，把解决主产区和主销区的粮食安全问题和完善国家粮食安全保障体系研究，纳入农业发展经济学的范围，既突出当前农业经济研究的前沿问题，又有针对性地考虑到我国深化改革时期下"三农"问题的重点领域，对于丰富农业经济学、发展经济学、统计学和管理学等相关理论研究都有重要的学术价值。从实践上看，本书着重实证案例分析，选取粮食主产区和主销区作为典型研究地区，并选取有代表性的典型市县作为具体研究案例，进而通过创新路径分析，提出完善国家粮食安全保障体系中各个子系统的思路和重点，以及不同地区优化粮食品种和区域布局的思路，为保障粮食安全提出政策建议。

三、关于国家粮食安全问题的研究综述

（一）关于粮食安全内涵的研究

在粮食生产角度，龙方（2008）认为，从粮食安全程度考虑，实现我国粮食安全目标的理想模式应该是适度安全型，即国家粮食储备率维持在 20% 左右，粮食自给率在 92% 左右，人均粮食占有量为 390 公斤左右。马九杰等

（2001）指出，粮食安全包含宏观、中观和微观层次的概念框架。吴志华和胡学君（2003）认为，粮食安全是指保证某一区域任何人都有充足的食物来满足自身生存需求，对粮食产业各环节进行动态平衡的政治经济活动。李瑞锋和肖海峰（2007）认为，粮食安全的终极目标是个人或家庭粮食安全。黎东升和曾靖（2015）指出，经济新常态下的粮食安全，作为国民经济发展"基础的基础"，具有产品安全、资源安全、生态安全、贸易安全"四位一体"的特征。张红宇（2015）提出，中国的粮食安全概念形成于经济不发达、温饱问题尚未解决的特殊历史时期，当时在食物消费结构中粮食占绝大比例，强调粮食安全有其必然性。现阶段，食物消费结构加快升级，非粮食消费越来越多，口粮消费越来越少，饲料粮等粮食间接消费的比重上升。在此情况下，有必要重新界定所谓粮食安全的概念。崔宁波和董晋（2020）结合2019年《中国的粮食安全》白皮书强调，确保粮食数量安全的基础上，向质量、结构、贸易等全方位、多元化发展，粮食质量上做到高质绿色，粮食结构上做到供需动态平衡，粮食贸易上做到适度进口，最终实现多维度、宽领域的新时代粮食安全。

（二）关于粮食安全供需的研究

程国强和陈良彪（1998）利用经验估计方法对我国粮食产量进行了预测，据此得出，到2030年我国粮食消费量将会达到6.4亿吨。国家统计局重庆调查总队课题组（2015）基于BP神经网络模型对我国"十三五"时期粮食供求变化进行了预测，认为"十三五"期间我国粮食产量将在波动中提高，粮食消费总量将平稳增长，粮食供需缺口有所扩大，预计到2020年全国粮食缺口达到10012万吨。

黄季焜（2004）开发并运用中国农业政策分析与预测模型（CAPSIM），分几种不同情景方案，对开放贸易环境下中国未来粮食供需形势进行了模拟分析。他认为，中国未来的粮食缺口将达到4400万吨和5000万吨。何忠伟（2005）利用我国粮食生产的历史数据，通过不同的回归模型分析了我国粮食供需情况，得出2010年我国粮食需求量为4.72亿吨，2013年为4.79亿吨；并指出，随着时间的变化，我国粮食供需平衡将面临许多无法避免的不利局面。孙东升和梁仕莹（2010）利用时间趋势和周期波动模型分析我国粮食产量的历史波动情况，并对未来粮食的长期变动趋势进行了模拟预测，指出我国未来粮食供需基本处于自给自足状态。朱希刚（2004）采用定量和定性分析相结合的方法，依照特定时期的粮食产销形势，对我国粮食分项目测算，把政府的惠农政策、粮价波动、三大粮食种植面积纳入考虑，认为到2020年人均消费量将达到410公斤，总需求量将不会超过6亿吨。

姜长云（2012）指出，结构平衡对实现我国粮食供求平衡的影响已经显著地增强，结构问题甚至已经超越总量问题，成为影响我国粮食供求平衡的主要问题。朱信凯等（2015）从粮食安全概念的内涵和外延、供需关系的评估标准和方法、供需关系的时空变化和不确定性风险四个方面，对粮食供需平衡关系进行了分析探讨，并指出，短期不平衡是恢复长期相对平衡的必然过程，是当前粮食供需关系的新常态，应将保障"食物安全"取代"粮食安全"作为新的战略目标。蒋和平（2014）提出，粮食安全保障需要以提高主产区生产能力和完善主销区责任分担机制为主线，构建涵盖粮食生产综合体系、粮食市场及流通体系、粮食储备及质量保障体系、粮食生产风险应对及防范体系四方面的国家粮食安全调控体系。叶兴庆（2020）指出，各国实现粮食安全有三种模式，即自给安全、自立安全和合作安全。粮食自给安全是依靠国内的耕地资源、水资源和农业技术，生产出足够的粮食，以满足本国不断增长的粮食需要。粮食自立安全是发展经济，提高粮食购买力，通过自由贸易实现粮食安全。粮食合作安全是把自给安全和自立安全结合起来，建立国家间的粮食合作安全模式。

（三）关于提高粮食综合生产能力的研究

刘旭（2011）总结提出，我国粮食综合生产能力发展主要经历了产能恢复、快速增长、跨上新台阶三个阶段，且提升速度由慢到快、再由快到慢。黄季焜（2012）指出，夯实粮食生产基础，提高粮食综合生产能力，主要应做好以下两个方面：一是实施国家农业科技创新工程，二是实施国家农业基础设施更新和完善工程。万宝瑞（2013）指出，我国灌溉区的产粮能力已经发挥较高水平，非灌区粮食增产潜力大。何蒲明等（2014）从劳动投入与种粮收益的视角对我国粮食综合生产能力进行分析，指出劳动投入与种粮收益是影响粮食单产的重要原因，粮食日劳动用工量每变化1%会引起粮食单产变化2.12%；粮食日纯现金收益每变化1%会引起粮食单产变化0.89%。王国敏等（2016）将影响我国粮食综合生产能力的主要因素分为两大类：第一类为现代影响因素，包括农业部门固定资产、农业生产投资、化肥施用量、农业机械总动力、农民收入、水资源、科技投入、有效灌溉面积；第二类为传统影响因素，包括受灾面积、粮食播种面积、粮食价格。其中，现代化影响因素的贡献率达到 74.82%，而传统生产方式影响因素的贡献率仅为 10.96%。由此指出，目前我国粮食综合生产能力主要受制于现代化的耕作方式。张文宣（2020）提出，针对小农户在生产、市场和资本等多方面的弱势市场地位，要促进小农户生产现代化，就必须依托以农业合作社为代表的新型农业经营主体，构建高效率的社会化服务体系。

（四）关于粮食主销区与主产区利益补偿平衡机制的研究

1. 关于对主产区的利益补偿机制

张红宇（2005）提出，要发挥主产区的比较优势和种粮农民的积极性。杨建利（2015）提出，要通过建立现金补偿、实物补偿、服务补偿等综合补偿体系，以及采用对粮食主产区、粮农补偿累进补偿的方法，来完善粮食主产区和粮农生产者的利益补偿机制，确保政府和粮农的积极性。吴珍彩（2016）指出，应通过完善粮食补偿机制来充分调动粮食主产区、粮食生产企业、粮农三者的积极性，具体包括：变惠农政策由普惠型为特惠型，提高补偿标准，建立产销区利益协调机制，提高补偿效率，变"输血"为"造血"等。田建民（2012）指出，要构建我国粮食安全长效机制，必须从区域公平发展的视角，完善粮食生产的利益补偿调节政策。朱新华和藏俊梅等（2013）主张通过主销区 GDP 增长提成、机会成本税、产销区供销协作、耕地的异地指标调剂等方式实现补偿。周小平（2013）提出了"双纵双横"的解决方案。张扬（2014）提出，应将反哺性补偿机制转变为内生性补偿机制，做到"硬投入"与"软投入"并重，政策公平与效率并举，体制机制与市场机制相结合。蒋和平等（2012）提出了实现粮食主销区与主产区利益补偿平衡的综合方案，主要内容包括：对主销区征缴粮食税和土地出让提成；鼓励主销区龙头企业到主产区办厂、建立粮食基地，吸收主产区农民就业，为主产区培养人才等。

在实践方面，浙江省实施了粮食生产功能区与经济作物生产区分区建设机制；江苏省无锡市和新沂市则进行了粮食生产区土地增减挂钩试验。

2. 关于粮食产销区合作

刘先才（2005）提出，要通过破除体制和机制障碍、稳定粮食购销关系、支持主销区到主产区建设粮食基地等多种方式，促进产销区域对接。匡远配（2005）提出，应建立主销两区的协调机制。赵宇红和傅立忠（2002）提出，当前产销区之间的协作为供销合作关系，未来贸易经营型合作将成为重要形式。叶晓云和孙强（2004）提出，要促进粮食产销合作协调，建立粮食运输的"绿色通道"。

（五）关于完善粮食补贴的研究

陈锡文（2010）明确指出，必须加大对粮食主产省份、主产市县的投入和利益补偿。黄季焜（2008）利用6省份大样本随机抽样调查所获得的1000多户农户数据进行分析，结果发现，"普惠式"补贴制度虽然对农民收入提高发挥了一定作用，但对提高粮食产量几乎没有产生影响。张红宇（2011）指出，应不断增加我国粮食补贴总量和种类，完善补贴制度。霍增辉等（2015）选取人地矛盾较为突出的中部地区为研究区域，利用湖北省大样本农户数据对粮食补贴政策效果进行了实证分析并指出，补贴政策具有显著的增收效应，户均补贴每增加293元，农业收入增加548元，非农收入减少250元，农户总收入增加469元，纯收入增加268元；2008年补贴额度大幅增加后，补贴政策对水稻有显著增产效应。

（六）关于粮食安全保障体系的研究

王雅鹏（2005）提出了与粮食安全保障具有相同内涵的粮食安全保护概念，在对我国粮食安全保护的必要性、政策演变轨迹进行评析的基础上指出，我国粮食安全保护应该包括粮食综合生产能力保护、粮农收入保护、粮食进出口贸易保护及粮食生产资源环境保护四项主要内容。王国丰（2009）将粮食安全保障称为粮食综合安全体系保障，包括战略保障、食用保障及物流保障三项内容。肖国安等（2009）在进行粮食安全战略研究时提出，要建立粮食综合生产能力保障体系、粮食生产科技创新支撑体系、粮食市场宏观政策调控体系、粮食安全动态预警体系、粮食安全国际化战略体系、重大农业自然灾害防御体系、特殊群体粮食安全援助体系七个体系。李友华等（2016）

构建了包含生产技术体系、资源保护体系、政策体系、生产经营主体体系、进出口贸易体系、收储运输体系、质检体系和节约减损体系八个子体系的国家粮食安全战略体系。

马晓河（2011）指出，当前我国粮食出现的结构性问题不会影响到粮食安全，但农业投入少、粮食生产效益下降会影响到我国的粮食生产。韩俊（2012）指出，应保护好耕地资源、提高农业科技水平，统筹利用两个市场和资源，构建粮食安全保障体系从而达到稳定供给、有充足的储备、可调控、高效运转的目标。李国祥（2014）通过对 2006～2013 年中国粮食增产来源的分析，预测到 2020 年中国居民粮食消费总量大约为 6 亿吨，而中国粮食生产能力将达到 7 亿吨。李蕊等（2020）提出，粮食安全保障体系应当涵盖生产、流通、储备、消费等诸多环节。

（七）关于粮食市场体系的研究

1. 有关国内粮食市场流通体系建设的研究成果

李泽华（2003）指出，粮食批发市场是粮食流通的中枢，未来应将重点放在构建全国性及区域性的粮食批发市场上。提高粮食流通效率就是要发展现代粮食流通产业。丁声俊（2004）认为，应充分发挥市场对粮食资源的优化配置，健全粮食市场的秩序和流通体系、监管体系。蒋有光和王红斌（2004）指出，期货市场可促进粮食生产、维持其价格和确保粮食安全，期货市场的套期保值功能、价格发现等功能可宏观调控国家粮食市场。邓俊森等（2006）指出，应加强农产品流通各环节的基本工作和相互配合，且批发市场实现企业化可减少协作的成本。

万宝瑞（2008）认为，建设粮食市场流通体系，应将遵循市场经济规律和加强政府的宏观调控相结合，既要实现市场主体多元化，又要维护好粮食市场的正常秩序。李光泗等（2011）认为，新型农产品协同服务体系的核心为农产品批发市场，通过农产品批发市场可变革农产品流通。李鹏（2018）从粮食缺口和粮食储备管理角度分析粮食储备现状，提出要实现多元化粮食储备管理体系，建立全社会共享共储的粮食储备体系。翟书斌（2013）提出，应在提高粮食综合生产能力的基础上，加大对粮食流通产业的支持力度，完善流通产业支持政策。蒋和平（2018）提出，粮食产业市场化发展的形势下，粮食政策中的行政手段有悖于粮食市场经济主体的市场行为，这将扭曲粮食市场经济主体的经济行为。粮食流通体制也受制于价格形成机制影响，曹保明（2018）提出，国内实施的粮食价格支持政策在保障国家粮食安全和促进农民增收方面起到了重要作用，但是同时也抑制了国内粮食市场的市场整合水平。

2. 有关粮食市场国际合作与对外贸易的研究

黄季焜（2012）提出，要改善国际粮食贸易环境，构建全球与区域食物安全治理机制：首先，积极参加全球和区域食物安全治理机制建设；其次，促进发达国家转让农业生产技术于发展中国家，可提高后者的粮食生产能力；最后，形成与美洲国家的玉米和大豆贸易伙伴关系。陈锡文（2014）指出，应通过研究我国的粮食安全、国内外粮食市场关系，从而应对未来中国粮食安全的巨大挑战。毛学峰等（2015）从粮食流通贸易的视角研究国内粮食安全状况，指出当前所谓"十二连增"准确地说是相对于粮食产量一个历史低点（2003年）的粮食总量的"十二连增"，而且口粮增加有限。目前，中国粮食进口由调剂余缺转变为大规模进口，未来粮食不安全更多的是粮食流通与贸易问题。

（八）关于粮食储备体系的研究

1. 有关粮食储备主体结构的研究成果

闻海燕（2004）的研究发现，近年来，我国粮食库存量下降且各地粮食库存量水平差距大。农民家庭粮食储备降低，部分农民也需要从市场上购买粮食。郭志涛（2008）分析了地方粮食储备的定位、组织模式和经营运作中存在的问题，提出了地方粮食储备体系应遵循的发展对策，对于认识地方粮食储备的重要地位、制定下一阶段的工作计划有一定的借鉴意义。郑风田（2019）提出，私人粮食企业收储一方面是为了满足自身加工需要；另一方面是利用市场波动赚取差价。但在政府主导的粮食市场上，私人企业收购价格难以与托市价格竞争，而国家垄断造成市场极端稳定，私人企业收储的外部环境基本丧失。结果是加工企业收购粮源缩减，收储积极性明显下降，更多地从政策性库存中购买原料。

2. 有关粮食储备布局的研究成果

黄黎慧和黄群（2005）认为，稳定的粮食储备有利于维护国家粮食安全，建议通过完善地方粮食储备体系以调节各地粮食市场。屈宝香（2010）认为，在区域范围内，谷物库存提升较大，强化了对粮食实施宏观调控的物质基础；然而，库存几乎都在主产区，主销区的库存少，粮食在库存结构和消费结构等方面并不吻合，需要更深层次地优化国家区域性粮食库存及品种结构。

3. 有关粮食储备制度改革的研究成果

张广翠（2005）认为，可以通过建立完善的粮食储备制度和三级储备粮体系来解决当前我国粮食储备规模大、压力大等问题，主销区、贫困地区也应承担起粮食储备的责任。周明建等（2005）指出，提高我国粮食安全水平，应逐步调整好国家粮食储备规模和方式、加强储粮市场的竞争行为。李勇和蓝海涛（2007）认为，目前我国国家粮食储备规模过大，将对中长期财政带来很大风险。贾晋（2011）从规范的视角对中国粮食储备体系优化的理论研究和政策安排进行了评述。谢洪燕和贾晋（2013）指出，国家储备应维持适度规模，更多依靠"藏粮于民"。保留中央和省级两级储备主体，中央储备只承担战略储备任务，省级储备承担后备储备，国家储备和社会储备相互协调，通过社会储备主体预期调控来实现我国粮食储备宏观调控。刘凌（2018）针对我国粮食储备立法现状提出实证方案，在储备粮的决策权、中国储备粮管理总公司的法律定位、中央储备粮的轮换制度、储备粮补贴政策和粮食信息管理制度五方面给出了具体的立法建议。

（九）关于优化粮食生产区域布局研究

关于粮食区域布局，杨世义（1995）提出，我国农业区域布局与专业化生产、一体化经营、社会化服务相互依存、相互作用，农业生产区域布局应以高产、优质、高效为主要方向。唐华俊（2001）阐述了我国种植业生产和贸易的区域格局，分析了我国主要农作物生产集中区域，提出应根据比较优势优化农产品空间结构。周旭英（2003）研究了调整我国粮食生产的区域布局。在以上研究的基础上，农业部于 2003 年发布了《优势农产品区域布局规划（2003—2007 年）》，提出优先发展 11 种优势农产品，优先规划优势区域。

此后，王玉斌（2008）提出，我国粮食生产可通过扩大南方土地规模效益、稳定北方粮食生产能力、合理布局粮食生产区域、适度增加粮食进口来实现。杨春（2009）研究了 1978 年以来中国主要粮食作物生产布局的变化、存在的问题，实证分析了影响其生产布局的主要因素，将粮食生产区域布局扩展到县域空间尺度。

（十）关于粮食安全评价与预警体系的研究

1. 有关粮食安全评价方法的研究成果

朱泽（1997）运用粮食安全系数预警模型计算了粮食安全度，主要从粮食自给率、人均粮食占有量等四项指标得出，但未对指标设置权重。马九杰（2001）在粮食安全综合预警模型中对各指标设置了权重，但主观性较强，加权平均计算了各指标的安全系数。吴文斌（2010）运用人均粮食占有量、人均 GDP 两个指标和三个空间模型的粮食安全评价方法，评价了 2000～2020 年全球粮食安全状况。余强毅（2011）以 APEC 地区为研究对象，利用机制法模型测算区域的土地生产潜力和粮食生产潜力，并以此作为粮食安全评价的基础；分别从粮食生产与消费、粮食增产潜力、人口承载力等方面建立指标体系，应用层次分析法（AHP）分析 APEC 各成员体的粮食安全形势。朱晓禧等（2012）采用系统论的方法，将粮食安全系统分解为自然系统、支撑系统和调配系统三个子系统，分析评价粮食系统中各个环节的安全脆弱因子及其相互作用机制，并建立其评价指标体系和区域粮食安全系统安全评价模型。

运用熵权法或 AHP 层次分析法设置指标权重，既考虑主观因素，又考虑客观因素，使得粮食安全预警模型运行结果更具有科学性、客观性，说服力更强。

2. 有关粮食安全预警指标选择的研究

门可佩（2009）、苏晓燕（2011）、雷勋平（2012）等认为，应遵循代表性原则、全面性原则和可操作性原则来选取预警指标。李志强（1998）、马九杰（2001）提出，可以将粮食安全预警指标体系分为反映粮食安全与否的警情指标和警兆指标两类。武舜臣等（2015）指出，在国家粮食安全新战略视角下，粮食安全预警体系不仅应包括不同粮食口径下的粮食安全预警，更应该综合考虑粮食安全的时间和空间跨度。

朱晶（2004）计算了我国和各个省份的粮食生产波动变异度，比较了不同条件下储备规模的差异，研究发现，应健全我国国内市场以及国际市场的整合度来降低储备成本、提高粮食安全水平。

一般情况下粮食安全指标体系是从警情指标层面设计，而粮食安全预警体系设定的指标选择往往不一致。例如，刘晓梅（2004）采用人均粮食占有量、粮食产量波动、粮食储备、粮食自给率四项指标；肖国安（2006）采用粮食产量增长率、粮食需求增长率、粮食总库存率、价格指数、粮食自给率五项指标；苏晓燕（2011）采用农业增加值占国内生产总值的比重、耕地有效灌溉面积等十一项指标。

四、粮食安全的理论基础

实现我国的粮食安全是一项长期且艰巨的任务，也是一个全局性、系统性的工程。我国国家粮食安全战略的进一步发展，需要充分借鉴和吸收国内外的主要基本理论。本部分从粮食安全的理论渊源着手，阐述各理论的基本内涵以及与粮食安全的关系，为进一步分析粮食安全奠定理论基础。

（一）食品安全理论

有关食品安全理论，在马克思主义经济学中也有相关解释。马克思曾指出："财富的增加和文明的进步，通常都以食品所需要的劳动和费用的减少成相等的比例。""食物的生产是直接生产者的生存和一切生产的首要条件。"由此可见，食物对于人类的生存和发展具有重要作用，保证食物安全可以促进一个国家或地区的经济发展。

1996年，世界卫生组织提出，食品安全是指对食品按其原定用途进行制作和食用时不会使消费者受害的一种保障。主要是在食品生产和消费过程中不含有危害人体健康的一定量的有害物质，从而保证人们食用时不会造成危害，包括对自身以及后代的不良影响。2001年，联合国粮农组织与世界卫生组织联合出版的《保障食品的安全和质量：强化国家食品控制体系指南》中提出，食品安全问题中涉及的那些可能使食品对消费者健康构成危害的，毫无商量余地，必须消除所有不利因素。

任燕（2011）认为，食品安全内涵中包括科技、经济学、社会道德以及政治法律四个层面的含义。食品安全也有三个层次：一是食品的数量安全，即一个国家或地区能够生产其人口基本生存所需的基本食物；二是食物的质量安全，是指食物在营养、卫生方面保障和满足人口的健康需要；三是食品的可持续安全，是从发展的角度要求食物的获取要注重生态环境的保护和资源的可持续利用。

国内外对食品安全内涵的逐渐发展和完善，经历了食品数量安全到质量安全的动态发展过程。现在人们提到食品安全时，主要是指食品的质量安全。有关食品安全的研究，不仅体现在食品安全的内涵这一方面，还体现在食品安全的影响因素、食品安全的风险评估等方面。钟欣（2013）指出，微生物污染物、食品添加剂、农药残留、转基因在农业中的应用都会对食品安全造成不良影响。陈晓珍（2012）将食品安全风险分析框架分为食品安全风险评估、风险管理和风险交流这三个部分。食品安全关系到我国城乡居民的切身利益，深入研究有利于提高食品安全水平。

粮食安全与食物安全有不同的侧重点，而食物安全的外延范围要比粮食安全所包含的范围要大。改革开放以来，农业生产中生产要素的投入大量增加，缓解了新中国成立以来粮食短缺的严重问题，但化肥、农药的大量使用也给农业生产环境带来压力，同时粮食安全问题逐渐以食品安全的形式显现出来。因此，保障粮食安全不仅要做到保证谷物、面粉、豆类等主食的及时有效供给，同时还要满足居民对糖、油、肉、蛋、奶、水果、蔬菜等副食的需求；不仅要满足食物数量要求，还要保证食品质量安全。研究食物安全的相关理论有利于更清晰深入地了解粮食安全问题。

（二）粮食供需平衡理论

粮食供需平衡是粮食安全体系的重要内容，许多粮食安全问题最终都可以归结到供给与需求的关系上，一个国家或地区的粮食供需状态直接关系着粮食安全状况。供需平衡是指社会总供给和总需求处于一种均衡的状态，但是这种平衡状态不是常态，供需关系往往在多种因素的影响下围绕平衡状态不断波动。

影响粮食供需平衡的因素有很多，主要包括粮食的供给能力、需求水平和粮食的流通、储备、市场环境等。粮食供给是指在一定的价格水平下，市场能够提供给消费者的粮食数量。粮食需求是指在一定价格水平下，消费者愿意购买并且有能力购买粮食的需求数量。粮食供给函数与粮食需求函数可分别表示为：$S_t = P_t + T_{t-1} + I_t$ 和 $D_t = C_t + T_t + E_t$，其中，S_t 是指第 t 年的粮食供给量，P_t 是指第 t 年的粮食产量，T_{t-1} 是指上年结转来的粮食储备量，I_t 是指第 t 年的粮食进口量；D_t 是指第 t 年的粮食需求量，C_t 是指第 t 年的粮食消费量，T_t 是指第 t 年的粮食储备量，E_t 是指第 t 年的粮食出口量。

　　由供给与需求函数可知，在不考虑粮食进出口和储备量的前提下，粮食的供给量和需求量分别取决于粮食的产量和消费量。粮食需求量又分为直接消费需求量和间接消费需求量，直接需求主要是指口粮需求，间接需求则是指饲料、工业、种子用粮等转化用粮。

　　本研究运用微观经济学的蛛网理论来分析粮食供需平衡状况。粮食生产具有周期性且生产周期长，受自然因素影响大。粮食本期的产量是由上一个周期的价格决定的。由于粮食是生活必需品，需求缺乏弹性，粮食供给受到自然因素等多方面影响，供给弹性要大于需求弹性，当市场受到外力干扰时偏离原有的平衡状态，实际价格和实际产量上下波动幅度增大，偏离均衡点越来越远。一系列因素影响会造成粮食生产过程中周期性"卖粮难"和供应不足的问题。粮食供求平衡状态如图 1-1 所示。

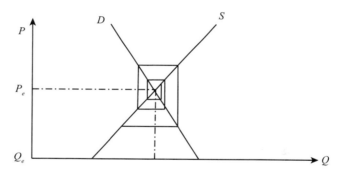

图 1-1　粮食供求平衡的发散型蛛网模型

资料来源：［英］罗伯特·D. 史蒂文斯，凯瑟·L. 杰勃勒. 农业发展原理——经济理论和实证［M］. 叶长生，武军，范家法等译. 南京：东南大学出版社，1992.

　　当然，粮食需求弹性小于供给弹性并不是一成不变的，随着粮食的口粮需求转化为饲料用粮、生物能源，粮食用途更加多元化、多样化，也会使需求弹性大于供给弹性。供求关系随着粮食产品的价格波动与其他各种因素影响而不断调整，于是，供需不平衡也成为一种常态。市场可以自发调节供求关系，但是由于粮食的属性，单靠市场调节无法保证我国的粮食安全问题，还需要政府建立相应的调控机制进行干预，但是，政府注重解决的是市场不能处理的问题，通过宏观调控，消除粮食供需平衡中的不稳定因素，保障国家粮食安全。将供需平衡理论运用到粮食安全的分析中，可以对保障我国的粮食安全采取适度有效的措施。

（三）粮食自给率理论

粮食自给率，是指一国或地区在一定时期内生产和储备的，能够用来满足居民消费的粮食与粮食总需求之比，即自身能够提供的粮食需求量，或者说是一国或地区粮食的对外依存度。粮食自给率可用函数表示为：$a = (S/D) \times 100\%$，其中，a 表示粮食自给率，S 表示一年内粮食总供给量，D 表示一年内粮食总需求量。一般来说，粮食自给率越高，本国或地区能够提供的粮食量越多，对外依存度越小，粮食安全水平就越高。粮食自给率为 95% ~ 100%，被认为基本能够实现自给；粮食自给率为 90% ~ 95%，被认为粮食安全水平可以接受。

有关粮食自给率，有些学者基于传统的自给自足观点，主张我国应保持 95% 以上；有些学者则认为可以适当降低至 90%。邓大才（2003）认为，粮食经济安全不仅仅取决于粮食自给率，所以提出在保证粮食安全的条件下可以降低粮食自给率，即 90% 以上就是可控的。陈百明（2005）通过对粮食生产、消费及贸易的研究分析，提出当前中国适宜保持 90% 左右的粮食自给率。

中国政府在 1996 年发表的《中国粮食问题》白皮书中首次提出了粮食自给率 95% 的目标；在 2008 年发布的《国家粮食安全中长期规划纲要（2008—2020 年）》中，又重申了这一政策目标。2014 年中央经济工作会议提出了粮食"适度进口"的战略目标，而具体的粮食自给率目标并未确定。

粮食自给率水平的高低是衡量一国粮食安全的重要标准，粮食安全水平除了与粮食的可供量有关，还与一国或地区能否持续稳定提供足量的粮食有着密切关系。粮食自给率能给国家的粮食安全状况带来预警。粮食生产易受自然因素的影响，而自然因素是不可控制的，所以，粮食生产量很难估算。同时粮食的进口量与进口国的贸易政策、两国间的政治经济关系等有着必然的联系。随着人口增长、工业用粮增加和消费结构升级，粮食需求量将会呈现逐年上升的必然趋势。这些因素都会使得粮食自给率不断波动，进而影响国家的粮食安全。所以，为了保证国家的粮食安全，应综合各方面因素保证我国合适的粮食自给率。

（四）诱导性技术进步理论

诱导性技术的概念最早是希克斯在 1932 年提出来的，其理论发展有两个分支。一是希克斯—速水—拉坦—宾斯旺格假说，主要强调要素的相对稀缺性（见图 1－2 与图 1－3）。1971 年，日本农业经济学者速水佑次郎和美国农业经济学者拉坦发表了《农业发展的国际观点》，共同提出了速水—拉坦模型，认为一个国家的农业增长选择的技术进步道路由该国的资源禀赋状况决定。他将农业技术变革的过程看成生产经营者追求利润最大化的理性结果，是农业经济发展的内生变量。速水和拉坦认为，一个经济中，技术的发展是为了用相对丰富而廉价的要素来代替相对稀缺而昂贵的要素。在农业生产中，技术进步主要体现在两个方面：一个是农业机械化技术，用来代替相对稀缺并且缺乏供给弹性的劳动力资源，进而带来劳动生产率的提高，促进农业增长；另一个是生物化学技术，通过使用化肥、农药等要素提高土地生产率，进而节约土地资源。随着农业生产与技术进步的发展，会逐渐出现趋同的现象。二是施莫克勒—克利克斯假说，主要强调市场需求。克利克斯认为，技术创新所产生的收益是生产者剩余和消费者的增加。

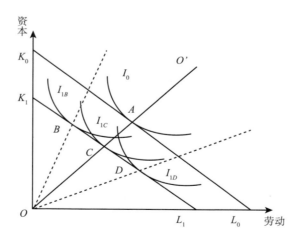

图 1－2　生产要素节约型科技进步模式

资料来源：［日］速水佑次郎，［美］弗农·拉坦. 农业发展：国际前景［M］. 吴伟东，翟正惠译. 北京：商务印书馆，2014.

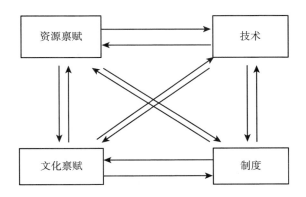

图 1 - 3 农业发展的诱致技术变迁理论模型

资料来源：［日］速水佑次郎，［美］弗农·拉坦. 农业发展：国际前景［M］. 吴伟东，翟正惠译. 北京：商务印书馆，2014.

粮食生产技术进步包含广义和狭义两个方面。广义的技术进步主要包括技术自身的进步、技术效率的提高以及规模经济等；狭义的技术进步则是指技术进步和技术革命两个方面。技术进步是指在原有技术体系基础上的改革和创新，而技术革命是指技术或技术体系发生质的变化。技术体系发生重大变革会推动社会经济结构的变化，促进社会进步。粮食生产技术变革会导致土地生产率或劳动生产率的迅速提高，诱导性技术进步理论可以在技术层面上对于我国的粮食安全作出突出贡献。

（五）粮食产业可持续发展理论

1987 年，世界环境与发展委员会在题为"我们共同的未来"的报告中正式提出了"可持续发展"的概念和模式，引起了世界各国重视。1991 年 4 月，联合国粮农组织在《登博斯宣言》中提出，农业可持续发展是指在满足当代人的需要，又不损害后代满足其需要的发展条件下，采用不会耗尽资源或危害环境的生产方式，实行技术变革和机制性改革，减少农业生产对环境的破坏，维护土地、水、生物、环境不退化，技术运用适当、经济上可行及社会可接受的农业发展战略。三次工业革命后，经济社会取得了巨大的飞跃，但是也造成了全球性的经济、环境与粮食危机。如何合理地配置各种资源是可持续发展理论的核心所在，粮食产业的可持续发展关键在于协调人地关系，根据土地的承载力进行适宜的粮食生产活动。同时，在粮食生产过程中保持生态经济平衡，也是保证粮食产业可持续发展的一个重要内容，大量使用化肥、农药等生产要素来追求粮食的高产，必然会造成资源环境的破坏和恶化，带来不可挽回的后果。在资源合理配置过程中，要注意边际报酬递减规律（见图1-4），当一种生产要素被更多地追加于既定数量的土地和其他投入要素上时所发挥的作用，在达到顶点时会呈现边际报酬先增加后减少的现象。所以，在粮食生产过程中要注意各种可变要素的最佳投入量。

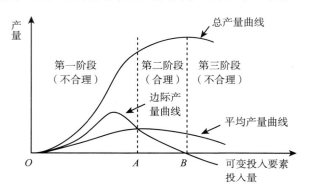

图1-4 边际报酬递减规律理论

资料来源：袁飞. 农业技术经济学［M］. 北京：中国农业出版社，1996.

可持续发展理论在粮食生产中的应用，就是在当前资源约束条件下，不能一味追求粮食的产量。在粮食生产过程中，保护生态环境，减少化肥、农药的施用量，改变传统的灌溉方式，适当对土地休耕，提高土地质量。通过多种措施配合，实现粮食的生态效益、经济效益、社会效益统一，才能实现粮食生产的可持续发展，推进粮食的数量安全、质量安全与可持续。

（六）比较优势理论

李嘉图在1817年出版的《政治经济学及赋税原理》中提出了比较优势贸易理论。他指出，国家之间在某些产品上的劳动生产率有所差距，通过专业化分工出口具有比较优势的产品，进口有比较劣势的产品，可以提高劳动生产率。国外学者将比较优势运用到农业生产中，研究集中于比较优势的实证分析方面。1985年，世界银行对中国和印度的经济作物按照比较优势实现专业化生产差异的研究结果显示，中国各省份经济作物生产的专业化在更大程度上依据比较优势而推进。蔡昉（2016）对我国改革前后农业经济实际增长效果和比较优势变动进行了实证分析，提出改变农业保护政策，要创造条件让各地区发挥自身的农业比较优势，从而促进我国农业维持增长。

比较优势理论不仅可以应用于国际贸易和经济领域，对于我国的粮食生产可持续发展也有重要的借鉴意义。一方面，粮食生产所需要的土地、水资源是有限的，但随着经济发展与人口增长和城镇化进程的加快，对于粮食的需求仍呈上升趋势。在国内粮食生产无法完全满足我国居民口粮需要的情况下可以适度进口。另一方面，我国地大物博，各省份定位和发展战略不同，不同地区间在气候、水土、种植制度等方面存在较大差异。可以发挥各省份的比较优势，立足各省份实际，在自然资源条件优越、适合粮食生产的省份增加粮食产量。各省份之间粮食实现流通有序、互通有无，从而保证我国的粮食安全。

第二章

新形势下我国粮食安全保障的战略目标

目前，我国粮食供求状况实现了由产量短缺向供需基本平衡转变，但结构性矛盾日益突出。农业生产成本上涨、粮食生产比较效益低下、种粮农民积极性较低，保障国家粮食安全难以实现可持续发展。转变粮食生产观念、深化粮食供给侧结构性改革、提高粮食综合生产能力、建立和完善国家新型粮食安全保障体系，对于缓解粮食产业经济矛盾迫在眉睫。本章围绕构建新形势下国家粮食安全战略体系，对粮食和粮食产业的概念进行界定，从粮食安全的内涵和特点出发，归纳我国粮食安全观的演进，指出改革视角下粮食安全观变化的必然性，提出新形势和新常态下新的粮食安全观及其指导思想、原则和目标。

一、粮食及粮食产业概念

粮食是指烹饪食品中作为主食的各种植物种子的总称，也可概括为"谷物"。狭义的粮食单指禾本科作物的种子（以及例外情形的非禾本科的荞麦种子）；广义的粮食还包括马铃薯等植物可供食用的根或茎部。粮食作物基本上属于禾本科植物，其产品所含营养物质主要为糖类，其次是蛋白质。

联合国粮食及农业组织（FAO）对粮食的定义包括四大类谷物，即麦类、豆类、稻谷类和粗粮类。中国把粮食定义为五大类：麦类（小麦、大麦、青稞、黑麦、燕麦）、豆类（黄豆、红豆、绿豆等）、稻类（粳稻、籼稻、糯稻、陆稻、深水稻等）、粗粮类（玉米、高粱、荞麦、谷子、小米、黍等）、薯类等。其中，薯类包括甘薯和马铃薯，不包括芋头和木薯。芋头作为"蔬菜"计算，木薯作为其他作物计算。

粮食产业是以粮食为主要原料的产前、产中、产后各个环节的行业总和，包括粮食生产种植业、粮食加工业（初加工、精深加工、饲料转化、酿造等）、粮食流通业（物流、贸易）。

随着粮食安全形势不断发生新变化，人们对粮食和粮食产业的认识也处在动态调整中。粮食是一种特殊商品，也是一种公共产品，又是弱质产业产品、多功能产品。粮食产品的特殊性决定了国家和政府应长期扶持粮食生产和宏观调控。而粮食产业不能简单地用经济标准来衡量。

二、粮食安全的内涵

（一）粮食安全的内涵和特点

1. 国外关于粮食安全内涵的阐述

联合国粮农组织于 20 世纪 90 年代提出，粮食安全是指让所有人在任何时候都能享有充足的粮食，过上健康、富有朝气的生活。

除了联合国粮农组织对粮食安全作出定义外，其他相关组织和学者也提出了许多粮食安全的概念，丰富了其内涵。1992 年的国际营养大会将粮食安全诠释为在任何时候任何人都可以获得安全营养的食物来维持健康能动的生活；2001 年世界粮食安全委员会将粮食安全诠释为所有人在任何时候都能够在物质和经济上获得足够、富有营养和安全的粮食；2001 年世界可持续粮食安全会议将粮食安全定义为"对环境无公害、无污染、对人体增强健康、延年益寿并保证粮食生产能力稳定提高"。英格拉姆等（Ingram et al.，2005）认为，粮食安全的可用性包括生产、分配和消费三个部分，可获得性包括支付能力、配置以及偏好三个部分，有效性包括营养价值、社会价值以及食品安全三个部分。

部分组织机构也将粮食安全划分为以下四个层次。

（1）家庭粮食安全。美国农业部从家庭视角将粮食安全界定为：家庭中的所有成员在任何时候都可获得充足的食物并足以支持其积极健康的生活。

家庭粮食安全与贫困问题相关，触及消除贫困的难题。

（2）国家粮食安全。自粮食安全概念提出以后，各个国家从自身实际出发，保障本国的粮食安全。一些亚洲及拉丁美洲国家开展"绿色革命"，注重提高粮食产量；美国、加拿大等资源丰富的国家实行价格支持与保护政策来维护本国农民的利益；日本、韩国等国土面积较小的发达国家也通过增加单产来提高粮食自给率。各国采取的措施都大大提高了粮食的安全性。

（3）粮食营养安全。粮食营养安全是粮食安全的重要内容。1992 年的国际营养大会建议各国注意营养安全，确保所有人都能做到营养充足；1996 年的世界粮食首脑会议又重申了"人人有获得安全而富有营养的粮食的权利"。在 2014 年第二届国际营养大会上形成的《营养问题罗马宣言》成果文件中，世界各国领导人承诺制定旨在消除营养不良的国家政策并改革粮食系统，从而使所有人获得营养饮食。

（4）粮食可持续安全。将可持续发展的内涵运用到粮食中就形成了"粮食可持续安全"的概念。粮食可持续安全是在 2001 年世界可持续粮食安全会议上提出。2015 年世界粮食安全委员会也提出要聚焦可持续发展，并将到 2030 年消除饥饿、粮食不安全和营养不良作为目标。

2. 国内关于粮食安全内涵的阐述

在《中国 21 世纪议程》中，我国首次将食物安全定义为能够向全体居民提供在数量上充足、在结构上合理、在质量上达标的各种食物。当前，在供给侧结构性改革背景下，需进一步明确认识粮食安全的内涵。从宏观层面来看，一个国家的粮食生产量、储备量和净进口量（包括国际粮食援助）决定了该国的粮食安全水平，其主要通过一个国家的粮食获取能力来反映。从微观层面来看，家庭粮食安全通过一个家庭的粮食获取能力来反映，主要取决于该家庭的可支配收入。

（二） 粮食安全观的变迁

1. 理论研究

（1）古代粮食安全观。中国是农业大国，历史上形成了农耕文明，重农思想氛围浓厚。由于农业与粮食安全关乎王朝兴盛与社会稳定，所以，历代封建王朝对于粮食安全都极为重视。古代粮食安全观可以总结为以下两点：一是宏观意义上的粮食安全观，主要是出于政治上征战统一疆土、赈灾以及维护国家稳定的目的；二是微观意义上的粮食安全观，由于古代生产力低下、战争不断造成劳动力不足、农民生产的粮食大多上缴国库等多种因素的影响，普通百姓只能够维持最基本的生活需要。我国古代的粮食安全观体现为"数量安全观"。

（2）当代粮食安全观。在宏观层面上，我国一般从粮食供需的角度来衡量粮食安全，注重追求提高粮食产量。传统的粮食安全观念是提高粮食自给率。传统的"基本平衡"作为常态战略目标，以年度供求平衡状况作为农业政策导向的依据。而随后学界对于粮食安全观的认识出现转变，认为最佳的粮食安全是确保产能和适度进口。以下针对 2000 年以后国内有关专家和学者的粮食安全观进行梳理。

一是对粮食安全整体形势判断。针对我国的粮食安全整体形势，部分学者认为由于自然资源制约、粮食生产结构性问题、农业比较效益低下和科技支撑机制等影响，粮食供求长期将处于紧平衡状态（姜长云和张艳平，2009；马晓河，2009）。部分学者对我国粮食安全形势态度相对乐观。黄季焜（2004）认为，我国在未来的几十年食物安全水平仍保持高位。卢峰和谢亚（2008）则对粮食供求长期紧平衡的观点提出疑问。朱信凯（2015）认为，局部平衡才是粮食安全战略目标。

二是粮食安全的实现路径和保障基础。从建设方向看，学界认为应通过提高粮食的生产能力来实现粮食安全。黄季焜、杨军、仇焕广（2012）认为，应提高农业科技创新能力，改善国际投资与贸易环境，构建全球与区域食物安全治理机制。刘旭（2013）认为，应发挥科技的作用，提高作物单产，特别是南方地区，要充分利用好其资源，促进粮食的增产。吴思（2014）指出，应在全球化背景下建立全球粮食安全保障体系，改革粮食价格和流通体制，推动粮食种业发展，建立国际化企业，完善政府相关职能。李国祥（2014）、叶兴庆（2014）认为，政府应承担起相应的责任，保护耕地和水资源，促进农业创新，改善农业基础设施，提高农民的种粮积极性，转变农业发展方式。侯为民和孙咏梅（2014）认为，应坚守耕地红线，控制粮食进口，不断完善和改进"强农惠农"政策。

粮食安全水平的提高不是一蹴而就的，而是需要一系列的实现基础，本书将其总结为：良好的农业生态环境、农业科技研发及推广创新、多元化农业服务体系、新型粮食生产主体与小农相结合、强有力的国家宏观调控等。粮食安全保障能力的提升是综合性的，要通过多渠道、多途径、多方面有机结合，从而提升我国粮食安全水平。

三是粮食安全影响因素及应对措施。唐华俊（2014）认为，影响粮食安全主要有三方面因素：一是耕地、水资源、农药、劳动力结构变化等因素制约粮食的产量；二是人口的增长及生活水平的提高造成粮食刚性需求的增加；三是国际市场冲击而造成的贸易逆差。粮食安全的影响因素总体上可以分为自然因素和社会经济因素两大类。自然因素包括水资源、耕地、气候生态等；社会经济因素包含人口因素等常态因素和金融因素、国际贸易等偶然性因素。可以从各种影响因素出发，找出我国粮食安全水平提升的应对措施。

从以上对于粮食安全观的理论研究可以看出，粮食安全研究呈现了由单一粮食生产层面到更重视粮食安全的综合性和全局性，其内容涵盖了能力建设、政策支撑、市场体系、国际贸易、基础设施、流通仓储、农民积极性等多个方面。

2. 政策转变

在国家政策支持下，人均粮食产量和总产量都逐步提高。与粮食产量上升形成鲜明对比的是粮食自给率下降。据国家统计局数据计算，2004 年以前，我国粮食自给率在 95% 左右，由于粮食需求上升导致 2014 年下降到 85% 左右。市场自由化与政策性扭曲导致粮食供求的结构性短缺加剧。

通过中央一号文件可以探究中国粮食安全政策的转变（见表 2 - 1）。

表 2 - 1　　　　　　　　中央一号文件中对粮食安全的表述

年份	有关粮食安全内容
2004	实施优质粮食产业工程；加快中小型水利设施建设
2005	加快农业科技进步，提高农业综合生产能力
2006	坚持立足国内实现粮食基本自给的方针
2010	落实小麦最低购价政策，适时采取玉米、大豆、油菜籽等临时收储政策
2011	大兴农田水利建设
2012	切实落实"米袋子"省长负责制，继续开展粮食稳定增产行动
2013	坚持稳定面积、优化结构、主攻单产的总要求，确保丰产丰收
2014	实施以我为主、立足国内、确保产能、适度进口、科技支撑的国家粮食安全战略
2015	进一步完善和落实粮食省长负责制
2016	大规模推进高标准农田建设
2017	按照稳粮、优经、扩饲的要求，加快构建粮经饲协调发展的三元种植结构
2018	深入实施藏粮于地、藏粮于技战略，严守耕地红线，保护优化粮食产能

资料来源：笔者根据官方文件整理。

（三）　新粮食安全观

我国新粮食安全观，应从多维角度出发，更加注重系统化、效益化和信息化。具体而言包括以下三个方面的内容。

1. 创新粮食安全概念

根据国内学者对于粮食安全的研究，将我国的粮食安全定义为：数量上满足食用需求、种子需求、工业需求、养殖需求和其他经济正常发展所需，质量上满足人们日益提高的生活水平的要求，价格上满足经济可持续发展的要求，在大粮食概念中将粮食安全定义为食物安全，在小粮食概念中将粮食安全定义为口粮安全。

2. 树立大粮食观念

国家粮食安全不再是口粮安全、谷物安全，而是食物安全。应树立大粮食观念，建立全方位、多层次的粮食安全战略。从口粮安全到谷物安全再到食物安全，从小粮食概念到大粮食观念。注重种植业、渔业、林业、畜牧业和副业的均衡发展，增加食物选择和多样性、保障国家粮食安全、食物安全和人们健康。

3. 构建粮食储备新理念

保障国家粮食安全的主要举措之一就是应保证国家充足的粮食储备。应通过提升耕地质量实现储粮于地；创新和使用粮食新技术实现储粮于技；引导农户储粮实现储粮于户；充分利用国外市场实现储粮于外。

（四）　新粮食安全观的五大重点

新粮食安全观是对传统粮食安全观的继承与突破，着重从粮食生产供给侧发力，认识到粮农是国家粮食安全的保障主体，认识到粮食农业的现代化对于国家经济的发展有着基础性的贡献，顺应农业供给侧结构性改革的要求，积极实现粮食安全观的转变。

1. 由产量安全向质量安全和产能安全转变

从保障国家粮食安全的目标出发，从粮食安全到食物安全的新理念，由重点保证粮食供给数量安全转向兼顾供给质量安全和种粮农民收入安全。

2. 由耕地粮食向立体粮食转变

一方面，由以往单一"耕地粮食"格局向"立体粮食"战略转变，减轻耕地资源压力；另一方面，推动粮食功能由一向多发展、由旧向新扩展，推动粮食产业休闲观光、体验式消费等新功能的发展，将各类粮食同当地文化特色和农业科普体验相结合，以引入农村生态旅游、乡村农旅一体化建设之中，可以实现粮食的多元化发展。

3. 由生产主体转向由市场需求主体来决定

从中国基本国情出发，坚持市场定价、价补分离原则，尊重市场运行规律，充分发挥市场的基础性作用。构建新型价格形成机制，完善粮食市场价格运行系统，建立以直接补贴为主体、价格支持为补充、综合服务支持为支撑的补贴体系。

4. 由生产安全向流通安全和储备安全转变

粮食储备是保障国家粮食安全的重要举措。保证粮食生产安全的重点应该由产量安全转向能力安全的建设，构建粮食储备新理念，实现储粮于地、储粮于技、储粮于户、储粮于外。要健全现代粮食物流体系和粮食储备体系，推动粮食期货市场和现货市场相互补充。

5. 推进市场化和适度国际化

我国是全球最大的粮食进出口国，应建立国内粮食市场为主、国际粮食市场为辅、国内外市场联动的粮食市场体系。从战略高度探索利用国内国外两种资源来谋划粮食安全战略。立足于本国粮食生产，并适度进口，减轻国际市场波动对国内主要农产品的冲击。

三、"十四五"时期我国粮食安全保障的战略目标

确保粮食安全是"十四五"时期促进经济发展、社会稳定，维护国家安全的最重要基石，粮食安全的基础性作用和突出地位仍需被高度重视。这里以"十三五"期末我国粮食产业体系现状数据为基础，基于国家各类政策文件及模型测算，提出"十四五"期末我国粮食安全具体战略保障目标，为做好"十四五"粮食安全保障工作指明方向，提供根本遵循。

（一） 总体目标

"十四五"时期是我国农业农村工作由脱贫攻坚向乡村振兴转移、农业供给侧结构性改革进一步深化的关键期，推动粮食发展质量变革、效率变革、动力变革，扩大有效和中高端供给，提高全要素生产率，深化粮食价格市场机制改革，建立资源节约、环境友好的绿色发展体系，将是这一时期我国粮食产业发展主攻方向。"十四五"期间我国粮食安全保障的战略目标包括：建立稳产、高产、优质、绿色的新型粮食生产体系；建立健康、营养、品种丰富的新型粮食消费体系；建立合理、科学、先进的新型粮食储备体系；建立低碳、高效、现代的新型粮食流通体系；建立权威、系统、灵敏的新型风险防范体系。相关指标如表2－2所示。

表2－2   "十四五"期间我国粮食安全战略目标

体系名称	具体指标	2019年（基期值）	2025年（目标值）	属性
粮食生产体系	耕地保有量	1.35亿公顷	不低于1.24亿公顷	约束性
	高标准农田	0.48亿公顷	0.80亿公顷	预期性
	粮食播种面积	1.16亿公顷	1.1亿公顷	约束性
	大豆种植面积	0.093亿公顷	0.13亿公顷	预期性
	粮食总产量	6638.5亿公斤	6820亿公斤	预期性
	粮食单产水平	5720公斤/公顷	5850公斤/公顷	预期性
	粮食自给率	83%	90%以上	约束性
	粮食加工总产值	3.1万亿元*	5.0万亿元	预期性
	主营业务收入过百亿粮企	50	60	预期性
	粮食加工转化率	83%*	90%	预期性
	良种覆盖率	96%	98%以上	预期性
	科技贡献率	59.20%	64%以上	预期性
	粮食作物耕种收综合机械化率	80.00%	85%	预期性
	农业用水	3682.3亿立方米	3720亿立方米	约束性
	农田灌溉水有效率系数	0.559	0.58	预期性
	化肥利用率	39.2%	45%	预期性
	农药利用率	39.80%	45%	预期性
	秸秆综合利用率	85%	90%	预期性

续表

体系名称	具体指标	2019 年（基期值）	2025 年（目标值）	属性
粮食健康消费体系	人均谷物消费量	116 公斤	100 公斤	预期性
	粮食不安全发生率	8.5%	3%	约束性
	儿童（5 岁以下）发育迟缓发生率	8.1%*	2%	约束性
	儿童（5 岁以下）超重发生率	9.1%*	3%	约束性
	饮食多样性	49%	60%	预期性
	蛋白质可摄入量	71.3 毫克/人/天	83.5 毫克/人/天	预期性
	铁可摄入量	17.5 毫克/人/天	18.3 毫克/人/天	预期性
	锌可摄入量	10.7 毫克/人/天	13.1 毫克/人/天	预期性
粮食储备体系	三大主粮库存消费比	65.96%	50%	预期性
	标准粮食仓房仓容	6.7 亿吨*	8.1 亿吨	预期性
粮食流通体系	粮食商流、物流市场	500 家	600 家	预期性
	跨省流通量	3400 亿公斤**	4000 亿公斤	预期性
	粮食损失率	4.50%	3.00%	预期性
粮食风险防范体系	国家级国家粮食信息直报点	1072 个	2000 个	预期性
	地方粮食市场信息监测点	9206 个	1.5 万个	预期性
	应急供应网点	44601 个	5 万个	预期性
	应急加工企业	5388 家	6000 家	预期性
	应急储运企业	3454 家	5000 家	预期性
	区域性配送中心	3170 个	5000 个	预期性

注：** 表示为 2017 年数据，* 表示为 2018 年数据，其他为 2019 年基期值数据。

资料来源：《世界粮食安全和营养状况》及相关政策文件，2025 年数值为作者预测。

（二）具体目标

1. 建立稳产、高产、优质、绿色的新型粮食生产体系

第一，稳步提升粮食综合生产能力。严守耕地红线和永久基本农田控制线，确保耕地保有量不低于 1.24 亿公顷，粮食作物面积稳定在 1.10 亿公顷左右。到 2025 年，建成高标准农田 0.8 亿公顷[①]，保障粮食综合生产能力在

① 国务院《关于切实加强高标准农田建设提升国家粮食安全保障能力的意见》提出：2020 年全国高标准农田目标为 0.53 亿公顷，2022 年为 0.67 亿公顷。

6820 亿公斤以上，粮食单产水平达到 5850 公斤/公顷①，粮食自给率保持在 90% 及以上。

第二，持续优化粮食品种结构和区域布局。以市场需求为导向优化粮食生产结构，扩大黄淮海地区强筋低筋小麦、青贮及专用玉米和高油高蛋白大豆种植规模，打造东北地区优质稻谷、玉米及大豆核心区，重点扶持长江经济带双季稻和优质专用小麦产业带建设。到 2025 年，保持玉米单产年均增速 2.0%，大豆单产年均增速保持 3%，增加大豆作物面积至 0.13 亿公顷。

第三，增强粮食科技支撑作用。大力提高产粮大县粮食优质品率，支持种业自主创新，到 2025 年，实现良种覆盖率 98% 以上，农业科技贡献率达到 64% 以上，② 粮食作物耕种收综合机械化率达 85% 以上。在粮食主产区建设种、养、加、游等深度融合的工农复合型循环经济示范区，增强粮企产业化龙头企业核心竞争力和区域辐射带动能力。争取到 2025 年，粮食加工业年均增速 7%，总产值突破 5.0 万亿元，主营业务收入过百亿粮食企业超过 60 个，③ 粮食加工率达到 90% 以上。

第四，促进粮食生产向绿色、生态、可持续方式转变。农业灌溉用水总量实现"负增长"，到 2025 年，农业用水维持在 3720 亿立方米以内，农田有效灌溉率提高到 0.58。主要粮食作物化肥施用量、农药使用量实现"负"增长，化肥、农药利用率达到 45%，秸秆综合利用率达到 90%。④

2. 建立健康、营养、品种丰富的新型粮食消费体系

提升居民粮食营养健康状况，建立以谷类食物为主的平衡膳食模式，基本消除营养不良现象。到 2025 年，保证总人口粮食不安全发生率降为 3.0%，儿童（5 岁以下）发育迟缓率降低至 2% 以下，儿童超重发生率控制在 3.0% 以下。⑤

---

① 据国家统计局数据显示，2019 年我国人口 14 亿零 5 万人，预计 2025 年中国人口达到峰值 14.20 亿，人均粮食占有量 480 公斤，粮食总产量将增加为 6820 亿公斤。2019 年粮食单产为 5720 公斤/公顷，根据 2009~2019 历史数据，建立数学模型，预计 2025 粮食单产可达到 5850 公斤/公顷。

② 《乡村振兴战略规划实施报告（2018—2019 年）》显示，2019 年我国农业科技进步贡献率 59.2%。

③ 2025 年相关目标值来源于国家发展改革委、国家粮食和物资储备局《关于坚持以高质量发展为目标加快建设现代化粮食产业体系的指导意见》。

④ 参照《全国农业可持续发展规划（2015—2030 年）》中 2030 年目标值和 2019 年农业资源现状，设置 2025 年中间目标值。

⑤ 《世界粮食安全和营养状况 2019》报告显示：2018 年中国大陆粮食轻度或重度不安全率为 8.9%，儿童（5 岁以下）发育迟缓发生率 4.9%，儿童（5 岁以下）超重发生率 6.3%。

推广膳食结构多样化健康消费模式，保证食物多样性到 2025 年达到 60%，全国人均谷物消费 100 公斤，配合充足蛋白质和适量矿物质摄入量，人均每日蛋白质摄入量达到 83.5 毫克/人/天，锌可摄入量为 13.1 毫克/人/天，铁可摄入量为 18.3 毫克/人/天，① 建立合理、科学、先进的新型粮食储备体系。

第一，保持合理的粮食储备水平。完善地方储备安全管理制度，建立国家政府储备、政策性储备及企业商品库存功能互补、协同高效的粮食储备体系。促使粮食储备保持在合理规模水平，适度调减当前库存压力和低质量粮食入库量，将国家粮食储备库存消费比降为 50%。

第二，加快粮食收储能力现代化水平。规划建设一批现代化新粮仓，维修改造一批老粮库，不断扩大先进仓储设施规模，到 2025 年建设标准粮食仓房仓容 8.1 亿吨。② 完善粮仓设施功能，促使信息化成为推进粮食和物资储备治理能力现代化、提升治理效能的创新动力。

第三，推进现代粮食市场价格机制改革。按照"市场定价、价补分离"导向，积极稳妥推进粮食收储制度和价格形成机制改革，在世界贸易组织规则下，积极扩大"绿箱"政策内容，加快形成统一开放、竞争有序的现代粮食市场体系。

3. 建立低碳、高效、现代的新型粮食流通体系

第一，打造粮食流通新格局。持续推进粮库智能化升级，打通粮食进出口物流网络关键节点，打造几条粮食进出口物流重要通道，提升粮食物流流通效率。到 2025 年，促使全国粮食商流、物流市场达到 600 家，跨省域粮食流通量达到 2500 亿公斤。

第二，减少粮食损失率。建立完善的粮食产后技术服务体系，提高粮农产后服务能力，减少产后损失。开展粮食产后高效节粮新技术、新工艺、新装备的研发和应用，完善粮食产后标准体系，突出依规减损。形成社会节粮减损长效机制，到 2025 年粮食损失率下降到 3% 以下。③

---

① 《全球粮食安全指数报告 2019》指出，2019 年我国粮食多样性为 49%，人均每日蛋白质摄入量为 71.3 毫克/人/天，锌可摄入量为 10.7 毫克/人/天，铁可摄入量为 17.5 毫克/人/天。参照当前日本、韩国等国家蛋白质与微量元素摄入标准，设定 2025 年中国人均蛋白质及微量元素铁、锌摄入量。

② 《中国的粮食安全》白皮书报告：2018 年全国共有标准粮食仓房仓容 6.7 亿吨，简易仓容 2.4 亿吨。

③ 《全球粮食安全指数报告 2019》指出，粮食损失率＝粮食损失量/粮食总产量，2019 年中国粮食损失率为 4.5%。

4. 建立权威、系统、灵敏的新型粮食风险防范体系

第一，完善粮情预警监测体系。建成指标科学、技术先进、监测高效、数据可靠、发布及时的粮情监测预警体系。到 2025 年，国家级粮食信息直报点增加到 2000 个，地方粮食市场信息监测点增加到 1.5 万个。

第二，健全粮食应急保供体系。形成全国统一、合理布局、高效调配、渠道可靠的粮食应急供应保障体系，应急储备规模满足大中城市 10 ~ 15 天口粮消费需要。到 2025 年，建成应急供应网点 5 万家，应急加工企业达到 6000 家，应急储运企业达到 5000 家，区域性配送中心达到 5000 个。

第三章

我国主要粮食品种的生产和消费分析

    进入 21 世纪以来，我国粮食生产逐步呈现了有效供给不足的结构性矛盾。随着人民生活水平的提高，人们对肉类、水产品、食用植物油等需求扩大，引起玉米、大豆等饲料粮和工业用粮需求增大；消费者对粮食品质的要求逐步提高。低质量大米、小麦等已经不适合市场需要。另外，粮食主产区与主销区之间时常出现粮食生产与流通不协调的区域性矛盾。2016 年中央一号文件《中共中央 国务院关于落实发展新理念加快农业现代化实现全面小康目标的若干意见》提出推进农业供给侧结构性改革，逐步形成与市场需求相适应、与资源禀赋相匹配的现代农业生产结构和区域布局。因此，在粮食生产方面，我国同样也面临着品种结构和区域结构的调整。本章基于 2000 年以来我国 31 省份（不包括香港、澳门、台湾），稻谷、小麦、玉米和大豆 4 种粮食品种的生产、消费和进出口数据，分析我国及各省份 4 种粮食品种的生产、消费和进出口总体情况，并进一步探明我国 4 种粮食品种生产、消费在各区域及省区层面的演变，为促进 4 种粮食品种的供求平衡，为制定粮食品种结构调整政策提供参考。

一、区域划分和主要粮食品种的消费测算

（一）区域划分

    根据中国各省份自然条件、经济发展水平和社会人文特点，将我国粮食

生产分为 9 个区域。（1）东北区，包括辽宁、吉林和黑龙江；（2）华北区，包括北京、天津、河北、山东和河南；（3）长江中下游区，包括上海、江苏、浙江、安徽、湖南、湖北和江西；（4）东南区，包括福建、广东和海南；（5）西南区，包括广西、云南和贵州；（6）四川区，包括四川和重庆；（7）黄土高原区，包括山西、陕西、甘肃和宁夏；（8）蒙新区，包括内蒙古和新疆；（9）青藏区，包括青海和西藏。[①]

（二）　数据来源及主要粮食品种的消费测算

1. 数据来源

有关稻谷、小麦、玉米和大豆 4 种粮食品种的生产、消费数据主要来自 2001 ~ 2016 年的中国统计年鉴、中国农业统计资料、全国农产品成本收益资料汇编、31 个省份[②]相关的统计年鉴（2001 ~ 2015 年）[③] 以及美国农业部 P&D online 数据库[④]。4 种品种粮食的进出口数据主要来自中国海关农产品贸易数据库。

2. 大米、小麦、玉米和大豆消费的测算

关于我国 31 个省份大米、小麦、玉米和大豆 4 种粮食品种的消费量，本章主要从各省份居民饮食消费和种用粮食两方面考察。其中，种用稻谷、小麦、玉米和大豆量分别利用各省份相应品种种子的每亩用量，及其播种面积计算得出。另外，在测算各省份居民通过饮食对 4 种粮食作物消费时，分别采取直接和间接两种方式。具体来说，大米消费量和小麦消费量是各省份居民在日常饮食中消费的两种粮食量，即分别是大米直接消费和小麦直接消费。

① 杨东群，李先德. 中国大麦生产格局变化及其决定因素［J］. 中国农学通报，2013，29（32）.

② 本书统计数据不包括香港、澳门、台湾。

③ 31 个省份相关的统计年鉴包括：《黑龙江垦区统计年鉴》《黑龙江统计年鉴》《吉林统计年鉴》《辽宁统计年鉴》《辽宁农村统计年鉴》《河北经济年鉴》《河北农村统计年鉴》《天津统计年鉴》《北京统计年鉴》《内蒙古经济社会调查年鉴》《山东统计年鉴》《河南统计年鉴》《河南调查年鉴》《江苏统计年鉴》《安徽统计年鉴》《安徽农村统计年鉴》《湖南统计年鉴》《湖北统计年鉴》《四川统计年鉴》《江西统计年鉴》《上海统计年鉴》《浙江统计年鉴》《福建统计年鉴》《广东统计年鉴》《广东农村统计年鉴》《海南统计年鉴》《云南统计年鉴》《贵州统计年鉴》《重庆统计年鉴》《山西统计年鉴》《陕西统计年鉴》《甘肃统计年鉴》《青海统计年鉴》《西藏统计年鉴》《宁夏统计年鉴》。

④ 美国农业部外国农业服务局（USDA Foreign Agricultural Service），生产、供给和分配（production, supply and distribution online database）（P&D online）网上数据库，https：// apps. fas. usda. gov/ psdonline/psdQuery. aspx。

对于玉米和大豆的消费，由于居民消费的禽肉产品、畜产品和水产品等是通过玉米等饲料用粮转化而来，居民消费的食用大豆油来源于大豆榨油。因此，居民对玉米、大豆的消费是间接消费。

由于我国城乡二元结构突出，又由于各省份居民饮食习惯不同，各省份城镇居民与农村居民消费粮食、禽肉产品、畜产品、水产品以及食用大豆油的水平存在差异。为准确反映我国居民对 4 种粮食作物的直接和间接消费情况，这里分别以每一省份城镇居民和农村居民人均消费大米、小麦、禽肉产品、畜产品、水产品和食用大豆油数量为基础，并利用饲料报酬率和大豆出油率，以及各省份城镇和农村人口数量进行测算。

具体来说，关于 31 个省份居民对大米、小麦的直接消费量，分别根据各省份 2000～2014 年城镇和农村居民人均消费大米和小麦数量，以及相应城镇和农村人口数测算得出。

关于 31 个省份居民对玉米的间接消费量，为了统一计算口径，本章把禽类、猪牛羊肉、水产品按照饲料报酬比折算为相应玉米量。这里采用王川、李志强（2007）和李胜贤、曹敏建（2015）等一些研究普遍使用的主要畜禽产品、水产品饲料报酬率。这一折算标准来自农业部信息中心。具体是：禽肉 1:2.0、猪肉 1:2.8、牛肉 1:1.0、羊肉 1:0.3、水产品 1:0.8。在测算玉米消费量时，沿用黄德林、李喜明和杨军（2013）的研究，将玉米在饲料用粮中的分摊比例定为 0.73，并扣除了饲料玉米中 20% 秤皮量。在此基础上，通过对各省份 2000～2014 年城镇和农村居民人均消费禽肉、猪牛羊肉和水产品数量，以及各省份城镇和农村居民人口数测算得出。

关于 31 省份居民对大豆的间接消费量，本章利用美国农业部 P&D online 数据库中 2000～2014 年我国居民食用植物油消费量中大豆油所占比例，从各省份城镇和农村居民人均食用植物油消费数据中分离出人均大豆油消费量，并按照 15% 的大豆出油率折算出人均大豆间接消费量。在此基础上，运用各省份城镇和农村居民人口数进行测算。

二、我国主要粮食品种的生产和消费总体情况

（一）我国主要粮食品种生产及结构变化

1. 主要粮食品种生产变化

2000 年以来我国 4 种粮食品种生产特征是三增一减。稻谷和小麦产量逐渐

增加，玉米产量增长迅速，大豆产量日趋下滑（见图 3 – 1）。2000～2014 年，稻谷产量由 1.91 亿吨增加到 2.07 亿吨，增长 8.4%；小麦产量由 9997.4 万吨增加到 1.26 亿吨，增长 26%；玉米产量由 1.07 亿吨增加到 2.16 亿吨，增长了101.9%；大豆产量由 1547.6 万吨减少到 907.8 万吨，减少了 41.3%。

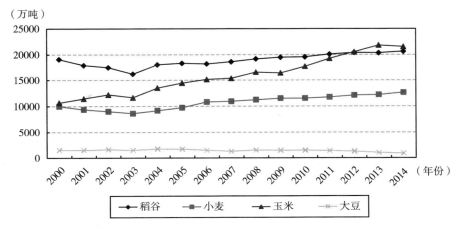

图 3 – 1   2000～2014 年我国主要粮食品种生产变化

资料来源：《中国统计年鉴》（2001～2015 年）。

2. 主要粮食品种生产结构变化

从粮食品种生产结构变化看（见表 3 – 1），稻谷、小麦地位下降，玉米作用不断增强，大豆变得微不足道。2000 年，稻谷产量在 4 种主要粮食品种中占比最高，达到 46.2%，但 2014 年占比已经降至 37%，低于玉米所占比重；小麦地位也有所下降，2000～2014 年，由 24.2% 降至 22.6%；玉米产量变化最为引人注目，所占比例由 25.8% 提高到 38.7%，一跃成为产量最高的粮食品种；大豆产量占比日渐衰减，由 3.8% 跌至 1.7%。由于我国养殖业对于发展农村经济和提高农民收入作用明显，养殖业的发展带动了饲料玉米消费的增加，成为玉米产量增加的诱因之一。

表 3 – 1   我国粮食品种生产结构变化   单位：%

粮食品种	2000 年	2005 年	2010 年	2014 年
稻谷	46.2	41.4	38.9	37.0
小麦	24.2	22.0	22.9	22.6
玉米	25.8	32.6	35.2	38.7
大豆	3.8	4.0	3.0	1.7

资料来源：《中国统计年鉴》（2001～2015 年）。

（二）我国主要粮食品种的消费及结构变化

1. 主要粮食品种的消费量

这里大米消费量是城乡居民直接消费大米的数量，以及大米种子用量之和。小麦的消费量与大米消费量测算范围相同。玉米消费量是城乡居民玉米间接消费，以及玉米种子用量之和。大豆的消费量与玉米消费量测算范围相同。

2000 年以来，我国大米和小麦消费量逐渐减少，但玉米消费量增长迅速，大豆消费量也逐年增长（见图 3 - 2）。2000 ~ 2014 年，我国大米消费量由 10300 万吨减少到 7629.1 万吨，减少了 25.9%；小麦消费量由 8540.9 万吨减少到 5841.7 万吨，减少了 31.6%；玉米消费量由 4710.1 万吨增加到 12400 万吨，增长了 163.3%；大豆消费量由 2306.2 万吨增加到 3581.7 万吨，增长了 55.3%。

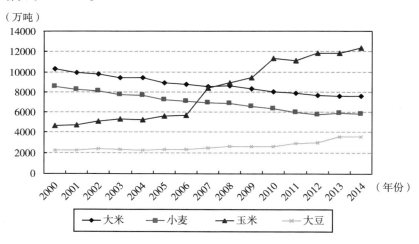

图 3 - 2　2000 ~ 2014 年我国居民对主要粮食品种的消费变化

资料来源：根据 31 省份相关统计年鉴（2001 ~ 2015 年）数据整理测算。

2. 主要粮食品种的消费结构

从粮食品种消费结构变化看（见表 3 - 2），大米、小麦的消费比例降低，玉米和大豆的消费比例提高，玉米消费强势增长。2000 年，大米消费在 4 种主要粮食品种中占比接近 4 成，然而 2014 年占比降至近 1/4；小麦消费占比也由约 1/3 降至近 1/5；玉米消费已取代大米消费的地位，占比超过 4 成；大豆消费占比也由 8.9% 升至 12.2%。

表3-2		我国居民对主要粮食品种的消费结构变化		单位：%
粮食品种	2000年	2005年	2010年	2014年
大米	39.8	36.9	28.4	25.9
小麦	33.1	29.9	22.5	19.8
玉米	18.2	23.4	40.0	42.1
大豆	8.9	9.8	9.1	12.2

资料来源：根据31省份统计年鉴（2001～2015年）数据整理测算。

以上我国居民对主要粮食品种消费及消费结构的变化表明，2000年以后，我国人口增长平缓，居民生活改善，人们减少了口粮消费，并转而消费更多禽肉、猪牛羊肉、水产品和食用大豆油。另外，随着我国城镇化发展，越来越多的乡村居民转移到城镇，使得本来消费较多蛋白质类食品的城镇居民规模扩大，玉米、大豆间接消费水平不断提高。

将我国粮食生产和消费变化进行对比，尽管我国稻谷、小麦生产逐年增长，但大米和小麦消费已经呈减少态势。玉米增产配合了玉米消费的迅速增长，但大豆生产却与大豆消费趋向完全背道而驰。

3. 主要粮食品种的种子用量

综合31省份数据，4种作物种子总用量变化不大，2000年为920.7万吨，2014年为921.2万吨。其中，稻谷和玉米种子用量增加，小麦和大豆种子用量减少（见图3-3）。2000～2014年，稻谷种子用量由154.1万吨增加到172万吨，增长了11.6%；玉米种子用量由106万吨增加到122.7万吨，增长了15.8%；小麦种子用量由571.1万吨减少到555.1万吨，减少了2.8%；大豆种子用量由89.5万吨减少到71.4万吨，减少了20.2%。

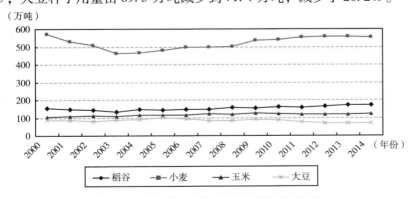

图3-3　4种粮食作物种子用量及结构变化

资料来源：中国农业统计资料。

从 4 种粮食品种的种子用量结构变化看（见表 3 - 3），小麦种子用量占比最大，虽然占比逐渐降低，依然占到种子总用量的 6 成；稻谷和玉米种子用量占比接近，介于 10% ~ 20%，并且占比都保持了增长；大豆种子用量占比最低，并降低至 7.7%。在我国稻谷、小麦和玉米产量实现较大增长下，我国粮食种子用量保持了基本稳定。特别是小麦种子用量还有所减少。这一定程度反映了科技进步在粮食生产中发挥的作用。

表 3 - 3 　　　　　　　　4 种粮食作物的种子用量结构变化　　　　　　单位：%

粮食品种	2000 年	2005 年	2010 年	2014 年
稻谷	16.7	17.2	17.9	18.7
小麦	62.0	57.0	59.0	60.3
玉米	11.5	13.8	13.5	13.3
大豆	9.7	11.9	9.6	7.7

资料来源：中国农业统计资料。

三、我国主要粮食品种的进出口情况

（一）主要粮食作物进出口情况

根据中国海关农产品贸易数据库的数据，按照商务部农产品第三级分类，对 4 种粮食作物相关产品的进出口数据进行了整理，分别将稻谷折算为大米（米/稻谷转化率为 0.7）、面粉折算为小麦（面粉/小麦转化率为 0.75）、豆粕折算为大豆（豆粕/大豆转化率为 0.78），分析大米、小麦、玉米和大豆的进出口贸易情况。

总体来看，我国粮食进口连年增加，2000 ~ 2015 年，4 种品种的粮食进口总量由 1223.9 万吨增加到 9270.3 万吨，增长 657.4%。另外，4 种品种的粮食出口在波动中逐渐减少。2000 年，粮食出口量为 119.3 万吨，2001 年，出口量增加到 930.6 万吨，2003 年，粮食出口增加到 2284.7 万吨，此后粮食出口有所减少。2008 年，粮食出口量减少到 273.8 万吨。受我国粮食生产成本增加等因素影响，我国粮食出口增长乏力，2015 年，粮食出口量为 276 万吨。我国粮食长期处于净进口状态。2015 年,粮食净进口总量达 8994.3 万吨,比 2000 年增长 714.3%。粮食外贸依存度明显提高。

从各品种的进出口情况看,2000 年以来,我国大米、小麦、玉米三大主粮出口量减少,进口量增加,但大豆出口量逐步增加,同时,大豆进口在更高量级上逐年扩大。大豆一直处于净进口状态,并且大米从 2011 年、小麦从 2009 年、玉米从 2010 年开始也呈净进口状态。

1. 大米进出口

2000 年,我国大米进口量只有 23.9 万吨,2015 年,大米进口量已达到 334.5 万吨,比 2000 年增长了 1299.6%(见图 3 - 4)。另外,2000 年,我国大米出口量 16.1 万吨,经过出口增加和波动,2015 年,大米出口量为 28 万吨。大米进出口贸易由顺差转为逆差,2015 年大米净进口量 306.5 万吨。

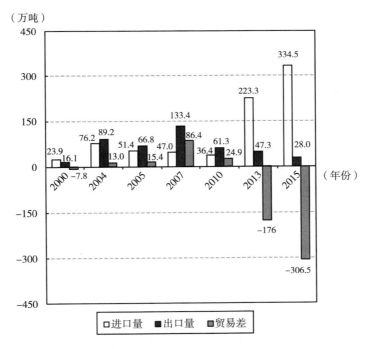

图 3 - 4 2000 ~ 2015 年我国大米进出口量变化
资料来源:中国海关农产品贸易数据库。

在我国稻谷产量增加,而大米消费减少的情况下,大米进口增加的原因,一是通过进口优质高价大米,满足国内高端大米需求;二是利用大米国际价格低于国内价格优势，降低经营成本。这可能会逐渐对稻农经营产生影响。

2. 小麦进出口

我国小麦进口量呈波动性增长（见图 3 - 5）。2000 年，小麦进口量为 93.3 万吨，2004 年和 2013 年是两个进口高峰，进口量分别达到 726.7 万吨 和 546.9 万吨，2015 年，小麦进口量减少至 301.2 万吨。另外，我国小麦出 口以 2007 年为分界点，前半段出口在波动中有所增加，2007 年，出口量达 到 331.7 万吨。此后，小麦出口逐年减少。2015 年，小麦出口量减少至 16.1 万吨，2015 年，小麦净进口量达 285.1 万吨。

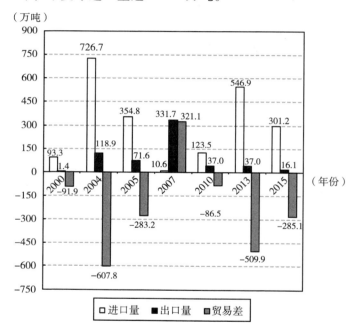

图 3 - 5　2000 ~ 2015 年我国小麦进出口量变化

资料来源：中国海关农产品贸易数据库。

3. 玉米进出口

2000 年，我国玉米进口量约 30 吨，数量微乎其微（见图 3 - 6）。但 2010 年开始，玉米进口出现爆发性增长，特别是 2012 年进口量达到 519.4 万 吨，是 2010 年进口量的 3 倍。2015 年，玉米进口再次迎来小高峰，进口量 达 458.5 万吨。另外，2002 年开始，我国玉米出口成倍增长，2003 年最多达 1638.9 万吨，2008 年开始出口锐减，2015 年出口量只有 1.1 万吨。2015 年， 玉米净进口量为 457.4 万吨。

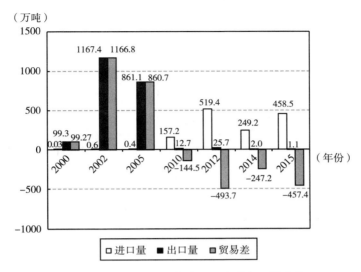

图 3 - 6　2000～2015 年我国玉米进出口量变化

资料来源：中国海关农产品贸易数据库。

4. 大豆进出口

我国大豆进口呈现旺盛增长态势（见图 3-7）。大豆进口量从 2000 年的 1106.7 万吨增加到 2015 年的 8176.1 万吨，增长了 638.8%。另外，我国大豆出口量呈现台阶式增长。2002 年，出口量达 157.5 万吨，2012 年，出口达 190 万吨，2014 年，出口进一步增加到 288.8 万吨，2015 年，出口量有所减少为 230.8 万吨。我国大豆净进口量逐年增长。2015 年，大豆净进口量 7945.3 万吨，约为 2000 年的 7 倍。在国内大豆减产，大豆进口不断增加下，我国大豆出口却在逐年增加。这一定程度上表明我国的非转基因大豆虽然不能与进口的转基因大豆在国内市场抗衡，但在国际市场上却具有一定竞争力。

（二）粮食进出口结构变化

表 3-4 反映了我国粮食进出口总量中，大米、小麦、玉米和大豆的进出口结构变化。从粮食出口结构看，2000 年和 2005 年，玉米是主要粮食出口品种，占粮食出口量的 70%～85%，但从 2010 年和 2015 年的情况看，玉米出口地位下降，大豆在我国粮食出口中占比增加，分别达到 56.9% 和 83.6%。

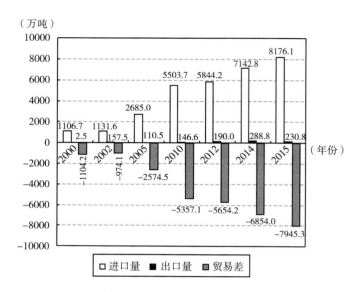

图 3 - 7   2000 ~ 2015 年我国大豆进出口量变化

资料来源：中国海关农产品贸易数据库。

表 3 - 4   我国粮食进出口结构变化   单位：%

粮食品种	出口结构				进口结构			
	2000 年	2005 年	2010 年	2015 年	2000 年	2005 年	2010 年	2015 年
大米	13.5	6.0	23.8	10.2	1.9	1.7	0.6	3.6
小麦	1.2	6.4	14.4	5.8	7.6	11.5	2.1	3.2
玉米	83.2	77.6	4.9	0.4	0.0	0.0	2.7	4.9
大豆	2.1	10.0	56.9	83.6	90.5	86.8	94.6	88.3
合计	100	100	100	100	100.0	100	100	100

资料来源：中国海关农产品贸易数据库。

从粮食进口结构看，大豆一直在我国粮食进口中占有很大份额，2000 年占 4 种粮食作物进口总量的 90.5%。随着其他品种粮食进口量的增加，大豆所占进口份额有所下降，2015 年进口量所占份额为 88.3%。

从我国主要粮食作物进出口情况变化看出，作为传统农业大国，我国主要粮食品种在国际市场上的竞争优势在逐步丧失，而大豆的大量进口，表明了我国居民对国际市场的旺盛需求。我国从 2004 年开始，粮食生产连年增产，但是这也没有抑制我国粮食进口的增加。这说明我国粮食生产在结构上不能很好满足国内居民需求。导致粮食进口增加的根源应该从我国居民粮食消费结构变化及粮食消费刚性增长方面去研究。

四、我国稻谷和小麦生产、消费的区域及省份变化

根据居民消费4种粮食作物的方式不同，这里以大米、小麦直接消费为一组，玉米、大豆间接消费为另一组，分别研究各种粮食作物生产、消费的区域及省份变化。

（一）稻谷主要生产、消费区域及省份变化

1. 稻谷生产重心向东北区转移

从稻谷生产区域变化看，一直以来，长江中下游区是我国最大的稻谷产区，产量超过我国稻谷总产量一半（见表3-5）。此外，我国传统稻谷主要产区还有4个，分别是长江中下游区、西南区、东南区、四川区和东北区。2000~2014年，东北区稻谷增产明显，稻谷对全国稻谷总产的贡献率由9.8%提高到15.7%。而其他产区稻谷对全国稻谷总产的贡献率大部分呈下降态势。

表3-5　　2000~2014年各区对全国稻谷总生产和大米总消费的贡献率　　单位：%

区域	生产			消费		
	2000~2004年	2005~2009年	2010~2014年	2000~2004年	2005~2009年	2010~2014年
东北区	9.8	12.7	15.7	6.5	6.9	7.5
华北区	2.6	3.1	3.3	3.3	5.2	6.3
长江中下游区	50.5	51.6	50.2	40.8	38.5	37.2
东南区	11.5	9.0	8.6	12.3	13.0	13.3
西南区	12.8	11.8	10.7	15.7	14.9	15.3
四川区	11.4	10.3	10.1	17.8	17.1	16.0
黄土高原区	0.8	0.8	0.8	2.6	3.0	2.7
蒙新区	0.6	0.7	0.6	0.8	1.1	1.4
青藏区	0.0	0.0	0.0	0.2	0.3	0.3

资料来源：根据《中国统计年鉴》（2001~2015年）以及31个省份的相关统计年鉴（2001~2015年）的数据整理测算。

2. 湖南稻谷产量最高，黑龙江稻谷增产幅度最大

从稻谷生产省份变化看，稻谷主产省有湖南、江苏、四川、广东、湖北、

江西、广西、安徽、黑龙江和浙江 10 个省份。与 2000 年相比，2014 年，10 省份稻谷产量 1.63 亿吨，产量增加了 8.3%，占全国稻谷产量比例提高到 79.5%。其中，稻谷产量最大的省份是湖南，2014 年，湖南稻谷产量占全国稻谷总产的 12.8%。稻谷增长幅度最大的省份是黑龙江，稻谷产量增长了 116%，稻谷产量占全国比例排名由第 9 位跃升为第 2 位，成为我国重要的北方水稻主产省（见表 3 - 6）。

表 3 - 6　　　　2000 年和 2014 年主要省份稻谷生产和消费变化　　　单位：%

2000 年						2014 年					
生产			消费			生产			消费		
排名	省份	占全国产量比例	排名	省份	占全国消费量比例	排名	省份	占全国产量比例	排名	省份	占全国消费量比例
1	湖南	13.2	1	四川	14.5	1	湖南	12.8	1	四川	12.6
2	江苏	9.4	2	湖南	10.2	2	黑龙江	10.9	2	湖南	10.8
3	四川	8.6	3	江苏	7.2	3	江西	9.8	3	广东	8.5
4	广东	8.0	4	广东	6.4	4	江苏	9.3	4	江苏	6.3
5	湖北	7.8	5	江西	6.4	5	湖北	8.4	5	江西	6.3
6	江西	7.8	6	广西	6.3	6	四川	7.4	6	广西	5.9
7	广西	7.1	7	湖北	6.1	7	安徽	6.8	7	湖北	5.0
8	安徽	6.3	8	浙江	5.5	8	广西	5.6	8	云南	4.8
9	黑龙江	5.5	9	贵州	4.8	9	广东	5.3	9	贵州	4.7
10	浙江	5.2	10	云南	4.6	10	云南	3.2	10	浙江	4.3

注："生产"为稻谷产量排名，"消费"是大米消费量排名。

资料来源：根据《中国统计年鉴》（2001～2015 年）以及 31 个省份的相关统计年鉴（2001～2015 年）的数据整理测算。

3. 东北、华北、东南和西北地区居民大米消费普遍增加

从大米消费区域变化看，我国稻谷传统产区，同时也是大米主要消费区（见表 3 - 5）。2000～2014 年，最大稻谷消费区长江中下游区居民对我国大米消费的贡献减弱，大米消费贡献率由 40.8% 降低到 37.2%。但是，东北区、华北区、东南区、黄土高原区和蒙新区居民对我国大米总消费的贡献率都有所提高，总体看，由 25.5% 提高到 31.1%。这 5 个区域中，除东北区外，其他 4 个区域均不是我国稻谷主要产区。因此，在非稻谷生产优势区域，居民对大米消费呈现增加态势。

4. 北京、天津、河北，以及西北省份居民大米消费增长明显

从大米消费省份变化看，2000~2014 年，排在前 10 位的省份在全国的大米消费地位下降，由 72% 下降到 69.2%（见表 3-6）。但是，有 9 个省份居民的大米消费增长，其中，新疆增长 131.4%、河北增长 122%、西藏增长 98.8%、北京增长 73.3%、山东增长 63.7%、天津增长 60.4%、河南增长 33.6%、内蒙古增长 22.6%、陕西增长 18.6%。

（二）小麦主要生产、消费区域及省份变化

1. 小麦生产进一步向华北区、长江中下游和黄土高原区集中

从小麦生产区域变化看，我国传统小麦主要产区有 3 个，分别是华北区、长江中下游和黄土高原区（见表 3-7）。2000~2014 年，三大主产区小麦增产 34.1%，总产量达到 1.11 亿吨，对全国小麦总产的贡献率由 84.3% 提高到 87.5%，小麦生产集中度加强。

表 3-7　　　　2000~2014 年各区对全国小麦总产和总消费的贡献率　　　　单位：%

区域	生产			消费		
	2000~2004 年	2005~2009 年	2010~2014 年	2000~2004 年	2005~2009 年	2010~2014 年
东北区	1.1	0.9	0.6	4.2	5.0	6.6
华北区	55.5	56.9	56.2	50.7	48.2	47.2
长江中下游区	17.9	21.4	23.2	12.6	12.2	12.3
东南区	0.2	0.1	0.1	0.2	0.3	0.6
西南区	2.4	1.3	1.0	3.2	2.6	2.1
四川区	5.9	4.6	3.8	5.0	5.0	4.6
黄土高原区	10.9	8.7	8.1	16.5	18.2	16.7
蒙新区	5.3	5.5	6.5	6.2	7.1	8.4
青藏区	0.8	0.6	0.5	1.4	1.4	1.5

资料来源：根据《中国统计年鉴》（2001~2015 年）以及 31 个省份的相关统计年鉴（2001~2015 年）的数据整理测算。

2. 河南、山东、河北小麦增产显著

从小麦生产省份变化看（见表 3-8），排名前 10 位的省份中，河南、山东、河北 3 省小麦产量明显高于其他省份，且保持增长势头。2014 年，

3 省小麦产量增加到 9576.7 万吨，对全国总产贡献率提高到 55.6%。特别是河南对全国小麦总产贡献显著，2014 年，小麦对全国总产贡献率达到 26.4%。此外，安徽、湖北和江苏小麦增产幅度较大，分别增长 90.8%、80.4% 和 45.7%。在 10 个小麦主产省份以外的省份中，小麦产量增加的省份还有山西，小麦产量增长 20.4%。在省份排名中，新疆超过了四川，湖北超过了甘肃。新疆小麦生产增长强劲，占全国比例由第 8 位升至第 6 位。

表 3 - 8　　　　　　　2000 年和 2014 年主要省份小麦生产和消费变化　　　　　单位：%

2000 年						2014 年					
生产			消费			生产			消费		
排名	省份	占全国产量比例	排名	省份	占全国消费量比例	排名	省份	占全国产量比例	排名	省份	占全国消费量比例
1	河南	22.4	1	河南	20.4	1	河南	26.4	1	山东	17.2
2	山东	18.6	2	山东	16.2	2	山东	17.9	2	河南	12.8
3	河北	12.1	3	河北	11.2	3	河北	11.3	3	河北	11.5
4	江苏	8.0	4	安徽	5.6	4	安徽	11.0	4	新疆	5.9
5	安徽	7.3	5	陕西	5.4	5	江苏	9.2	5	陕西	5.7
6	四川	5.3	6	江苏	5.4	6	新疆	5.1	6	安徽	5.4
7	陕西	4.2	7	甘肃	5.0	7	四川	3.3	7	江苏	4.8
8	新疆	4.1	8	山西	4.6	8	湖北	3.3	8	山西	4.7
9	甘肃	2.7	9	四川	4.4	9	陕西	3.3	9	甘肃	4.6
10	湖北	2.3	10	新疆	3.8	10	甘肃	2.2	10	四川	4.2

资料来源：根据《中国统计年鉴》（2001 ~ 2015 年）以及 31 个省份的相关统计年鉴（2001 ~ 2015 年）的数据整理测算。

3. 东北、东南和西北地区居民小麦消费增加

从小麦消费区域变化看，我国传统小麦产区也是我国小麦主要消费区（见表 3 - 7）。2000 ~ 2014 年，在三大小麦主要消费区中，华北区和长江中下游区居民对我国小麦消费贡献减弱，由 63.3% 降低到 59.5%。但是，东北区、东南区、黄土高原区、蒙新区和青藏区居民对我国小麦总消费的贡献率都有所提高，总体看由 28.5% 提高到 33.8%。这 5 个区域中，除黄土高原区外，其他 4 个区域均不是我国小麦主要产区。因此，在非小麦生产优势区域，

居民对小麦消费量有所增加。

4. 非主要小麦消费省份居民小麦消费增长

从小麦消费省份变化看，2000～2014 年，河南、山东和河北 3 个小麦消费大省对全国总消费的贡献率下降，由 47.8% 下降到 41.5%（见表 3 - 8）。排在前 10 位的省份中，新疆居民对全国小麦消费贡献率增加了 2.1%。此外，在排名前 10 位以外的非小麦主要消费省份中，居民消费小麦量增加的省份有 11 个，按照消费增幅大小分别是上海（307.3%）、广东（126.5%）、天津（50.8%）、广西（39.8%）、浙江（36.0）、辽宁（32.9%）、西藏（28.1%）、吉林（24.9%）、北京（10.6%）、福建（7.3%）。

五、我国玉米和大豆生产、消费的区域及省份变化

（一）玉米主要生产、消费区域及省份变化

1. 玉米生产重心向东北区和西北区转移

从玉米生产区域变化看，华北区和东北区是我国两大玉米主要产区（见表 3 - 9）。2000～2004 年，华北区玉米产量对全国玉米总产的贡献率一度高于东北区，但 2010～2014 年，华北区玉米生产绝对优势地位被东北区取代，东北区和华北区玉米生产对全国玉米总产的贡献率分别达到 33.1% 和 27.4%。另外，西部省份玉米生产增长迅速，蒙新区和黄土高原区玉米生产对全国玉米总产的贡献率分别提高到 11.8% 和 10.5%。

表 3 - 9　　　　2000～2014 年各区对全国玉米总产和总消费的贡献率　　　　单位：%

区域	生产			消费		
	2000～2004 年	2005～2009 年	2010～2014 年	2000～2004 年	2005～2009 年	2010～2014 年
东北区	27.3	30.2	33.1	7.3	7.3	6.4
华北区	31.0	31.4	27.4	14.5	13.7	14.4
长江中下游区	7.4	5.4	5.6	29.9	29.9	28.7
东南区	0.7	0.4	0.5	16.6	18.1	17.8
西南区	8.0	6.9	6.2	12.5	12.4	15.4
四川区	6.1	5.4	4.8	12.0	11.7	10.8

续表

区域	生产			消费		
	2000～2004 年	2005～2009 年	2010～2014 年	2000～2004 年	2005～2009 年	2010～2014 年
黄土高原区	9.8	9.9	10.5	4.6	4.3	3.9
蒙新区	9.7	10.4	11.8	2.2	2.2	2.2
青藏区	0.0	0.0	0.1	0.4	0.4	0.4

资料来源：根据《中国统计年鉴》（2001～2015 年）以及 31 个省份的相关统计年鉴（2001～2015 年）的数据整理测算。

2. 黑龙江、内蒙古和吉林玉米增产显著

从玉米生产省份变化看，主产省份玉米产量几乎都在增加（见表 3 - 10），2000～2014 年，黑龙江、内蒙古和吉林玉米增产引人注目，增幅分别达到 322.8%、247.4% 和 175.2%。因此，2014 年，黑龙江、吉林和内蒙古玉米产量占全国比例超过了山东、河南和河北，占据了玉米主产省前 3 名的位置。

表 3 - 10 　　　　　　2000 年和 2014 年主要省份玉米生产和消费变化 　　　单位：%

2000 年						2014 年					
生产			消费			生产			消费		
排名	省份	占全国产量比例	排名	省份	占全国消费量比例	排名	省份	占全国产量比例	排名	省份	占全国消费量比例
1	山东	13.8	1	广东	11.4	1	黑龙江	15.5	1	广东	12.7
2	河南	10.1	2	四川	9.3	2	吉林	12.7	2	四川	8.9
3	河北	9.3	3	江苏	6.0	3	内蒙古	10.1	3	江苏	6.1
4	吉林	9.3	4	湖南	5.9	4	山东	9.2	4	山东	5.0
5	黑龙江	7.4	5	山东	5.4	5	河南	8.0	5	湖南	4.8
6	内蒙古	5.9	6	湖北	4.5	6	河北	7.7	6	安徽	4.5
7	辽宁	5.2	7	浙江	4.5	7	辽宁	5.4	7	湖北	4.36
8	四川	5.1	8	河南	4.4	8	山西	4.4	8	浙江	4.36
9	云南	4.4	9	广西	4.3	9	四川	3.5	9	广西	4.35
10	陕西	3.9	10	安徽	4.1	10	云南	3.4	10	贵州	4.35

资料来源：根据《中国统计年鉴》（2001～2015 年）以及 31 个省份的相关统计年鉴（2001～2015 年）的数据整理测算。

3. 东南区、西南区居民玉米消费扩大

从玉米消费区域变化看，我国玉米主要消费区有 5 个，分别是长江中下游区、东南区、华北区、四川区和西南区（见表 3 - 9）。其中，2000～2014年，东南区和西南区居民对全国玉米总消费的贡献率有所提高，东南区由16.6% 增加到 17.8%；西南区由 12.5% 增加到 15.4%。这是东南区和西南区居民消费肉类等水平提高的结果。

4. 各省份居民玉米消费普遍增长

从玉米消费省份变化看，2000～2014 年，排名前 10 位的省份居民玉米消费量增加了 49.5%。其他省份居民的玉米消费量也在增长，增长幅度在15%～140% 之间，使得前 10 位玉米消费省份居民玉米消费占全国总量的比例由 59.8% 下降到 59.42%（见表 3 - 10）。

与 2000 年相比，2014 年玉米消费量占全国比位居前 5 名的省份非常稳定。按照消费占全国比例大小，前 5 个省份是广东、四川、江苏、山东和湖南。各省份居民对玉米间接消费的增加反映了对动物蛋白食品消费数量的提高。这是我国各省份居民饮食生活状况改善的必然结果。

（二）大豆主要生产、消费区域及省份变化

1. 蒙新区大豆生产增长迅速

从大豆生产区域变化看，我国大豆主要产区有 3 个，分别是东北区、华北区和长江中下游区（见表 3 - 11）。2000 年，大豆主产区大豆产量 1213.7万吨，占全国大豆总产量的 78.4%。受国外进口大豆的冲击，我国大豆产量逐年减少。2014 年，三大产区大豆产量 693.2 万吨，比 2000 年减少了42.9%。东北区大豆产量最大，2000～2014 年，对全国大豆总产贡献率由45.6% 提高到 46.9%。此外，蒙新区、西南区、四川区和东南区大豆生产对全国大豆总产贡献率也有所提高。特别是蒙新区，2010～2014 年，在全国生产地位超过了华北区，成为新增的又一个重要大豆产区。

2. 黑龙江成为大豆生产中心，大多数省份大豆减产

从大豆生产省份变化看，2000 年与 2014 年情况对比，在排名前 10 位的大豆生产省份中，只有黑龙江大豆产量增长最多，达到 460.4 万吨，增加了2.3%，其余大部分省份大量减产。2014 年，黑龙江成为我国最大的大豆生产省，生产了我国一半以上的大豆。另外，内蒙古大豆生产引人注目，排名

由第 6 位提高到第 2 位（见表 3 - 12）。

表 3 - 11   2000 ~ 2014 年各区对全国大豆总产和总消费的贡献率   单位：%

区域	生产			消费		
	2000 ~ 2004 年	2005 ~ 2009 年	2010 ~ 2014 年	2000 ~ 2004 年	2005 ~ 2009 年	2010 ~ 2014 年
东北区	45.6	49.4	46.9	11.3	12.8	11.5
华北区	14.9	10.8	10.1	19.5	21.6	22.6
长江中下游区	19.1	17.2	17.5	32.0	30.0	30.0
东南区	2.3	1.9	2.7	10.3	10.8	9.9
西南区	4.2	3.6	4.5	6.2	5.1	5.2
四川区	3.3	4.1	3.8	8.8	7.5	9.3
黄土高原区	4.2	4.7	3.9	7.7	7.7	7.2
蒙新区	6.4	8.3	10.6	3.5	3.8	3.6
青藏区	0.0	0.0	0.0	0.7	0.7	0.7

资料来源：根据《中国统计年鉴》（2001 ~ 2015 年）以及 31 个省份的相关统计年鉴（2001 ~ 2015 年）的数据整理测算。

表 3 - 12   2000 年和 2014 年主要省份大豆生产和消费变化   单位：%

2000 年						2014 年					
生产			消费			生产			消费		
排名	省份	占全国产量比例	排名	省份	占全国消费量比例	排名	省份	占全国产量比例	排名	省份	占全国消费量比例
1	黑龙江	29.1	1	四川	7.6	1	黑龙江	50.7	1	湖北	8.7
2	吉林	7.8	2	江苏	7.3	2	内蒙古	9.0	2	山东	7.4
3	河南	7.5	3	广东	6.7	3	河南	6.0	3	河南	6.8
4	山东	6.8	4	山东	6.5	4	吉林	4.1	4	四川	6.2
5	安徽	5.9	5	安徽	6.0	5	云南	3.4	5	广东	6.1
6	内蒙古	5.5	6	河南	5.8	6	河北	2.8	6	江西	5.6
7	江苏	4.3	7	湖北	5.5	7	浙江	2.7	7	河北	5.5
8	河北	4.1	8	河北	5.0	8	湖北	2.6	8	江苏	5.2
9	辽宁	3.1	9	吉林	4.7	9	江西	2.6	9	安徽	4.5
10	湖北	3.0	10	江西	4.5	10	辽宁	2.5	10	辽宁	4.4

资料来源：根据《中国统计年鉴》（2001 ~ 2015 年）以及 31 个省份的相关统计年鉴（2001 ~ 2015 年）的数据整理测算。

3. 东北、华北、长江中下游和东南4区域居民大豆消费量较大

从大豆消费区域变化看，东北区、华北区、长江中下游区和东南区是我国大豆主要消费区（见表3－11）。2014年，4区域居民大豆消费量达到2672万吨，比2000年增长了60.9%。居民对全国大豆总消费的贡献率不断提高，由73.1%提高到74.0%。长江中下游区居民大豆消费量最大，2014年达到1179.4万吨。

4. 所有省份居民大豆消费增加

从大豆消费省份变化看，2000～2014年，31省份居民大豆消费量均表现为增长。2014年，大豆消费排名前10位省份中，居民大豆消费增幅较大的5个省份是湖北、江西、辽宁、河南和山东，增幅分别为145.2%、91.8%、83.5%、82.7%和76.8%。由于大豆消费的强劲增长，2014年，排名前10位省份居民大豆消费量达到2167.8万吨，比2000年增长57.3%，占我国居民大豆消费总量的比例由59.6%提高到60.4%（见表3－12）。

六、研究结论与政策建议

（一） 研究结论

1. 稻谷、小麦和大豆生产与居民消费趋势相反

2000～2014年，除大豆产量减少外，稻谷、小麦和玉米产量都实现了增长，玉米已经超过稻谷成为粮食产量中占比最高的粮食品种。但从消费方面看，我国城乡居民大米和小麦消费日益减少，并且减少幅度均超过了稻谷和小麦增产幅度。另外，我国居民玉米和大豆间接消费不断增加，这反映了我国居民对禽肉、猪牛羊肉、水产品以及食用植物油等食品消费的增长，表明我国居民膳食结构正在发生变化，从过去的以口粮消费为主转向消费更多动物蛋白产品。

2. 4种粮食作物已处于净进口状态

伴随着我国大豆大量进口，大米进口逐步增加，小麦进口有所减少，玉米进口呈现波动；出口方面，除了大豆出口增加外，其余3种作物出口都明显减少。总体看，目前4种品种粮食的贸易都处于逆差状态。随着我国居民收入提高，对肉类、水产品、食用大豆油的消费增加。由于国产大豆在成本、产量、出油率等方面缺乏优势，大豆进口一路增长。

3. 稻谷主产区向东北区转移，小麦生产集中度提高

在 5 个传统稻谷产区中，长江中下游区是我国最大稻谷产区，为我国居民提供一半以上的大米。另外，东北区稻谷生产增长迅速，已经演变为我国重要的稻谷产区。2014 年，湖南是稻谷产量最大的省，黑龙江是稻谷增长幅度最大的省。

从小麦生产看，华北区、长江中下游区和黄土高原区等我国传统的小麦产区产量增加超过 1/3，小麦生产集中态势明显。从小麦省份生产变化看，河南依然是我国最大小麦生产省，后起之秀的新疆小麦产量增长迅速，跻身于我国小麦主产省前 4 位的行列之中。

4. 稻谷和小麦非主要消费区的大米和小麦消费增加

在稻谷非主要消费区的华北区、东南区、黄土高原区和蒙新区，其中，特别是北京、天津、河北，以及西北省份居民大米消费增长明显；在小麦非主要消费区的东北区、东南区、蒙新区和青藏区，居民对小麦的消费量增加。具体到省份层面，特别是上海、广东、天津、广西、浙江、辽宁、西藏等省份小麦消费增长显著。

5. 玉米主产区向东北区和西北区延展，大豆生产蒙新区是亮点

东北区玉米生产势头强劲，蒙新区和黄土高原区玉米生产在全国地位进一步加强。具体到省份层面，黑龙江、内蒙古和吉林玉米产量增幅明显。

以蒙新区为代表的非大豆主产区对全国大豆总产贡献率提高显著。在省份层面，黑龙江承担了我国大豆生产的半壁江山，内蒙古在全国的大豆生产能力大幅提升。

6. 各区域玉米和大豆消费普遍增加

虽然各区域对我国玉米、大豆总消费的贡献率高低有别，玉米和大豆消费量都在增加。各省份居民对玉米和大豆的消费呈现只增不减的局面。这表明，随着我国居民收入提高，饮食生活改善，对玉米和大豆的间接消费呈刚性增长。

（二）政策建议

1. 按照粮食品种重新划分粮食主产省份

由于各省份自然资源差异，很多省份在某个或几个粮食品种上具有种植优势。例如，在稻谷生产前 10 个省份中，广东、广西、云南都不在我国划分的粮食主产区之内，但是，这三个省份的稻谷产量在全国省份排名中居于前10名之列，在保障本省和其他省份大米供应上，起到一定作用。同样，陕西、新疆、甘肃三省份是我国10个小麦主产省份之一，近年来，小麦产量都保持在增长态势。我国划定的13个粮食主产区中也并没有将这3个省份包括进去。为了更好发挥这类稻谷和小麦主产省份优势，建议根据各省份粮食生产优势，进一步细化各个粮食品种的主产区，以便对不同粮食品种生产给予切合实际的政策支持，更好把控各个品种粮食生产，提高粮食安全保障的精准程度。

2. 加强对各个粮食品种主产省份的支持，完善粮食主产区利益补偿机制

我国省份稻谷和小麦生产、消费特征是，稻谷、小麦主产省份的大米和小麦消费正在减少，另外还有很多非稻谷、小麦主产省份呈现大米和小麦消费增加的局面。这进一步表明稻谷、小麦主产省份农民为粮食主销区居民源源不断地提供着粮食。粮食主销区居民通过消费主产区的粮食，在节约本区域水土资源的同时，将时间和精力用在高经济收益产业，获得更多收入。而由于粮食生产收益偏低，粮食主产区农民牺牲了自己区域的水土资源、生态环境和经济利益。粮食供求双方存在的深层利益不平衡，需要现实的利益补偿解决。因此，应该进一步在重新划定各个粮食品种主产区基础上，建立稳定、高效的利益补偿机制，保证主产区农民粮食生产积极性。

3. 加强粮食品种供给侧结构改革，做好休耕管理

我国稻谷、小麦生产连年增产，但消费呈疲软状态，供求整体宽松。此外，我国农业资源禀赋不足，耕地水资源长期超负荷利用，农业可持续发展矛盾突出。因此，亟待调整优化粮食品种生产结构和布局。当前我国已经开始进行了休耕制度试点。建议在做好试点工作基础上，逐步摸索在全国开展轮作和休耕，根据各省份情况，形成各省模式。让土地休养生息，实现藏粮于地。

4. 加强农业科技创新，优化粮食供应品种

随着我国人民收入水平的逐步提高，人们对口感好、营养价值高的粮食品种需求增加，这是我国近年来进口大米增加的原因之一。另外，我国农业经过几十年的飞速发展，农业科技创新能力不断增强。顺应人民对国外价高质优大米、小麦需求扩大的趋向，我国应在育种技术、栽培技术等方面不断创新集成，着手重点培育和推广人民喜爱的进口粮食品种的种植技术，生产更加符合人民需求的优质大米和面粉，为确保未来我们的饭碗里还能装上自己种植的优质粮食打下坚实基础。

第四章

我国粮食主产区综合生产能力研究

一、我国粮食主产区粮食生产现状与存在的问题

我国的粮食主产区粮食年产量占全国粮食总产量的 70% 以上，是我国粮食安全的重要屏障。粮食主产区是指粮食产量高，生产具有比较优势，在满足区自身消费的基础上还可以大量调出商品粮的地区，具有强大的综合生产能力和较大的生产潜力，是我国粮食生产和商品粮供给的核心区域。财政部 2003 年确定我国的粮食主产区主要有河北、内蒙古、辽宁、吉林、黑龙江、江苏、河南、山东、湖北、湖南、江西、安徽、四川 13 个省份。近年来，粮食主产区在稳定粮食种植面积，保证产量和供给的同时，却陷入"粮食大省、经济弱省、财政穷省"的窘境，粮食主产销区利益分配不均衡，农民种粮意愿下降，城镇化和人口老龄化背景下的农村劳动力缺乏，农业科技进步贡献率较低等也成为制约粮食主产区的粮食生产的重要因素。

（一）主产区粮食生产现状

1. 主产区粮食播种面积及其变化

2006～2015 年 10 年间，主产区粮食播种面积占全国粮食播种面积的比重大，播种面积呈小幅度的增长趋势，年均 1.14% 的增长速度由 7374 万公

顷缓慢增长到 8165 万公顷，粮食播种面积占比上涨幅度较小。10 年间，主产区粮食播种面积占比均在 70% 以上，2007 年达到 72.1%，2010 年下降为 71.5%，随后又上升至 2015 年的 72.0%（见图 4－1）。

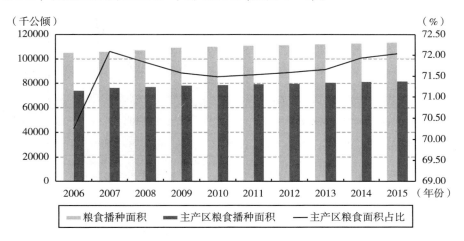

图 4－1　2006～2015 年主产区粮食面积、全国粮食面积及占比
资料来源：《中国统计年鉴》（2007～2016 年）。

2. 粮食主产区粮食产量及其变化

2006～2015 年，主产区粮食产量呈现大幅增长，比全国粮食产量的增产速度更快、增幅更大。主产区粮食产量由 2006 年的 36824 万吨增长到 2015 年的 47341 万吨，增长了 28.6%，粮食产量实现了"九连增"，在 2010 年顺利超过 4 亿吨。主产区粮食产量占全国粮食总产量比例的上涨了 2.3%，达到 76.2%。2006～2015 年，主产区粮食产量占比平均为 75.4%，最低 2006 年也达到了 73.9%，且占比在小幅波动中呈增加的趋势（见图 4－2）。

3. 粮食主产区粮食单产及其变化

如图 4－3 所示，从 2006～2015 年我国粮食单产的变化情况可以看出，自 2006 年以来，我国粮食单产有一个平稳较快的增长，粮食主产区的单产领先于非粮食主产区和全国的单产水平，且增长的速度也明显快于非主产区和全国的粮食单产增速。粮食主产区的粮食产量从 2006 年的 4993.9 公斤/公顷上升到 2015 年的 5798.3 公斤/公顷，增长了 16.1%。粮食主产区和全国平均单产分别在 2008 年和 2011 年超过 5000 公斤/公顷，非主产区 2015 年单产仍为 4670.2 公斤/公顷。10 年间，粮食主产区的平均单产高于全国单产平均 5.4%，大约 274.3 公斤/公顷；高于非主产区平均单产高达 21.9%，大约 966.3 公斤/公顷。

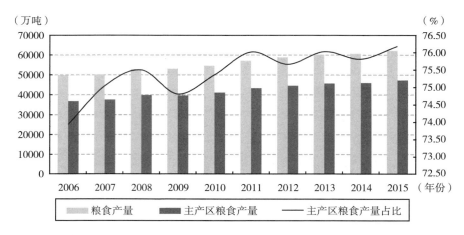

图 4 - 2 2006～2015 年主产区粮食产量、全国粮食产量及占比

资料来源：《中国统计年鉴》（2007～2016 年）。

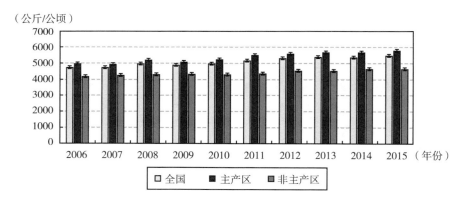

图 4 - 3 2006～2015 年全国、主产区和非主产区粮食单产情况

资料来源：《中国统计年鉴》（2007～2016 年）。

4. 粮食主产区省际间差异大

表 4 - 1 显示了 2006～2015 年间我国粮食主产区省际粮食播种面积和粮食产量的变化情况，各省份之间播种面积和产量存在巨大差异。黑龙江的粮食面积和产量均在辽宁的 3 倍以上，黑龙江、河南和山东三省粮食面积和产量均位列前三名，三省的播种面积达到 29524.48 千公顷，占粮食主产区粮食面积的 36.2%，占全国粮食面积的 26.0%；三省的粮食产量达到 17103.8 万吨，占粮食主产区粮食产量的 36.1%，占全国粮食产量的 27.5%。辽宁和江西在粮食面积和产量上均位列后 2 位，其面积和产量均占粮食主产区粮食

面积和产量的不到 9%，占全国粮食面积和产量的 6%~7%。2006~2015 年，粮食面积和粮食产量增长较快的省份有黑龙江、内蒙古和吉林，特别内蒙古种植面积增加幅度高达 28.35%，粮食产量几乎翻一番；安徽和湖南的种植面积增长在 3% 以下，基本维持稳定，四川是唯一一个种植面积出现下降的省份，下降幅度接近 2%。河南、安徽和湖北的粮食产量也有较大的增长，增长率超过了 20%。

表 4-1　　　2006 年、2010 年、2015 年主产区省际粮食播种面积变化情况

省份	2006 年粮食播种面积（千公顷）	2010 年粮食播种面积（千公顷）	2015 年粮食播种面积（千公顷）	面积增减情况（千公顷）	面积增减幅度（%）
黑龙江	9023.73	11454.70	11765.23	2741.50	30.38
河南	9303.08	9740.17	10267.15	964.07	10.36
山东	6797.45	7084.80	7492.10	694.65	10.22
安徽	6493.49	6616.42	6632.90	139.41	2.15
四川	6583.30	6402.00	6453.90	−129.40	−1.97
河北	6199.44	6282.20	6392.48	193.04	3.11
内蒙古	4461.92	5498.72	5726.67	1264.75	28.35
江苏	4985.08	5282.36	5424.64	439.56	8.82
吉林	4325.50	4492.24	5077.95	752.45	17.40
湖南	4807.30	4809.10	4944.65	137.35	2.86
湖北	4067.14	4068.37	4466.03	398.89	9.81
江西	3534.93	3639.13	3705.60	170.67	4.83
辽宁	3156.40	3179.30	3297.42	141.02	4.47
合计	73738.76	78549.51	81646.72	7907.96	10.72

资料来源：《中国统计年鉴》（2007 年、2011 年、2016 年）。

（二）我国粮食主产区粮食生产存在的问题

1. 粮食主产区与主销区利益分配失衡

（1）粮食主产区省级公共预算收入占比低。据中国粮油网数据显示，2015 年中，13 个主产区省份的一般公共预算收入合计为 3.93 万亿元，比 7 个主销区的一般公共预算收入 3.03 万亿元高约 1/3。2006~2015 年的 10 年间，主产区一般公共预算收入占比平均为 47.7%，比主销区占比 36.6% 高

11.1%；根据 2013 年中国粮油网测算，其前 10 年以来，13 个粮食主产区人均财政支出 6136 元，仅相当于全国平均水平的 80%。这对生产 3/4 粮食的主产区来说，确实存在利益的失衡。粮食主产区在农业方面投入了大量的资金资源，在为保障国家粮食安全方面作了巨大的贡献，然而走不出"粮食大省、经济弱省、财政穷省"的窘境。这种利益的失衡必须得到适当合理的补偿，国家粮食安全的责任需要产销区共同承担。

（2）粮食主产区农民收入增长缓慢，与主销区收入差距加大。从图 4 - 4 可以看出，粮食主产区农民的纯收入与全国的平均水平基本持平，从 2006 年的人均纯收入 3700.8 元增长到 2015 年的 11645.3 元，年均增长 214.7%。相对于主销区来说，其农民人均纯收入增长高达 2.4%。在 2006 年主产区农民的纯收入比主销区农民纯收入少 2605.9 元，而 2015 年这一差距扩大到 5696.4 元，收入差距扩大了 1 倍。

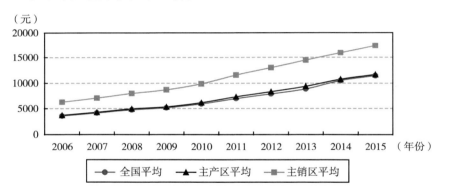

图 4 - 4　2006 ~ 2015 年全国、主产区和非主产区农民纯收入情况

资料来源：《中国统计年鉴》（2007 ~ 2016 年）。

主产区农民的纯收入构成中家庭经营性收入占比下降，在 2006 年农民家庭经营性收入占纯收入高达 57%，2015 年下降至 44.8%（见图 4 - 5）。家庭经营性收入从 2110.1 元增长到 5213.1 元，增长了近 1.5 倍，远小于农民纯收入增长 2.2 倍的幅度。从数据上看，家庭经营性收入减少的趋势是明显的，这也说明农民种地收益对农民的吸引力在下降，这也解释了农民种地意愿的下降。主产区农民的收益明显低于主销区，而农村收益中的家庭经营性收入又增长缓慢，占比不断减少。这对主产区农民利益的分配显然是不合理的，在过去几十年中，由于工农业长期的"剪刀差"，农民的利益实际上是长期受损的，种粮越多，损失越大，作为主产区农民在贡献了国家主要粮食供应的同时，损失格外突出，这严重降低了主产区农民种粮积极性，为追求合理利益，甚至更多农民会放弃种地，转入第二、第三产业中。

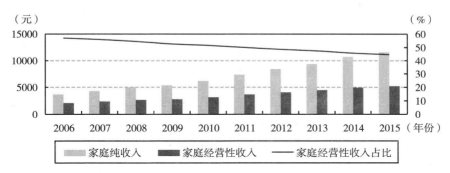

图 4-5　2006~2015 年全国粮食主产区农民纯收入、家庭经营收入及占比情况
资料来源：《中国统计年鉴》（2007~2016 年）。

2. 土地规模化程度低和农村劳动力不足未有效协调

土地适度规模之后，有利于农业机械的大规模使用，有利于地块平整等提高农业劳动生产率；同时土地适度规模之后能够提升投入的使用效率，政府的补贴也能更好地发挥作用，并且还能节省劳动力，提高农民收入。然而在 2005~2010 年时间段内，粮食主产区约 90% 的农户是在家庭承包土地上从事粮食生产经营，只有东北三省和内蒙古租地规模超过 20 亩的农户所占比重平均超过 1%。整个粮食主产区的规模化程度还比较低，不利于更好地释放粮食生产潜力。

高素质的农村劳动力可推动农业生产发展。但当前农村青壮年劳动力流失，老人、妇女成为主要劳动力，大多以传统方式从事农业生产种植。数据显示，农村中仅有 26.3% 的劳动力参与合作组织，有 22.7% 接受技能培训。而随着全国城镇化的加快和人口老龄化的加剧，粮食主产区农村青中年会进一步加快"走出农村"的步伐，农村缺乏劳动力的现状会更加突出。

如果土地适度规模与农村劳动力减少能够有效协调，那么让土地适度规模流转到少数新型农民手中，既能有效发挥土地适当规模效应，也能实现农村劳动力的合理配置。

3. 粮食主产区农业科技进步贡献不足

从主产区方面来看，2015 年，主产区农业科技进步贡献率平均值为 58.4%，高于全国平均值 56.0%，但低于主销区平均值 61.9%。其中，黑龙江在全国排名第一位，为 72.4%，江苏为 65.0%，山东为 61.8%；其余省份均低于60%，内蒙古、江西、河南和四川低于全国平均值（见表4-2）。目前，主产区农业科技进步贡献率在较快增长，将会促进主产区持续增产增收。

表4-2　　　　　　　　2015年全国及主要省份农业科技进步贡献率　　　　　　单位：%

地区	农业科技进步贡献率	地区	农业科技进步贡献率
全国	56.00	河南	54.40
北京	70.20	湖北	57.30
天津	60.00	湖南	56.80
河北	57.20	广东	61.20
山西	53.40	广西	56.00
内蒙古	50.20	海南	53.80
辽宁	59.60	重庆	57.00
吉林	56.80	四川	55.00
黑龙江	72.40	贵州	43.80
上海	70.00	云南	60.20
江苏	65.00	西藏	44.80
浙江	62.00	陕西	53.80
安徽	57.60	甘肃	55.00
福建	56.00	青海	51.20
江西	54.60	宁夏	56.00
山东	61.80	新疆	39.28

资料来源：中华人民共和国国民经济和社会发展统计公报和各省国民经济和社会发展统计公报（2017~2016年）。

4. 我国粮食主产区的北移，加剧了资源约束

我国粮食生产布局发生了变化，南方地区粮食生产比例下降，北方地区尤其是东北和华北地区粮食生产占全国比重上升。被誉为"鱼米之乡"的南方，在过去很长时间里一直是主要的粮食生产区，但是，现在江南地区大都成为粮食的主销区。其主要原因一方面是南方地区自改革开放以来，注重发展外向型经济，农户非农收入增长较快。以浙江为例，1978年，农民纯收入中农业收入占比93%，而2011年占比仅为9.8%。另一方面，南方地区人均耕地面积小且南方粮食播种面积不断缩小。原有"南粮北调"的格局发生逆

转，粮食主产中心逐步北移，且有逐步集中到少数地区的趋势。

我国水热资源分布不均制约了我国粮食综合生产能力的提高。我国的粮食主产区处在城镇化和工业化发展水平居中的阶段，下一步加快推进发展势必对土地资源提出更高的要求。正如杨铭等研究发现，在全国各个省份县区都或多或少地存在不同程度、不同类型的耕地数量减少、耕地质量下降的问题。土地资源也成为我国粮食主产区持续增产增收的一个大"瓶颈"。自然灾害也成为影响粮食生产安全的主要制约因素。2012 年，我国北方遭受严重的玉米粘虫病害，这也造成玉米大幅度减产。

二、粮食主产区粮食综合生产能力评价指标体系的建立

（一）指标体系的设计原则

设计指标体系应结合粮食综合生产能力的内涵及构成，同时还要联系客观实际。在构建粮食主产区粮食综合生产能力指标体系时，一方面结合粮食主产区粮食生产的具体情况；另一方面参照大部分学者通用的标准，尽可能科学、准确地构建出评价指标体系。要遵循以下四个原则。

（1）系统性。应该综合考虑粮食综合生产能力的各个方面，从多个角度反映粮食综合生产能力，同时也要分析指标之间的关联性。

（2）代表性。粮食综合生产能力涉及的方面很多，可能出现能够表示某一方面的指标存在很多个的情况，这就需要选择最具有代表性的指标。

（3）可行性。要从粮食生产的实际出发，选择能够准确反映出粮食综合生产能力的概念、内涵和构成的指标。指标并不一定要多，但一定要准确，同时也应该易于操作和收集。

（4）公开性。评价指标应尽可能选择公开数据，以保障粮食综合生产能力评价的通用性、公开性、科学性。所以，我们主要选用国家统计局和全国各省份统计部门公开出版的统计年鉴上的数据。

（二）指标体系的构建方法

由系统层、准则层和具体指标层构成粮食总生产能力发展水平评价体系。

按照这样的方法构建的指标体系，若干个准则层能对系统层进行综合评价，具体的指标又能对准则层进行评价，这样设置的指标合起来可以进行总体评价，分开能对准则层进行评价。

根据粮食综合生产能力的概念、内涵和构成，我们认为自然资源水平、物质装备水平、粮食产出能力、政策支持水平和可持续发展能力五个部分组成粮食综合生产能力。五个组成部分可以对粮食综合生产能力进行综合评价，也可以对五个准则层进行单独评价。

（三） 指标体系的构建思路

为了全面、准确地评价粮食综合生产能力发展水平，评价指标体系应该在粮食综合生产能力的组成部分的基础上进行设计。将指标体系划分为系统层、准则层和指标层，从而能够层次分明地显示出粮食综合生产指标体系的构建。

（1）系统层。系统层应该能够综合反映粮食综合生产能力发展水平。系统层是对评价体系中所有准则层的加权组合，得到粮食综合生产能力发展水平综合指数，从而能够反映出粮食综合生产能力的整体情况。

（2）准则层。准则层能够从不同侧面体现粮食综合生产能力。这里将粮食综合生产能力分解为内部具有逻辑关系的五个子系统，分别是自然资源水平、物质装备水平、粮食产出能力、政策支持水平和可持续发展能力。

（3）指标层。指标层属于评价指标体系的基础层。指标应该与粮食生产活动相关，同时也是可测量、易获取、具有连续性的指标。

三、评价指标体系的设计

粮食综合生产能力涉及多个方面的内容。根据粮食综合生产能力的构成和评价指标体系的设计原则，在综合考虑粮食综合生产能力评价特点的基础上，经过征询有关专家的意见，同时考虑数据规范性、真实性、连续性等，设计出了粮食综合生产能力发展水平评价指标体系，如表4－3所示。粮食综合生产能力包含5个准则层、14个具体指标。

表 4 – 3　　　　　　　　**粮食综合生产能力评价指标体系**

目标层	准则层	权重	指标层	权重
粮食综合生产能力	自然资源水平	0.1900	人均耕地面积	0.0621
			人均粮食播种面积	0.0772
			人均水资源量	0.0507
	物质装备水平	0.2070	单位面积农机动力	0.0798
			有效灌溉面积比重	0.0752
			农村人均用电量	0.0520
	粮食产出能力	0.2127	劳动生产率	0.0968
			土地生产率	0.1159
	政策支持水平	0.1966	农林水事物支出比重	0.1181
			农业保险深度	0.0785
	可持续发展水平	0.1937	农业抗灾能力	0.0585
			化肥施用强度	0.0522
			单位耕地面积农药使用量	0.0428
			单位耕地面积农用塑料薄膜使用量	0.0402

四、粮食综合生产能力发展水平评价指标权重的确定

（一）指标权重的确定方法

1. 层次分析法

层次分析法（analytical hierarchy process，AHP）于 20 世纪 70 年代由美国运筹学家 T. L. 萨蒂（T. L. Satty）提出。层次分析法是一种具有较强的系统性，同时思路简明、操作简单、定量和定性分析方法相结合的多目标决策分析方法。由于其具有较强的系统性，其计算结果也容易被决策者所接受，主要应用于分层机构同时评价指标又难于定量描述的决策问题。本章运用层次分析法，确定准则层、指标层权重。

2. 构造判断矩阵

层次分析法的主要步骤是比较两两重要性程度，根据比较结果排列出备选方案的相对重要性程度。通过对准则层下面的各个方案两两比较，根据重

要程度进行排序和等级评定，并记录各因素的重要性之比。AHP 设计了范围 1 ~ 9 的标度（见表 4 - 4）。在专家打分表的打分情况基础上，对准则层中指标的重要性进行两两比较，从而构建出两两比较的判断矩阵。

表 4 - 4   标度及其描述

因素 i 比因素 j	标度
同等重要	1
略微重要	3
明显重要	5
强烈重要	7
异常重要	9
两相邻判断的中间值	2, 4, 6, 8
因素 j 与因素 i 影响之比为上述相反数	1, 1/2, 1/3, …, 1/9

3. 判断矩阵的一致性检验

判断矩阵是依照专家打分表意见建立的，需要对其进行一致性检验，进而衡量判断矩阵是否符合标准。由于对客观事物的认识，人与人是不相同的，完全符合一致性检验是很难做到，一般只需近似满足一致性检验即可。

（1）利用公式（4.1），对于给定的判断矩阵应进行一致性检验。

$$CI = \frac{\lambda_{max} - n}{n - 1} \qquad (4.1)$$

其中，n 为判断矩阵 A 的阶数，λ_{max} 是矩阵 A 的最大特征值。

（2）平均随机一致性指标 RI（见表 4 - 5）。

表 4 - 5   平均随机一致性指标

n	1	2	3	4	5	6	7	8	9	10	11	12	13	14	15
$R \cdot I$	0	0	0.58	0.90	1.12	1.24	1.32	1.41	1.45	1.49	1.51	1.54	1.56	1.58	1.59

（3）计算一致性比例 CR，其公式为：$CR = C \times I \times R \times I$。当 $CR < 0.1$ 时，一般认为判断矩阵 A 的一致性可以接受；反之，就需要重新进行比较。[①]

———————————

① 崔凯. 粮食主产区农业现代化评价指标体系的构建与测算研究 [D]. 北京：中国农业科学院，2011.

（二）权重的确定

具体步骤如下：第一步，根据粮食综合生产能力发展水平评价指标体系，设计出专家打分评价表，邀请国内知名粮食领域研究专家、基层从事粮食生产人员共20人进行打分；第二步，将专家打分结果进行汇总，分别对粮食综合生产能力发展水平指标体系中的各个准则层、指标层的重要程度进行排序；第三步，建立判断矩阵，对指标要素两两之间采用1~9标度法标度；第四步，运用数学方法运算和进行结果一致性检验，从而得到每个层次各指标的权数。

专家打分表及打分的具体过程如下。

（1）设计专家打分表。5个打分表，包括目标层和5个准则层。自然资源水平、物质装备水平、粮食产出能力、政策支持水平和可持续发展能力组成目标层专家打分表；准则层包含5张表，分别是自然资源水平专家打分表、物质装备水平打分表、粮食产出能力打分表、政策支持水平专家打分表和可持续发展水平打分表。

（2）专家打分。邀请国内知名粮食领域研究专家、基层从事粮食生产人员共20人。具体人员情况如下：中国农业科学院农业经济与发展研究所专家5人、农业部食物与营养研究所专家2人、中国农业科学院区划所1人、河南省农业厅种植业管理处2人、河南省固始县种植大户4人、湖南省农委粮油作物处2人、湖南省湘潭市种植大户4人。

五、评价指标的预处理

选择的评价指标会存在单位不同和数量级之间的差距，按照原有数据进行计算的时候会对评价结果造成影响。这时候就需要通过对评价指标进行无量纲化处理，避免由于指标单位和数量级不同带来的影响，从而更加准确反映粮食综合生产能力的实际情况。

由于选取的指标要体现出评价对象的方方面面，直接作乘法处理，往往不能满足所乘的相对数之间依次存在条件和结果的关系，这时候就需要先去掉指标量纲的影响。本研究采用极值标准化法。具体公式为：

$$P_i = \frac{C_i - C_{\min}}{C_{\max} - C_{\min}} \tag{4.2}$$

$$P_i = \frac{C_{\max} - C_i}{C_{\max} - C_{\min}} \tag{4.3}$$

其中，P_i 为指标的标准化值，C_i 为指标数值，$C_{\max}$ 为指标的最大值，$C_{\min}$ 为指标的最小值。对于正指标，按照式（4.2）处理；对于负指标按照式（4.3）处理。

六、数据来源

数据来源于《中国统计年鉴》（2006~2017年）、《中国科技统计年鉴》（2006~2017年）、《中国农村统计年鉴》（2006~2017年）和全国31个省份统计部门统计年鉴等数据作为评价的基础数据。

七、多指标综合评价模型的建立

为了准确地评价粮食综合生产能力发展水平，同时也因为粮食综合生产能力是一个复杂的系统。本章采用多指标综合评价法，构建了"发展水平分层加权指标体系"用于评估粮食综合生产能力的发展水平。同时，我们还根据不同层次的要求，在多次模拟和广泛征求专家意见的基础上，构建了粮食主产区粮食综合生产能力发展水平评价模型组，主要包括粮食综合生产能力水平测评总模型（AT）及其分模型（准则层模型和具体指标）。粮食综合生产能力发展水平评估模型组的构成和数学表达式如下文所示。

"粮食综合生产能力发展水平"测算总模型（AT）：

$$AT_t = W_1 B_1 + W_2 B_2 + W_3 B_3 + W_4 B_4 + W_5 B_5 = \sum_{i=1}^{n} W_i B_i \tag{4.4}$$

其中，$W_i, i = 1,2,3,4,5$，为5个准则层的权重，$B_i, i = 1,2,3,4,5$，为准则层发展指数。

"自然资源水平"准则层测算子模型（B_1）：

$$B_1 = W_{11}C_{11} + W_{12}C_{12} + W_{13}C_{13} = \sum_{i=1}^{n} W_{1i}C_{1i} \qquad (4.5)$$

"物质装备水平"准则层测算子模型（B_2）：

$$B_2 = W_{21}C_{21} + W_{22}C_{22} + W_{23}C_{23} = \sum_{i=1}^{n} W_{2i}C_{2i} \qquad (4.6)$$

"粮食产出能力"准则层测算子模型（B_3）：

$$B_3 = W_{31}C_{31} + W_{32}C_{32} = \sum_{i=1}^{n} W_{3i}C_{3i} \qquad (4.7)$$

"政策支持水平"准则层测算子模型（B_4）：

$$B_4 = W_{41}C_{41} + W_{42}C_{42} = \sum_{i=1}^{n} W_{4i}C_{4i} \qquad (4.8)$$

"可持续发展能力发展水平"准则层测算子模型（B_5）：

$$B_5 = W_{51}C_{51} + W_{52}C_{52} + W_{53}C_{53} + W_{54}C_{54} = \sum_{i=1}^{n} W_{5i}C_{5i} \qquad (4.9)$$

八、评价结果分析

（一）粮食主产区与非粮食主产区及全国比较

从图 4 - 6 中可以看出，2004～2015 年，粮食主产区和非粮食主产区的粮食综合生产能力总体呈上升趋势。12 年间，粮食主产区和非粮食主产区的粮食综合生产能力综合指数分别从 56.23 和 52.76 提高到 65.30 和 58.67，比 2004 年分别提高 16.13% 和 11.20%。其中，粮食主产区的粮食综合生产能力明显高于非粮食主产区。

新中国成立以来，国家一直重视发展粮食生产。特别是 1978 年以后，以家庭联产承包为主的责任制和统分结合的双层经营体制，改变了我国粮食供给长期严重不足的状况。到 1996 年，我国粮食总产量首次突破 5 亿吨。但经过连续几年的高产，"卖粮难"问题出现，粮食市场价格持续下跌，严重挫伤了农民种粮积极性，一些地方政府也出现了忽视粮食生产的问题，再加上自然灾害等因素的影响，2000～2003 年，我国粮食生产连续下滑，粮食综合生产能力也随之下降。到 2003 年，我国粮食总产量下降到 43069.53 万吨，比之前产量最高的 1998 年减少 15.93% ；人均粮食占有量下降到 333.29 千克，跌破了人均 360 千克的"温饱"线；粮食播种面积下降到 9941.04 万公顷，比 20 世纪 90 年代末减少近 1400 万公顷。在此形势下，国家自 2004 年以来陆续出台了一系列扶持粮食生产的重大举措，对提高我国粮食综合生产能力起到了显著的促进作用。

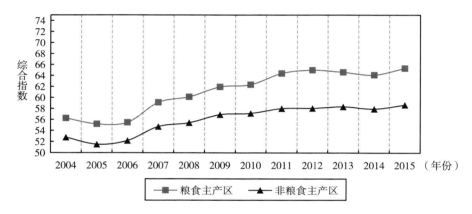

图 4 - 6 2004～2015 年粮食综合生产能力比较

自 2004 年以来，国家先后实行了粮食直接补贴、良种补贴、农资综合补贴、农机具购置补贴的"四补贴"政策，以及最低收购价政策、农业保险保费补贴等政策，并于 2006 年全面取消农业税。① 近年来，国家通过完善粮食主产区金融、保险等政策，建立了主销区对主产区的补偿机制等政策，为粮食主产区乃至全国的粮食综合生产能力提高奠定了坚实的基础。

自 2004 年以来，全国粮食连年增产，粮食种植面积从 2004 年的 10161 万公顷增加到 2015 年的 11334 万公顷，全年粮食产量从 2004 年的 46947 万吨增加到 2015 年的 62144 万吨，其中，粮食主产区粮食年产量占到全国粮食总产量的 76.81% ，黑龙江、吉林、辽宁、内蒙古、河北、山东、河南这 7 个北方主产省份占全国粮食总产量约 5 成。全国平均粮食单产从 2004 年的每公顷 4620 公斤增加到 2015 年的 5483 公斤，粮食主产省份如吉林省粮食单产水平达到 7182 公斤，连续多年粮食单产位居全国第 1 位。

从一级指标来看（见表 4 - 6），粮食主产区的自然资源水平和粮食产出

---

① 辛翔飞，王济民. 稳定和提高我国粮食综合生产能力 [J]. 宏观经济管理，2015（12）：56 - 58，65.

能力远远高于非粮食主产区，2015 年，粮食主产区自然资源水平指数为
8.28，而非粮食主产区只有 6.69；粮食主产区粮食产出能力为 15.54，而非
粮食主产区只有 11.44。由于粮食主产区资源条件好，其劳动生产率和土地
生产率等粮食产出能力也较高。

表 4 - 6　　　　　　2004 ~ 2015 年粮食主产区与非粮食主产区比较

年份	13 个粮食主产区						18 个非粮食主产区					
	综合指数	自然资源水平	物质装备水平	粮食产出能力	政策支持水平	可持续发展能力	综合指数	自然资源水平	物质装备水平	粮食产出能力	政策支持水平	可持续发展能力
2004	56.23	7.35	9.11	11.96	9.37	18.45	52.76	6.60	8.71	9.60	9.71	18.14
2005	55.16	7.46	9.27	12.14	8.31	17.98	51.49	6.67	8.87	9.60	8.57	17.78
2006	55.45	7.56	9.73	12.51	8.41	17.24	52.17	6.71	9.78	9.75	8.55	17.39
2007	59.11	7.67	10.19	12.64	11.14	17.47	54.71	6.55	10.52	10.20	10.70	16.74
2008	60.11	7.74	10.04	13.56	11.58	17.20	55.42	6.62	10.19	10.48	11.64	16.49
2009	61.92	7.80	10.21	13.09	12.94	17.88	56.89	6.66	10.28	10.46	12.76	16.73
2010	62.32	7.86	10.41	13.63	13.00	17.42	57.13	6.77	10.39	10.50	12.40	17.07
2011	64.37	8.09	10.62	14.72	12.72	18.23	58.01	6.79	10.54	10.81	12.60	17.28
2012	64.99	8.19	10.86	15.16	13.05	17.73	58.06	6.75	10.66	11.10	12.94	16.61
2013	64.61	8.36	10.41	15.40	12.94	17.49	58.32	6.72	10.71	11.14	13.13	16.63
2014	64.10	8.19	10.61	15.04	13.12	17.15	57.92	6.72	10.87	11.25	13.19	15.89
2015	65.30	8.28	10.71	15.54	13.82	16.94	58.67	6.69	10.89	11.44	13.88	15.76

从物质装备能力和政策支持水平来看，粮食主产区和非粮食主产区发展
水平相当。从可持续发展能力来看，虽然 12 年来都有一定程度降低，但是，
非粮食主产区降低得更快，主要是由于化肥、农药施用强度以及农用塑料薄
膜使用强度等指标逐年上升所致。

（二）粮食主产区与全国平均水平对比

1. 自然资源水平

从自然资源水平指数的变化趋势来看（见图 4 - 7），粮食主产区及全国
2004 ~ 2015 年整体是呈上升的趋势，2015 年，粮食主产区自然资源水平指数
达到 8.28，较 2004 年增长 12.65%。而且，12 年间粮食主产区自然资源水平
明显高于全国平均水平。2015 年，全国自然资源水平指数为 7.71，粮食主产
区高出全国 7.39 个百分点。

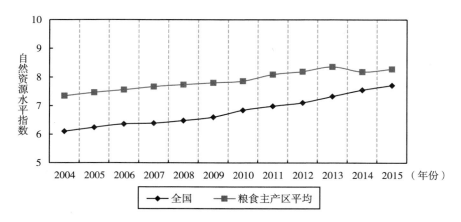

图 4 - 7　2004～2015 年自然资源水平指数比较

从各个子指标来看，主要是人均耕地面积和人均粮食播种面积等指标存在较大差异。例如，2015 年人均耕地面积和人均粮食播种面积全国平均分别为 6.16 亩/人和 7.76 亩/人；而黑龙江这两个指标分别达到 20.75 亩/人和 23.10 亩/人，是全国平均水平的 3 倍还多。

2. 物质装备水平

从物质装备水平指数的变化趋势来看（见图 4 - 8），粮食主产区及全国 2004～2015 年整体是呈上升的趋势，2015 年，粮食主产区物质装备水平指数达到 10.71，较 2004 年增长 17.56%。12 年间粮食主产区物质装备水平各年明显高于全国平均水平。2015 年全国物质装备水平指数为 10.10，粮食主产区高于全国 6.04 个百分点。

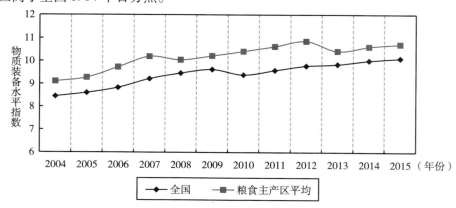

图 4 - 8　2004～2015 年物质装备水平指数比较

从各个子指标来看，主要是有效灌溉面积比重存在差异。例如，2015 年有效灌溉面积比重全国平均水平为 73.19%，而江苏达到 129.59%，安徽达到 112.39%，湖南达到 112.52%。

3. 粮食产出能力

从粮食产出能力指数的变化趋势来看（见图 4 – 9），粮食主产区及全国 2004～2015 年整体是呈上升的趋势，2015 年，粮食主产区粮食产出能力指数达到 15.54，较 2004 年增长 29.93%。而且，12 年间粮食主产区粮食产出能力各年明显高于全国平均水平。2015 年，全国粮食产出能力指数为 13.92，粮食主产区高于全国 60.20 个百分点。

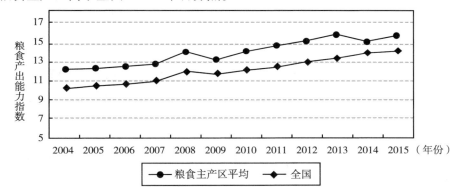

图 4 – 9　2004～2015 年粮食产出能力指数比较

从各个子指标来看，主要是劳动生产率和粮食单产存在较大差异。例如，2015 年劳动生产率全国平均为 2835 公斤/人，而江苏达到 4067.50 公斤/人，黑龙江达到 8276.36 公斤/人，吉林达到 6944.09 公斤/人，内蒙古达到 4939.74 公斤/人。

从粮食单产来看，2015 年，全国平均为 365 公斤/亩，而粮食主产区大部分省份的粮食单产都在 400 公斤/亩以上，如江苏达到 437.67 公斤/亩，山东达到 419.35 公斤/亩。

4. 政策支持水平

从政策支持水平指数的变化趋势来看（见图 4 – 10），粮食主产区及全国 2004～2015 年整体是呈上升的趋势，2015 年，粮食主产区政策支持水平指数达到 13.82，较 2004 年增长 47.49%。而且 12 年间除了 2004 年、2005 年和 2006 年这 3 年外，其他 9 年粮食主产区政策支持水平各年明显高于全国平均水平。2015 年，全国政策支持水平指数为 12.03，粮食主产区高于全国 14.88

个百分点。

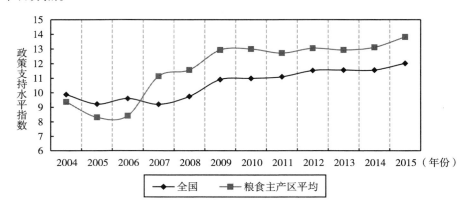

图 4 - 10 2004 ~ 2015 年政策支持水平指数比较

从各子指标来看，主要是农林水事物支出比重存在较大差异。例如，
2015 年农林水事物支出比重全国平均为 9.88%，而粮食主产区全部省份的农
林水事物支出比重都在全国平均水平以上，黑龙江达到了 16.95%。

5. 可持续发展能力

从可持续发展能力指数的变化趋势来看（见图 4 - 11），粮食主产区及全
国 2004 ~ 2015 年整体是呈下降的趋势，2015 年，粮食主产区可持续发展能
力指数 16.94，较 2004 年降低了 8.2%。

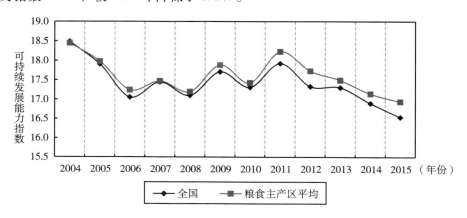

图 4 - 11 2004 ~ 2015 年可持续发展能力指数比较

12 年间粮食主产区可持续发展能力除了 2004 年以外，其他各年都略高
于全国平均水平。2015 年，全国可持续发展能力指数为 16.54，粮食主产区

仅高于全国 2.4 个百分点。

从各个子指标具体分析来看，2004～2015 年，化肥施用强度、农业施用强度以及农用塑料薄膜使用强度都呈上升趋势：2004 年，全国化肥施用强度、农业施用强度以及农用塑料薄膜使用强度分别为 20.13 公斤/亩、0.6 公斤/亩和 0.73 公斤/亩，2015 年，这三个指标增加到 24.13 公斤/亩、0.71 公斤/亩和 1.04 公斤/亩，可以看出，12 年间全国可持续发展能力总体水平呈下降趋势。

从粮食主产区来看，黑龙江 2004 年化肥施用强度、农业施用强度以及农用塑料薄膜使用强度分别为 9.69 公斤/亩、0.32 公斤/亩和 0.35 公斤/亩，2015 年这三个指标分别增加到 13.84 公斤/亩、0.45 公斤/亩和 0.45 公斤/亩；安徽 2004 年化肥施用强度、农业施用强度以及农用塑料薄膜使用强度分别为 20.12 公斤/亩、0.61 公斤/亩和 0.53 公斤/亩，2015 年这三个指标分别增加到 25.23 公斤/亩、0.83 公斤/亩和 0.73 公斤/亩。

（三）13 个粮食主产区粮食综合生产能力比较

2004～2015 年，13 个粮食主产省的粮食综合生产能力都呈上升趋势，粮食综合生产能力指数从 2004 年的 61.23 上升到 2015 年的 70.30，提高了 14.81%（见表 4-7），但是，各粮食主产区粮食综合生产能力的排序呈现动态的变化。根据粮食主产区粮食综合生产能力排名动态变化特点，我们重点分析粮食综合生产能力较强和排名变化较大的 8 个粮食主产区。

1. 粮食综合生产能力较强且保持稳定的有 3 个省份

黑龙江粮食综合生产能力一直保持第 1 名，粮食综合生产能力指数从 2004 年的 63.50 提高到 2015 年的 78.79。黑龙江自然资源水平较高，2015 年，人均耕地面积 20.75 亩，人均粮食播种面积 23.10 亩，是全国平均水平的 3 倍还多。2015 年，劳动生产率 8236.76 公斤/人，农林水事物支出比重为 16.95%，农业保险深度达到 57.38 元/万元（万元农林牧渔业总产值产生的农业保费收入，下同），这三项指标是全国水平的将近 2 倍。同时，黑龙江可持续发展水平较高，与全国平均水平比较，全国化肥施用强度是黑龙江的 1.74 倍，单位耕地面积农药使用量是黑龙江的 1.58 倍，单位耕地面积农用塑料薄膜使用量是黑龙江的 2.3 倍。

表 4 - 7　2004~2015 年 13 个粮食主产区粮食综合生产能力指数及排名

省份	2004 年		2005 年		2006 年		2007 年		2008 年		2009 年		2010 年		2011 年		2012 年		2013 年		2014 年		2015 年	
	指数	排名	指数	排名	指数	排名	指数	排名	指数	排名	指数	排名	指数	排名	指数	排名	指数	排名	指数	排名	指数	排名	指数	排名
河北	52.44	13	53.54	8	53.25	10	57.62	8	57.52	8	60.45	10	61.13	8	62.86	7	62.71	7	63.98	5	64.10	5	64.67	5
内蒙古	53.76	9	54.32	7	54.24	8	59.74	5	64.25	3	63.93	5	64.20	4	68.01	3	69.47	3	66.43	4	68.68	3	70.96	3
辽宁	52.69	12	52.65	10	51.50	11	56.35	11	55.98	11	55.49	13	54.67	13	59.92	12	60.81	10	59.09	12	54.88	13	58.43	13
吉林	62.07	2	61.29	2	61.71	2	62.90	2	66.87	2	65.51	2	68.07	2	70.92	2	72.16	2	71.57	2	69.94	2	72.29	2
黑龙江	63.50	1	63.78	1	63.25	1	67.79	1	69.15	1	67.11	1	71.45	1	75.98	1	80.62	1	81.17	1	77.24	1	78.79	1
江苏	59.57	3	57.93	3	59.33	3	62.29	3	62.25	4	65.42	3	66.00	3	67.03	4	67.37	4	67.59	3	68.55	4	68.67	4
安徽	53.99	8	51.35	11	53.30	9	54.51	13	55.71	12	61.57	7	60.51	11	61.15	11	60.26	12	62.46	9	62.57	9	62.35	10
江西	56.36	5	56.70	4	57.87	4	60.99	4	61.70	5	63.03	6	62.50	5	63.74	5	62.87	6	62.60	7	62.67	8	62.39	9
山东	55.18	7	55.90	6	55.45	7	58.47	7	59.74	7	61.09	9	61.75	7	63.72	6	64.85	5	62.62	6	62.82	7	63.74	7
河南	53.62	11	53.31	9	56.87	6	57.34	9	57.00	9	61.35	8	60.57	9	61.39	9	61.92	8	61.50	10	60.34	10	63.37	8
湖北	53.72	10	49.07	13	48.91	12	56.61	10	56.49	10	60.39	11	60.52	10	61.24	10	60.57	11	58.23	13	58.69	12	58.90	12
湖南	58.20	4	56.50	5	56.92	5	58.72	6	60.26	6	63.98	4	62.18	6	62.77	8	61.27	9	62.59	8	62.83	6	63.77	6
四川	55.91	6	50.75	12	48.28	13	55.11	12	54.51	13	55.66	12	56.64	12	58.12	13	59.96	13	60.07	11	59.97	11	60.55	11

吉林粮食综合生产能力一直保持第 2 名，粮食综合生产能力指数从 2004 年的 62.07 提高到 2015 年的 72.29。吉林省自然资源水平较高，2015 年，人均耕地面积 13.33 亩，人均粮食播种面积 14.50 亩，是全国平均水平的 2 倍。2015 年，劳动生产率 6944.09 公斤/人，是全国平均水平的 2 倍多。粮食单产连续多年稳居全国第 1 名。农林水事物支出比重、农业保险深度、农用抗灾能力都高于全国平均水平。

江苏的粮食综合生产能力也较高，2004~2015 年，排名第 3 名的有 7 年，排名第 4 名的有 5 年。粮食综合生产能力指数从 2004 年的 59.57 上升到 2015 年的 68.67，12 年间提高了 15.28%。江苏历史上就是鱼米之乡、富庶之地。江苏是经济大省，也是农业大省。尽管人多地少资源约束矛盾最突出，江苏仍然保持了多年的粮食总量自给，粮食总产超过粤、闽、浙、沪 4 个沿海省份粮食总产之和。全省农业科技贡献率居全国第 1 位，水稻单产连续 20 年冠居全国首位。

2. 粮食综合生产能力提高较快的有 3 个省份

2004~2015 年，内蒙古、河北和河南 3 个省份粮食综合生产能力提高较快，排名逐步上升。其中，内蒙古从 2004 年的第 9 名上升到 2015 年的第 3 名，粮食综合生产能力指数从 2004 年的 53.76 提高到 2015 年的 70.96。提高幅度较大的指标有：人均粮食播种面积从 2004 年的 11.29 亩/人上升到 2015 年的 15.01 亩/人；劳动生产率由 2709.81 公斤/人提高到 4939.74 公斤/人；农林水事物支出比重由 3.54% 提高到 15.88%；农业保险深度由 0 元/万元上升到 114 元/万元。

河北排名变化从 2004 年的第 13 名上升到 2015 年的第 5 名。提高幅度较大的指标有：农业保险深度由 0.15 元/万元上升到 36.82 元/万元；农林水事物支出比重由 3.08% 提高到 12.65%；粮食单产由 275 公斤/亩提高到 350 公斤/亩；劳动生产率由 1540 公斤/人提高到 2423 公斤/人。

河南排名变化从 2004 年的第 11 名上升到 2015 年的第 8 名。粮食综合生产能力指数从 2004 年的 53.62 提高到 2015 年的 63.37。提高幅度较大的指标有：农业保险深度由 0.02 元/万元上升到 22.78 元/万元；农林水事物支出比重由 6.14% 提高到 11.64%；劳动生产率由 1312.51 公斤/人提高到 2345.29 公斤/人；农用塑料薄膜使用强度从 2004 年的 0.49 公斤/亩下降到 2015 年的 0.07 公斤/亩。

3. 粮食综合生产能力下降较快的有 2 个省份

2004～2015 年，四川和江西二省粮食综合生产能力虽然也在提高，但是，其排名下降较快。其中，四川从 2004 年的第 6 名下降到 2015 年的第 11 名。2015 年，四川低于全国平均水平幅度较大的指标有：人均耕地面积（3.6 亩/人）、人均粮食播面（5.17 亩/人）、农机动力（0.29 千瓦/亩）、农村人均用电量（0.04 万千瓦时/人）、劳动生产率（1840.17 公斤/人）等。

江西排名从 2004 年的第 5 名下降到 2015 年的第 9 名。2015 年，江西低于全国平均水平幅度较大的指标有：人均耕地面积（3.92 亩/人）、农机动力（0.25 千瓦/亩）、农村人均用电量（0.05 万千瓦时/人）、农业抗灾能力（27.25%）等。

九、研究结论与政策建议

（一）研究结论

与非粮食主产区比较，各粮食主产区粮食综合生产能力总体上均呈现上升的趋势，2004～2015 年，粮食主产区粮食综合生产能力综合指数从 56.23 提高到 65.30，提高了 16.13%。而且粮食主产区的粮食综合生产能力、自然资源水平和粮食产出能力远远高于非粮食主产区。从可持续发展能力来看，粮食主产区和非粮食主产区从 2004 年以来呈下降趋势，非粮食主产区的可持续发展能力降低得更快。

与全国平均水平比较，2004～2015 年，粮食主产区及全国的自然资源水平、物质装备水平、粮食产出能力、政策支持水平 4 个一级指标总体上呈上升趋势，可持续发展能力整体是呈下降的趋势，而且粮食主产区 5 个一级指标明显高于全国平均水平。

13 个粮食主产区比较，2004～2015 年，粮食主产区的粮食综合生产能力都呈上升趋势，粮食综合生产能力指数从 2004 年的 61.23 上升到 2015 年的 70.30，提高了 14.81%。同时，各粮食主产区粮食综合生产能力的排序呈现动态的变化：粮食综合生产能力较强且保持稳定的有黑龙江、吉林和江苏；粮食综合生产能力排名提高较快的有内蒙古、河北和河南；粮食综合生产能力排名下降较快的是四川和江西；其他 5 个省份粮食综合生产能力排名变化不大。

（二）政策建议

1. 保护现有耕地，切实加强农业基础设施建设

切实保护现有耕地，确保粮食播种面积。切实加强农业基础设施建设。把种粮大户等新型经营主体作为重点受益对象，着力加强灌溉排水、土壤改良、道路整治、机耕道、电力配套等工程建设，同时，尽快出台解决规模经营主体晒粮场等建设用地的办法，创造规模生产条件，提高粮食综合生产能力。

2. 通过挖掘土地、技术等潜力，保障主产区粮食的继续增产

稳定和增加粮食播种面积，引导农民改进种植制度，扩大间作套种，提高复种指数。挖掘技术潜力，大力推广优良品种种植，提高粮食生产的劳动生产率和土地产出率。提高粮食主产区抗灾能力，减少损失，也是提高粮食增产的重要途径。

3. 粮食主产区农业增长方式要向低碳化转型

近年来，我国农药和化肥的使用给农业带来了严重的污染，据了解，我国的单位面积化肥使用量是世界平均水平的三倍以上，并且都集中在粮食主产区。我国的黄淮平原、长江中下游平原和东北平原多受到农药和化肥污染的影响，使得粮食生产效率降低，农民的基本利益受到损害。因此，我国应该注重粮食生产的可持续性，转变思想，加大新型农药和化肥的研发，推动低毒高效的农药的普及，并且积极推广现代化绿色农业，对使用新型农药的农户带来的损失，政府予以适当补贴。另外，还应该加强宏观调控，使得低碳绿色农业不断规模化，带动其他农户，形成一定的示范作用，政府要对其加大指导和鼓励的力度，吸引更多的农户参与进来，最终实现我国农业的转型。

4. 完善粮食生产政策保障

粮食生产是弱质产业，易受到自然条件如气候、市场如粮食价格等的影响。因此，要建立长久有效的保障机制，保障粮食生产。如加大财政转移支付力度，中央对粮食主产区的转移支付应直接拨付到县；对粮食主产区实行低税或减免税政策；鼓励外商、主销区和区外企业到粮食主产区投资；建立粮食主产区乡镇债务消除和控制机制，防范和化解乡镇财政风险；建立政策性粮食自然灾害保险制度和巨灾风险转移分担机制等。

第五章

粮食主产区粮食生产节本增效研究

　　我国是农业大国，粮食始终是国民生存和发展的第一需要。随着我国产业结构调整、资源合理配置，粮食生产逐渐向东北、华中等优势产区集中，粮食主产区在全国粮食生产中占有举足轻重的地位。作为农业生产的主体，粮食收入已成为主产区农户家庭收入的主要来源，农业收入的高低直接影响着农民种粮的积极性。然而，随着农业的快速发展，粮食主产区农业资源利用及投入要素配置不合理问题也较为突出，粮食价格波动明显，导致主产区粮食生产经营成本持续、快速上升，农户收入无法保障。通过粮食生产节本增效，降低生产成本、提高农业收入，对于进一步推进农业结构战略性调整、优化农产品产业布局有着深远的影响。湖南、河南是我国的产粮大省，了解产粮大省节本增效的状况，对各主产区粮食生产成本收益情况进行分析，探究粮食生产节本增效的途径，对保障种粮农民利益、促进粮食生产有着重要意义。

一、河南小麦生产节本增效概况

　　河南是我国农业大省，也是国家小麦种植核心产区。多年来，河南的小麦总产量和人均占有量一直稳居全国的第 1 位。在我国粮食市场上的面粉总供给量中河南占 1/4 以上的份额，河南的粮食生产在全国的粮食供给中占有举足轻重的地位，对国家粮食安全做出了重大贡献。如表 5 - 1 所示，2015

年，河南小麦总产量为3501.1万吨，占全国总产量的26.89%，略低于山东和河北总产量之和；河南人均占有量370.2千克，远高于山东、河南以及全国平均水平。

表 5 – 1   2015 年河南小麦产量与位次

地区	总产量（万吨）	位次	人均占有量（千克）	位次
全国总计	13018.5		94.9	
河南	3501.1	1	370.2	1
山东	2346.6	2	239.0	3
河北	1435.0	3	193.8	5

资料来源：《中国农村统计年鉴（2016年）》。

（一） 以河南唐河县小麦成本收益为例

唐河县位于河南西南部豫鄂两省交界处；总面积约2512平方公里，属于北亚热带季风型大陆气候，四季分明，气候温和，年平均降水量910.11毫米。[①] 唐河县是国家重要商品粮生产基地，著名的产粮大县。但是，随着农业生产资料价格的快速提高，小麦市场价格波动剧烈，使得小麦节本增效面临着重重难题。

1. 小麦成本构成及其变动分析

（1）小麦成本变化趋势。小麦的总成本包括生产成本、土地成本和其他成本三个组成部分。如图5–1所示，2013~2016年，唐河县小麦种植的总成本和生产成本、土地成本均呈增加趋势，其中，总成本从665.26元/亩增加到713.47元/亩，增加48.21元/亩，增幅7.25%；生产成本从400.69元/亩增加到414.07元/亩，增加13.38元/亩，增幅3.34%；土地成本从233.11元/亩增加到269.01元/亩，增加35.90元/亩，增幅15.40%。小麦生产成本、土地成本占总成本的比重平均分别为58.99%和36.52%，小麦生产成本高于土地成本，是总成本的主要组成部分，但土地成本的增幅大于总成本和生产成本。

① 唐河县人民政府网站。

（元/亩）

图 5 - 1   河南唐河县水稻总成本构成情况

（2）成本构成分析。一是生产成本。生产成本主要指物质费用、服务性支出和人工成本等费用，其变化反映了小麦生产成本的基本结构变动。如表 5 - 2 所示，2013～2016 年，小麦平均每亩生产成本占总成本的比重呈现减少趋势，其中，物质费用、服务性支出、人工成本分别占生产成本的 60.10%、29.88%、10.02%。因此，物质费用与服务性支出对生产成本影响较大。

表 5 - 2   2013～2016 年河南唐河县小麦生产成本构成情况   单位：元/亩

项目	2013 年	2014 年	2015 年	2016 年
生产成本	400.69	405.84	412.72	414.07
物质费用	241.34	241.04	246.81	252.39
种子	71.47	70.70	71.88	74.03
化肥	146.42	146.26	151.22	154.04
农药	23.45	24.08	23.71	24.32
服务性支出	121.04	124.24	123.62	119.21
水电	11.91	13.10	11.09	7.60
机械	109.13	111.14	112.53	111.61
人工成本	38.31	40.56	42.29	42.47
土地成本	233.11	244.73	264.29	269.01
其他成本	31.46	31.05	31.58	30.39
总成本	665.26	681.62	708.59	713.47

资料来源：唐河县农业局。

物质费用包括种子、化肥、农药的费用。具体来看，物质费用在 4 年期间稳中上升，2013～2014 年基本保持稳定，而在 2014～2016 年每年平均以 5.68 元/亩的速度递增。化肥费用和农药费用在物质费用中所占比例较高。造成物质费用变化的主要原因是种子和化肥费用在 2014 年之后逐年增加，进而使得河南的物质成本价格在 2014 年后快速上升。

服务性支出主要包括机械费用和水电费。如表 5－2 所示，服务性支出在 2014 年达到峰值 124.24 元/亩后就逐年递减，水电费降低是服务性支出减少的主要原因，表明随着我国农业现代化进程的推进，农业机械能够代替更多的劳动力，并且更加倾向使用低耗能、节约型设备，在降低粮食生产成本方面发挥了很大的作用。

人工成本主要指雇工费用。在劳动力数量下降和劳动价格上升的相互作用下，2013～2016 年人工成本连续 4 年上升，由 38.31 元/亩上升到 42.29 元/亩，直到 2016 年维持在 42.47 元/亩。

二是土地成本。土地成本包括流转土地费用和自身拥有土地的折价费用。土地成本在 2013～2016 年期间总体呈增加趋势，由 233.11 元/亩上升到 269.01 元/亩，增加 35.90 元/亩，增幅 15.40%，是造成小麦生产成本快速上升的主要原因。土地流转租金成为河南节本增效的主要障碍，由于农村大量的剩余劳动力一般为老人和妇女等弱势群体，大多无法胜任非农工作，种粮收入是他们家庭收入的主要来源，随着物价的上涨、生活成本的提高，流转他们的土地必须提高土地租金才能维持他们的生活水平。

三是其他成本。其他成本包括运输费用、管理费用以及保险费用。2013～2016 年，其他费用呈波动下降趋势，主要原因是随着农业的发展，农户种植面积扩大带来了管理费用的提高，同时，由于农户接受培训、学习先进的管理技术，管理费用随之降低，在相互作用下使得其他成本呈波动性下降。

2. 小麦收益及其变动分析

小麦收益是粮食种植户家庭总收入的主要来源，在一定程度上反映粮食种植户的生产生活水平。总的来讲，2013～2016 年，小麦每亩的产量、价格以及产值均经历了先上升后下降，在 2014 年达到最高值（见表 5－3）。2013～2014 年，国家对小麦实行最低保护价收购，小麦价格高，农民收益好，种粮积极性也很高，2014 年，平均亩产量、平均销售价格、亩产值分别为 470.3 公斤/亩、2.12 元/公斤、997.04 元/亩。随着我国农业供给侧结构性改革的推进，在"调结构、去库存"思想指导下，逐渐减少小麦的种植面积，让农民转向种植花生、大豆等其他农产品，小麦逐渐失去了国家保护价，接受更多的市场考验。2015年，小麦的价格大幅降低，严重影响了农民种粮的积极性，使得亩产值也随之降低，到2016年，平均亩产量、平均销售价格、亩产值分别为445.36公斤/亩、2.06元/公斤、917.44元/亩，效益明显降低，农民开始调整种植结构。

表5-3　　　　　　　2013~2016年河南唐河县小麦产出情况

年份	平均亩产量（公斤/亩）	平均销售价格（元/公斤）	亩产值（元/亩）
2013	433.88	2.06	893.79
2014	470.30	2.12	997.04
2015	449.08	1.98	889.18
2016	445.36	2.06	917.44
平均	449.66	2.06	924.36

资料来源：唐河县农业局。

3. 小麦成本收益的综合分析

以上从小麦生产成本构成和收益的角度分析了小麦生产的特点和趋势，将成本和收益一起分析，能更清楚地反映粮食种植户生产经营能力。如表5-4所示，通过对农户有关纯收益、利润率、成本利润率等方面指标的对比分析，以反映农户经营管理现状。

表5-4　　　　　　　2013~2016年河南唐河县小麦成本收益情况

年份	产值（元/亩）	成本（元/亩）	纯收益（元/亩）	利润率（%）	成本利润率（%）
2013	893.79	665.27	228.52	25.57	34.35
2014	997.04	681.50	315.54	31.65	46.30
2015	889.18	708.58	180.60	20.31	25.49
2016	917.44	713.47	203.97	22.23	28.59

资料来源：唐河县农业局。

（1）纯收益指总产出减去全部生产要素投入成本后的净额，以反映粮食生产中消耗全部生产要素的净回报。相比小麦成本一直是缓慢上升，2013~2016年，种植纯收益和亩产值变化波动较大且呈现一致趋势。2013~2014年，产值和成本均在增加，但产值的增加幅度大于成本增加的幅度，纯收益在2014年达到峰值，为315.54元/亩，农户收益明显增加，节本增效的效果明显。之后，小麦的亩产值由2014年的997.04元/亩急剧下降到2015年的

889. 18 元/亩，而生产成本却在上升，使得农民在 2015 年的纯收入降到谷底，为 180. 6 元/亩，减少了 134. 94 元/亩，纯收益明显下降。2016 年，纯收益有所回升，达到 203. 97 元/亩。

（2）利润率指纯收入与收益的比率，反映种粮农户经营管理水平和经济效益。2013 ~ 2014 年，利润率由 25. 57% 增加到 31. 65%，2015 年，迅速下降到 20. 31%，降幅为 11. 34%，这表明随着种粮收益的变化，农户的经营管理水平受到很大的影响。

（3）成本利润率是指纯收入与成本之间的比值，农业生产中以成本利润率反映粮食生产经济效益。成本利润率的变化趋势与利润的变化趋势基本一致，但变化幅度比利润率大，都是在 2014 年达到最高值，2015 年降到谷底。这表明种粮农户生产粮食主要受价格的影响，2014 年，在国家粮食价格的保护下获得最大的利润。之后随着农业供给侧结构性改革的推进，小麦价格逐渐走向市场，必然要经历价格的波动才能够进一步调整农业结构、优化农产品产业布局。

（二）河南小麦在节本增效的主要问题

本章上述对河南唐河县小麦成本收益的分析发现，唐河县小麦生产成本、土地成本不断上升，而小麦种植的比较收益下降，导致小麦生产成本收益率有所降低，小麦生产节本增效面临着重重困难。唐河县在小麦生产过程中存在的问题并不是偶然现象，究其制约小麦节本增效的主要因素突出表现为以下四个方面。

1. 农资市场不规范，生产要素价格迅速攀升

近年来，随着国家对农业的重视和支持，粮食生产者为追求产量提升，化肥、农药等生产要素的投入有逐年增加的趋势，生产要素的投入具有较强的盲目性。同时，目前农业生产资料市场不规范，存在"剪刀差"现象，导致农药、化肥价格等投入要素价格快速上涨，粮食生产者处于弱势地位，只能被动地承受市场价格变动。

2. 小麦品种混杂，农产品市场竞争力弱

目前，河南有关科研院所、农业高等院校、农业科技型企业以及加工企业都在研制和宣传自己的品种，小麦现种的有上百个品种，造成小麦品种在农资市场鱼龙混杂，存在严重的市场信息不对称现象。面对如此多的小麦品种，一方面，会造成农户只能凭借自己的种植经验选择近几年产量比较稳定的品种种植，而不会轻易选择那些品质好、产量高的新品种；另一方面，在国家逐步取消粮食保护价格后，小麦要经受市场的考验。品种多而无主导品种会造成小麦在市场上无品牌效应，农户在销售给粮食收购商时并不会凭借自己的小麦品质好而多分得收益，只能被动地接受低价。

3. 经营管理粗放，资源浪费严重

随着农村劳动力大量转移，种粮劳力日益减少，目前，农村出现"70后不愿种田，80后不会种田，90后不谈种田"的局面，农民靠土地根本致不了富，因此，农业生产兼业化现象日益明显。目前，农村农民大多数文化素质不高，对种植的新技术接受能力薄弱，仍然延续着依靠增加农药、化肥等生产要素的投入量来增加产量，导致要素投入结构不合理，资源浪费严重，生产成本升高。

4. 土地流转进程缓慢，土地租金价格高

河南农民人均耕地面积只有 2.48 亩①，小麦生产仍以分散经营为主，组织化、规模化程度还不高。目前，我国的土地流转机制初步建立起来，但农民仍然在土地流转过程中对土地使用权主体和风险主体界定、农地产权关系、责权利关系认识不足，加之农民固有的小农思想意识浓厚，对流转土地谨慎，导致土地流转交易成本过高，期限较短，进而使流转后的种植大户的生产成本迅速增加。

（三）关于河南小麦产业发展的政策建议

1. 建立健全农资市场长效监管机制

建立健全农资市场长效监管机制是维护农业生产安全、农民收入增加、农村经济发展的重要保障。一是要建立和完善农业生产资料的储备制度，加强对化肥、农药等生产要素的区域宏观调控、保障供应和价格稳定等重要手段。二是建立健全农资市场的准入和退出制度。一方面，要加强对化肥、农药生产企业管理，对企业的生产条件严格审查，从源头上把好质量关；另一方面，鼓励农资企业规模经营，提高产业集中度，降低生产成本，进而提供质优价低的农资品，使种粮农民真正得到实惠。

---

① 《中国农村统计年鉴》（2017 年）。

2. 加大优质品种研发，创新推广模式

提质增效是小麦产业的主攻方向，各级政府要重视优质小麦品种相关科研成果和推广工作。首先，鼓励农业技术推广机构、农业科研单位大力研制优质、高产、适合于本地的小麦品种。其次，鼓励科研单位和科研人员优先选择低成本高效率的实用技术进行推广，依托涉农企业和各种中介组织把最优质的品种送到农村去。最后，政府要在品种推广中起主导作用，要加强宣传最新的优质品种，引导农户种植高产、高效优质的品种，同时，要对农户进行优质种植补贴，政府的补贴不仅能缓解小麦种植户低收入情况，还能刺激和提高种植户优质种植的积极性。

3. 加大人力资本投资，提高农民生产主体意识

一是政府要加大对农民人力资本投资，加大教育投入力度，实现农业生产教育和培训常态化，从思维上改造农民传统种植观念，增强粮食生产者、经营者和管理者的现代农业意识。二是要加大宣传力度，通过报纸、网络等宣传媒体宣传和印发现代农业生产技术资料、举办技术讲座等形式，构建及时、准确、高效、权威、便捷的农业标准化信息平台，将农业知识送到田间地头，送到农民手中。

4. 完善土地流转制度，壮大新型经营主体

党的十九大报告提出第二轮土地承包到期后再延长 30 年，这为农村大发展奠定了很好的基础。政府有关部门要加强对农民宣传《中华人民共和国农村土地承包法》《农村土地经营权流转管理办法》等法律和政策，让农民逐步走出对土地流转的认识误区。同时，引导农民转变观念，外出务工人员、劳动力短缺家庭主动将土地流转到种粮大户或合作社手中，培育一批小麦生产专业合作社和种粮大户，推进小麦种植规模经营，为小麦标准化建设整体推进奠定基础，鼓励农民工返乡创业，扶持种植大户进行规模化经营，增强辐射带动能力，进而实现土地流转"双赢"的局面。

二、湖南水稻生产节本增效概况

湖南是我国的产粮大省，素有"鱼米之乡"的美誉，其水稻播种面积和稻谷总产量在全国排名第 1 位。如表 5－5 所示，2012～2016 年，湖南粮食播种面积稳定在 7400 万亩左右，粮食年产量基本在 3000 万吨左右，粮食单产基本在每亩 400 公斤左右。2016 年，因播种面积减少和气候欠佳两大原因，湖南全年粮食产量比 2015 年有所下降。据国家统计局公布数据，2016 年与 2015 年相比，湖南粮食播种面积减少 1.1%，总产量降低 1.7%，单位面积产量下降 0.57%。

表 5 - 5   2012 ~ 2016 年湖南粮食生产基本数据

项目	2012 年	2013 年	2014 年	2015 年	2016 年	平均
播种面积（万亩）	7362.1	7404.9	7462.7	7417.0	7335.9	7396.52
年产量（万吨）	3006.5	2925.7	3001.3	3002.9	2953.9	2978.06
亩产量（公斤/亩）	408.4	395.1	402.2	404.9	402.7	402.66

资料来源：国家统计局公报。

由表 5 - 6 看出，湖南水稻产业出现了三个方面的明显变化。一是早稻种植面积大幅度萎缩。根据统计部门公布的法定数据可知，近三年，湖南早稻播种面积连续缩小，2014 ~ 2016 年，已经减少播种面积 32.8 千公顷，同比降低 2.3%。二是"稻田综合种养"面积明显扩大。据岳阳市农业技术推广站报告，全市共落实"稻田综合种养示范点" 70 个，包括"稻鸭、稻鱼、稻蛙、稻蟹、稻虾、稻螺、藕虾"等多种种养模式，总面积达 8059.6 亩。三是双季稻面积逐年缩小。据《湖南统计年鉴》统计，2012 年，湖南双季稻播种面积为 2912 千公顷，经过 4 年，2016 年，双季稻播种面积降为 2880 千公顷。

表 5 - 6   2014 ~ 2016 年湖南早稻播种面积与产量变动统计

项目	2014 年	2015 年	2016 年
播种面积（千公顷）	1453.3	1444.9	1420.5
单位面积产量（公斤/公顷）	5881.8	5945.0	5672.0
总产量（万吨）	854.8	859.0	834.1

资料来源：国家统计局公报。

（一）以湖南家庭农场和种粮小户水稻投入产出为例

从稻农个体的微观层面看：由于所处区域（市、县）不同，经营方式不同，规模大小不同，水稻生产产值与经济效益会出现千差万别的形态和变动趋势。为了方便分析与理解，将其按经营形式和经营规模分为两大类，即家庭农场和传统的种粮小户。在本部分中着重对湖南益阳市资阳区4个流转土地1500亩以上的家庭农场和有代表性的小农户（大多数种3亩左右的水稻）为例进行分析。其中，种粮小户是指种粮面积小于30亩，但不含30亩的农户。

1. 水稻成本构成及其变动分析

湖南水稻生产成本大体由以下7项费用构成：劳务费、生产资料费、机务费、水电费、土地流转费、大型机械设备的折旧费、其他费用。不同的生产经营主体在水稻生产成本具体构成上有相当大的区别。

如表5-7所示，2016年，家庭农场种双季稻的水稻生产成本按生产实际发生费用的平均值计算亩成本，每亩水稻种植中所花费的劳务费为270元、生产资料费为535元、机务费为320元、水电费为10元、土地流转费为500元、机械设备折旧费为30元，再加上其他费用100元，每亩生产成本共计1765元。种粮小户的主要劳动力是56岁以上的老人，体力有限，绝大多数只种晚稻一季。每亩水稻种植所花费的劳务费为100元，农药、化肥等在内的生产资料费为300元、机务费为230元、水电费为10元。由于种粮小户水稻生产面积较小，基本为承包的土地，所以没有土地流转费用；大型机械一般是其他经营主体提供的社会化服务，种粮小户未拥有机械设备，所以，折旧费为0。再加上其他费用50元，共计生产成本690元。

表5-7　　　　　　　2016年益阳市资阳区水稻生产成本明细　　　　　　单位：元

项目	家庭农场双季稻	种粮小户单季稻	备注
劳务费	270	100	
生产资料费	535	300	农药、化肥、复合肥、种子等
机务费	320	230	机耕、机收、运输、烘干等
水电费	10	10	
土地流转费	500	—	
机械设备折旧费	30	—	
其他费用	100	50	
合计	1765	690	

资料来源：当地农户提供的2016年实际开支数据。

2. 水稻产出及其变动分析

水稻产值的多少取决于两个要素，即稻谷产量与稻谷销售市价。水稻生产的经济效益包括直接经济效益和间接经济效益。从实际需要出发，本章主要计算直接经济效益，即稻谷产值扣除水稻生产成本后的余额，或者稻谷产值与水稻生产成本的比值。显然，水稻生产的经济效益取决于产值与成本两个要素。

如表 5 - 8 所示，通过对 4 户家庭农场种双季稻的水稻产值计算，双季稻平均稻谷亩产量为 1500 斤/亩，稻谷平均售价为 1.30 元/斤，水稻亩产值为 1950 元/亩，纯收益为 185 元/亩。2016 年，益阳市种单季稻（晚稻）的小农户，一般平均亩产为 1000 斤/亩左右，稻谷实际销售价为平均每斤 1.35 元（早稻品质差，售价低；晚稻品质好，售价较高）。所以，种粮小户种单季稻的产值和纯收益为：平均亩产值为 1350 元/亩，纯收益为 660 元/亩。种粮小户之所以纯收益比家庭农场的高，是因为小农户一般都是种植自己承包的土地，没有土地流转费用，而目前土地流转费用一般都比较高。

表 5 - 8 　　　　　　　　　　2016 年益阳市资阳区水稻产出明细

项目	亩产量（斤/亩）	单价（元/斤）	亩产值（元/亩）	纯收益（元/亩）
家庭农场双季稻	1500	1.30	1950	185
种粮小户单季稻	1000	1.35	1350	660

3. 水稻投入产出效率对比分析

（1）家庭农场种双季稻的纯收益。若按户计算，即按平均每户经营 1925 亩计算，则经过计算，家庭农场种双季稻平均每户的纯收益为 356125 元。在以上计算中，并未扣除家庭农场的户主及其爱人的劳务费。实际上，户主全年不仅要用心管理经营，而且也常常参加体力劳动；户主的爱人不仅要做后勤服务，也或多或少地下地干活。因此，他们的劳务费理应计入水稻生产成本。为了合理，本章按当地中等劳力的劳动单价核算，即男劳力每月 3000 元，女劳力每月 2000 元计算。实际每户的纯收益为 296125 元（356125 - 60000）。

（2）种粮小户水稻生产纯收益。经过计算，种粮小户水稻生产平均亩毛收益为 660 元/亩（1350 - 690）。应当指出，上述毛收益并未扣除户主本人及其家属为水稻生产投入的劳务报酬。按严格意义，纯收益应扣除直接的劳务开支。按当地农村实际劳务单价水平，每亩开支最少是 300 元，因此，种粮小户种单季稻（晚稻）的亩纯收益应为：平均每亩纯收益为 360 元/亩（660 - 300）。按平均每户种 3 亩水田计算，平均每户的经济效益（纯收益）为 1080 元（360×3），再加上耕地每亩补贴的 50 元（全年每亩耕地补贴 150 元，按三季平均计算），则实际纯收益为：平均每亩纯收益为 410 元，平均每户纯收益为 1230 元。

总的来讲，湖南水稻节本增效效果明显，投入产出相对较高。通过对家庭农场种双季稻的纯收益和种粮小户水稻生产纯收益进行对比分析可见，家庭农场收入主要凭借着农户实行规模经营，种植面积大，将流转的土地集中管理产生经济效益，但是，土地租金不断攀升、生产成本高是制约家庭农场种粮积极性的重要因素。从小规模农户纯收益看，粮食收入是家庭收入的主要来源，节本增效对农户增加纯收入有着重要的作用，农户必须通过精细化管理实现农业经济增长。农业与其他产业不一样，只有在农作物生长各个阶段精心管理才能够保证产量和品质。

（二）湖南水稻生产存在的主要问题

不同的生产经营主体所拥有土地面积、生产设备、技术等生产要素的差异会导致水稻生产投入成本、产出效益及纯收益有所不同。但将经营主体作为一个整体来看，从水稻生产甚至是农业生产的总体趋势出发，水稻生产存在的共同问题成为制约水稻产业竞争力增强的因素。对于湖南来说，水稻生产存在的问题如下所述。

1. 农田基本设施建设滞后，抵御自然风险能力弱

农田灌排渠年久失修、机耕道路奇缺、水田基础设施差，主要突出表现在两方面，即俗称的"一道一渠"。一道，即机耕道路，它分两段。第一段是从村里农民家到水田边的道路。目前的主要问题是：路窄弯多面软，大中型农业机械很难通过。第二段是田间机耕道。问题最多，也最复杂。小型机械可以作业，而大中型农业机械很难下田作业。同时，湖南中低产田面积大，约占耕地总面积的 2/3。由于基础设施落后，水稻的丰收与歉收完全取决于天气的好坏。若年景好，风调雨顺，则水稻长势良好、籽粒饱满、顺利晒干烘干，势必增产丰收；若年景差，气候欠佳，甚至出现灾害性天气的面积大，则水稻生长发育不良、籽少粒瘪、霉烂损失严重，势必减产歉收。本文根据《湖南统计年鉴》（2015～2017 年）的水稻生产实际结果加以佐证：2014 年，早稻播种为 1453 千公顷，增加 6 千公顷，增长 0.41%。因 4 月阴雨天气偏多，导致单产降为 5882 公斤/公顷，比上年减产 66 公斤/公顷，产量为854.76 万吨，比上年减少 5.72 万吨。2014 年下半年，天气基本正常，中稻播种面积 1174 千公顷，单产为 6957 公斤/公顷，总产量为 816.51 万吨；晚

稻面积、单产双增,播种面积为 1494 万亩,单产为 6445 公斤/公顷,产量为 962.73 万吨,比上年增加 32.03 万吨,同比增长 3.44%。2015 年,湖南天气基本正常,稻谷增产,单产为 6429 公斤/公顷,总产量为 2644.81 万吨,比上年增加 10.81 万吨。2016 年,湖南天气欠佳,水稻生长发育期低温,水稻成熟收获期阴湿多雨,导致稻谷减产,总播种面积为 4086 千公顷,单产为 6370 公斤/公顷,比上年减产 59 公斤/公顷;总产量为 2602.3 万吨,比上年减产 42.51 万吨。

2. 农民种粮积极性低落,农村劳动力紧缺

种植粮食劳动强度大但收入较少,湖南绝大多数农村青壮劳力热衷于进城打工,而不愿意留在家乡务农种粮。除少数种粮大户外,众多分散小户只种 2~5 亩地,而且种粮仅为满足自家食用,提供商品粮较少。目前在湖南农村,农业劳作的主力是 50 岁以上的人,30~39 岁的中年人很少,20~29 岁的青年人极为罕见。因此,播种与收割的农忙时节,普遍出现劳动力短缺。由于农村劳动力供需失衡,使得农村劳动力单价逐年上涨,成为推升水稻生产成本的主要因素。

3. 农业资源弱化,稻田污染严重

农村耕地减少、水资源减少且分布不均、光热资源不均衡。在资源数量有限的情况下,质量也存在着较大问题,主要体现在农田污染严重,影响着湖南的粮食安全。据农业部门监测,湖南约有 25.80% 的农田灌水和 18.30% 的农田受到不同程度的污染,农村化学需氧量(COD)排放量占全省总量的 50% 左右。湖南已成为全国土壤污染最严重的省份之一。以稻米为例,据雷鸣(2010)研究结果,湖南污染区(矿区和冶炼区)稻谷精米中重金属镉、砷、铅含量均值分别为 0.65 毫克/千克、0.24 毫克/千克、0.21 毫克/千克,比其他地区大米中镉、砷、铅含量高 132.14%、20%、5%,远远超过国家有关食品卫生标准值。稻田污染严重的地区主要是长沙、株洲、衡阳地区。2014 年、2015 年、2016 年三年,国家拨巨款对镉污染严重的地区进行治理,但效果不明显。由于稻田污染严重,特别是重金属镉严重超标,影响稻米品质的提高,造成近几年湖南大米声誉不好,外销其他省份困难。这也是湖南稻谷库存积压过多的主要原因之一。

4. 卖粮难,粮食生产比较效益低迷

卖粮难主要体现在以下三个方面。一是由于粮库开仓收购时间比水稻收割时间晚半个月左右,而很多农民没有晒场和仓库。收获的稻谷露天存放,一遇到阴雨天，稻谷霉烂发芽，损耗很大。二是排队时间长，农民耗不起。由于粮仓收购时间集中，卖粮的人多，所以要排很长的队。农民要把粮食装车运到粮库，需要时间，到粮库又要排队，需要更长的时间。农民反映：为了卖粮，往往要一整天，甚至两天时间，很辛苦，根本耗不起。三是实际卖粮价格偏低，农民舍不得卖。农民卖粮时，常常遇到压级压价待遇。稻农感到吃亏太多，所以不愿卖，想等等再说。近几年，粮食生产成本逐年升高，而粮食价格基本持平或略有降低，再加上卖粮难的原因，导致种粮纯收益逐年降低。一些种粮大户得益于政府的资金扶持，才有利可图。若没有政府资金扶持，许多种粮大户将会亏损，难以为继。

（三）关于湖南水稻产业发展的政策性建议

1. 改革与完善水稻产业支持政策体系

近几年，随着湖南工业化、城镇化步伐不断加快，水稻生产的弱质性进一步凸显。因此，创新与完善水稻产业支持政策体系，加大对水稻生产的支持力度，促进水稻产业持续发展，显得更为迫切。一是完善粮食补贴政策。要实现从"增产"到"增效"的粮食补贴政策目标转换。调整政策补贴指向，建议取消地力保护补贴资金，并加大经营补贴资金规模，扩大补贴面，提高补贴额度。调整政策补贴方式，实行"奖补结合""以奖代补"方式。取消按水稻播种面积进行补贴的形式，改为根据中央有关粮食补贴政策精神和湖南财力实际，对提供商品粮较多且对社会贡献较大的新型农业经营主体给予更多的奖励资金。加大农业补贴资金实施力度和监管力度。建立一个强大的运作系统，组织一支完整的专管队伍，制定一套完备设施流程和实施规则。二是调整水稻价格调控政策。应逐渐放开中储粮对粮食收购价格的管控，由市场供求机制调节稻谷购销价格。使稻谷按品质好坏实现优质优价，按污染区和非污染区实行地区差价。三是强化特惠制奖励与补贴政策。所谓"特惠制"奖励与补贴政策，主要是中央财政应重点对产粮大省加大奖励资金的额度和在气候不正常年份对产粮大省拨付的各项农业补贴资金额度；各省级财政今后要加大对各产粮大县的粮食贡献奖励资金和补贴资金；各市县要重点奖励对粮食安全作出实际贡献的新型农业经营实体和在他们面临实际困难时给予补贴支持。

2. 加强农田基本设施建设

湖南水稻产业今后的重点是通过规划、设计、实施两大工程（高标准小型农田水利工程和机耕道工程），达到"沟渠规划合理、旱能灌、涝能排，配套设施完善，大中型机械通行顺畅、作业方便，水土资源开发合理，节水效果明显"的目标。农田基本设施建设是高标准水田建设的主要组成部分，一定要坚持统一规划、综合治理的原则，因地制宜，分步实施，建一片、成一片、切实提高水田的综合生产能力，提高稻谷生产的经济效益。为此，各市县必须建立农田基本设施建设档案，在地图上明确表示，在档案中准确记录建成的时间、规模与投资额。防止与避免重复建设和年年要投资、年年搞建设，但面貌依旧、效果不明显的弊端。

3. 统一农业财政资金管理

近年来，中央财政向农村和农业投入的资金很多。如何合理而有效地管理和使用这些巨额资金，是当前我国各级政府财务管理的重大课题。今后凡是中央、省、市拨付的农业项目资金和县财政安排的农业财政资金都应由农委或农业局负责，协调有关的涉农部门，从头到尾，统一管理，统一鉴定验收，统一问责、追责。只有这样，才能最大限度地发挥政府财政资金的作用，使广大农民受益，有力促进农业和农村的发展。

4. 进一步加强新型农业经营主体负责人和职业农民的培训

加强对新型农业经营主体负责人和新型职业农民的培训，对促进湖南水稻产业的发展起至关重要的作用。应当高度重视，坚持年年进行，年年有新进展，年年有新收获。要用管理科学和先进的实用技术武装种水稻的农民，使他们转变传统观念，懂得运用现代信息技术和农业技术来提高水稻生产的经济效益水平。

5. 增强市场竞争力

增强湖南水稻产业市场竞争力，关键是改善米质，并不是亩产量。今后应重点在以下两个方面下功夫。一是以市场需求为导向，研发水稻新品种。大米品种研发的方向应调整为"高产与优质并重"。在继续攻关"超级杂交稻"的同时，应将科研项目经费向"口感好、营养好"的优质籼稻品种和优质粳稻品种倾斜。二是改善湖南稻米品质，发展"无公害大米""绿色大米""有机大米"。省、市、县各级政府应积极支持新型农业经营主体与大米加工企业合作，在无污染区域和污染较少的区域，努力发展"无公害大米""绿色大米""有机大米"，打造让消费者真正放心的、信得过的健康大米品牌。

第六章

我国粮食主产区
绿色农业发展研究

我国在有限的农田上实现了农民增收、农业增效、农村致富，但也付出了昂贵的生态环境代价。在生产方式粗放、经济利益驱动以及忽视生态环境价值的情况下，依赖高化学品投入的菜果花农田、高风险面源的规模化畜禽养殖业在我国各地区、各大流域发展迅速。目前，我国农业发展面临的资源硬约束越来越趋紧，农村生态系统退化，环境污染形式多样，生态环境承载力已亮起红灯，资源约束和生态环境已成为制约未来农业可持续发展的两大"紧箍咒"，并威胁到社会经济可持续发展。如何取得经济发展与生态环境的双赢，是当前我国农业发展亟待解决的关键问题。

一、绿色农业的提出背景

1. 农村环境污染量大面广、形式多样、污染严重

我国农村地区人口总量大，面积辽阔，农村污染问题严重，形式多样、区域差异大。农村环境污染既包括农业内源性污染，也包括工业"三废"和城市生活等外源污染向农村地区的扩散。

2. 农村生态环境治理水平落后、起点晚、治理率低

我国农村环境治理水平较低。根据《中国城乡建设统计年鉴·2020》，我国建制镇和乡大概有 2.77 万个，236.3 万个行政村庄。但这些乡镇几乎都

没有环境治理措施，与此同时，国家对农村生态环境治理的投入也不足，2008～2012年，国家财政累计投入135亿元、地方财政投入146亿元来治理农村生态环境问题，但这些投入治理了仅仅4%，大概2.6万个村庄的环境问题，农村环境保护的公共投入与其相应的农村受污染人群及规模相比，资金投入远远不够。

3. 党的十八大以来，中央政府高度重视绿色农业发展，连续出台政策文件强调农村环境问题

围绕农村生态环境，党中央出台了一系列有力的措施和政策。中央一号文件连续多年直击农村生态环境问题。2017年，中央一号文件《中共中央 国务院关于深入推进农业供给侧结构性改革加快培育农业农村发展新动能的若干意见》提出要推进绿色农业发展。2018年，中央一号文件《中共中央 国务院关于实施乡村振兴战略的意见》提出要以绿色发展引领乡村振兴。

二、2000～2015年我国粮食主产区农业生态环境质量综合评价

当前，我国农业经济发展的一大难题是资源利用的弦绷得越来越紧，生态环境的承载能力越来越接近极限，只有转变传统农业发展方式才能够突破约束"瓶颈"，实现可持续发展。为此，绿色农业成为我国未来农业现代化发展的主攻方向，农业发展内生的自我需求需要环境得到改善，这才是解决我国农业生产桎梏、确保粮食安全的最佳路径。农村生态环境质量评价有利于科学认识区域生态环境承载能力或环境容量，有利于合理利用区域生态环境承载能力或环境容量，有利于科学提高区域生态环境承载能力或环境容量，进而引导农业生产与资源环境协调，促进可持续发展。

（一）评价方法及数据来源

1. PSR理论模型框架

状态—压力—响应（PSR）模型主要研究环境问题，体现了人类活动与自然环境之间的相互作用。模型的3个子系统即压力、状态和响应之间为相互影响制约的关系（见图6-1）。

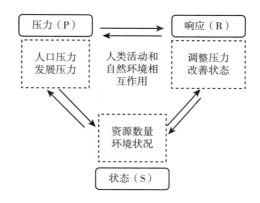

图 6 - 1　状态—压力—响应（PSR）模型框架

2. 农村生态环境质量评价体系构建

基于 PSR 框架，从农村生态环境质量压力系统、状态系统和人文响应系统 3 个层面构建了我国粮食主产区省域农村生态环境质量评价指标体系，该指标体系包括 23 个评价指标（见表 6 - 1）。

表 6 - 1　　　　　PSR 框架下省域农村生态环境质量评价指标体系

准则层	指标层	指标说明	计算方法	指标单位	属性	权重
农村生态环境质量压力系统（0.375）	人口自然增长率	表征人口数量增长对农村生态环境产生的压力	统计	‰	-	0.023
	农林牧渔业产值增长率	表征农业产值增长对农村生态环境产生的压力	统计	%	-	0.028
	人均耕地面积	表征农业生产的土地资源承载力	耕地面积/人口	公顷/人	+	0.048
	亩均灌溉量	表征农业生产的水资源承载力	农业用水/耕地面积	立方米/公顷	+	0.038
	化肥使用量强度	表征化肥使用对农村土壤和水体的压力	化肥使用量/耕地面积	千克/公顷	-	0.064
	农药使用量强度	表征农药使用对农村土壤和水体的压力	农药使用量/耕地面积	千克/公顷	-	0.078
	塑料薄膜使用强度	表征塑料薄膜使用对农村土壤的压力	塑料薄膜使用量/耕地面积	千克/公顷	-	0.052

续表

准则层	指标层	指标说明	计算方法	指标单位	属性	权重
农村生态环境质量压力系统 (0.375)	秸秆产量密度	表征秸秆焚烧对农村土壤、空气的污染压力	秸秆产量①/耕地面积	千克/公顷	–	0.021
	畜禽养殖密度	表征畜禽粪便排放对农村土壤、水体的压力	畜禽养殖规模②/农用地③	羊单位/公顷	–	0.023
农村生态环境质量状态系统 (0.300)	森林覆盖率	表征森林资源丰富程度	统计	%	+	0.042
	生态空间覆盖度	表征牧草地、林地、湿地的生态保育程度	(牧草地+林地+湿地)/行政区面积	%	+	0.063
	农作物受灾面积比重	表征旱灾、洪涝、冰雹等造成的农作物受灾面积比例	农作物受灾面积/播种总面积	%	–	0.050
	农业源COD排放强度	表征单位土地规模化养殖业污染物COD排放	根据源强系数估算	千克/公顷	–	0.027
	农业源氨氮排放强度	表征单位土地种植业和规模化养殖业污染物氨氮排放	根据源强系数估算	千克/公顷	–	0.024
	农业源总氮排放强度	表征单位土地种植业和规模化畜禽养殖污染物总氮排放	根据源强系数估算	千克/公顷	–	0.041
	农业源总磷排放强度	表征单位土地种植业和规模化畜禽养殖污染物总磷排放	根据源强系数估算	千克/公顷	–	0.053
农村生态环境质量人文响应系统 (0.325)	农户人均纯收入	表征在现生态环境压力状态下农业产出能力	统计	元/人	–	0.034
	人均粮食产量	表征粮食安全的保障程度	粮食产量/人口	千克/人	–	0.048
	当年造林面积比重	表征植被覆盖度的提高	当年造林面积/林地面积	%	+	0.032

---

① 按照农作物草谷比(秸秆产量:作物产量)换算,水稻为0.9,玉米为1.2,小麦为1.1,棉花为9.2,油料为1.5。

② 根据GB 18596—2001《畜禽养殖业污染物排放标准》第1.2.2条规定:具有不同畜禽种类的养殖场和养殖区,其规模可将鸡、牛的养殖量换算成猪的养殖量,换算比例为:30只蛋鸡折算1头猪,60只肉鸡折算1头猪,1头奶牛折算10头猪,1头肉牛折算5头猪。第1.2.5条规定:3只羊折算1头猪。

③ 农用地包括耕地、园地、林地、牧草地和其他。

续表

准则层	指标层	指标说明	计算方法	指标单位	属性	权重
农村生态环境质量人文响应系统 (0.325)	节水灌溉面积比重	表征水资源利用效率的提高	节水灌溉面积/农作物播种面积	%	+	0.046
	水土流失治理面积比重	表征水土保持治理的力度	水土流失治理面积/农用地面积	%	+	0.044
	除涝面积比重	表征防治涝灾的力度	除涝面积/农用地面积	%	+	0.040
	环境污染治理投资额比重	表征环保资金的投入力度	环境治理投资额/GDP	%	+	0.081

注：+ 为促进指标，- 为压力指标。

3. 农村生态环境质量综合指数计算方法

农村生态环境综合指数的计算公式为：

$$S_{core} = \sum_{m=i}^{m} W_j \times S_{ij} \tag{6.1}$$

其中，W_j 为第 j 个指标的权重，采用熵权法确定，熵权法减少了不可控因素引起的不确定性，具有科学公正和无偏好的优点。S_{ij} 为第 i 个评价对象第 j 个指标的标准化值，采用极值法标准化。S_{core} 取值范围为 0 ~ 1，其值大小代表了农村生态环境质量好坏。

4. 数据来源

评价指标数据主要来源于 2001 ~ 2016 年的《中国统计年鉴》《中国农村统计年鉴》《中国环境统计年鉴》。其中，耕地、水田、旱地、牧草地、林地面积数据来源于《中国国土资源统计年鉴》；2000 ~ 2001 年省份农业用水数据来自于各省份的水资源公报；森林覆盖度来源于第五、第六、第七、第八次全国森林资源清查结果；湿地面积来源于第一次、第二次全国湿地资源调查结果；禽畜出栏、存栏头数和规模化养殖比例来源于《中国畜牧业年鉴》（2001 ~ 2013 年）和《中国畜牧兽医年鉴》（2014 ~ 2015 年），污染物排放系数、畜禽粪便处理率数据来源于第一次全国《污染普查产排污系数手册》，个别缺失年份数据采用了简单插值法补全。

（二）评价结果分析

1. 综合指数评价结果

表 6-2 列出了我国粮食主产区 2000 年、2005 年、2010 年及 2015 年的农村生态环境质量评价结果。综合指数大小表明生态环境质量的好坏。2000 ~ 2015 年，各个省份的生态环境质量变化排序基本变化很小。山东和河南两省农村生态环境质量最差，这与其农业经济体量大，农业活动频繁，农业发展程度集约度高有关。2015 年，山东第一产业增加值为 4979 亿元，河南为 4210 亿元，分别位居我国第一产业增加值的第 1 位和第 2 位，占我国第一产业增加值的 12.6% 和 10.7%。分产业结构来看，在农林牧业总产值中，山东和河南两省的农业产值分别为 4930 亿元和 4611 亿元，位居我国农业总产值的第 1 位和第 2 位，占我国农业产值的 8.6% 和 8.0%，牧业产值分别为 2523 亿元和 2445 亿元，位居我国农业总产值的第 1 位和第 3 位（四川为第 2 位），占我国牧业产值的 8.5% 和 8.2%。农牧业体量大，生产方式粗放造成山东和河南两省农村生态环境质量降低。

表 6-2　　　　2000 年、2005 年、2010 年及 2015 年我国粮食主产区
农村生态环境质量综合评价结果

省份	2000 年				2005 年				2010 年				2015 年			
	压力	状态	响应	综合	压力	状态	响应	综合	压力	状态	响应	综合	压力	状态	响应	综合
河北	0.22	0.17	0.18	0.57	0.20	0.15	0.19	0.54	0.20	0.15	0.20	0.55	0.20	0.16	0.18	0.54
内蒙古	0.30	0.24	0.14	0.69	0.28	0.23	0.15	0.66	0.29	0.22	0.16	0.66	0.28	0.22	0.16	0.67
辽宁	0.24	0.21	0.17	0.62	0.23	0.19	0.18	0.60	0.23	0.17	0.17	0.57	0.23	0.18	0.16	0.57
吉林	0.27	0.22	0.14	0.63	0.25	0.21	0.13	0.59	0.26	0.19	0.13	0.58	0.25	0.19	0.10	0.55
黑龙江	0.30	0.22	0.14	0.66	0.28	0.22	0.13	0.63	0.30	0.21	0.13	0.63	0.30	0.21	0.10	0.60
江苏	0.21	0.13	0.17	0.51	0.19	0.12	0.18	0.49	0.19	0.09	0.17	0.45	0.19	0.09	0.17	0.45
安徽	0.22	0.16	0.15	0.53	0.20	0.16	0.15	0.52	0.20	0.15	0.16	0.50	0.19	0.14	0.17	0.50
江西	0.21	0.21	0.15	0.57	0.19	0.23	0.15	0.57	0.19	0.23	0.17	0.59	0.19	0.22	0.16	0.56
山东	0.18	0.12	0.17	0.47	0.16	0.11	0.18	0.45	0.17	0.08	0.18	0.42	0.17	0.08	0.17	0.41
河南	0.20	0.14	0.16	0.50	0.18	0.14	0.16	0.48	0.17	0.14	0.15	0.46	0.16	0.14	0.14	0.44
湖北	0.20	0.20	0.15	0.55	0.19	0.19	0.16	0.54	0.18	0.17	0.17	0.52	0.19	0.17	0.15	0.51
湖南	0.21	0.21	0.12	0.54	0.21	0.21	0.12	0.53	0.18	0.21	0.14	0.53	0.21	0.16	0.16	0.53
四川	0.23	0.21	0.15	0.58	0.22	0.21	0.15	0.58	0.23	0.22	0.14	0.58	0.22	0.21	0.14	0.57

东北三省及内蒙古农村生态环境质量相对较好，与其地域面积广阔、农村生态环境容量大、农村生态环境承受的压力相对较小有密切关系。黑龙江耕地面积为 15854 千公顷，内蒙古为 9238 千公顷，是我国耕地面积最大的两个省份。单位耕地面积的农业产值内蒙古为 1.54 万元/公顷，黑龙江为 1.84 万元/公顷，吉林为 2.00 万元/公顷，辽宁为 4.16 万元/公顷，在 13 个粮食主产区省份中排名在前 5 位中。单位耕地面积农业产值低，则意味着土地承受的生态环境压力小，生态环境质量状态保持较好。

2. 子系统评价结果

粮食主产区 13 个省份农村生态环境在子系统得分排名上出现明显的差异。

（1）压力状态系统得分最低的省份仍为农业大省河南、山东，其次为湖北、湖南、江苏、安徽和江西，得分较高的省份有东北三省和内蒙古。压力系统反映了我国农村生态环境质量面临的资源短缺压力和污染源排放压力，包括了人口、耕地及水资源的短缺压力及来自农业生产五大污染源化肥、农药、塑料薄膜、秸秆及畜禽养殖污染排放方面的压力。不同省份面临的农村生态环境压力不同。河南、山东是我国农业大省，第一产业增加值占全国比重的 23.3%。山东、河南同时也是我国农用化学品使用量最大的两个省份。河南单位耕地面积化肥使用量为 883 千克/公顷，是全国平均水平的 1.96 倍，比第 2 高的江苏还高 26%（见图 6-2）。山东因蔬菜种植面积较大，塑料薄膜的使用量巨大，占到全国比重的 1/5，塑料薄膜单位面积的使用强度是全国平均水平的 2.3 倍。另外，山东和河南的畜禽养殖密度也是全国最高的，2015 年，河南单位农用地的畜禽养殖密度为 1.03 只（头）/公顷，山东为 0.82 只（头）/公顷，而全国平均水平只有 0.15 只（头）/公顷。湖南、湖北农村生态环境压力除了单位面积化肥使用强度过高之外（仅次于河南和江苏），还来自单位面积农药使用强度很大。湖南单位面积农药使用强度为 29 千克/公顷，湖北为 23 千克/公顷，位居全国第 2 位和第 3 位（江西为第 1位）。江苏作为主产区 13 个省份中人均耕地面积最小的省份（仅为全国水平的一半），农村生态环境的压力主要来源于单位面积农用化学的承载力过高，农业发展的集约化程度高。

（2）状态系统得分较低的省份有山东、江苏、河南和安徽，得分较高的省份有内蒙古、江西、黑龙江和四川。状态系统反映了我国农村生态环境面

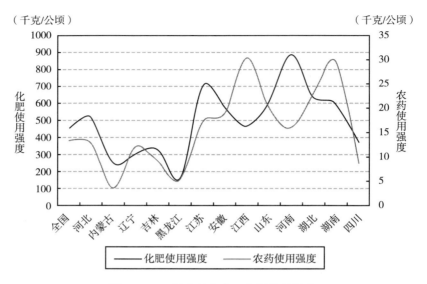

图6-2 不同省份农药、化肥使用强度

临的生态破坏及环境污染现状。从状态系统得分可以看出，压力系统得分越低的省份，状态系统得分也比较低。农村生态系统包括两个指标：森林覆盖度和农村生态空间覆盖度。我国森林覆盖度平均值为33%，13个省份中，江苏、山东森林覆盖度最低，分别为16%和17%。江西、湖南、黑龙江和吉林的森林覆盖度最高，分别为60%、48%、43%和40%。农村生态空间覆盖度山东、河南、江苏、河北和安徽最低，分别为21%、24%、30%、32%和34%。四川、内蒙古、江西生态空间覆盖度最高，分别为72%、67%和67%。表征农村环境状态的有农业源COD、氨氮、总氮和总磷的排放强度4个指标。山东农业源COD、氨氮、总磷排放强度分别为131.07千克/公顷、2.72千克/公顷和1.67千克/公顷，均为全国最高水平，是全国平均值的7.25倍、7.30倍和6.77倍，农业源总氮排放强度为9.47千克/公顷，位居全国第2位，仅次于江苏，是全国平均水平的4.95倍（见图6-3和图6-4）。除了山东以外，江苏和安徽的农村环境指标得分也很低。江苏农业源COD和总磷排放强度仅次于山东。安徽总氮和总磷排放强度仅次于山东和江苏两省。值得关注的是，河南面临的农村生态环境压力很大（化肥使用强度为全国最高），但农村生态环境状态却位于全国第3位，主要原因不在于河南种植业污染排放系数低，而在于河南畜禽养殖业粪便化处理率极高，为全国最高59.6%，全国平均值为36.7%。

（千克/公顷）

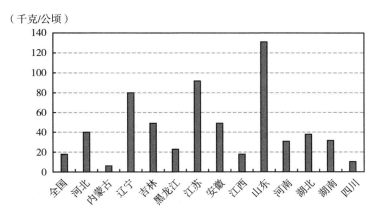

图6-3 农业源COD排放强度

（千克/公顷）

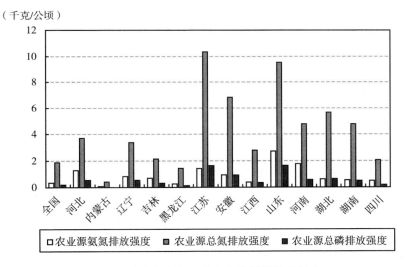

图6-4 农业源氨氮、总氮和总磷的排放强度

（3）响应系统反映了不同省份农村生态环境的治理力度。从响应系统得分排序可以看出，响应系统得分高低与压力、状态系统基本相反，山东、江苏、河北生态环境压力及响应得分均较低，但是响应系统得分却很高，吉林和黑龙江生态压力和状态得分较高，但响应系统得分却是最低的，这说明农村生态环境质量压力越大、状态越差的省份在治理投资上的力度越大。

从农村生态环境治理指标的统计结果也可以看出，河北、江苏、山东及辽宁节水灌溉面积、水土流失治理面积及除涝面积的比重均在13个省份前列

（见图6－5），而吉林和黑龙江响应指标的数值都比较低。

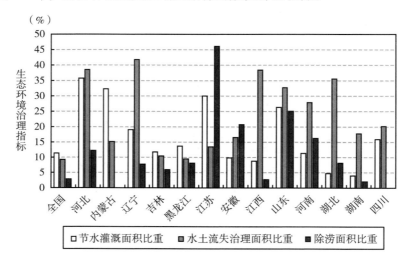

图6－5　2015年主产区各省份农村生态环境治理指标数值

3. 时序变化特征分析

从时间序列来看，2000～2015年，粮食主产区农村生态环境质量综合指数得分越来越低，总体呈现出不断恶化的趋势（见表6－2）。2000年，13个省份农村生态环境综合指标的平均值为0.571，2005年下降为0.552，2010年为0.542，到了2015年下降为0.531。这说明过去我国农业生产过度强调农业生产和农业经济的发展，生态环境下降比较严重，生态环境代价高。

从子系统来看，2000～2015年，农村生态环境压力系统得分波动下降，2000年平均得分为0.230，2005年下降到0.212，2010年为0.215，到了2015年下降为0.212，这说明农村生态环境面临的资源约束越来越紧，污染来源的排放量越来越大。这种压力在前一阶段2000～2005年的表现要大于后一阶段2010～2015年。2000～2015年，农村生态环境质量的状态总体在不断恶化。2000年状态系统平均得分为0.188，2005年为0.182，2010年为0.172，到了2015年下降为0.170。不同地区农村生态环境恶化的原因不同：内蒙古由于超载放牧，牧草地面积锐减，生态空间下降，生态破坏严重；东北地区的黑龙江、辽宁、吉林由于湿地、林地面积下降，生态空间下降，环境恶化；华东、中南地区的山东、河南、湖南、湖北、安徽、江西等地农村生态环境恶化主要在于种植业和规模化畜禽养殖规模扩大，污染物排放量不断增大，但粪便利用率提高并不显著。2000～2015年，农业生态环境响应系统得分值整体在不断增加，2000 年，响应系统平均得分为 0.153，2005 年为 0.158，2010 年为 0.158，2015 年为 0.151，基本呈现上升趋势，这表明我国各地区在环境治理上的投入是在逐年增加的。

三、粮食主产区农业生态环境质量与农业经济发展的库兹涅茨曲线关系实证研究

库兹涅茨曲线（Kuznets curve，EKC）认为，经济发展与环境污染之间存在着倒"U"型关系。那么在粮食主产区，粮食生产与生态环境之间是否也存在 EKC 假说？这一问题的回答，对于化解当前我国农业领域资源、环境与农业增长之间的矛盾以及实现农业经济的绿色可持续发展，具有非常重要的理论意义和现实意义。特别是对于当前正处于农业供给侧结构改革背景下，希冀通过绿色发展理念突破资源环境紧箍咒，实现传统农业向绿色现代农业跨越，寻找政策着力点的中国农业而言，深入研究该问题显得尤为重要和迫切。

（一）EKC 计量经济模型构建

1. 模型设定

为了验证农村生态环境质量和农业经济增长之间的曲线关系，本章引入 EKC 的简约计量模型，模型一次、二次、三次形式如下：

$$Y_{it} = \beta_0 + \beta_1 X_{it} \tag{6.2}$$

$$Y_{it} = \beta_0 + \beta_1 X_{it} + \beta_2 X_{it}^2 + \varepsilon \tag{6.3}$$

$$Y_{it} = \beta_0 + \beta_1 X_{it} + \beta_2 X_{it}^2 + \beta_3 X_{it}^3 + \varepsilon \tag{6.4}$$

其中，i 代表不同省份，t 代表年份，Y 为农村生态环境质量的度量指标，这里我们用 5 个指标来反映，包括 2000 ~ 2015 年我国 31 个省份的农村生态环境质量综合指数、农业源 COD 排放量、农业源氨氮排放量、农业源 TN 排放量及农业源 TP 排放量。X 为经济增长水平的度量指标，本章用人均 GDP 来表征。β_0 为截距项，β_1、β_2、β_3 为模型的系数。ε 为随机误差项，表示无法关注到的其他因素。模型系数 β_1、β_2、β_3 根据其取值的不同可反映农村环境质量状况与农业经济发展的 7 种关系（见图 6-6）：

（1）$\beta_1 = \beta_2 = \beta_3 = 0$，表示经济增长与环境质量之间没有必然联系；

（2）$\beta_1 > 0$ 且 $\beta_2 = \beta_3 = 0$，即一次函数形式，表示农村生态环境随着农业经济发展而恶化；

（3）$\beta_1 < 0$ 且 $\beta_2 = \beta_3 = 0$，即一次函数形式，表示随着经济增长，环境质量会发生改善；

（4）$\beta_1 > 0$，$\beta_2 < 0$ 且 $\beta_3 = 0$，即二次函数形式，表示经济增长与环境质量之间的关系存在环境库兹涅茨关系。此时，达到拐点时的农业经济增长变量 $x^* = -\beta_1/2\beta_2$；

（5）$\beta_1 < 0$，$\beta_2 > 0$ 且 $\beta_3 = 0$，即二次函数形式，表示经济增长与环境质量之间存在与环境库兹涅茨关系完全相反的关系；

（6）$\beta_1 > 0$，$\beta_2 < 0$ 且 $\beta_3 > 0$，即三次函数形式，表示经济增长与环境质量之间存在"N"型关系；

（7）$\beta_1 < 0$，$\beta_2 > 0$ 且 $\beta_3 < 0$，即三次函数形式，表示经济增长与环境质量之间的关系为倒"N"型。

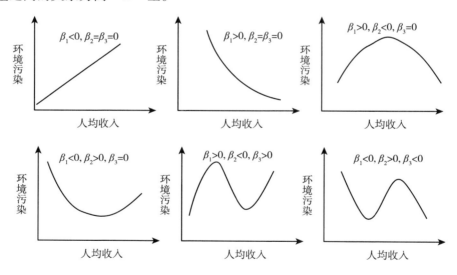

图 6 - 6 环境污染与经济增长的关系

2. 数据来源

EKC 研究一般采用时间序列数据、横截面数据和面板数据，而时序数据和截面数据较难获得且模型估计稳定性较差，所以，采用面板数据来提高模型估计可信度。本章采用了我国 31 个省份 2000～2015 年环境质量和农业经济发展相关指标的面板数据，样本量合计为 496 个。

（1）农村生态环境质量指标包括农村生态环境质量状态指数、农业源 COD、氨氮、总氮、总磷排放 5 个指标，数据源于前文综合评价结果。

（2）经济增长指标为人均 GDP，与总量指标相比，人均 GDP 更能反映真实农业经济发展水平。为了消除通胀因素，GDP 以 2000 年不变价，用各地相应年份的国内生产总值指数处理。人均 GDP = GDP（2000 不变价）/人口。GDP、国内生产总值指数及人口数据均来源于《中国统计年鉴》（2001～2016 年）。

（二）农业生态环境质量与农业经济发展关系实证分析

本章基于 EViews 8.0 软件对 EKC 模型进行了固定效应和随机效应估计，依据 Hausman 检验结果选择适宜的模型。具体操作中考虑到不同地区样本截面异方差问题会对估计有效性产生影响，固定效应模型采用了截面加权回归法来消除截面异方差问题，回归结果如表 6 - 3 所示。农村生态环境综合指数、COD、氨氮、总氮和总磷均表现为二次方程下各系数显著。根据 Hausman 检验结果，农村生态环境 COD 选择了固定效应模型（FE），农村生态环境综合指数、氨氮、总氮和总磷选择了随机效应模型（RE）。

表 6 - 3 的计量模型回归结果显示，粮食主产区农村生态环境质量与农业经济发展呈倒"U"型曲线关系，符合 EKC 假说，表明随着经济水平的增长，粮食主产区农村生态环境质量呈现先恶化后好转的变化态势。进一步计算得到我国农村生态环境质量好转的拐点为人均 GDP 81551 元/人，即在临界值左侧，农村生态环境质量随着人均 GDP 的增加而不断恶化；在临界值右侧，两者脱钩发展，呈负相关关系，即随着人均 GDP 的增长，农村生态环境质量逐渐得到改善。

粮食主产区农业污染物 COD、氨氮、总磷、总氮与经济发展水平均呈现出显著的倒"U"型曲线关系，与 EKC 假说一致。COD 的环境库兹涅兹曲线拐点位于人均 GDP 56556 元/人处，氨氮位于人均 GDP 45342 元/人处，总氮位于人均 GDP 52117 元/人处，总磷位于人均 GDP 56771 元/人处。4 种污染物达到拐点的先后顺序为氨氮 > 总氮 > COD > 总磷，这与不同污染物排放来源有一定关系。污染物来源中种植业所占比重越高、规模化畜禽养殖中专业养殖户所占比重越高的污染物，拐点人均 GDP 越低。这是因为相比规模化畜禽养殖的末端治理，种植业污染治理属于源头控制，环境治理难度相对较小，

表6-3　　　　　　　　　　　　我国农村生态环境质量与经济增长 EKC 模型估计结果

项目	总体		COD		氨氮		总氮		总磷	
	FE	RE	FE	RE	FE	RE	FE	RE	FE	RE
C	1.735***	1.735***	55982.24***	38554.25	10936.13***	10667.67***	39980.85***	38271.37***	3225.116***	3192.706***
gdp	7.20E－06***	7.19E－06***	29.74854***	30.58177***	0.147380***	0.166860***	1.155239***	1.292511***	0.271995***	0.267962***
gdp2	－4.45E－11**	－4.43E－11**	－0.000263***	－0.000260	－1.63E－06***	－1.84E－06***	－1.05E－05***	－1.24E－05***	－2.58E－06***	－2.36E－06***
gdp3	—	—	—	—	—	—	—	—	—	—
方程选择	二次		二次		二次		二次		二次	
模型选择	RE		FE		RE		RE		RE	
R²	0.969756	0.574626	0.945251	0.696	0.975	0.225	0.964	0.625	0.925	0.711
F值	442.0316	138.4642	238.0118	234.2121	548.259	29.83722	364.6097	171.117	171.0737	252.425
曲线性状	倒"U"型		倒"U"型		倒"U"型		倒"U"型		倒"U"型	
转折点	81151元/人		56556元/人		45342元/人		52117元/人		56671元/人	

注：***、** 分别代表在1%、5%的显著性水平下显著。

当地区经济发展到一定水平时即可按照当前政策对种植业展开治理，如我国正在实施的农业污染"两减"政策（化肥、农药施用总量零增长），已在全国不同经济发展水平的地区全面推进。而规模化畜禽养殖的污染治理属于末端治理，需畜禽粪便资源化利用技术达到一定成熟度时才可有效展开，尤其是规模化养殖场的治理标准和技术要求更高，而这也只有在经济发达的东部省份有条件率先开展，因此，污染排放中畜禽养殖，尤其养殖场来源较高的污染物，环境拐点的人均 GDP 也高。

图 6-7 刻画了我国粮食主产区不同省份农村生态环境指数与人均 GDP 的关系。从中可以看出，粮食主产区的江苏、山东、河北、湖南、湖北等省份农村生态环境质量随着人均 GDP 的增长在恶化，但随着人均 GDP 的增加，恶化速度在放缓。

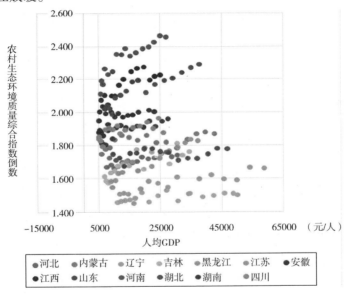

图 6-7　粮食主产区省份农村生态环境综合指数与人均 GDP 关系

四、研究结论与政策建议

（一）研究结论

通过对我国 13 个粮食主产省份农村生产环境质量综合评价可以发现，粮食主产区山东和河南农村生态环境质量最差，其主要原因在于农业发展体量大，但生产方式粗放，单位耕地面积的化肥、农药及地膜使用强度很大，流失率也很高，造成农村单位耕地面积污染承载力很高。内蒙古、四川和东部三省农村生态环境质量相对较好，主要原因在于这些省份地域面积大、农村环境容量大，农业污染排放对土地和水资源的压力较小。

从子系统来看，压力状态系统得分最低的省份仍为农业大省河南、山东，其次为湖北、湖南、江苏、安徽及江西，得分较高的省份有东北三省和内蒙古。状态系统得分较低的省份有山东、江苏、河南和安徽，得分较高的省份有内蒙古、江西、黑龙江和四川。响应系统得分高低与压力、状态系统基本相反，山东、江苏、河北生态环境压力及响应得分均较低，但是，响应系统得分却很高，吉林和黑龙江生态压力和状态得分较高，但响应系统得分却是最低的，这说明农村生态环境质量压力越大、状态越差的省份在治理投资上的力度越大。

从时间序列来看，2000～2015年，13个粮食主产省份农村生态环境质量综合指数得分越来越低，总体呈现出不断恶化的趋势。2000年，13个省份农村生态环境综合指标的平均值为0.571，2005年下降为0.552，2010年为0.542，到2015年下降为0.531。这说明过去我国农业生产过度强调农业生产和农业经济的发展，生态环境下降比较严重，生态环境代价高。

粮食主产区农村生态环境质量与经济发展水平呈倒"U"型曲线关系，农村生态环境综合指数、COD、氨氮、总磷、总氮与经济发展的关系通过二次估计模型验证，符合EKC假说，表明随着经济水平的增长，我国农村生态环境质量将呈现先恶化后好转的变化态势。我国农村生态环境质量好转的拐点为人均GDP 81151元/人（2000年不变价），主产区13个省份处于拐点左侧，尚未达到拐点。4种污染物达到拐点的人均GDP 氨氮（45342元/人）<总氮（52117元/人）<COD（56556元/人）<总磷（56771元/人）。

（二）推动粮食主产区绿色发展政策建议

粮食主产区承担着保障国家粮食安全的重担，保障粮食主产区可持续发展，必须协调好农业经济与生态环境之间的关系，为此提出以下五点政策建议。

1. 在粮食主产区建立协调发展的指导思想

农业生态环境质量与经济增长之间存在协调发展的可能,正确处理好农村生态环境保护、粮食安全与农民增收之间的矛盾,应当用"绿色"理念发展资源节约型和环境友好型农业,促使传统农业从高度依赖农用化学品要素投入向依靠科技进步和劳动者素质的现代农业转变将是未来农业可持续发展的一条有效路径。为进一步推动我国绿色农业的可持续发展、减轻农业污染,首先各级政府应确立农业经济与环境质量协调发展的总体指导思想,积极发挥政府引导职能,出台一系列农业污染治理政策以做到有法可依,对于已出台的治理政策要做到执法必严;还应加大环境教育和信息的公开,以推动环境政策的落地。

2. 因地制宜制定区域性针对政策

根据粮食主产区不同省份所处的 EKC 曲线阶段,在农业生态环境治理中,应实施区域性针对政策。对于经济发展水平较低的西部地区,如内蒙古,单纯依靠人均收入水平增长不足以迎来 EKC 转折点的到来,政府要完善区域间、中央与地方之间的转移支付,为缓解欠发达地区生产总值增长提供绿色激励。对于中部地区和部分东北省份,如河北、河南、湖南、湖北、江西、四川、安徽、东三省等,主要通过引导农业结构的优化、发展环境友好型的农业生产方式来实现农村生态环境污染源的控制。

3. 在粮食主产区大力发展循环农业模式

粮食的主产区要注意尊重自然规律,合理地利用自然资源,保障生态环境和经济发展同步进行,大力推广农田水循环利用和稻田养鱼等新的农业生产模式,既能降低农业生产过程中的污染,也能获得较好的经济效益。比如目前我国部分地区采取的庭院式生态农村模式,将沼气的使用和种植业、养殖业结合起来,一方面,解决了人畜粪便的污染问题,避免了其对地下水和空气的污染;另一方面,也能够在一定程度上减少对农药的依赖性,提高了农村土地的肥力和土壤的有机质的含量。沼气池的沼液和沼渣是优质的有机肥,能够很好地发展无公害农业,这是一种双向有利的生产经营模式。

4. 建立健全粮食主产区生态环境保护利益补偿机制

粮食主产区内工农业发展极不协调,陷入"产粮大省、经济弱省、财政穷省"的发展怪圈,主产区内农村生态环境治理资金存在极大的缺口,农村环境治理有心无力。藏粮于地必先保粮食主产区生态环境安全,因此,应将粮食主产区纳入生态补偿政策的扶持范围,把粮食主产区完全视同国家重点生态功能区，实行特殊的保护政策和财政转移支付政策。粮食主产区一直以来都有一个困境，那就是粮食产量越高，财政反而越穷，这一困境需要得到解决，使得鱼米之乡能够成为宜居之乡，让农业和经济发展齐头并进。应该完善粮食生产和销售的保护机制，鼓励地区之间横向的援助，各市、县之间的粮食可以很好地流通和相互补充，在一个区域粮食产生危机的时候，另一个区域可以及时地支援和补偿。应该充分地调动粮食主产区的积极性，才能够很好地保障粮食安全，政府应该适当地对生态保护而产生的损失进行补贴，正确引导农户和粮食种植企业加大对生态环境的保护，保障粮食生产区的生态功能。

5. 在粮食主产区内推行农村环境污染第三方治理模式

我国农村环境治理资金投入和运行模式仍然没有完全市场化，社会的资金进入渠道仍然有一定的门槛，农村环境治理主要还是由各级政府来主导，缺乏社会力量的全面参与。《生态文明体制改革总体方案》明确指出，要引导社会资本的进一步投入，通过财政补贴的方式，促进农村的环保事业进一步发展，其中涉及农村的垃圾和污水的处理等。要建立政府和社会资本合作的 PPP 模式，以新的机制、新的治理模式对农村环境治理手段不断地优化与完善。树立整体意识，以整个县域为单位，建管一体，全面统筹和调控，集中地对农村污水和垃圾进行治理。与此同时，利用互联网的新思维，推进互联网和环境相结合的新的治理模式，构建新型农业生态循环模式，全面提升资源的合理化运动。另外，要坚持废弃物垃圾化和垃圾资源化的手段，综合利用农业废弃物，引导市场主体参与解决秸秆和农业薄膜的回收，并给予适当的补贴政策。减少农药和化肥的使用，全面提升农药和化肥的优化比例，通过政府提供服务的方式，以市场代为防止污染，使得污染防治的效率达到最大化。

第七章

主产区与主销区的粮食生产及经济发展水平差距的比较分析

改革开放以来,我国粮食由长期短缺实现了总量基本平衡,但我国粮食供求在区域上并不平衡。粮食安全历来是至关重要的战略问题。为此,按照粮食生产和销售特点进行区域划分,从粮食主产区和粮食主销区视角研究国家粮食安全以及区域经济发展问题,显得至关重要。

一、粮食主产区和主销区的界定

我国从保障粮食安全、发挥区域优势出发,将全国粮食产区划分为粮食主产区、粮食产销平衡区和粮食主销区三种类型(孙秀锋,2013)。

本章根据 2004 年中央文件以及农业部对粮食主产区划分,将河北、河南、黑龙江、吉林、辽宁、湖北、湖南、江苏、江西、内蒙古、山东、四川、安徽 13 个省份归类于粮食主产区。在此基础上将北京、天津、上海、浙江、福建、广东、海南 7 个省份归类于粮食主销区。这 7 个省份具有经济相对发达,但人多地少,粮食自给率低的特点(见表 7-1)。

表 7 – 1 中国粮食产区划分

分区	省级行政区域
主产区	河北、河南、黑龙江、吉林、辽宁、湖北、湖南、江苏、江西、内蒙古、山东、四川、安徽
主销区	北京、天津、上海、浙江、福建、广东、海南
产销平衡区	重庆、山西、陕西、贵州、云南、甘肃、青海、广西、宁夏、西藏、新疆

二、主产区和主销区对国家粮食安全的贡献

（一）从粮食产量解析两区域对国家粮食安全的贡献

1. 主产区是我国粮食生产的中坚力量

粮食主产区是国家粮食的主要来源。而且随着经济的发展、粮食生产进一步向主产区集中，为全国人民提供了 80% 以上的商品粮。主产区的粮食播种面积和粮食产量在 2003～2015 年不断增加，其中，种植面积由 68548.55 千公顷增加到 81646.72 千公顷，占全国粮食总播种面积的比重为 69%～73%；产量由 30578.54 万吨增加到 47341.30 万吨，占全国的比重为 71%～76%（见图 7 – 1 至图 7 – 4）。

（千公顷）

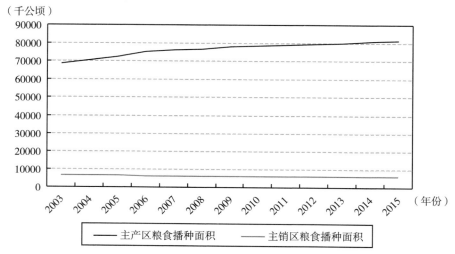

图 7 – 1　2003～2015 年主产区和主销区粮食播种面积

资料来源：历年《中国统计年鉴》。

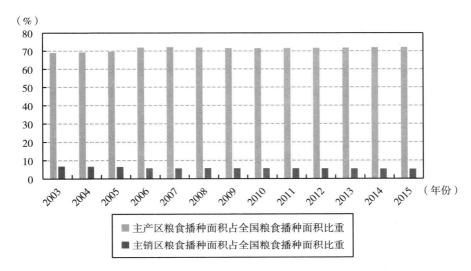

图 7 - 2　2003 ~ 2015 年主产区和主销区粮食播种面积占全国粮食播种面积比重

资料来源：历年《中国统计年鉴》。

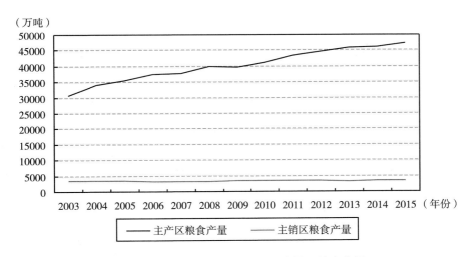

图 7 - 3　2003 ~ 2015 年主产区和主销区粮食产量

资料来源：历年《中国统计年鉴》。

　　从粮食作物的不同品种来看，2003 ~ 2015 年，主产区稻谷、小麦和玉米的产量不断提高。其中，稻谷产量由 10528.76 万吨增加到 15478.95 万吨；小麦产量由 6869.73 万吨增加到 10909.67 万吨；玉米由 8770.47 万吨增加到 17627.73 万吨，玉米产量增速最快，产量在 2015 年跃居粮食作物之首（见

图 7 – 5)。主产区稻谷产量占全国总产量的比重由 65.54% 提高到 74.34%；小麦产量占比由 79.43% 提高到 83.80%，玉米产量占全国总产量的比重由 75.72% 提高到 78.47%（见图 7 – 6）。因此，粮食主产区背负着我国粮食安全重担，是促进我国粮食生产发展的启动器。

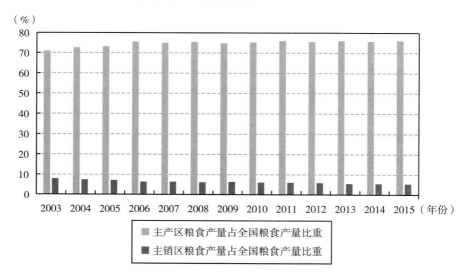

图 7 – 4　2003～2015 年主产区和主销区粮食产量占全国粮食产量的比重

资料来源：历年《中国统计年鉴》。

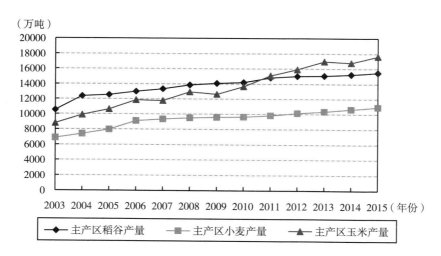

图 7 – 5　2003～2015 年主产区粮食产量

资料来源：历年《中国统计年鉴》。

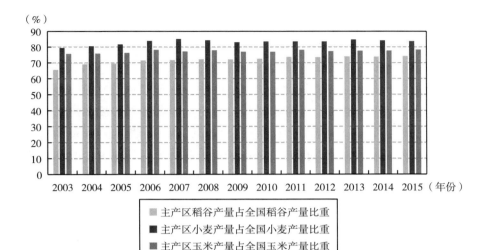

图 7－6　2003～2015 年主产区粮食产量占全国粮食产量比重

资料来源：历年《中国统计年鉴》。

　　另据国家统计局发布的数据显示，2016 年末中国总人口为 138271 万人，比上年末增加 809 万人，人口增加意味着对粮食需求的增加。按全国粮食人均消费 430 公斤计算，到 2030 年，中国人口总数达到峰值 14.5 亿时，在进口不变的情况下，需要增加国内粮食产量 2893.47 万吨，约相当于 2016 年湖北粮食年产量（2664.12 万吨），这对粮食主产区提出更加严峻的考验。

2. 主销区粮食产量和种植面积逐年减少

　　从图 7－1 至图 7－4 中可以看出，主销区的粮食播种面积仅约为全国的 6%，且播种面积不断减少，由 2003 年的 6760.28 千公顷下降到 2015 年的 5968.97 千公顷。粮食产量和种植面积的变化趋势类似，产量大约为 3000 万～3500 万吨，占全国粮食产量的比重由 7.94% 下降到 2015 年的 5.33%，可见，主销区对国家粮食安全的贡献很小，并且呈现贡献递减趋势。

（二）从粮食流转数量解析两区域对国家粮食安全的贡献

　　为了反映粮食主产区各地区对粮食生产的贡献与经济发展的差距，我们除各地区粮食绝对生产数量外，引入粮食各地区理论上可流动粮食数量来分析该问题。理论上可流动粮食数量就是以人均消费 430 公斤为计算依据，将各地区粮食总产量减去各地区实际粮食消费量，其中，实际粮食消费量等于人均消费量（430公斤）乘以各地区年末人口数。数值为正时，表明粮食是可以调出的省份，数值为负表明需要调入粮食满足地区粮食需求。公式如下：

$$可调出粮食数量 = 粮食生产量 - 人均粮食消费量 \times 年末人口数 \quad (7.1)$$

之所以引入这一指标，是考虑到粮食绝对生产数量能够反映出其对国家粮食生产所作的贡献，也可能由于其人口太多，而不能将粮食大量调出，以满足缺粮省份的粮食需求，因此，该指标不能反映出对其他省份的粮食消费的贡献。而该指标，在粮食产量满足本地区的消费量需求的前提下，剩余粮食产量越多，对缺粮省份的贡献就越大，这就意味着对国家粮食安全的贡献也越大。

表 7-2 结果表明，主产区在满足本区居民粮食消费后，还有一定可调出粮食，并且数量呈增长趋势，2015 年达 13055.25 万吨。另外，主销区需要调入的粮食量不断增加，2015 年共计需要 8414.61 万吨。

表 7-2　　　　　　**2003 ~ 2015 年主产区和主销区可调出粮食数量**　　　　单位：万吨

年份	主产区可调出粮食数量	主销区可调出粮食数量
2003	-2563.71	-6199.77
2004	848.82	-6325.35
2005	2373.51	-6491.99
2006	4448.07	-6968.15
2007	4383.59	-7190.29
2008	6515.54	-7370.13
2009	6152.91	-7489.77
2010	7538.69	-7862.77
2011	9678.15	-7894.04
2012	10748.14	-8001.39
2013	11775.77	-8239.49
2014	11893.05	-8304.67
2015	13055.25	-8414.61

注：如果表中数值为负，即为需要调入粮食，其数量为这些数值的绝对值。
资料来源：历年《中国统计年鉴》。

进一步通过对 2012 ~ 2015 年相关统计数据的计算可知（见表 7-3），黑龙江、吉林、河南和内蒙古可调出的粮食均超过 1000 万吨，黑龙江更是高达

表 7-3　2012~2015 年主产区和主销区可调出粮食数量

项目		2012 年			2013 年			2014 年			2015 年		
	地区	可调出粮食数量（万吨）	可调出粮食数量排序	地区	可调出粮食数量（万吨）	可调出粮食数量排序	地区	可调出粮食数量（万吨）	可调出粮食数量排序	地区	可调出粮食数量（万吨）	可调出粮食数量排序	
粮食主产区	黑龙江	4112.88	1	黑龙江	4355.02	1	黑龙江	4594	1	黑龙江	4684.8	1	
	吉林	2160.50	2	吉林	2368.09	2	吉林	2349.48	2	吉林	2463.25	2	
	河南	1594.02	3	内蒙古	1698.86	3	河南	1714.82	3	河南	1990.7	3	
	内蒙古	1457.8	4	河南	1666.1	4	内蒙古	1675.86	4	内蒙古	1747.28	4	
	安徽	714.26	5	安徽	686.7	5	安徽	800.14	5	安徽	896.2	5	
	山东	346.85	6	山东	343.01	7	山东	387.33	7	山东	478.49	7	
	辽宁	183.23	8	辽宁	307.9	8	江西	190.44	8	湖北	186.92	8	
	湖南	151.73	9	河北	211.8	9	河北	185.05	9	江西	185.33	9	
	江西	148.08	10	江西	171.64	10	湖南	104.35	10	河北	171.06	10	
	河北	112.76	11	湖南	48.61	12	湖北	83.29	12	江苏	131.66	11	
	江苏	-33.10	14	江苏	9.22	14	江苏	67.82	13	辽宁	118.24	12	
	湖北	-43.17	16	湖北	7.73	15	四川	-125.3	16	湖南	86.24	13	
粮食主销区	四川	-157.68	19	四川	-98.91	17	辽宁	-134.23	17	四川	-84.92	17	
	海南	-181.91	20	海南	-193.95	21	海南	-201.69	21	海南	-207.74	21	
	天津	-445.79	25	天津	-458.25	24	天津	-476.36	25	天津	-483.46	25	
	北京	-775.87	27	北京	-813.32	27	北京	-861.42	27	北京	-870.89	27	
	上海	-901.00	28	上海	-924.3	28	上海	-930.64	28	上海	-926.37	28	
	福建	-952.34	29	福建	-958.46	29	福建	-969.55	29	福建	-989.67	29	
	浙江	-1585.31	30	浙江	-1630.19	30	浙江	-1611.03	30	浙江	-1629.54	30	
	广东	-3159.12	31	广东	-3261.02	31	广东	-3253.98	31	广东	-3306.94	31	

注：如果表中数值为负，即为需要调入粮食，其数量为这些数值的绝对值。

资料来源：历年《中国统计年鉴》。

4000 多万吨，对国家粮食安全的贡献可见一斑。主销区广东约需要调入 3000 多万吨粮食，排名第 1 位，浙江以 1500 多万吨的调入需求量排名第 2 位，这一数值可以消化河南全部可调出的粮食。

三、主产区与主销区经济发展水平差距

近年来，主产区农业综合生产能力提升，但由于农民种植粮食的比较利益低，粮食主产区与主销区的经济发展水平形成差距，并有扩大的趋势。这就是我国粮食主产区建设的悖论（潘刚，2011），粮食主产区由于发展粮食生产机会成本大，且粮食生产无法增加地方财政收入而积极性较低。

从粮食主产区和主销区对全国粮食生产的贡献及其各自地方生产总值水平看，2003～2015 年，主销区粮食产量仅是全国粮食总产量的约 6%，但主销区地方生产总值较大，占全国 GDP 的份额高达 30% 以上。相反，主产区粮食产量贡献率高达 70% 以上，但粮食主产区地方生产总值占全国 GDP 的比重却只有 55% 左右。2003 年，13 个主产区地方一般预算收入占全国地方一般预算收入总值比重为 44.96%，7 个主销区对应的数值则高达 41.23%；近年来，主产区和主销区在这一指标上表现有所好转，但差距依然明显。2015 年，主产区地方一般预算收入占全国地方一般预算收入总值比重提高到 47.24%，主销区则有所降低，但对应数值依然高达 36.46%（见表 7 - 4）。

表 7 - 4　　2003～2015 年主产区与主销区地区生产总值及财政收入对比　　单位：%

年份	地区生产总值占国内生产总值比重		地方一般预算收入占全国地方一般预算收入总值比重		粮食产量占全国粮食产量比重	
	主产区	主销区	主产区	主销区	主产区	主销区
2003	53.68	32.63	44.96	41.23	71.00	5.68
2004	53.90	32.34	45.54	40.30	72.67	5.73
2005	54.53	31.91	45.45	40.60	73.23	5.67
2006	54.60	31.83	45.90	39.40	74.02	5.26
2007	54.65	31.68	46.16	39.67	75.04	5.29
2008	55.25	30.75	46.57	38.72	75.50	5.39
2009	55.78	30.41	47.46	37.70	74.81	5.58
2010	55.89	29.98	48.16	36.55	75.36	5.52

续表

年份	地区生产总值占国内生产总值比重		地方一般预算收入占全国地方一般预算收入总值比重		粮食产量占全国粮食产量比重	
	主产区	主销区	主产区	主销区	主产区	主销区
2011	56.19	29.22	48.56	35.01	76.02	5.66
2012	56.38	28.66	49.28	33.85	75.66	5.69
2013	56.23	28.59	49.33	33.80	76.03	5.47
2014	54.89	29.42	48.73	34.41	75.81	5.47
2015	55.73	29.06	47.24	36.46	76.18	5.33

资料来源：历年《中国统计年鉴》。

为了进一步说明粮食主产区和粮食主销区经济发展水平的差距，我们将以2012年和2015年数值为例，从地区生产总值、人均收入、财政税收等指标分地区来衡量主产区和主销区的经济发展水平差距。

（一）地区生产总值差距分析

1. 地区生产总值

将2012年和2015年各省份的可调出粮食产量进行降序排列，结果如表7-5和表7-6所示，可以看到，粮食主产区和粮食主销区在地区经济发展程度上的差别。2012年的数据显示，能够为国家粮食安全做出巨大贡献的前5位省份，仅有河南地区生产总值表现良好，为第5位；黑龙江和吉林可调出产量分别为4112.88万吨和2160.5万吨，地区生产总值排在第17和第22位；内蒙古和安徽排列第15和第14位。2015年的数据也仅有河南地区生产总值表现良好，但是排名下降到第7位；黑龙江和吉林地区生产总值排在第21和第22位，特别是黑龙江位次下降明显；内蒙古和安徽排列第17和第15位，排名也有所下降。

表7-5　　　　　　　　2012年主产区和主销区地区生产总值

地区		可调出粮食数量（万吨）	可调出粮食数量排序	地区生产总值（亿元）	地区生产总值排序
粮食主产区	黑龙江	4112.88	1	13691.58	17
	吉林	2160.50	2	11939.24	22

续表

地区		可调出粮食数量 （万吨）	可调出粮食 数量排序	地区生产总值 （亿元）	地区生产 总值排序
粮食 主产区	河南	1594.02	3	29599.31	5
	内蒙古	1457.80	4	15880.58	15
	安徽	714.26	5	17212.05	14
	山东	346.85	6	50013.24	3
	辽宁	183.23	8	24846.43	7
	湖南	151.73	9	22154.23	10
	江西	148.08	10	12948.88	19
	河北	112.76	11	26575.01	6
	江苏	-33.10	14	54058.22	2
	湖北	-43.17	16	22250.45	9
	四川	-157.68	19	23872.80	8
粮食 主销区	海南	-181.91	20	2855.54	28
	天津	-445.79	25	12893.88	20
	北京	-775.87	27	17879.40	13
	上海	-901.00	28	20181.72	11
	福建	-952.34	29	19701.78	12
	浙江	-1585.31	30	34665.33	4
	广东	-3159.12	31	57067.92	1

注：如果表中数值为负，即为需要调入粮食，其数量为这些数值的绝对值。
资料来源：《中国统计年鉴》（2013 年）。

表 7 - 6　　　　　　　　　2015 年主产区和主销区地区生产总值

地区		可调出粮食数量 （万吨）	可调出粮食 数量排序	地区生产总值 （亿元）	地区生产 总值排序
粮食 主产区	黑龙江	4684.80	1	15083.67	21
	吉林	2463.25	2	14063.13	22
	河南	1990.70	3	37002.16	7
	内蒙古	1747.28	4	17831.51	17
	安徽	896.20	5	22005.63	15
	山东	478.49	7	63002.33	5
	湖北	186.92	8	29550.19	10
	江西	185.33	9	16723.78	19

地区		可调出粮食数量 （万吨）	可调出粮食 数量排序	地区生产总值 （亿元）	地区生产 总值排序
粮食 主产区	河北	171.06	10	29806.11	9
	江苏	131.66	11	70116.38	4
	辽宁	118.24	12	28669.02	12
	湖南	86.24	13	28902.21	11
	四川	−84.92	17	30053.10	8
粮食 主销区	海南	−207.74	21	3702.76	28
	天津	−483.46	25	16538.19	2
	北京	−870.89	27	23014.59	1
	上海	−926.37	28	25123.45	14
	福建	−989.67	29	25979.82	13
	浙江	−1629.54	30	42886.49	6
	广东	−3306.94	31	72812.55	3

注：如果表中数值为负，即为需要调入粮食，其数量为这些数值的绝对值。
资料来源：《中国统计年鉴》（2016 年）。

　　反观粮食主销区，特别是广东和浙江，2012 年位居地区生产总值第 1 和第 4 位，2015 年位居第 3 和第 6 位，两省需要调入的粮食量多于黑龙江可调出的粮食量。所以，粮食主产区一般不是地区经济特别发达的省份，粮食大省并不是经济强省的局面基本已经形成。

2. 第一产业增加值

　　表 7 - 7 是 2012 年第一产业增加值分地区排序的结果，分析发现，第一产业增加值前 13 位中，广东（第 8 位）和福建（第 13 位）并非产粮大省。在可调出粮食数量排前 5 位的省份，只有河南第一产业增加值排名第 2 位，安徽第 9 位，而黑龙江、吉林、内蒙古则处于中等水平，分别排名第 12 位、第 18 位和第 17 位。

表 7 - 7　　　　　　2012 年主产区和主销区农业总产值

地区		可调出粮食数量 （万吨）	可调出粮食 数量排序	第一产业增加值 （亿元）	第一产业增加值 排序
粮食 主产区	黑龙江	4112.88	1	2113.66	12
	吉林	2160.50	2	1412.11	18
	河南	1594.02	3	3769.54	2

续表

地区		可调出粮食数量（万吨）	可调出粮食数量排序	第一产业增加值（亿元）	第一产业增加值排序
粮食主产区	内蒙古	1457.80	4	1448.58	17
	安徽	714.26	5	2178.73	9
	山东	346.85	6	4281.70	1
	辽宁	183.23	8	2155.82	11
	湖南	151.73	9	3004.21	6
	江西	148.08	10	1520.23	16
	河北	112.76	11	3186.66	5
	江苏	-33.10	14	3418.29	3
	湖北	-43.17	16	2848.77	7
	四川	-157.68	19	3297.21	4
粮食主销区	海南	-181.91	20	711.54	24
	天津	-445.79	25	171.60	28
	北京	-775.87	27	150.20	29
	上海	-901.00	28	127.80	30
	福建	-952.34	29	1776.71	13
	浙江	-1585.31	30	1667.88	14
	广东	-3159.12	31	2847.26	8

注：如果表中数值为负，即为需要调入粮食，其数量为这些数值的绝对值。

资料来源：《中国统计年鉴》（2013 年）。

表 7 - 8 显示了 2015 年第一产业增加值分地区排序的结果。分析发现，我国粮食主产区第一产业增加值的表现有所好转，居首的山东为可调出粮食数量排名第 7 位的粮食主产区；第一产业增加值前 13 位中广东（第 6 位）和福建（第 13 位）并非产粮大省。在可调出粮食数量排前 5 位的省份，河南第一产业增加值排名第 2 位，安徽第 11 位，而黑龙江、吉林、内蒙古位于中国的中等水平，分别为第 9、第 20 位和 18 位。粮食生产多、可调出比重多和第一产业增加值高之间也存在一定的差距，所以，粮食主产省份并不是农业经济发展最快、农业经济增加值最高的省份，这个现象值得我们注意和思考。

表 7 - 8 　　　　　　　　　　**2015 年主产区和主销区农业总产值**

地区		可调出粮食数量 （万吨）	可调出粮食 数量排序	第一产业增加值 （亿元）	第一产业增加值 排序
粮食 主产区	黑龙江	4684.80	1	2633.50	9
	吉林	2463.25	2	1596.28	20
	河南	1990.70	3	4209.56	2
	内蒙古	1747.28	4	1617.42	18
	安徽	896.20	5	2456.69	11
	山东	478.49	7	4979.08	1
	湖北	186.92	8	3309.84	8
	江西	185.33	9	1772.98	16
	河北	171.06	10	3439.45	5
	江苏	131.66	11	3986.05	3
	辽宁	118.24	12	2384.03	12
	湖南	86.24	13	3331.62	7
	四川	- 84.92	17	3677.30	4
粮食 主销区	海南	- 207.74	21	854.72	24
	天津	- 483.46	25	208.82	28
	北京	- 870.89	27	140.21	29
	上海	- 926.37	28	109.82	30
	福建	- 989.67	29	2118.10	13
	浙江	- 1629.54	30	1832.91	15
	广东	- 3306.94	31	3345.54	6

注：如果表中数值为负，即为需要调入粮食，其数量为这些数值的绝对值。
资料来源：《中国统计年鉴》（2016 年）。

（二）人均收入差距分析

　　农业发展的最终目标是提高农民种粮积极性，实现农民生活富裕。所以，本部分从产销区城镇居民和农村居民的收入层面来分析人民生活的富裕状况。总的来看，2012 年，粮食主产区城镇居民平均每人可支配收入为 2.2 万元，而主销区的城镇居民平均每人可支配收入平均数是 3.14 万元，远远高于主产区城镇居民的平均水平。主产区的农村居民家庭人均纯收入平均为 8364.24元，主销区的农村居民家庭人均纯收入平均为 1.3 万元。主销区的农村居民收入高于主产区。①

1. 城镇居民人均可支配收入

由表 7-9 可以看出，2012 年，在城镇居民人均可支配收入的排序中，前 5 位的省份仅有江苏排第 5 位，其余全部为粮食主销区，也是经济比较发达的上海、北京、浙江、广东，前 10 位中只有 2 个省份是粮食主产区，名次也很靠后。更值得引起重视的是，可调出粮食量排在前 5 位的产粮大省黑龙江、吉林、河南、内蒙古和安徽，城镇居民可支配收入在全国排名分别为第 30、第 24、第 21、第 11 和第 16 位。

表 7-9　　　　　2012 年主产区和主销区城镇居民人均可支配收入

地区		可调出粮食数量（万吨）	可调出粮食数量排序	城镇居民可支配收入（元）	城镇居民可支配收入排序
粮食主产区	黑龙江	4112.88	1	17759.75	30
	吉林	2160.50	2	20208.04	24
	河南	1594.02	3	20442.62	21
	内蒙古	1457.80	4	23150.26	11
	安徽	714.26	5	21024.21	16
	山东	346.85	6	25755.19	8
	辽宁	183.23	8	23222.67	10
	湖南	151.73	9	21318.76	13
	江西	148.08	10	19860.36	25
	河北	112.76	11	20543.44	20
	江苏	-33.10	14	29676.97	5
	湖北	-43.17	16	20839.59	18
	四川	-157.68	19	20306.99	23
粮食主销区	海南	-181.91	20	20917.71	17
	天津	-445.79	25	29626.41	6
	北京	-775.87	27	36468.75	2
	上海	-901.00	28	40188.34	1
	福建	-952.34	29	28055.24	7
	浙江	-1585.31	30	34550.30	3
	广东	-3159.12	31	30226.71	4

注：如果表中数值为负，即为需要调入粮食，其数量为这些数值的绝对值。

资料来源：《中国统计年鉴》（2013 年）。

_____

① 《中国统计年鉴》（2013 年）。

表 7-10 的数据结果显示，2015 年，在城镇居民人均可支配收入的排序中，前 5 位的省份仅有江苏排第 4 位，其余全部为粮食主销区，也是经济比较发达的上海、北京、浙江、广东，前 10 位中有 4 个省份是粮食主产区，与 2012 年相比有很大的进步。可调出粮食量排在前 5 位的产粮大省黑龙江、吉林、河南、内蒙古和安徽，城镇居民可支配收入在全国排名分别为第 30、第 27、第 24、第 10 和第 14 位。粮食主产区城镇居民的人均纯收入与经济发达、工业化程度高的发达地区仍有差距。

表 7-10　　　　　　　　2015 年主产区和主销区城镇居民人均可支配收入

地区		可调出粮食数量（万吨）	可调出粮食数量排序	城镇居民可支配收入（元）	城镇居民可支配收入排序
粮食主产区	黑龙江	4684.80	1	24202.6	30
	吉林	2463.25	2	24900.9	27
	河南	1990.70	3	25575.6	24
	内蒙古	1747.28	4	30594.1	10
	安徽	896.20	5	26935.8	14
	山东	478.49	7	31545.3	8
	湖北	186.92	8	27051.5	13
	江西	185.33	9	26500.1	15
	河北	171.06	10	26152.2	22
	江苏	131.66	11	37173.5	4
	辽宁	118.24	12	31125.7	9
	湖南	86.24	13	28838.1	11
	四川	-84.92	17	26205.3	21
粮食主销区	海南	-207.74	21	26356.4	19
	天津	-483.46	25	34101.3	6
	北京	-870.89	27	52859.2	2
	上海	-926.37	28	52961.9	1
	福建	-989.67	29	33275.3	7
	浙江	-1629.54	30	43714.5	3
	广东	-3306.94	31	34757.2	5

注：如果表中数值为负，即为需要调入粮食，其数量为这些数值的绝对值。

资料来源：《中国统计年鉴》（2016 年）。

2. 农民人均纯收入

2003～2013 年，粮食主产区和主销区农村居民家庭人均纯收入均不同程度提高。其中，主产区农村居民平均由 2664.2 元提高到 9398.7 元，主销区农村居民平均由 4655.3 元增加到 14439.4 元。2013 年，主销区农村居民家庭人均纯收入高出为国家粮食安全作出重要贡献的主产区农村居民 2 倍多。[1]

表 7-11 显示了 2012 年农民人均纯收入分地区的排序情况，排名前 4 位依然是粮食主销区，分别为上海、北京、浙江和天津。前 10 位中，只有 4 个粮食主产区，排名靠后，第 5 位是江苏，是粮食主产区的最好名次。而可调出粮食量排在前 5 位的产粮大省黑龙江、吉林、河南、内蒙古和安徽，其农民人均纯收入排名分别为第 10、第 11、第 17、第 16 和第 21 位，与主销区比较而言，排名相当靠后。

表 7-11 2012 年主产区和主销区农民人均纯收入

地区		可调出粮食数量 （万吨）	可调出粮食 数量排序	农民人均纯收入 （元）	农民人均纯 收入排序
粮食 主产区	黑龙江	4112.88	1	8603.85	10
	吉林	2160.50	2	8598.17	11
	河南	1594.02	3	7524.94	17
	内蒙古	1457.80	4	7611.31	16
	安徽	714.26	5	7160.46	21
	山东	346.85	6	9446.54	8
	辽宁	183.23	8	9383.72	9
	湖南	151.73	9	7440.17	18
	江西	148.08	10	7829.43	15
	河北	112.76	11	8081.39	12
	江苏	-33.10	14	12201.95	5
	湖北	-43.17	16	7851.71	14
	四川	-157.68	19	7001.43	22
粮食 主销区	海南	-181.91	20	7408.00	19
	天津	-445.79	25	14025.54	4
	北京	-775.87	27	16475.74	2
	上海	-901.00	28	17803.68	1
	福建	-952.34	29	9967.17	7
	浙江	-1585.31	30	14551.92	3
	广东	-3159.12	31	10542.84	6

注：如果表中数值为负，即为需要调入粮食，其数量为这些数值的绝对值。
资料来源：《中国统计年鉴》（2013 年）。

---

[1] 历年《中国统计年鉴》。

表 7 - 12 是 2015 年农民人均纯收入分地区的排序情况。排名前 4 位依然是粮食主销区，分别为上海、浙江、北京和天津。前 10 位中，只有 4 个粮食主产区，排名也靠后，第 5 位是江苏，是粮食主产区的最好名次。而可调出粮食量排在前 5 位的产粮大省黑龙江、吉林、河南、内蒙古和安徽，其农民人均纯收入排名分别为第 13、第 11、第 17、第 19 和第 18 位，排名相当靠后。

表 7 - 12　　　　　　2015 年主产区和主销区农民人均纯收入

地区		可调出粮食数量（万吨）	可调出粮食数量排序	农民人均纯收入（元）	农民人均纯收入排序
粮食主产区	黑龙江	4684.80	1	11095.2	13
	吉林	2463.25	2	11326.2	11
	河南	1990.70	3	10852.9	17
	内蒙古	1747.28	4	10775.9	19
	安徽	896.20	5	10820.7	18
	山东	478.49	7	12930.4	8
	湖北	186.92	8	11843.9	10
	江西	185.33	9	11139.1	12
	河北	171.06	10	11050.5	14
	江苏	131.66	11	16256.7	5
	辽宁	118.24	12	12056.9	9
	湖南	86.24	13	10992.5	15
	四川	- 84.92	17	10247.4	21
粮食主销区	海南	- 207.74	21	10857.6	16
	天津	- 483.46	25	18481.6	4
	北京	- 870.89	27	20568.7	3
	上海	- 926.37	28	23205.2	1
	福建	- 989.67	29	13792.7	6
	浙江	- 1629.54	30	21125.0	2
	广东	- 3306.94	31	13360.4	7

注：如果表中数值为负，即为需要调入粮食，其数量为这些数值的绝对值。
资料来源：《中国统计年鉴》（2016 年）。

通过分析可知，粮食主产区的农民收入水平较粮食主销区并没有提高，甚至与粮食主销区生产经济作物、高附加值产品和服务化程度高的农民收入相比居于后位，严重打击了种粮农民的生产积极性。

（三）财政税收收入和财政农林水事务支出差距分析

1. 财政税收收入

我国粮食生产的比较利益长期处于极低水平，再加上国家取消了农业税，更加剧了农业大省走向财政穷省的趋势。

表 7 - 13 是 2012 年财政税收收入分地区的排序名次，可以看到，财政税收收入前 5 位的省份有 4 个都是粮食主销区（广东、上海、浙江和北京），前 10 位中虽然有 6 位是粮食主产区，除江苏进入前 5 位，排名第 2 位外，其他省份位次相对靠后。而黑龙江、吉林财政税收收入排名第 22 和第 24 位。

表 7 - 13　　　　　　2012 年主产区和主销区财政税收收入

地区		可调出粮食数量（万吨）	可调出粮食数量排序	财政税收收入（亿元）	财政税收收入排序
粮食主产区	黑龙江	4112.88	1	837.80	22
	吉林	2160.50	2	760.57	24
	河南	1594.02	3	1469.57	10
	内蒙古	1457.80	4	1119.87	15
	安徽	714.26	5	1305.09	13
	山东	346.85	6	3050.20	6
	辽宁	183.23	8	2317.19	7
	湖南	151.73	9	1110.74	16
	江西	148.08	10	978.08	20
	河北	112.76	11	1560.59	9
	江苏	- 33.10	14	4782.59	2
	湖北	- 43.17	16	1324.44	12
	四川	- 157.68	19	1827.04	8
粮食主销区	海南	- 181.91	20	350.80	27
	天津	- 445.79	25	1105.56	17
	北京	- 775.87	27	3124.75	5
	上海	- 901.00	28	3426.79	3
	福建	- 952.34	29	1440.34	11
	浙江	- 1585.31	30	3227.77	4
	广东	- 3159.12	31	5073.88	1

注：如果表中数值为负，即为需要调入粮食，其数量为这些数值的绝对值。

资料来源：《中国统计年鉴》（2013 年）。

表 7 – 14 是 2015 年财政税收收入分地区的排序名次，可以看到，财政税收前 5 位的省份中有 3 个为粮食主销区（广东、上海和北京），前 10 名中有 5 位是粮食主产区，江苏省排名第 2 位，山东第 5 位，高于 2012 年的水平。而黑龙江、吉林排到第 24 和第 25 位，比 2012 年有所下降。这说明种粮并不能给地方政府和国家带来丰厚的财政收入。

表 7 – 14　　　　　　　2015 年主产区和主销区财政税收收入

地区		可调出粮食数量（万吨）	可调出粮食数量排序	财政税收收入（亿元）	财政税收收入排序
粮食主产区	黑龙江	4684.80	1	880.34	24
	吉林	2463.25	2	867.12	25
	河南	1990.70	3	2101.17	8
	内蒙古	1747.28	4	1320.75	18
	安徽	896.20	5	1799.89	12
	山东	478.49	7	4203.12	5
	湖北	186.92	8	2086.50	9
	江西	185.33	9	1517.03	16
	河北	171.06	10	1934.29	11
	江苏	131.66	11	6610.12	2
	辽宁	118.24	12	1650.45	13
	湖南	86.24	13	1527.52	15
	四川	– 84.92	17	2353.51	7
粮食主销区	海南	– 207.74	21	514.31	28
	天津	– 483.46	25	1578.07	14
	北京	– 870.89	27	4263.91	4
	上海	– 926.37	28	4858.16	3
	福建	– 989.67	29	1938.71	10
	浙江	– 1629.54	30	4168.22	6
	广东	– 3306.94	31	7377.07	1

注：如果表中数值为负，即为需要调入粮食，其数量为这些数值的绝对值。
资料来源：《中国统计年鉴》（2016 年）。

2. 农林水事务支出

财政支农一个重要部分的资金支出，是财政对农林水事务的支出，通常我们认为产粮大省应当在这方面支出更多。

通过对表 7 – 15 中 2012 年的数据分析可知，财政农林水事务支出排在前 5 位的省份有 4 个是粮食主产区，排名前 10 位有 8 个为主产区。黑龙江、吉林农林水事务支出分别排名全国第 11、第 22 位，产粮大省缺乏财力对农业事务进行投入。

表 7 – 15　　　　　　　2012 年主产区和主销区财政农林水事务支出

地区		可调出粮食数量（万吨）	可调出粮食数量排序	财政农林水事务支出（亿元）	财政农林水事务支出排序
粮食主产区	黑龙江	4112.88	1	430.39	11
	吉林	2160.50	2	291.30	22
	河南	1594.02	3	551.73	4
	内蒙古	1457.80	4	450.83	7
	安徽	714.26	5	430.47	10
	山东	346.85	6	673.82	2
	辽宁	183.23	8	405.02	14
	湖南	151.73	9	447.74	8
	江西	148.08	10	384.77	15
	河北	112.76	11	443.62	9
	江苏	-33.10	14	754.09	1
	湖北	-43.17	16	419.02	12
	四川	-157.68	19	654.95	3
粮食主销区	海南	-181.91	20	123.62	30
	天津	-445.79	25	100.98	31
	北京	-775.87	27	222.69	25
	上海	-901.00	28	217.97	26
	福建	-952.34	29	244.16	24
	浙江	-1585.31	30	408.20	13
	广东	-3159.12	31	539.56	5

注：如果表中数值为负，即为需要调入粮食，其数量为这些数值的绝对值。
资料来源：《中国统计年鉴》（2013 年）。

通过表 7 – 16 中 2015 年的数据分析，财政农林水事务支出排在前 5 位的省份有 4 个是粮食主产区，排名前 10 位有 8 个主产区。黑龙江农林水事务支出值排在全国第 8 位，比 2012 年有所提高。吉林对农林水事务的支出排名第 23 位。主销区广东和浙江农林水投入在全国排第 4 和第 6 位。如此发展下去，不利于我国粮食长期可持续发展。

表 7 - 16 　　　　　　　　　2015 年主产区和主销区财政农林水事务支出

地区		可调出粮食数量（万吨）	可调出粮食数量排序	财政农林水事务支出（亿元）	财政农林水事务支出排序
粮食主产区	黑龙江	4684.80	1	681.48	8
	吉林	2463.25	2	408.61	23
	河南	1990.70	3	791.63	5
	内蒙古	1747.28	4	675.58	10
	安徽	896.20	5	577.74	14
	山东	478.49	7	964.42	2
	湖北	186.92	8	616.57	12
	江西	185.33	9	557.30	15
	河北	171.06	10	712.49	7
	江苏	131.66	11	1008.60	1
	辽宁	118.24	12	446.07	20
	湖南	86.24	13	676.24	9
	四川	-84.92	17	926.65	3
粮食主销区	海南	-207.74	21	164.24	30
	天津	-483.46	25	156.08	31
	北京	-870.89	27	424.78	22
	上海	-926.37	28	267.37	26
	福建	-989.67	29	441.86	21
	浙江	-1629.54	30	739.08	6
	广东	-3306.94	31	811.90	4

注：如果表中数值为负，即为需要调入粮食，其数量为这些数值的绝对值。
资料来源：《中国统计年鉴》（2016 年）。

四、典型省份粮食生产及经济发展水平差距分析——以河南和浙江为例

为了进一步理解主产区和主销区粮食生产和经济发展水平方面的差距，笔者选取河南和浙江分别作为主产区和主销区的代表，2012 年，河南以

1594.02 万吨的可调出粮食量排名全国第 3 位，而浙江在需要调入粮食的省份中需要调入量排名全国第 2 位。2013 年，河南以 1666.60 万吨的粮食可调出量排名全国第 4 位，浙江以 1630.19 万吨的粮食调入量排名全国第 2 位。2015 年，河南可调出粮食数量为 1990.7 万吨，排名全国第 3 位，浙江需要调入 1629.54 万吨，粮食调入量排名全国第 2 位。为此，对两省份相关数据的分析具有一定的代表性。

（一）粮食生产情况比较

1. 人均粮食播种面积比较

人均粮食播种面积是反映每单位劳动力粮食生产能力的指标。1995 年以来，河南和浙江人均粮食播种面积变化很大（见图 7-7），浙江的人均粮食播种面积很小，与河南相差甚远，并且人均粮食播种面积逐渐下降，由 1995 年的 0.07 公顷/人减少到 2015 年的 0.0231 公顷/人；但是，河南的人均粮食播种面积一直保持在稳定水平，1995 年为 0.097 公顷/人，2015 年为 0.11 公顷/人。

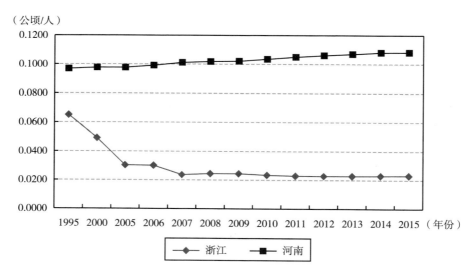

图 7-7　1995~2015 年河南和浙江农民人均粮食播种面积

注：为了研究方便，1995~2005 年数据只选取了 1995 年、2000 年、2005 年为代表。

资料来源：历年《中国统计年鉴》。

多年来作为位于沿海地区的浙江，第二、第三产业快速发展，导致种粮农民减少，人均粮食播种面积下降；而内陆省份河南在经济发展过程中，同时注重发挥农业作用，粮食生产优势明显，人均粮食播种面积得以保持基本稳定。

2. 人均粮食产量比较

1995～2015 年，河南和浙江人均粮食产量表现为"剪刀差"（见图 7 - 8），由人均粮食产量相近，变为逐渐拉开差距。1995 年，两省人均粮食产量均在350 千克/人左右，但随着河南粮食生产的发展，人均粮食产量不断提高，2015 年已经接近 640 千克/人，河南不仅可以满足省内居民粮食消费，也作为重要的商品粮基地闻名中国。

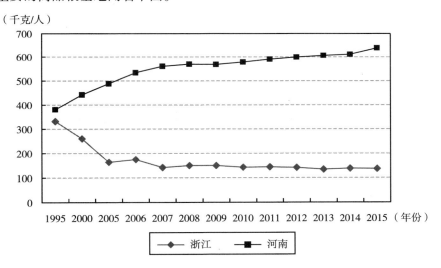

图 7 - 8　1995～2015 年河南和浙江人均粮食产量

注：为了研究方便，1995～2005 年数据只选取了 1995 年、2000 年、2005 年为代表。

资料来源：历年《中国统计年鉴》。

（二）经济发展水平比较

1. 地区生产总值

20 世纪 90 年代以来，浙江和河南生产总值增长较快，但浙江经济规模远远大于河南。1995 ~ 2015 年，浙江生产总值由 3524.8 亿元增加到42886.49 亿元；同期，河南生产总值由 3002.7 亿元提高到 37002.16 亿元（见图 7 - 9）。

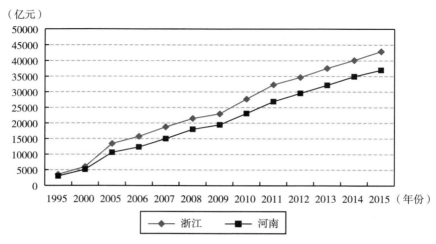

图 7 - 9 1995～2015 年河南和浙江地区生产总值

注：为了研究方便，1995～2005 年数据只选取了 1995 年、2000 年、2005 年为代表。

资料来源：历年《中国统计年鉴》。

从人均地区生产总值变化方面，河南水平较低，与浙江相差较大，这种差距有扩大趋势。到 2015 年，浙江人均地区生产总值为 7.7 万元/人，河南为 3.9 万元/人，浙江人均地区生产总值水平约是河南的两倍（见图 7 - 10）。从以上绝对数量和均值分析来看，河南与浙江在生产总值方面差距十分明显。

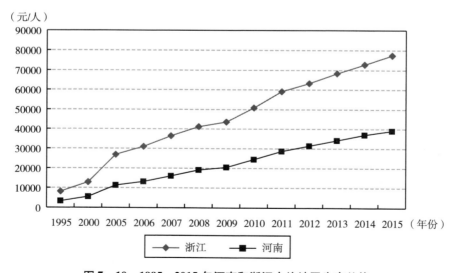

图 7 - 10 1995～2015 年河南和浙江人均地区生产总值

注：为了研究方便，1995～2005 年数据只选取了 1995 年、2000 年、2005 年为代表。

资料来源：历年《中国统计年鉴》。

2. 产业结构

通过对河南和浙江地区生产总值及其构成变化进行分析，能够反映出两省间农业产业结构差异。1995～2015 年，河南第一产业比重由 25.41% 减少到 11.40%，第二产业比重由 47.30% 提高到 48.40%，第三产业呈增加态势，由 27.29% 增长到 2015 年的 40.20%；浙江第一产业占比很低，并且下降较快。同期，浙江第一产业占比由 16.64% 减少到 4.28%；两省第二产业比重相近，同期，浙江由 52.05% 下降到 45.96%；浙江第三产业略高于河南，同期，由 31.31% 提高到 49.76%（见表 7－17）。

表 7－17　　　　　　　　1995～2015 年河南和浙江生产总值结构　　　　　单位：%

年份	河南			浙江		
	第一产业比重	第二产业比重	第三产业比重	第一产业比重	第二产业比重	第三产业比重
1995	25.41	47.30	27.29	16.64	52.05	31.31
2000	22.61	46.98	30.41	11.00	52.74	36.26
2005	17.87	52.08	30.05	6.60	53.40	40.00
2010	14.10	57.30	28.60	4.90	51.60	43.50
2011	13.04	57.28	29.68	4.90	51.22	43.88
2012	12.73	56.33	30.94	4.81	49.95	45.24
2013	12.60	55.40	32.00	4.80	49.10	46.10
2014	11.90	51.00	37.10	4.42	47.73	47.85
2015	11.40	48.40	40.20	4.28	45.96	49.76

注：为了研究方便，1995～2010 年数据只选取了 1995 年、2000 年、2005 年、2010 年为代表。

资料来源：历年《中国统计年鉴》。

两省第三产业比重差距最大。2015 年，浙江第三产业比重高出河南省 9.4 个百分点，浙江的第一和第二产业占比均低于河南。

综合以上分析，河南作为我国粮食主产区的代表省份，与粮食主销区代表省份浙江相比，河南的农业产业在本省经济发展中的贡献更大，但其第二、第三产业规模和所占比却相形见绌。粮食主产区对我国粮食安全贡献明显，但第二、第三产业发展却相对滞后，农民收入增加缓慢。

3. 地方财政收入比较

近年来，河南和浙江地方财政收入增长明显，其中，浙江地方财政收入增幅很大。与浙江相比，河南财政收入少（见表 7－18）。但早在 1995 年，浙江和河南地方财政收入分别是 116.82 亿元和 124.63 亿元，浙江财政收入水平还低于河南。随着浙江经济快速发展，2000 年，浙江财政收入超过了河南，到 2015 年，浙江地方财政收入已经比河南高 59.5%，两省经济实力差距越拉越大。另外，从两省人均地方财政收入变化看，1995 年，浙江和河南分别是人均 270.48 元/人和 136.96 元/人，2015 年，分别提高到 8683.77 元/人和 3181.49 元/人。但是，浙江人均地方财政收入水平一直高于河南，2015 年，浙江人均地方财政收入约为河南的 2.7 倍。

表 7 - 18　　　　　　　　1995 ~ 2015 年河南和浙江财政收入

年份	浙江省地方财政一般预算收入（亿元）	河南省地方财政一般预算收入（亿元）	浙江省人均地方财政一般预算收入（元/人）	河南省人均地方财政一般预算收入（元/人）
1995	116.82	124.63	270.48	136.96
2000	342.77	246.47	732.89	266.28
2005	1066.60	537.65	2137.08	573.19
2010	2608.47	1381.32	4789.25	1468.63
2011	3150.80	1721.76	5767.53	1834.00
2012	3441.23	2040.33	6283.05	2169.18
2013	3796.92	2415.45	6906.00	2566.08
2014	4122.02	2739.26	7483.70	2902.99
2015	4809.94	3016.05	8683.77	3181.49

注：为了研究方便，1995 ~ 2010 年数据只选取了 1995 年、2000 年、2005 年、2010 年为代表。

资料来源：历年《中国统计年鉴》。

以上变化表明粮食主销区和粮食主产区在地方财政收入规模和人均财政收入水平方面差距显著。粮食主产区为保障国家粮食安全在耕地、劳动力等粮食生产资源禀赋方面的倾力付出，与其经济发展客观要求发生深刻矛盾，值得深思。

4. 农民人均纯收入比较

1990 年以来，两省农民人均纯收入逐步提高，其中，浙江农民人均纯收入提高速度更快（见图 7 - 11）。至 2015 年，河南和浙江农民人均纯收入分别为 10852.9 元和 21125.0 元，浙江农民人均纯收入高，接近河南农民人均纯收入的 2 倍。两省农民收入的巨大差距，代表着粮食主产区农民和粮食主销区农民收入的差距。如果允许这种情况持续下去，很有可能会影响主产区农民粮食生产能力的充分发挥，造成粮食安全风险。

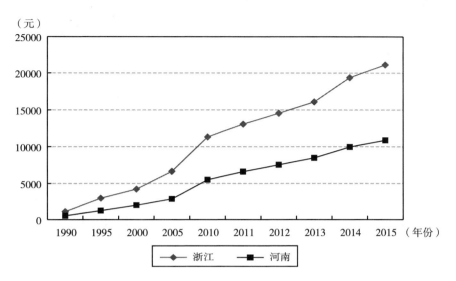

图 7 - 11　1990 ~ 2015 年河南和浙江农村居民家庭人均纯收入

注：为了研究方便，1990 ~ 2010 年数据只选取了 1990 年、1995 年、2000 年、2005 年、2010 年为代表。由于统计口径有变化，2014 年和 2015 年数值为农民人均可支配收入数值，其他年份数据为农民家庭人均纯收入。

资料来源：历年《中国统计年鉴》。

从农民人均纯收入的构成看，浙江农民工资性收入占比高。2000 ~ 2015年，河南农民工资性收入占比由 17.38% 提高到 34.35%，同期，浙江农民工资性收入占比由 47.03% 提高到 61.95%。这表明浙江农民在非农领域所获收入增长快于河南农民。浙江农民通过外出打工、非农企业工作等获得更多经济收入，他们对农业生产的贡献越来越小。从两省农民财产性收入占人均纯收入比重，以及转移性现金收入占人均纯收入比重变化来看，河南农民水平均低于浙江（见表 7 - 19）。

表 7 - 19　　　　1995 ~ 2015 年河南和浙江农民家庭人均纯收入构成　　　　单位：%

年份	河南				浙江			
	工资性收入比重	家庭经营现金收入比重	财产性收入比重	转移性现金收入比重	工资性收入比重	家庭经营现金收入比重	财产性收入比重	转移性现金收入比重
1995	8.68	86.61	1.82	2.89	37.41	57.20	3.28	2.11
2000	17.38	52.36	1.07	2.04	47.03	45.09	4.26	3.63
2005	29.75	66.66	1.25	2.34	48.63	41.88	4.19	5.30
2010	35.19	58.66	1.07	5.07	51.51	38.11	4.65	5.73

续表

年份	河南				浙江			
	工资性收入比重	家庭经营现金收入比重	财产性收入比重	转移性现金收入比重	工资性收入比重	家庭经营现金收入比重	财产性收入比重	转移性现金收入比重
2011	38.21	54.53	1.64	5.62	51.43	38.11	4.25	6.21
2012	39.73	52.80	1.80	5.67	52.76	36.36	4.04	6.83
2013	42.26	50.56	1.89	5.29	57.15	29.55	4.52	8.79
2014	32.71	42.92	1.47	22.90	60.77	27.03	2.80	9.40
2015	34.35	41.12	1.45	23.08	61.95	25.39	2.88	9.78

注：为了研究方便，1995～2010 年数据只选取了 1995 年、2000 年、2005 年、2010 年为代表。由于统计口径有变化，2014 年和 2015 年数值为农民人均可支配收入数值，其他年份数据为农民家庭人均纯收入。

资料来源：历年《中国统计年鉴》。

综上分析，16 年来，虽然河南和浙江农民人均纯收入不断增长，但作为粮食主产区代表的河南，其农民人均纯收入水平远远低于主销区代表省份浙江，两省农民收入差距正在拉大。就两省农民人均纯收入的构成上看，河南农民更加依赖于农业劳动获得的收入，浙江农民更加依赖于非农领域劳动获得的工资性收入。浙江农民人均纯收入中，财产性收入和转移性收入占比逐年提高，表明浙江农民收入来源比河南农民渠道更加丰富和多元。那么，对于主产区来说，如何在不减少农民粮食生产收益的前提下，促进工资性收入、财产性收入和转移性收入增加是亟待解决的重要课题。

五、主产区和主销区粮食生产潜在的危机

我国粮食主产区与主销区的经济发展水平差距越来越大，主产省份难以摘掉"产量大省、财政穷省"的标签，未来粮食安全依然潜在许多危机。

1. 主销区"搭便车"，粮食产量会继续减少

我国 7 个主销区位于沿海地区，经济发达，耕地的机会成本很高，土地转化为更具"比较优势"的用途，如工业用途、城镇化开发、经济作物种植，由此带来的直接后果是地区生产总值迅速上升，粮食产量急剧下降。尽

管 2009 年《全国新增 1000 亿斤粮食生产能力规划（2009—2020 年）》中提
出要提升非主产区产粮大县的区域自给能力，改变了主销区的提法，重视主
销区及产销平衡区产粮大县的建设。但是，整体上尝到"甜头"的主销区将
会继续其原来经济发展的"路径依赖"，会继续"搭便车"，粮食生产将继续
下滑。

2. 主产区"学经验"，粮食生产危机依然存在

对于主产区来说，在经济利益的驱动下，主产区中的不少地区逐渐效仿
"以土地换增长"的经验以推动本区域经济增长，随着"搭便车"的"经
验"在区域内不断蔓延，地方政府积极圈占耕地搞开发已成为很多主产区的
态势和趋势，2007 年，四川、辽宁、湖北三个主产区没有粮食输出就是最好
的例证。而且这种趋势还在扩散，主产区内部也在不断分化出自己的主销区，
如成都、武汉、长沙、合肥、郑州已成为粮食主产区内部的主销区域。未来
随着城市化进程的发展，主产区内部会产生出更多需要调入粮食的主销区域。
长期来看，13 个主产区中，黑龙江、吉林是比较稳定的粮食输出省份；内蒙
古有严重的沙化问题；河南、山东、安徽有严重的水资源短缺问题；其他几
个地区如湖南、江西、湖北等地，即使具有粮食生产比较优势，也注重提高
地区生产总值增长（胡靖，2013）。在这样的粮食宏观格局下，主产区对国
家粮食安全的保障也越来越面临危机。

因此，粮食主产区应正视与粮食主销区在第二和第三产业发展方面的差
距，履行保障国家粮食安全的责任。同时，因势利导，科学合理调整产业结
构，落实主销区对粮食主产区的补偿机制，提高种粮农民收入，实现经济
发展。

六、研究结论

（1）从粮食产量和粮食流转数量两个角度来解析粮食主产区和主销区对
国家粮食安全的贡献。主产区是我国粮食生产的中坚力量，并且粮食生产进
一步向主产区集中。2003～2015 年，粮食主产区无论是在粮食播种面积，还
是在粮食产量方面，都呈现不断增长势头，但是，主销区却表现出粮食产量
和粮食播种面积双重减少，由于人口数量的增加对主产区粮食生产产生更严
峻的挑战，13 个主产区可调出粮食数量逐年增加，主销区需要调入粮食来满

足城乡居民口粮需求的数量也呈上升趋势。

（2）以 2012 年和 2015 年的数据为例，从地区生产总值、人均收入、财政税收等指标衡量主产区和主销区经济发展水平差距。研究发现，粮食生产多、可调出比重多的主产省份并不是经济发展最快、农业经济增加值最高的省份。粮食主销区的城镇居民人均可支配收入、农民人均纯收入高于主产区，打击了种粮农民的生产积极性。由于种粮并不能给地方政府带来丰厚的财政收入，导致农业大省均为财政穷省，使得产粮大省缺乏财力对农业事务进行投入，不利于我国粮食长期可持续发展。

（3）将河南和浙江分别作为主产区和主销区的典型省份分析 1995～2015 年时间段内粮食生产及经济发展水平差距。浙江人均粮食播种面积低于河南且呈现年际下降趋势，而河南变动较小。两省人均粮食产量随着时间推移差距逐渐变大，浙江需大量购入外省份的商品粮。河南地区生产总值、地方财政收入无论是从绝对数量还是均值来看，均低于浙江且差距明显。从产业结构来看，两个省份第一产业比重都在下降，河南农业对生产总值贡献率大于浙江，但能创造出的地区生产总值的绝对数量与第二和第三产业产值和比重与浙江有很大的差距。两省农民人均纯收入绝对数在不断增长，从收入结构上来看，河南农民收入对农业的依赖较多，浙江农民收入结构多元化。

（4）粮食主销区的"搭便车"、主产区"学经验"行为使得未来粮食安全仍存在潜在危机。如何提高地方政府和种粮农民的积极性仍是研究的重要内容。

第八章

粮食主销区粮食消费及产需平衡缺口分析

　　粮食主销区虽以第二、第三产业为主导，但在完善保障国家粮食安全体系中同样承担着粮食生产的重要责任。为减轻主产区的粮食生产压力与维持本区域农产品供给，主销区应该具有一定的粮食自给能力。本章以我国 7 个粮食主销区为对象，针对该区内城乡居民的粮食消费情况以及粮食产需平衡缺口进行分析，并针对问题提出相应的对策。

一、主销区粮食生产和人口变化

　　从 7 个粮食主销区播种面积、粮食产量及人口变化看，粮食主销区在粮食生产方面的作用日益减弱，随着主销区内居民人口增长和城镇化率的提高，对粮食的需求必然越来越大（见表 8-1）。

　　具体从 2004~2015 年主销区粮食播种面积和粮食产量变化看，虽然主销区粮食播种面积由 10160.6 万公顷扩大到 11334.3 万公顷，增加了 11.6%，但播种面积占全国粮食播种面积比例由 6.7% 下降到 5.3%；并且同期主销区的粮食产量并未随粮食播种面积扩大而增加，却由 3450.7 万吨减少到 3311.9 万吨，减少了 4%；占全国粮食产量的比例也由 7.4% 下降到 5.3%。这表明，这一时期主销区粮食生产能力减退，而粮食主产区和粮食产销平衡区发挥了更大的作用。

从同期主销区人口和城镇人口比例变化看，粮食主销区总人口增加了19.95%，主销区人口占全国人口比例由 17.5% 增加到 19.8%，增加了2.3%。粮食主销区城镇人口比例也增加了 7.8%。2015 年，主销区城镇化率为 72.7%，比全国城镇化平均水平高 16.6%（见表 8 - 1）。这一时期，粮食主销区人口增加势头强劲，城镇化水平快速提高，必然导致主销区内生出日益扩大的粮食需求。

表 8 - 1 　　　　　2004～2015 年 7 个粮食主销区播种面积、粮食产量及人口变化

年份	粮食播种面积		粮食产量		人口		城镇人口比例	
	主销区（万公顷）	占全国比例（%）	主销区（万吨）	占全国比例（%）	主销区（万人）	占全国比例（%）	主销区（%）	全国（%）
2004	10160.6	6.7	3450.7	7.4	22734.9	17.5	64.9	41.8
2005	10427.8	6.5	3415.6	7.1	23040.7	17.6	65.6	43.0
2006	10495.8	6.5	3522.7	7.1	23574.9	17.9	66.4	44.3
2007	10563.8	5.6	3184.3	6.3	24126.0	18.3	66.9	45.9
2008	10679.3	5.7	3244.8	6.1	24686.7	18.6	67.5	47.0
2009	10898.6	5.7	3360.9	6.3	25234.2	18.9	68.2	48.3
2010	10987.6	5.6	3323.3	6.1	26012.9	19.4	69.9	50.0
2011	11057.3	5.6	3408.9	6.0	26286.0	19.5	70.5	51.3
2012	11120.5	5.5	3422.9	5.8	26568.4	19.6	71.3	52.6
2013	11195.6	5.4	3290.1	5.5	26813.4	19.7	71.9	53.7
2014	11272.3	5.3	3320.7	5.5	27035.6	19.8	72.4	54.8
2015	11334.3	5.3	3311.9	5.3	27270.5	19.8	72.7	56.1

资料来源：《中国统计年鉴》（2005～2016 年）。

二、主销区城乡居民的粮食消费

（一）测算主销区居民粮食消费的视角和方法

这里将主销区居民粮食消费分为直接消费和间接消费两种进行考察。直接消费是指口粮消费；间接消费是生产居民消费的畜禽水产品、食用植物油等所需要消耗的粮食。由于城乡居民收入差异，城镇居民消费水平高于农村

居民（见表 8 - 2）。因此，测算主销区居民粮食消费必须分类分别进行，具体来说，分为城镇居民和农村居民两类，分别测算各类居民的粮食直接消费和间接消费。由于我国畜禽水产品等的加工水平存在地区差异，并且加工水平在不断提高，专家学者们所测算的农产品的折粮系数略有不同。这里采用最新相关研究所使用的折粮系数对主销区城乡居民粮食间接消费进行测算，具体折粮系数分别是：猪肉 3.0、牛羊肉 1.9、禽肉 2.15、食用植物油（大豆油）5.56。

表 8 - 2　　　　2004 ~ 2015 年我国城乡居民家庭主要食品的人均消费量　单位：千克/人

年份	口粮		猪牛羊肉		家禽		水产品		食用油（植物油）	
	农村	城市	农村	城市	农村	城市	农村	城市	农村	城市
2004	219.3	78.2	14.8	22.9	3.1	8.4	4.5	12.5	5.3	9.3
2005	208.8	77.0	17.1	23.9	3.7	9.0	4.9	12.6	6.0	9.3
2006	205.6	75.9	17.0	23.8	3.5	8.3	5.0	13.0	5.8	9.4
2007	199.5	77.6	14.9	22.1	3.9	9.7	5.4	14.2	5.1	9.6
2008	199.1	78.9	13.9	22.7	4.4	8.0	5.3	7.8	5.4	10.3
2009	189.3	81.3	15.3	24.2	4.3	10.8	5.3	7.9	5.4	9.8
2010	181.4	81.5	15.8	24.5	4.2	10.2	5.2	15.2	5.3	8.8
2011	170.7	80.7	16.3	24.6	4.5	10.6	5.4	14.6	7.5	9.3
2012	164.3	78.8	16.4	25.0	4.5	10.8	5.4	15.2	6.9	9.1
2013	158.5	78.9	16.7	25.3	4.7	11.2	5.5	16.4	7.2	9.1
2014	167.6	117.2	22.5	28.4	6.7	9.1	6.8	14.4	12.7	10.8
2015	159.5	112.6	23.1	28.9	7.1	9.4	7.2	14.7	9.2	11.1

注：农村居民粮食消费是对原粮的统计。2008 年城市居民家庭粮食消费量，以及 2013 年数据是根据已有数据推算所得。由于 2013 年起，我国开展"城乡一体化住户收支与生活状况调查"，新统计口径变化，导致城镇居民口粮消费量与 2013 年以前比有所增加。

资料来源：《中国统计年鉴》（2014 ~ 2016 年），《中国农产品加工业年鉴》（2009 ~ 2013 年）。

（二）主销区城乡居民的直接粮食消费

主销区城乡居民的直接粮食消费主要是指口粮消费，是由农村和城镇居民的口粮消费量构成。由于农村居民的口粮消费反映的是原粮用量，需要将城镇居民消费的加工后商品口粮折算为原粮。考虑到我国在粮食加工、储藏等方面的技术进步，采用比以往稍高的商品粮与原粮折算比例：0.88。首先用这个折算比例将表8-2中2004~2013年城镇居民家庭人均口粮商品粮消费折算为原粮,然后根据7个主销区各年城镇居民人口数计算出主销区城镇居民各年的口粮消费量。7个主销区各年农村居民的口粮消费量也根据表8-2中各年农村居民家庭人均口粮消费量及相应年度主销区农村居民人口数计算得出。

2004~2013年,粮食主销区城乡居民口粮消费量呈减少态势(见图8-1)。从2013年起,我国开展"城乡一体化住户收支与生活状况调查",使得统计口径发生了变化。但从2014~2015年情况看,主销区城乡居民口粮消费量在稍高层次上继续呈现减少状态,但主销区城乡居民口粮消费量占全国城乡居民口粮消费量的比例由14.8%提高到19.2%。主销区城乡居民口粮消费份额不断扩大。

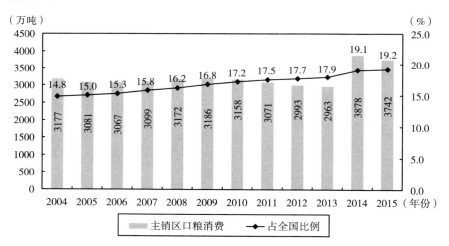

图8-1 2004~2015年主销区城乡居民口粮消费情况

资料来源:《中国统计年鉴》(2005~2016年)、《中国农产品加工年鉴》(2009~2013年)。

(三) 主销区城乡居民的间接粮食消费

1. 主销区城乡居民间接粮食消费的测算依据

我国城乡居民对猪牛羊肉、家禽、水产品等畜禽、水产品,以及食用植物油等消费的增加,必然间接促进畜禽、水产品生产所需的饲料粮消费和用于加工食用油的大豆等消费。依据表8-2中城乡居民家庭人均猪牛羊肉、家禽、水产品、食用油（植物油）消费量，以及前述猪肉、牛羊肉、家禽、食用植物油（大豆油）的折粮系数，再分别利用主销区城镇和农村人口数，就可以分别测算各年 7 个粮食主销区城镇和农村居民对以上畜禽水产品和食用植物油的间接粮食消费，并汇总为主销区城乡居民间接粮食消费总量。将城镇和农村居民人均畜肉消费分为猪肉和牛羊肉两类测算。由于《中国统计年鉴》数据不全，这里依照 2005～2016 年我国城镇居民家庭人均猪肉消费量与牛羊肉消费量的比例，估算主销区农村居民人均猪肉消费、人均牛羊肉消费。

主销区居民消费的水产品不仅有人工喂养饲料粮的人工养殖水产品，还有一部分不消费饲料粮的天然水产品。因此，在测算水产品饲料粮消费时，我们应在城乡居民家庭人均水产品消费量中剔除天然水产品消费量。我国居民家庭食物消费统计中没有详细的水产品分类消费数据。在《中国统计年鉴》中，水产品包括人工养殖和天然水产品两种，这里依照 2005～2016 年我国人工养殖水产品在水产品总产量中的比例估算主销区城乡居民消费人工养殖水产品数量，以及间接饲料粮消费量。

主销区居民在消费食用油（植物油）时，间接消费了大豆。我国居民食用植物油消费数据来自美国农业部外国农业服务局（Foreign Agricultural Service）数据库（Production, Supply and Distribution, PSD）。利用此数据计算出 2004～2013 年我国居民大豆油消费量占全部食用植物油消费量的比例。我国居民大豆油消费量占全部食用植物油消费量的比例在不断提高，由 2004 年的 35.1% 上升到 2013 年的 42.2%。按此比例分别对各年主销区城乡居民食用大豆油数量进行折算。然后用与上面相同的方法，测算出主销区城乡居民食用大豆油的间接粮食（大豆）消费量。

2. 主销区城乡居民的间接粮食消费变化

图 8-2 至图 8-6 分别反映了 2004～2015 年粮食主销区城乡居民消费猪肉、牛羊肉、禽类产品、水产品，以及食用油（植物油）等所产生的间接粮食消费变化情况。

总体看，2004～2015 年，排除突发事件等对粮食主销区居民畜禽产品消费的影响，主销区城乡居民对各类畜禽水产品及食用油（植物油）的间接粮食消费呈增长势头，并且占全国城乡居民间接粮食消费的比例也在小幅波动中提高。2004～2015 年，主销区城乡居民对猪肉的间接粮食消费量由 1203 万吨提高到 1990 万吨，年均增长 3.2%；对牛羊肉的间接粮食消费量呈增加、减少、再增加、又减少的波动状态，2015 年，间接粮食消费达到 237 万吨，年均增长 3.2%；对禽类和水产品的间接粮食消费在波动中增长，2015年，主销区城乡居民对禽类的间接粮食消费达到 539 万吨，年均增长 6%，对水产品的间接粮食消费为 199 万吨，年均增长 8.7%；对食用大豆油的间接粮食消费由 340 万吨增加到 707 万吨，年均增长率达 4.1%。

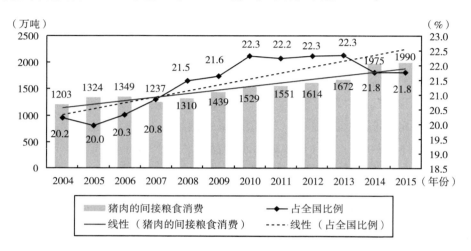

图 8 - 2　主销区城乡居民对猪肉的间接粮食消费

资料来源：《中国统计年鉴》（2005～2016 年）、《中国农产品加工年鉴》（2009～2013 年）。

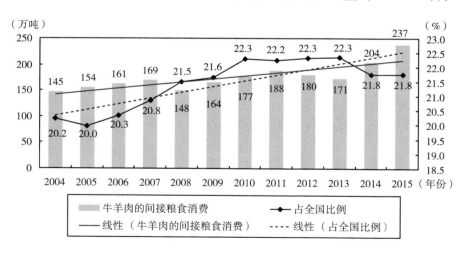

图 8 - 3　主销区城乡居民对牛羊肉的间接粮食消费

资料来源：《中国统计年鉴》（2005～2016 年）、《中国农产品加工年鉴》（2009～2013 年）。

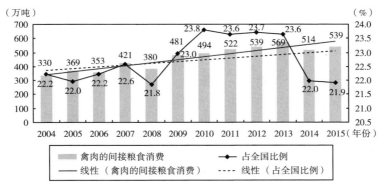

图8-4　主销区城乡居民对禽类的间接粮食消费

资料来源：《中国统计年鉴》（2005～2016年）、《中国农产品加工年鉴》（2009～2013年）。

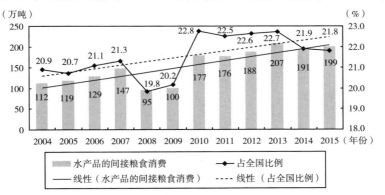

图8-5　主销区城乡居民对水产品的间接粮食消费

资料来源：《中国统计年鉴》（2005～2016年）、《中国农产品加工年鉴》（2009～2013年）。

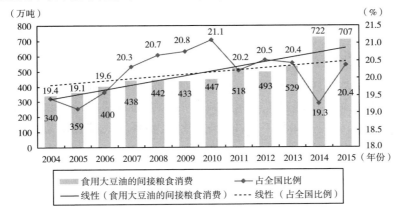

图8-6　主销区城乡居民食用大豆油的间接粮食消费

资料来源：《中国统计年鉴》（2005～2016年）、《中国农产品加工年鉴》（2009～2013年），以及美国农业部外国农业服务局农产品生产、供给和分配网上数据库。

（四）主销区城乡居民粮食消费量和粮食消费结构

1. 主销区城乡居民的粮食消费量

综合主销区城乡居民粮食直接消费量和间接消费量，可以发现 2004 ～ 2015 年，主销区城乡居民的粮食消费量以及占全国居民粮食消费量比例均呈增长态势（见图 8 － 7）。主销区城乡居民粮食消费量由 5308 万吨提高到 7413 万吨，增长 39.7%；占全国城乡居民粮食消费量比例由 16.7% 提高到 20.3%，增长 21.6%。

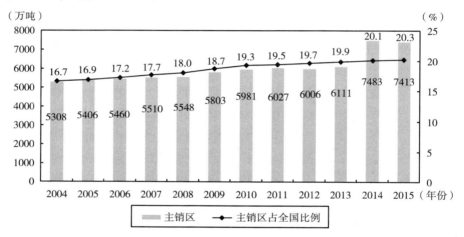

图 8 － 7　2004 ～ 2015 年主销区城乡居民粮食消费量

资料来源：《中国统计年鉴》（2005 ～ 2016 年）、《中国农产品加工年鉴》（2009 ～ 2013 年）。

2. 主销区城乡居民的粮食消费结构变化

主销区城乡居民消费主食、畜禽、水产品、食用油（植物油）等食品时，实际上主要直接消费了口粮，间接消费了饲料粮，以及食用油（植物油）用粮等。2004 ～ 2015 年，口粮在主销区城乡居民粮食消费中的比例由 59.9% 下降到 50.5%，降低了 9.4 个百分点；饲料粮在主销区城乡居民粮食消费中的比例由 33.7% 提高到 40.0%，增加了 6.3 个百分点。食用油（植物油）用粮在主销区城乡居民粮食消费中的比例由 6.4% 提高到 9.5%，增加了 3.1 个百分点（见图 8 － 8）。主销区城乡居民的口粮消费，以及间接消费粮食在数量和结构上的变化意味着我国粮食消费在品种结构上发生了变化。2012 年以来，饲料粮和食用油（植物油）用粮占比超过了口粮占比。因此，主销区生产、调配玉米、大豆等饲料粮和食用油（植物油）用粮的任务或将变得越来越重要。

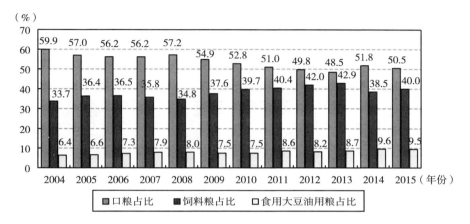

图 8 − 8　2004 ～ 2015 年主销区城乡居民的粮食消费结构

资料来源：《中国统计年鉴》（2005 ～ 2014 年）、《中国农产品加工年鉴》（2009 ～ 2013 年）。

三、粮食主销区基本口粮缺口和粮食产需平衡缺口

（一）粮食主销区基本口粮缺口

为了把握我国 7 个粮食主销区的口粮自给能力，这里以主销区基本口粮缺口来测算主销区口粮的供给情况。具体测算方法是：

主销区基本口粮缺口 = 主销区粮食产量 − 主销区城乡居民口粮消费量

$$(8.1)$$

如果，主销区基本口粮缺口 >0，那么，主销区的粮食基本可以满足居民口粮消费，并且还有剩余；如果，主销区基本口粮缺口 <0，那么，该区口粮生产能力低，无法自给，只能从其他地区购买一定量的粮食。

7 个主销区的基本口粮缺口情况如表 8 − 3 所示。从主销区总体情况看，2014 年以来，粮食生产难以满足主销区城乡居民口粮消费，2015 年，主销区口粮缺口达到 428 万吨。但具体到每一个主销区，情况各不相同。2004 ～ 2015 年，除了福建和海南以外，其他粮食主销区存在口粮缺口。而

且，北京、上海、广东和福建口粮缺口呈现扩大趋势。北京的基本口粮缺口由 95 万吨扩大到 224 万吨，缺口量扩大了 135.8%；上海由 83 万吨扩大到 206 万吨，缺口量扩大了 148.2%。广东、天津和浙江口粮缺口出现的时期较晚，缺口也减小，2015 年，三地口粮缺口分别是 137 万吨、25 万吨和 16 万吨。

表 8 - 3　　　　　　　　　2004～2015 年主销区基本口粮缺口　　　　　　　单位：万吨

年份	北京	天津	上海	浙江	福建	广东	海南	主销区合计
2004	- 95	- 3	- 83	109	184	103	58	273
2005	- 70	15	- 85	112	186	152	26	336
2006	- 59	20	- 85	183	180	156	60	455
2007	- 75	19	- 99	28	121	37	53	84
2008	- 63	14	- 103	66	139	- 40	58	72
2009	- 74	17	- 107	87	169	19	65	176
2010	- 90	16	- 117	81	179	36	61	166
2011	- 85	17	- 113	118	209	120	73	339
2012	- 93	16	- 110	129	210	190	88	430
2013	- 113	24	- 120	105	224	125	82	327
2014	- 233	- 35	- 219	- 43	110	- 189	52	- 557
2015	- 224	- 25	- 206	- 16	125	- 137	55	- 428

资料来源：《中国统计年鉴》（2005～2016 年）、《中国农产品加工年鉴》（2009～2014 年）。

（二）粮食主销区粮食产需平衡缺口

1. 7 个主销区的粮食产需平衡总缺口

鉴于近年城乡居民粮食消费中，间接粮食消费占比已超过口粮消费占比。完全有必要综合 7 个主销区城乡居民粮食直接、间接需求考察主销区总体粮食产需平衡缺口情况。

具体测算方法是：

粮食产需平衡缺口 = 粮食产量 -（口粮消费量 + 粮食间接消费量）　　（8.2）

从 2004～2015 年的情况看，粮食主销区生产能力不能满足区内城乡居民粮食直接消费和粮食间接消费。而且，粮食产需平衡缺口逐步扩大（见图 8-9）。粮食产需平衡总缺口由 1857 万吨增加到 4101 万吨，缺口扩大了 120.9%。同期，主销区粮食产量在波动中减少，由 3451 万吨减少到 3312 万吨，减少了 4%；而主销区城乡居民粮食消费量日益增加，由 5308 万吨增加到 7413 万吨，增加了 39.7%。主销区粮食产需平衡缺口扩大是供需双方相互反向发展的叠加结果。粮食产需平衡总缺口占主销区城乡居民粮食消费的比例由 35% 提高到 55.3%。这意味着为满足主销区城乡居民粮食消费需要，12 年来从粮食主产区调入了越来越多的粮食。

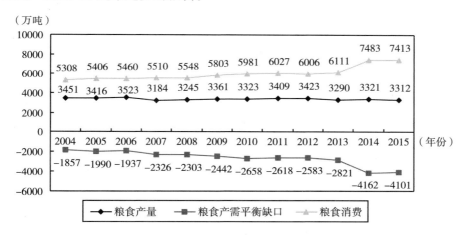

图 8-9　2004~2015 年粮食主销区产需平衡缺口

资料来源：《中国统计年鉴》（2005~2016 年）、《中国农产品加工年鉴》（2009~2014 年）。

2. 各主销区产需平衡缺口情况

以粮食缺口率来衡量各主销区粮食产需平衡缺口情况，并根据缺口率高低对粮食缺口大小进行评估。根据 2004~2015 年平均粮食缺口率大小分为 4 类：平均粮食缺口率 > 60%，为极大缺口区；介于 40%~60% 之间，为较大缺口区；介于 25%~40% 之间，为大缺口区；平均粮食缺口率 < 25%，为一般缺口区。

$$粮食缺口率 = 粮食产需平衡缺口/城乡居民粮食消费量 \qquad (8.3)$$

2004~2015 年，粮食缺口率呈现趋势性提高，由 40.3% 增加到 56.8%（见表 8-4）。这意味着居民消费的一半以上的粮食需要从其他地区调入。

表 8 - 4 　　　　　　　　　　2004 ~ 2015 年主销区的粮食缺口率　　　　　　　　　　单位：%

年份	粮食主销区	极大缺口区		较大缺口区		大缺口区		一般缺口区
		北京	上海	天津	广东	浙江	福建	海南
2004	40.3	77.6	71.8	44.9	33.6	27.5	22.4	4.4
2005	42.6	70.9	73.2	39.8	34.2	30.4	25.9	24.0
2006	39.1	67.6	72.6	38.5	35.2	24.9	27.1	7.5
2007	43.8	71.1	74.5	38.8	40.7	38.0	33.1	10.3
2008	42.0	65.8	73.6	40.2	43.1	33.8	30.6	7.0
2009	42.8	68.9	74.3	41.9	42.5	34.5	31.0	6.7
2010	45.4	72.9	76.2	44.1	44.0	37.6	32.8	10.2
2011	44.5	72.3	76.0	45.6	42.3	36.6	31.9	6.7
2012	44.0	74.6	76.1	47.3	40.4	36.7	32.7	0.1
2013	46.7	79.3	78.4	46.1	44.5	40.3	33.1	5.5
2014	57.1	88.9	82.7	56.8	53.3	49.4	44.2	24.3
2015	56.8	89.1	82.6	55.7	52.9	48.9	44.2	24.0

资料来源：《中国统计年鉴》（2005 ~ 2016 年）、《中国农产品加工年鉴》（2009 ~ 2014 年）。

北京、上海为极大缺口区。2004 ~ 2015 年，平均粮食缺口率分别是 74.9% 和 76%。北京和上海多年来，一直处于人口不断增加状态，导致居民粮食直接和间接消费增加，另外，这两个城市的农村地区劳动力减少、粮食生产下降，形成了粮食极大缺口。具体来看，虽然 2015 年北京粮食产量由 2004 年的 70 万吨增加到了 96 万吨，但还是低于 2009 年 125 万吨的水平。而从粮食消费方面看，北京城乡居民口粮消费量增长了 26.8%，饲料粮消费量提高了 71.7%。粮食缺口扩大了 51.5%，达到 370 万吨。

天津和广东为较大缺口区，2004 ~ 2015 年，平均粮食缺口率分别是 45% 和 42.3%。12 年来，广东人口增长的同时，粮食产量减少。虽然，广东口粮消费量减少了 7.5%，但居民间接粮食消费增长了 47.2%。粮食缺口增大，2015 年缺口量达到 1066 万吨，扩大了 50.9%。

浙江、福建是大缺口区，2004 ~ 2015 年，平均粮食缺口率分别是 36.6% 和 32.4%。12 年来，浙江人口增长的同时，粮食产量减少。虽然，浙江口粮消费量减少了 13.4%。由于浙江人口数量的增加，以及城镇化水平的提高，居民粮食间接消费量提高了 41.8%。因此，2015 年，浙江粮食缺口量达到

500 万吨，缺口扩大了 57.3%。

海南为一般缺口区，2004~2015 年，平均粮食缺口率为 10.9%。12 年来，海南粮食产量呈现增长势头，也是主销区人口增加速度最慢的省份。口粮消费减少了 17.2%，居民粮食间接消费量提高了 40%。2015 年，海南粮食缺口量达到 12 万吨，缺口扩大了 36.9%。

四、北京、广东、浙江 3 个主销区的调粮趋势

本部分在前述主销区产需平衡缺口程度分类基础上，选出极大缺口区的北京、较大缺口区的广东和大缺口区的浙江作为典型代表，分别对其调粮趋势进行分析。

（一）北京调粮趋势

1. 北京粮食生产和人口

表 8-5 反映了北京粮食生产和人口变化情况。作为首都的北京，在人口增长，城镇人口比例不断提高的压力下，不仅经历着粮食播种面积、粮食产量的波动，与广东和浙江两省相比，北京人均粮食播种面积、人均粮食产量非常低，这必然成为北京京外调粮的决定因素。

表 8-5　　　　　　2004~2015 年北京粮食生产和人口变化情况

年份	粮食播种面积（万公顷）	粮食产量（万吨）	平均单产（吨/公顷）	年末人口数（万人）	人均粮食播种面积（亩/人）	人均粮食产量（公斤/人）	城镇人口比例（%）
2004	15.4	70	4.6	1493	0.2	47.0	83.3
2005	19.2	95	4.9	1538	0.2	61.7	83.6
2006	22.0	109	5.0	1601	0.2	68.2	84.3
2007	19.7	102	5.2	1676	0.2	60.9	84.5
2008	22.6	125	5.6	1771	0.2	70.8	84.9
2009	22.6	125	5.5	1860	0.2	67.1	85.0
2010	22.3	116	5.2	1962	0.2	59.0	86.0
2011	20.9	122	5.8	2019	0.2	60.3	86.2

续表

年份	粮食播种面积（万公顷）	粮食产量（万吨）	平均单产（吨/公顷）	年末人口数（万人）	人均粮食播种面积（亩/人）	人均粮食产量（公斤/人）	城镇人口比例（%）
2012	19.4	114	5.9	2069	0.1	55.0	86.2
2013	15.9	96	6.0	2115	0.1	45.5	86.3
2014	12.0	64	5.3	2152	0.1	29.7	86.4
2015	10.4	63	6.0	2171	0.1	28.9	86.5

资料来源：《中国统计年鉴》（2005～2016年）。

2004～2015年，北京粮食播种面积大致在10万公顷到23万公顷间波动。2008～2010年，粮食播种面积最大，随后又逐渐减少。虽然，粮食平均单产逐年提高，粮食产量仍随播种面积同步波动。另外，同期北京人口由1493万人增加到2171万人，增长45.4%，城镇人口比例也由83.3%进一步提高到86.5%，提高了3.8%。从人均粮食生产能力看，北京人均粮食播种面积继续减少，由0.2亩/人减少到0.1亩/人；人均粮食产量仅在28～70公斤。

2. 北京城乡居民粮食消费及消费结构

从北京城乡居民粮食消费及消费结构变化情况看（见图8-10），北京城乡居民粮食消费连年增加；在北京城乡居民粮食消费中，口粮消费占比虽有波动，仍表现为降低趋势，饲料粮和转化为食用植物油的粮食消费占比也在波动中提高。

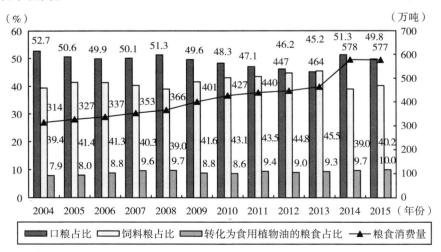

图8-10　2004～2015年北京城乡居民粮食消费和消费结构

资料来源：《中国统计年鉴》（2005～2016年）、《中国农产品加工年鉴》（2009～2014年）。

具体来说，2004～2015 年，北京城乡居民粮食消费由 314 万吨增加到 577 万吨，增加了 83.8%。在北京城乡居民粮食消费中，口粮占比由 52.7% 下降到 49.8%，但饲料粮占比由 39.4% 提高到 40.2%，转化为食用油的粮食占比由 7.9% 提高到 10.0%。这种变化反映了北京城乡居民膳食结构改变导致的粮食消费结构变化，大米、小麦等主食粮食消费减少，玉米、大豆等动物性食品和植物油食品的粮食消费增加。

3. 北京调粮量及调粮趋势

2004～2015 年，北京调粮量由 244 万吨增加到 514 万吨，增加了 111%；调粮量占城乡居民粮食消费比例由 77.6% 提高到 89.1%，提高了 14.8%。调粮量以年均 7% 的速度增长，调粮率以年均 1.3% 的速度提高。对北京现有 12 年调粮量进行简单线性回归趋势预测分析，2020 年调粮量将进一步扩大到 583 万吨（见图 8-11）。

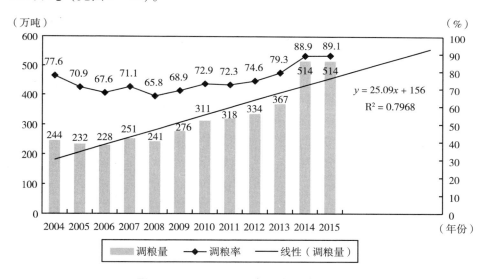

图 8-11　2004～2015 年北京调粮量情况

资料来源：《中国统计年鉴》（2005～2016 年）、《中国农产品加工年鉴》（2009～2014 年）。

（二）广东调粮趋势

1. 广东粮食生产和人口

表 8-6 反映了广东粮食生产和人口变化情况。2004～2015 年，广东粮

食播种面积由 279.0 万公顷减少到 250.6 万公顷，减少了 10.2%；由于粮食平均单产的提高，粮食生产减幅相对较小，粮食总产量由 1390 万吨减少到 1358 万吨，减少了 2.3%；然而，同期广东人口由 9111 万人增加到 10849 万人，增长 19.1%，城镇人口比例也由 59.8% 提高到 68.7%，提高了 14.9%。在人口因素作用下，人均粮食播种面积由 0.5 亩/人减少到 0.3 亩/人，人均粮食产量由 152.6 公斤/人减少到 125.2 公斤/人。12 年间，广东粮食播种面积年均降低 0.9%，粮食产量年均降低 0.1%，粮食单产年均增加 0.8%，年末人口数年均增加 1.6%，城镇人口比例年均增加 1.3%。

表 8 - 6　　　　　　　　2004～2015 年广东粮食生产和人口变化

年份	粮食播种面积（万公顷）	粮食产量（万吨）	平均单产（吨/公顷）	年末人口数（万人）	人均粮食播种面积（亩/人）	人均粮食产量（公斤/人）	城镇人口比例（%）
2004	279.0	1390	5.0	9111	0.5	152.6	59.8
2005	278.7	1395	5.0	9194	0.5	151.7	60.7
2006	276.7	1388	5.0	9442	0.4	147.0	63.0
2007	248.0	1285	5.2	9660	0.4	133.0	63.1
2008	250.0	1243	5.0	9893	0.4	125.7	63.4
2009	253.9	1315	5.2	10130	0.4	129.8	63.4
2010	253.2	1316	5.2	10441	0.4	126.1	66.2
2011	253.0	1361	5.4	10505	0.4	129.6	66.5
2012	254.0	1396	5.5	10594	0.4	131.8	67.4
2013	250.8	1316	5.2	10644	0.4	123.6	67.8
2014	250.7	1357	5.4	10724	0.4	126.6	68.0
2015	250.6	1358	5.4	10849	0.3	125.2	68.7

资料来源：《中国统计年鉴》（2005～2016 年）。

　　总体看，广东人口和城镇人口比例的年均增长速度快于粮食播种面积和粮食产量的年均递减速度，以及粮食平均单产年均增长速度。这使得广东粮食产需缺口不断扩大。

2. 广东城乡居民粮食消费及消费结构

从广东城乡居民粮食消费及消费结构变化情况看（见图8－12），在广东城乡居民粮食消费中，口粮消费占比逐年降低，饲料粮和转化为食用植物油的粮食消费占比则逐年提高。2004～2015年，广东城乡居民粮食消费量除2012年和2015年外，呈逐年增加态势，由2095万吨增加到2883万吨，增加了37.5%。在广东城乡居民粮食消费中，口粮占比由61.4%下降到51.9%，但饲料粮占比由32.1%提高到38.4%，转化为食用油的粮食占比由6.5%提高到9.7%。这些变化反映了12年来广东人口增长、城镇化水平提高、城乡居民膳食结构的改变。因此，在玉米、大豆等饲料粮消费和食用植物油用粮消费日益强劲的形势下，粮食消费缺口由过去以水稻、小麦等口粮品种为主，转变为多品种粮食供给不足，需由区外调入的局面。

图8－12　2004～2015年广东省城乡居民的粮食消费量和消费结构

资料来源：《中国统计年鉴》（2005～2016年）、《中国农产品加工年鉴》（2009～2014年）。

3. 广东调粮量及调粮趋势

理论上，为满足广东城乡居民粮食消费需要，粮食调入量至少应达到该省城乡居民粮食产需平衡缺口量。因此，这里以粮食产需平衡缺口为依据分析该省调粮量及趋势，并以调粮量占城乡居民粮食消费比例作为调粮率。

2004～2015年，广东调粮量由705万吨增加到1525万吨，增加了50.9%；调粮量占城乡居民粮食消费比例由33.6%提高到52.9%，提高了

57.4%。调粮量以年均4.8%的速度增长，调粮率以年均3.4%的速度提高。对现有12年调粮量进行简单线性回归趋势预测分析，2025年，广东调粮量将进一步扩大到2042.638万吨（见图8-13）。

图 8 - 13　2004 ~ 2015 年广东调粮量情况

资料来源：《中国统计年鉴》（2005 ~ 2016 年）、《中国农产品加工年鉴》（2009 ~ 2014 年）。

（三）浙江调粮趋势

1. 浙江粮食生产和人口

浙江人口接近广东的一半，城镇人口比例略低于广东，粮食播种面积约为广东一半，粮食产量却为广东的55% ~ 60%。因此，相对来说浙江的粮食生产状况略优于广东。

表8-7反映了浙江粮食生产和人口变化情况。2004 ~ 2015年，浙江粮食播种面积由145.5万公顷减少到127.8万公顷，减少了12.2%；粮食总产量由835万吨减少到752万吨，减少了9.9%，粮食平均单产提高对抑制粮食产量降低起到了部分作用。另外，同期浙江人口由4925万人增加到5539万人，增长12.5%，城镇人口比例也由55.1%提高到65.8%，提高了19.4%。人均粮食播种面积由0.4亩/人提高到0.5亩/人，又进一步减少到0.3亩/人，人均粮食产量由169.5公斤/人减少到135.8公斤/人。

表 8-7　　　　　　　　　　　　浙江粮食生产和人口变化

年份	粮食播种面积（万公顷）	粮食产量（万吨）	平均单产（吨/公顷）	年末人口数（万人）	人均粮食播种面积（亩/人）	人均粮食产量（公斤/人）	城镇人口比例（%）
2004	145.5	835	5.7	4925	0.4	169.5	55.1
2005	151.1	815	5.4	4991	0.5	163.2	56.0
2006	152.5	884	5.8	5072	0.5	174.3	56.5
2007	122.0	729	6.0	5155	0.4	141.3	57.2
2008	127.2	776	6.1	5212	0.4	148.8	57.6
2009	129.0	789	6.1	5276	0.4	149.6	57.9
2010	127.6	771	6.0	5447	0.4	141.5	61.6
2011	125.4	782	6.2	5463	0.3	143.1	62.3
2012	125.2	770	6.1	5477	0.3	140.6	63.2
2013	125.4	734	5.9	5498	0.3	133.5	64.0
2014	126.7	757	6.0	5508	0.3	137.5	64.9
2015	127.8	752	5.9	5539	0.3	135.8	65.8

资料来源：《中国统计年鉴》（2005~2016 年）。

2004~2015 年，浙江粮食播种面积年均减少 1%，粮食产量年均降低 0.7%，粮食单产年均增加 0.3%，年末人口数年均增加 1.1%，城镇人口比例年均增加 1.6%。

总体看，与北京和广东情况类似，浙江人口数和城镇人口比例的年均增长速度快于粮食播种面积和粮食产量的年均递减速度，以及粮食平均单产年均增长速度。浙江粮食生产能力与城乡居民粮食消费量差距逐步扩大。

2. 浙江城乡居民粮食消费及消费结构

从浙江城乡居民粮食消费及消费结构变化情况看（见图 8-14），在浙江城乡居民粮食消费中，口粮消费占比逐年降低，饲料粮和转化为食用植物油的粮食消费占比则逐年提高。在 2004~2015 年，浙江城乡居民粮食消费量呈上升状态，由 2004 年的 1152 万吨增加到 2015 年的 1473 万吨，增加了27.9%。在浙江城乡居民粮食消费中，口粮占比由 63.0% 下降到 52.2%，但饲料粮占比由 30.8% 提高到 38.2%，转化为食用油的粮食占比由 6.2% 提高到 9.7%。这些变化是 12 年来浙江人口增长、城镇化水平提高、城乡居民膳食结构改变的结果。因此，不仅仅是满足口粮消费，在满足浙江城乡居民玉米、大豆等饲料粮消费和食用植物油用粮方面，浙江粮食生产也面临着挑战。

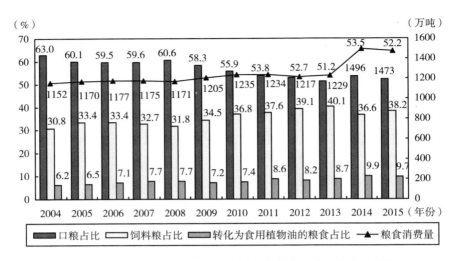

图 8 – 14　2004～2015 年浙江城乡居民的粮食消费量和消费结构

资料来源：《中国统计年鉴》（2005～2016 年）、《中国农产品加工年鉴》（2009～2013 年）。

3. 浙江调粮量及调粮趋势

2004～2015 年，浙江调粮量由 317 万吨增加到 721 万吨，增加了 127.4%；调粮量占城乡居民粮食消费比例由 27.5% 提高到 48.9%，提高了 77.8%。调粮量以年均 6.7% 的速度增长，调粮率以年均 9.6% 的速度提高。对浙江现有 12 年调粮量进行简单线性回归趋势预测分析，2025 年调粮量将进一步扩大到 978.234 万吨（见图 8 – 15）。

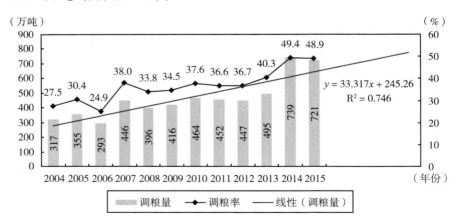

图 8 – 15　浙江调粮量情况

资料来源：《中国统计年鉴》（2005～2016 年）、《中国农产品加工年鉴》（2009～2013 年）。

（四） 北京、广东和浙江调粮比较

在以上 3 个典型主销区调粮情况分析基础上，这里引入粮食自给率，进一步对广东、浙江和北京的调粮情况进行比较（见表 8 - 8、表 8 - 9）。我们将粮食自给率定义为某粮食主销区粮食产量占该区城乡居民粮食消费的比例。第一，总体上，2004～2015 年，从 3 个主销区的调粮量、粮食产量和粮食自给率变化看，分别呈现调粮量增加、粮食产量及粮食自给率降低的态势。第二，从 3 个主销区调粮量上看，广东各年均居首位，浙江次之，北京位居最后。2015 年，广东调粮量达到 1525 万吨，为浙江的 2 倍多，北京的 3 倍。这在某种程度上显示出 3 个主销区在全国粮食产需缺口问题中的主次轻重。第三，从 3 个主销区粮食产量和粮食自给率变化看，虽然广东粮食产量最高，浙江次之，北京最低，但粮食自给率最高省份为浙江，其次是广东，北京粮食自给率最低。2015 年，浙江的粮食自给率为 51.1%，广东为 47.1%，北京粮食自给率只有 10.9%。这表明了各主销区解决调粮问题的紧迫次序。第四，从 3 个主销区 2020 年调粮趋势变化程度看，调粮量均进一步增加。北京调粮量增幅最大，将比 2015 年增加 13.4%，而广东增幅为 12.1%，浙江增幅为 12.6%。因此，3 个主销区都亟待解决好调粮问题，必须根据各主销区实际情况，有的放矢地攻破。

表 8 - 8　　　　　2004～2015 年北京、广东和浙江的调粮比较

年份	调粮量（万吨）			粮食产量（万吨）			粮食自给率（%）		
	北京	广东	浙江	北京	广东	浙江	北京	广东	浙江
2004	244	705	317	70	1390	835	22.4	66.4	72.5
2005	232	726	355	95	1395	815	29.1	65.8	69.6
2006	228	755	293	109	1388	884	32.4	64.8	75.1
2007	251	880	446	102	1285	729	28.9	59.3	62.0
2008	241	942	396	125	1243	776	34.2	56.9	66.2
2009	276	973	416	125	1315	789	31.1	57.5	65.5
2010	311	1033	464	116	1316	771	27.1	56.0	62.4
2011	318	997	452	122	1361	782	27.7	57.7	63.4
2012	334	946	447	114	1396	770	25.4	59.6	63.3
2013	367	1056	495	96	1316	734	20.7	55.5	59.7
2014	514	1551	739	64	1357	757	11.1	46.7	50.6
2015	514	1525	721	63	1358	752	10.9	47.1	51.1

资料来源：《中国统计年鉴》（2005～2016 年）、《中国农产品加工年鉴》（2009～2013 年）。

表 8 – 9　　　北京、广东和浙江 2015 年调粮情况及 2020 年变化趋势

| 2015 年 | | | | 2020 年变化趋势 | |
调粮量排名	调粮量（万吨）	自给率排名	自给率（%）	调粮量（万吨）	比 2015 年增加（%）
1　广东	1525	1　浙江	51.1	广东　1709	12.1
2　浙江	721	2　广东	47.1	浙江　812	12.6
3　北京	514	3　北京	10.9	北京　583	13.4

资料来源：《中国统计年鉴》（2005～2016 年）、《中国农产品加工年鉴》（2009～2013 年）。

五、影响主销区粮食产需平衡缺口的因素

（一）变量选取

这里以主销区粮食产需平衡缺口（Y）为被解释变量，以粮食产量（X_1）、口粮消费量（X_2）、间接粮食消费量（X_3）和城镇人口比例（X_4）为自变量。根据前面主销区粮食生产和消费变化情况的分析，假定主销区的粮食产量（X_1）越多，粮食缺口越小，预期系数为负值。主销区居民口粮消费量（X_2）越多，粮食缺口越大，预期系数为正值。主销区居民间接粮食消费量（X_3）越多，粮食缺口也越大，预期系数为正值。主销区城镇人口比例（X_4）越高，城镇化水平越高，粮食缺口越大，预期系数为正值。

（二）模型设定

建立面板数据模型如下：

$$\ln Y = a + b_1 \ln X_1 + b_2 \ln X_2 + b_3 \ln X_3 + b_4 \ln X_4 + u \qquad (8.4)$$

其中，a 为截距项，b_1、b_2、b_3、b_4 是模型参数；u 是随机扰动项。数据来自《中国统计年鉴》，采用 7 个主销区 2004～2013 年的数据，还有一些数据按照前述方式公式折算得到。

为了避免模型设定偏差，首先使用软件 EViews 8.0 对面板数据模型进行相关检验，以便确定采用哪种面板模型。

（三）产需缺口影响因素模型估计结果分析

1. 确定模型

对模型进行 F 检验，解释变量 X_1、X_2、X_3 和 X_4 均在 1% 的水平下通过显著性检验（见表 8 - 10）；F = 8.236，拒绝混合估计模型。对模型进行豪斯曼（Hausman）检验，确定采用固定效应模型或随机效应模型。检验结果 P = 1，不能拒绝随机效应模型原假设。因此，明确采用随机效应模型进行分析。

表 8 - 10　　　　　　　　　　　　　模型的检验

原假设	检验方法	检验结果	P 值
混合估计模型	F 检验	8.236	0.000
随机效应模型	Hausman 检验	0.000	1.000

2. 模型结果

F = 81.736，F 统计量（P 值）显著，表明模型总体回归关系显著。X_1、X_2 和 X_3 的回归系数在 1% 水平下显著。X_4 的回归系数在 5% 水平下显著。调整后的决定系数 R^2 = 0.815，模型拟合度较好（见表 8 - 11）。

表 8 - 11　　　　　　　　　　　　　模型结果

解释变量	回归系数	标准差	t 统计量	相伴概率 P 值
C	- 10.372	4.090	- 3.147	0.041
X_1	- 1.105	0.188	- 6.924	0.000
X_2	1.078	0.234	5.358	0.000
X_3	0.553	0.238	3.697	0.011
X_4	1.631	0.510	3.461	0.038
判定系数 R^2	0.826		F 统计量	81.736
调整后系数 R^2	0.815		P 值（F 统计量）	0.000

模型表达式为：

$$\ln Y = -10.372 - 1.105\ln X_1 + 1.078\ln X_2 + 0.553\ln X_3 + 1.631\ln X_4 \qquad (8.5)$$

因此，主销区粮食产量、城乡居民口粮消费量、城乡居民间接粮食消费量和城镇人口比例的变化是主销区粮食缺口的主要影响因素。

主销区粮食产量与粮食缺口呈负相关关系。粮食产量每减少1%，粮食缺口会扩大1.105%。这说明主销区努力促进粮食生产，利于缩小粮食缺口。城乡居民口粮消费量与粮食缺口呈正相关关系。口粮消费量每减少1%，粮食缺口会缩小1.078%。在前面的分析中，发现主销区居民口粮消费减少，有利于缩小粮食缺口。间接粮食消费与粮食缺口呈正相关关系。间接粮食消费每增加1%，粮食缺口会扩大0.553%。城镇人口比例与粮食缺口呈正相关关系。城镇人口比例每增加1%，粮食缺口会扩大1.631%。

六、研究结论与政策建议

（一）研究结论

1. 主销区一方面粮食自给能力下降，另一方面粮食需求扩大

2004~2015年，与粮食主产区、粮食产需平衡区相比，主销区的粮食播种面积，以及粮食产量在全国的比例都明显降低，粮食生产能力正在减弱。但是，主销区的人口数量占全国总人口比例逐步提高，城镇化程度也高于全国平均水平，主销区居民对粮食的需求必然不断增大。主销区居民粮食消费占全国粮食消费总量比例提高，特别是间接粮食消费量占比增加。

2. 粮食缺口扩大，只是缺口程度有别

主销区的粮食生产能力不能保证居民口粮消费，甚至出现口粮缺口；更不能提供居民间接消费的粮食品种和数量，粮食缺口不断扩大。根据粮食缺口程度划分，"极大粮食缺口区"是北京和上海；"较大粮食缺口区"是天津和广东；"大粮食缺口区"是浙江和福建；"一般粮食缺口区"是海南。

3. 北京、广东和浙江所需调粮数量增长

2004~2015年，北京、广东和浙江所需调粮量增长很快，增长率均超过50%，调粮率均超过40%。在所需调粮数量方面，广东需要量最大，其次分别是浙江和北京。在粮食自给率方面，浙江最高，其次分别是广东和北京。2020年，北京、广东和浙江所需调粮数量仍在增加，其中需调入粮食增长最多的是北京，其次分别是浙江和广东。

4. 粮食产量、口粮消费量、间接粮食消费量，以及城镇人口比例是主销区粮食缺口的重要影响因素

对 7 个主销区的面板数据建立随机效应模型，并进行回归分析发现，粮食产量与主销区粮食产需平衡缺口存在负相关；口粮消费量、间接粮食消费量和城镇人口比例与主销区粮食产需平衡缺口存在正相关。主销区居民膳食结构的改变，城镇化发展，会促进粮食缺口不断扩大。主销区必须想方设法提高粮食产量，才能保障区内粮食安全。

（二）政策建议

1. 科学制定各主销区主要粮食品种发展规划

2004～2015 年，我国 7 个主销区的粮食产需平衡缺口不断扩大，无形中加大了我国粮食安全的风险。未雨绸缪，粮食主销区必须主动担起粮食生产重任，落实粮食安全省长责任制。根据粮食主销区实际情况，在精确把握各主销区不同品种粮食自给能力和需求增长趋势基础上，保持合理的粮食种植面积，严守粮食安全底线，确定各主要粮食品种的中长期粮食自给率目标。加强高标准农田建设，加强水利设施等基础设施建设，提高粮食生产潜力。制定具有可操作性的粮食安全应急预案，加强粮食安全应急组织机构建设，完善粮食安全应急机制，保证主销区稳定的粮食供应。

2. 重视饲料粮、食用（植物）油用粮的生产

主销区城乡居民膳食结构的变化，使不断增加的饲料粮、食用（植物）油用粮需求成为未来主销区粮食供给面对的主要压力之一。因此，应鼓励有计划地扩大这类粮食品种的种植面积，优化粮食种植布局，加大饲料粮、食用（植物）油用粮品种的研发创新，提高这类粮食的产能和利用率。主销区畜禽水产品养殖业也要探索节粮养殖模式，提倡秸秆养殖等节约饲料粮、保护环境等有利于主销区农业可持续发展的做法。

3. 推进就近就地城镇化，保持主销区粮食能力

主销区城镇化过程中，农村劳动力流动的最主要形式之一是远离家乡，到大中城市打工。这一方面给北京、上海等城市带来更大的人口承载负荷，另一方面也引发了"空心村"、农地撂荒等问题。由于农业劳动具有很强的季节性，加之粮食生产机械化程度的提高，就近就地城镇化使兼业农民从事粮食生产成为可能。农民既可以避免远途迁徙的各种困难和障碍，又可以在原有农业收入之上，获得城镇打工收入，实现家庭团聚。因此，要根据主销区财力，逐步加强政策引导和鼓励扶持，发展就近就地城镇化，强化主销区粮食生产的社会化服务功能，从经济动因上，调动兼业农民种粮积极性，充分利用主销区农业劳动力，保持主销区的粮食生产能力。

4. 不断完善产销互利合作机制

政府部门积极引导，加大对粮食产销协作的支持力度。运用财政、信贷、税收等政策手段，鼓励主产区和主销区联合建立粮食企业（集团），双方利益共享，稳固粮食供销关系；疏通粮食主产区和主销区粮食运输"瓶颈"，完善物流基础设施；主销区通过财政转移支付等政策，加强主产区综合生产能力建设，健全主产区粮食储备系统，密切产销双方互赢关系等。只有保证利益成为产销两区粮食生产与供给的纽带，才能保证主销区的粮食供应。

5. 培养新型种粮主体，发展适度规模经营，增加种粮效益

鉴于主销区粮食生产比较效益较低，加之农村劳动力数量减少，高龄化趋势明显，应培育种粮大户、农民专业合作社、家庭农场、农业企业等新型种粮主体为粮食规模经营的主力军。为此，需建立和完善农村土地流转服务平台，规范土地流转秩序，促进土地向新型种粮主体集中。特别要加大对新型种粮主体的信贷支持，化解资金压力，防范经营风险。在农业基础设施建设等方面，实行项目倾斜，促进新型种粮主体具备良好的规模经营条件。在科技服务方面，强化培训，提高新型种粮主体的农业种植和经营水平，促进粮食增产增效。

第九章

主销区提升粮食生产能力
及对主产区补偿机制的研究

在我国当前粮食生产时空布局下，粮食主产区承担着全国主要商品粮生产的责任。然而，部分粮食主产区由于粗放生产方式，已面临着水资源减少、土壤肥力下降等窘境。我国要实现"以我为主、立足国内、确保产能、适度进口、科技支撑"的粮食安全新战略，还应充分发挥粮食主销区和生产者的粮食生产能动性，并协调好粮食主产区和主销区之间的利益关系，才能永久保障我国粮食安全。

一、建立保障主销区粮食生产能力的机制

（一）保障主销区粮食生产能力机制的内涵

主销区粮食生产能力机制是在粮食省长责任制下，主销区农业部门以服务粮食产业发展为目标，通过经济、行政等手段，科学调整粮食种植面积、品种结构，提高粮田保护能力、粮食育种栽培能力、政策调控能力、科技服务能力和抗灾能力等，最终提高区域粮食生产计划的执行和督查能力。主销区农业部门以支持鼓励农民粮食生产为手段，针对粮食育种、种植、栽培、收获、加工等过程，为农民提供细致周到服务，大力发展粮食生产功能区；通过建立完善的粮食抗灾和生态保护系统，提高灾害预警与防治能力，减少粮食灾害和损失；建立粮食安全预警机制，加强粮食安全预测，确保主销区粮食安全。

（二）保障主销区粮食生产能力机制的运行机理

1. 强化粮食安全监管机制

切实实施粮食生产行政首长负责制。粮食主销区各级政府强化粮食工作的责任和使命，增强粮食生产的紧迫感，充分利用有限耕地，提高粮食生产能力。加强领导，坚守耕地红线，落实责任，稳定粮食生产面积，确保粮田质量，不断提高主销区粮食可持续生产能力。加大基层粮食生产行政推动力度，把粮食播种面积任务分解落实到乡、村和农户。完善监督管理机制，实行省—市—县—乡镇—村组—农户由上到下直接领导和监督联系，及时解决粮食生产中的问题，化解粮食生产的困难。

保护基本农田，防止耕地抛荒。实行耕地保护责任制，把基本农田保护任务落实到地块，明确责任人，实施耕地保护责任目标考核机制。广泛宣传国家惠农政策，调动农民种田积极性。积极有效遏制耕地抛荒撂荒和双改单。深入田间地头切实核查抛荒耕地面积；加大投入力度，新建机耕道、水渠等，改善抛荒田周边农田水利条件；对于因外出务工、无劳力耕种等原因抛荒的农田，组织流转给种粮大户，或代耕代种。建立严格处罚机制，针对造成季节性撂荒的耕地和全年撂荒的耕地，根据《中华人民共和国土地管理法》，对责任人按照抛荒前三年平均每亩年收益收取撂荒费，并取消责任人种粮一系列政策性补贴。

2. 全面推进粮食生产服务机制

粮食主销区下大力气突破耕地面积小而分散的"瓶颈"制约。坚持依法自愿有偿原则，创新耕地流转机制，鼓励多种形式促进粮田流转。农户把承包田有偿转包给种粮大户集中经营；村集体作为中转站，部分粮田先由村集体承包形成基地，然后再转包给种粮大户；村集体代耕代种，直接或间接参与粮食经营；培植发展各种各样的粮食生产合作社、新型粮食经营主体、家庭农场、农机专业合作社等，实现粮食生产各环节社会化服务，是稳定和提高主销区粮食产量，实现粮食生产规模化的重要途径。

农机服务是粮食规模经营的最基本条件。着力做好农机专业服务组织和农机大户为主体的农机推广、培训、维修和投诉监督等服务，为确保粮食增产增收奠定坚实基础。配合粮食产业发展，加快粮食仓储设施建设步伐，提高仓储设施安全管理意识。适应主销区居民粮食消费需求变化，科学确定粮食的品种种植结构，力争生产更多优质、安全的粮食（见图9-1）。

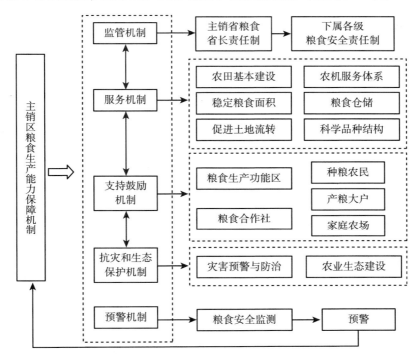

图9-1 主销区粮食生产能力保障机制

3. 完善粮食生产支持鼓励机制

完善对种粮农民奖励帮扶机制。提高主销区种粮农民政策性补贴占现金收益的比重。各级财政加大安排粮食生产专项奖励金和发展金额度，奖励种粮先进基层和规模种粮主体，打造现代粮食生产模式。大力宣传国家鼓励发展粮食生产惠农政策，宣传国家对农业保险、粮食生产功能区、粮食合作社、产粮大户、家庭农场、粮食高产创建、农业基础设施建设等方面的政策，调动农民的种粮积极性。加强高标准农田建设、土质提升、高产创建、病虫害防治等工作，认真实施对种粮农民的良种、良法等科技培训。

重点抓好主销区重点粮食产区，通过发展间套复种、双季种植等，充分利用生产要素，挖掘粮食增产潜力，提高资源利用率。使小麦、水稻、玉米、大豆、马铃薯等主要粮食作物向优势区域集中。对粮食产量超过亿斤的县，给予鼓励支持。尽量扩大主销省份内粮食供给，实现粮食供需安全可控。

4. 铸牢抗灾和生态保护机制

粮食生产时常面临自然风险，构建有效的抗灾机制是抗灾减灾的工作重心。主销区各级相关农业部门要在粮食生产过程中，严密监视和防范可能致灾因素，切实制定粮食受灾预案，健全预测、报告、防范、救援信息网络。做到及早发现、及时报告、快速反应、有效控制。一旦发生灾害，根据预案，紧急抢救，将灾害损失降低到最低；灾后，政府要加强资金、人力投入，调动灾区及社会力量，全力进行灾区重建，尽快恢复正常粮食生产。

加强农业生态建设，提高抗御自然灾害的能力。加强修建农田水利设施，种植防护林，做好水土保持监督管理工作，治理山、水、林、田、路，改善粮食生产环境。实行水土保持目标责任和考核，优化粮食生产环境，主销区在良性循环中，粮食综合生产能力不断提高。

5. 发挥粮食安全预警机制的作用

粮食安全预警机构根据本省份内粮食生产、粮食流通、粮食消费、粮食储备等粮食供求关系变化，建立权威信息发布制度；根据各主销省份现有粮食生产能力，以及未来粮食生产发展目标，设定粮食安全警戒线；加强主销省和国内外粮食供求、储备，以及价格变化等信息分析；全面掌握本省份粮食供求状况，适时对主销省份粮食安全情况作出判断；建立粮食应急供应机制，确立粮食应急加工网点、应急销售网点等，以便确保在粮食安全预警下主销区粮食安全。

（三） 保障主销区粮食生产能力机制的案例分析

浙江于 2010 年开始建设粮食生产功能区，将全省规划目标进行分解，明确地、县、乡镇各级目标任务和责任。强化了粮食安全监管机制。浙江给予农户粮食生产以支持和鼓励，每年提供给新型经营主体各类补贴和奖励；严格保护耕地资源，稳定粮食生产面积。经过 5 年多的时间，累计建成粮食生产功能区 7886 个，面积 676 万亩，[①] 功能区内基本实现"田成方、林成网、渠相通、路相连、旱能浇、涝能排"，粮食生产现代化水平高。

---

① 张合成，陈章全，韩巍，杜海涛. 浙江省和上海市建设粮食生产功能区情况调查 [J]. 农村工作通讯，2016 （17）：52 – 54.

二、完善主销区粮食生产投入机制

（一）主销区粮食生产投入机制的内涵

主销区粮食生产投入机制是指为优化主销区粮食生产要素配置，促进粮食生产发展，在相关政策法规下，以财政资金使用制度、金融支农政策为依据，中央和主销区政府持续加大粮食产业相关财政投入，并通过税收优惠政策、资金信贷优惠政策等，引导各种资金投向主销区的粮食产业中，形成在政策性金融为主导，商业银行贷款为补充基础上，力争吸收社会有志于发展粮食产业的工商资本，以及农民出资的多层次、多渠道投入机制，保障主销区粮食产业健康、可持续发展（见图9－2）。目的是构建在具有创新能力、协同服务、生态环境友好前提下，能够保证一定粮食供给，种粮农民收入增加，粮食产业化发展的新型粮食产业体系。

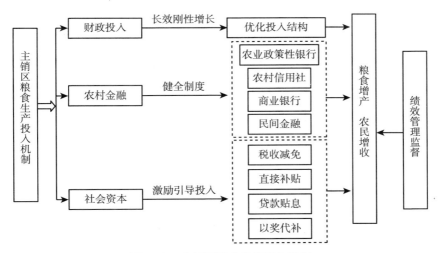

图9－2　主销区粮食生产投入机制

（二）主销区粮食生产投入机制的运行机理

1. 财政投入长效刚性增长

健全粮食产业投入稳定增长机制，是强化主销区粮食产业基础，建设现代粮食产业的迫切需要。主销区在计划安排和资金投放上首先保证粮食生产发展的需要。建立起省、市、县三级财政投入粮食产业的稳定增长机制。提高固定资产投资、财政预算内资金、银行信贷资金用于粮食生产的比重。较大幅度地增加财政对粮食产业的投入，并注重向粮食科研开发、粮食社会化服务、新型农民培育、农业基础设施建设、生态农业建设等领域重点倾斜。

主销区不仅要对粮食产业的投资存量作适当调整，而且要在增量结构上向粮食科技创新、高标准农田建设、粮食生产装备、人才培养等方面倾斜。健全农业支持补贴制度，形成受益直接、操作简便的粮食生产补贴制度。

2. 健全农村金融制度

农村金融是推动主销区粮食产业发展的基本抓手。主销区应充分发挥农村金融体系中农业政策性银行、农村信用社、商业银行、民间金融各有侧重、相互补充的贷款支持作用。进行农村金融改革，健全农村金融管理体系，增加专业银行农业信贷投入的服务力度。

发挥政策性银行对粮食产业发展的支持作用。探索农业发展银行设立粮食生产功能区建设贷款专项，对粮食功能区需要大规模资金投入的粮食产业项目，如农业基础设施建设等提供融资服务。贷款对象从农业企业扩展至粮食合作社、新型农业经营主体等。实施粮食贷款再担保，减小粮食贷款担保机构的风险，以少量政策性资金拉动更多社会资金。

推进农村信用社改革，建立以信用为根本的信贷经营模式。引导商业银行提高支持粮食产业发展的资金比例，向种粮大户、粮食产业基地和粮食龙头企业等倾斜。对实力强、资信好的粮食经营主体，允许以联保等形式开展信贷业务。

3. 激励引导社会资本投入

当前，我国主销区粮食生产基础薄弱、粮食产业发展困难重重，例如，农田水利设施建设资金缺口巨大；粮食生产成本连年提高，粮食经营对资本需求呈增加态势。要解决当前难题迫切需要社会资本进入粮食产业。

为缓解融资难问题，主销区政府积极引导社会资本参与政府和社会资本合作（PPP）的粮食产业项目，以规划为先导、以项目为平台、以主销区政府投入为杠杆，撬动社会资本投资粮食产业。在粮食产业化经营、先进技术示范推广、粮食标准化生产等方面，通过财政补贴等方式，吸引龙头企业等的社会资本投入，政府再通过税收优惠政策引导企业以经营利润进行扩大再生产投资。此外，还要重点引导和鼓励社会资本参与高标准农田建设，开展土地平整、土壤改良、灌排水、农田防护与生态环境保持、耕地治理修复、农田输配电建设工程等。主销区政府采取税收减免、直接补贴、贷款贴息、以奖代补等优惠政策手段，充分发挥财政投入引导社会投资的杠杆作用，促进社会资本做大粮食产业，整合粮食产业链，作响品牌，带动提升主销区粮食产业发展水平。

4. 实行绩效管理监督

很多粮食产业项目是涉及多主体、多部门的复杂系统，加强绩效管理监督是保障主销区粮食产能提高的重要一环。建立起以绩效为导向的粮食产业项目管理制度，构建客观、科学、透明的粮食项目绩效考核与评价机制，根据评价结果实行激励或约束办法，提高绩效管理效果。

加强粮食产业项目建设的监督和管理。建立规范的粮食项目资金管理制度，使项目从立项、实施、竣工、后续管理等整个资金运行过程规范化。加强对项目资金的监管，确保资金安全、高效发挥作用。逐步建立和完善财政监督、审计监督与社会监督相结合的粮食项目监管体系。

（三）完善粮食主销区粮食生产投入机制的案例分析

浙江整合各级相关资金、制定扶持政策加强对粮食生产功能区的投入，加强农业部门与水利、国土、财政、发展改革委等部门的合作。浙江将相关渠道建设资金的70%统筹用于"两区"农田基础设施建设。省财政成立了粮食生产功能区基础设施管护专项基金，标准为每亩10元，县级及以下基层政府也配套落实了每亩40元不等的管护经费补助。目前，浙江已经形成了多渠道、多元化的资金投入机制。

三、发展粮食生产适度规模经营机制

（一）主销区粮食生产适度规模经营机制的内涵

主销区粮食生产适度规模经营机制是指以提升粮食生产效率和粮田经营收益为目标，坚持由政府主导，各个部门联合行动，将农民作为主体，通过支持政策推动的工作模式，以推动土地流转为主线，以建设粮食功能区、培育种粮大户等种粮主体、完善粮食生产服务体系、深化农村金融信贷改革等内容为重点，由支持政策引导，各部门协同配合，通过适当扩大粮食生产经营规模，优化配置粮田、劳动力、资金、设备和技术等生产要素，实行粮食集约化生产和现代化经营，以提高劳动生产率和经济效益，发挥最大粮食生产潜力（见图9-3）。主销区能否实施粮食生产适度规模经营，关键在于确保规模种粮农户年收入与从事其他种养殖活动农户的收入或务工农民收入相当或比他们更高。只有达到这种收入水平，主销区农民才能专心种粮，提高主销区粮食安全程度。

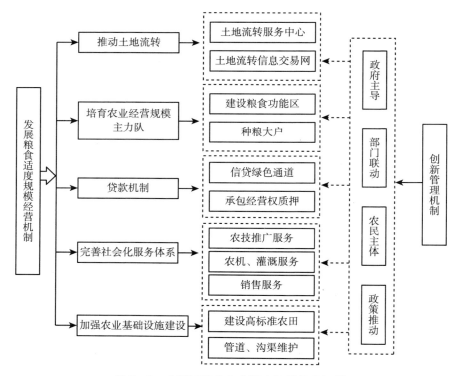

图9-3 主销区粮食生产适度规模经营机制

（二）主销区粮食生产适度规模经营机制的运行机理分析

1. 推动土地流转

土地是粮食生产最基本的生产要素，是粮食生产适度规模经营的基本载体，因此，推动土地流转对实现主销区粮食生产适度规模经营具有举足轻重的作用。创新土地流转机制，主销区各级政府在政策上积极扶持土地规模流转，规范土地流转程序、合同，加强土地流转工作的日常监管。建立土地流转信息交易网，便于土地流转农户和承包人掌握全面信息，提高土地流转工作效率。在有规章制度、有专职人员、有固定交易场所、有详细档案资料前提下，推行土地流转交易竞价招标，确保流转过程公开、透明，并保障农民承包地的利益和权益。

2. 培育农业规模经营主力军

大力建设粮食生产功能区。根据 2017 年 3 月国务院发布的《关于建立粮食生产功能区和重要农产品生产保护区的指导意见》，主销省份应根据本省份居民粮食消费需求、粮食生产现状，以及水土资源条件，科学合理划定主要粮食品种生产功能区，并把各品种粮食生产落实到田头地块。粮食生产功能区是粮食生产适度规模经营的主力队伍。省级政府应做好决策部署，科学编制建设规划、加强资金统筹，完善功能区基础设施，建好良田、应用良种良法、配套先进农机。

设立专项资金，重点扶持建设一批集中连片面积千亩以上的粮食生产功能区。对于粮食生产功能区内农户实行差别化扶持政策，调动种粮积极性。例如，给农户粮食生态补贴，对于适度规模经营农户单独给予粮食价格补贴，对种粮大户给予育秧、植保、农机、烘干等方面补贴。在补贴额上，保障农户各种补贴和奖励达到生产成本的 50%~60%。

培育种粮大户等粮食规模经营的主力军。实施激励政策，评选种粮大户等优秀粮食规模经营主体，广泛宣传他们的致富经验，并给予奖励，营造农民积极开展粮食规模经营的良好氛围。加强粮食仓储设施和烘干设备的扶持力度，将农技推广责任落实到人。农技指导员坚持在主要产粮村镇蹲点，培育高产示范户，实现技术到人、良法到田。加强技术培训，结合农时季节，邀请专家对种粮大户培训，不断提高他们的种粮技术水平和经营能力。

3. 完善贷款机制

主销区农业银行安排一定信贷额度，为粮食规模经营主体开辟信贷绿色通道，解决粮食生产的资金缺口。粮食规模经营主体可以用属于他们自己的大型农机具作抵押，由相关部门进行价值评估后，确定贷款额度，并在工商管理部门登记办理贷款手续。

做好承包经营权质押贷款工作。成立领导小组，制定质押土地承包经营权的登记管理办法，加强宣传，做好引导和服务工作。政府部门加强与银行合作，经严格审核土地经营权人后，方可颁发《农村流转土地经营权证书》，以及《农村集体土地承包经营权他项权证》。在此基础上，通过农村商业银行开展的调查评估，就可以办理质押贷款。

4. 完善社会化服务体系

社会化服务是主销区粮食产业现代化的重要标志和基本支撑。通过提供农技推广服务、农机、灌溉服务、土地托管服务、供销服务等，开展粮食规模经营、集约经营，可以把各种现代化元素注入传统粮食生产之中，实现粮食产前种子、化肥、农药等生产资料供应，产中耕种技术、栽培技术、病虫害防治技术等技术服务，以及产后销售、运输、加工等全程综合配套服务。提高粮食生产标准化、集约化水平，保障主销区粮食增产、农民增效。

完善主销区农业技术推广服务体系，加强县、乡农技中心工作人员和配套设施建设，调动推广人员的积极性，发挥在粮食生产试验、示范、培训、推广、经营方面的职能，提高重大病虫害的监测与防治能力。农机服务是粮田适度规模经营社会化服务体系中的重要服务环节，能够发挥不误农时、提高抢种效率、节约成本等优势。销售服务可以避免种粮农民由于缺乏市场需求信息，以及必要的粮食产前、产后销售服务造成的盲目生产。通过粮食多环节、多主体社会化服务协作，有力推进主销区粮食适度规模经营。

（三）完善粮食主销区粮食生产适度规模经营机制的案例分析

上海自 2015 年建设粮食生产功能区以来，注重选择 100 亩以上的农业区块，使地块连接成片，提升组织化、规模化程度和农田基础设施建设水平。规模化生产土地租金补助为每亩 1100 元，对农机具购置补贴额度达到购置费 60%。[①] 政府统一供给主要粮食作物种子，保障了粮食生产的品质。实现了粮食生产适度规模经营和标准化的相互促进。

---

① 张合成，陈章全，韩巍，杜海涛．浙江省和上海市建设粮食生产功能区情况调查 [J]．农村工作通讯，2016（17）：52－54．

四、强化粮食生产科技支撑机制

(一) 主销区粮食生产科技支撑机制的基本内涵

农业科技体现于农业生产的任一环节，是增强主销区粮食生产能力，缓解资源环境约束的基础支撑。主销区粮食生产科技支撑机制是以构建主销区粮食生产科技创新体系为目标，以科研院所和企业等为粮食生产科技创新主体，以服务种粮农民、粮食合作社、种粮大户、新型农业经营主体，以及家庭农场为中心；坚持粮食科技投入长效增长，完善粮食科技人才培育机制，通过建立粮食科研基地、教学基地、产业基地，采取科研、教学、多元化推广体系联动方式，构建从粮食科技研发、应用，到田间地头示范、推广的粮食科技产业化链条，完善的粮食科技研发体系、推广体系和服务体系，提高主销区粮食生产能力。

(二) 主销区粮食生产科技支撑机制的运行机理分析

1. 建立主销区产学研结合平台

主销区产学研结合平台是提高主销区粮食科技创新能力的基础。平台应以国家级、省级农业科研机构中粮食科研领先团队为核心，以乡镇农业科研试验站为基础，形成以粮食科技创新为主攻方向，利用科研基地、教学基地、产业基地，与高等院校、科研单位、企业广泛开展粮食研发相关合作，培育粮食优质高产品种，实现良种与良法配套、农艺与农机协调。挖掘粮食品种增产潜力，推进超级稻、超高产小麦、超高产玉米等新品种选育；创新粮食作物高产、优质、安全、环境友好的生产技术体系；完善粮食种植机械化技术，提高设备性能，不断适应粮食新品种需要（见图9-4）。

加强粮食高产优质品种、节水技术、施肥技术、农药技术，以及粮食加工技术等的研究开发及其推广应用，提高主销区粮食科技创新能力，实施主销区优质粮食产业工程。加强技术组装集成和转化示范，带动主销区良种良法大面积示范推广，实现水稻、小麦、玉米良种覆盖率达到98%以上，粮食产业链技术创新能力整体提升，发挥技术进步对主销区粮食综合生产能力建设的支撑作用。

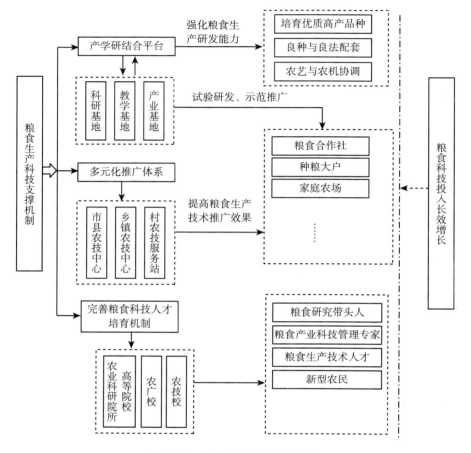

图9-4 粮食生产科技支撑机制

通过产学研结合平台，凝聚大批粮食科研专家和粮食科技人才、经营管理人才，将粮食科研试验与生产开发紧密连接，并能够及时进行反馈，有利于避免粮食科研成果与生产实际脱节的问题。

2. 建立多元化的粮食生产技术推广体系

建立以省农业技术推广机构为主导，以市（县）农技中心为龙头，乡镇农技中心为支撑，村农技服务站为依托，种粮农户、粮食合作社、家庭农场、种粮大户、新型经营主体、粮食企业等广泛参与，分工协作、服务周到的多元化粮食科技推广服务体系。农民技术人员是粮食生产技术推广体系的重要组成部分，是粮食生产技术得以落实的关键节点。

积极探索和创新农技推广服务手段，不断提高农技推广现代化、数字化和信息化水平，努力为农民提供快捷实用高效的技术服务。加强农技推广机构条件建设，改善乡镇农技推广机构仪器设备配置状况。农技人员与种粮大户、家庭农场、专业合作社、相关社会化服务组织等直接对接，由专人负责技术指导。利用现代数字化和信息化技术手段，如农业技术服务热线电话、手机短信等提供快捷、高效的技术服务。增加基层农技人员工作经费，形成专家、技术员、示范户、辐射户的快捷推广机制，并进一步发挥绩效考评和奖励机制作用。对于粮食生产关键技术、关键农时、突发事件，坚持实现指导告知到户、到点、到人，彻底解决难题。

3. 完善粮食科技人才培训机制

要发挥科技在主销区粮食产业发展中的引领和支撑作用，必须加强粮食科技人才培养。主销区农业科研院所和涉农高校要利用多种形式和渠道，加大投入，优化环境，引进、造就一批优秀粮食产业科研学科带头人、粮食产业科技管理专家。加大对粮食科技推广人才的培训，促进其知识更新，提高粮食科技服务能力，为主销区粮食生产发展夯实基础。充分发挥主销区农广校、农技校等培训机构的作用，传授适合优良品种的粮食栽培技术、农机操作方法等，为主销区源源不断培养粮食生产技术人才。通过粮食生产相关技术讲座、函授、夜校等多种形式，提高成年农村劳动力的文化素质和粮食生产科技水平。通过完善粮食科技人才培育体系，形成促进主销区粮食生产发展的科研创新、技术推广、实地应用的粮食产业人力开发体系，为主销区粮食产业提供可持续发展的动力。

4. 保障粮食科技投入长效增长

主销区用于农业方面的财政应把粮食科技摆在优先发展的战略位置，健全完善粮食科技投入机制，不断加大粮食科技投入。加强政府为主体、企业和社会资本多元参与的粮食科技投入保障机制建设，优化粮食科技经费结构，不仅重视粮食良种、良法研发投入，确保用于粮食新品种、新技术、新设施设备研发和成果推广的投入持续增加，更要优先保障用于粮食生产技术推广的投入持续增长。强化资金使用管理，促进粮食科技优先发展，提高主销区粮食科技的创新能力和转化能力，形成技术进步对粮食产业发展的支撑机制，粮食主销区粮食生产取得显著成效。

调动企业在粮食产业化科技投入方面积极性，通过减免税收等优惠政策，鼓励粮食产业化龙头企业拿出一定经营收入用于粮食科技开发；鼓励金融机构和风投公司等参与高科技粮食产业化项目开发，提高粮食实用技术覆盖率。

（三） 强化粮食主销区粮食生产科技支撑机制的案例分析

在北京推进城镇化进程中，城市建设用地占用大量农业用地，耕地面积逐步减少。北京凭借自身先天优势，依靠农业科技进步提高农业劳动生产率，农业科技支撑作用效果显著。北京拥有中央级、市级共 69 家农业科研单位，11 个国家重点农业实验室，2 万余农业科研人员，2010 年建立了国家现代农业科技城。[①] 通过实施"环境友好型粮田高产创建关键技术研究"课题研究，进行了水肥调控技术研究，总结了粮田水肥一体化技术。北京建立了 5 万亩粮食生产高产高效示范田，实现了节本增效。[②]

五、建立粮食生产保险机制

粮食是世界上很多国家政策性农业保险的必保产品，我国在粮食主产区，针对主要品种粮食的政策性保险也取得了长足发展。在粮食主销区，粮食作物的参保率低，保障水平低、种粮农户积极性不高等问题比较突出，应完善主销区农业保险机制，为种粮大户、粮食合作社、新型农业经营主体等保驾护航。

（一） 主销区粮食生产保险机制的基本内涵

主销区粮食保险机制是指充分发挥政府支持的核心作用，以政策性农业保险为主导，协同多元化保险机构，对主销区种植稻谷、小麦、玉米等粮食作物的主体提供保险产品，促进主销区粮食生产发展。主销区政府相关部门积极指导、参与粮食保险宏观决策，介入微观经营管理活动；保险公司不断完善现有赔偿方式，创新定损方式；国家和主销区政府通过粮食作物保险提供补贴、财政优惠以及行政便利等，促进粮食保险覆盖面在主销区不断扩大，

---

① 北京市科学技术委员会. 北京：建设国家现代农业科技城，促进首都农业科技创新 ［J］. 中国农村科技，2016 (1)：34 – 35。
② 北京市农业农村局。

最大限度减轻自然风险和市场风险对农民粮食生产带来的损失，保障种粮农民生活，维护社会稳定。

（二）主销区粮食生产保险机制的运行机理分析

1. 加大粮食作物生产保险支持力度

主销区省级财政提高保费补贴水平，减轻县级财政补贴压力，以便基层政府鼓励更多农民加入粮食保险。作为准公共物品，粮食保险由农民独自承担成本有失社会公平；并且费率过高将加剧大量农民游离于粮食保险体系之外，使农业保险有效需求严重不足。因此，提高主销区省级财政对三大粮食品种的保费补贴比例达到90%以上，有利于减轻种粮农户投保负担，扩大粮食保险覆盖面，从而在空间上分散粮食生产风险。应将粮食保险作为主销区的一项重要工作，由省、市、县、乡政府，以及村委会大力推进，力争粮食保险参与率超过85%。

鉴于粮食生产强县普遍财力较弱，减少或取消县级财政配套的保费补贴，调动地方政府推进粮食保险积极性。优先扩大推广针对种粮大户、家庭农场、粮食合作社、新型农业经营主体等的政策性农业保险制度，切实规避来年粮食生产经营中的自然风险问题。

主销区省级财政还应对农业保险经营机构提供再保险支持和经营费用补贴，以及减免税政策等，促进粮食保险供给。

2. 优化粮食生产保险产品设计

主销区的粮食保险产品由于保费、赔偿金标准等规定偏低，对种粮农民缺乏吸引力。应改进粮食保险产品设计，建立粮食保险信息数据库，通过气象指数、土壤墒情、旱情监测等技术指标，科学划分不同品种粮食的生产风险，建立合理档次的费率体系。在适当增加保费的同时，提高赔偿金标准，使粮食保险产品适应种粮农民需要，另外，降低保险机构市场准入门槛，鼓励自由竞争。

在粮食保险产品设计上因地制宜。在粮食基本保险产品基础上，对于粮食大规模经营、风险更大的种粮大户、合作社等主体，实施覆盖农资等直接物化成本以及地租的粮食大灾保险产品；为增强种粮农户参保意愿，立足于粮食产业链，把种粮农户与合作社、龙头粮食加工企业等作为一个农业投保组合，形成多渠道资金、多投保主体的粮食互助保险产品（见图9-5）。

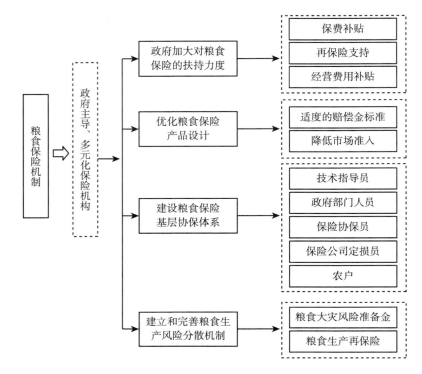

图 9 - 5　粮食保险机制

3. 建设粮食生产保险基层服务体系

当前主销区由于种粮农户缺乏保险意识，嫌赔付低、理赔手续麻烦等，缺乏参加粮食保险积极性。另外，保险公司在基层完成基础工作的人员不足，村干部用于农业保险方面的精力也十分有限。为此，市、乡镇等相关基层组织和部门应参与支持粮食作物保险工作，向农户做好粮食保险制度宣传，让农户知晓理赔标准、测损认定方法、理赔程序等，逐步建立基层保险服务体系，提升粮食保险服务能力，保障主销区粮食生产能力。

发挥粮食保险基层服务体系的积极作用。由村委会选定一名农户担任粮食保险协保员，做好粮食保险协保员培训工作，让他们清晰粮食作物保险的政策及相关保险条款。在出现灾情时，保险公司定损员应该与技术指导员、政府相关人员、村保险协保员等一起，同农户到田间核实灾情，现场核定受损的程度，并清晰说明赔偿标准。

4. 建立和完善粮食生产风险分散机制

粮食生产一旦遭受大面积干旱、洪水、台风等自然灾害，往往给农户带来巨大损失，还有可能导致保险公司以及政府财务危机。为保障主销区种粮农民利益，建议由中央政府及主销区地方政府共同出资设立粮食大灾风险准备基金，并设立专门委员会，负责基金的管理和使用。粮食保险中的保险责任分为一般责任和大灾责任。如果发生重大自然灾害，应由中央、地方政府，以及保险公司按照一定比例从巨灾风险准备基金分摊大灾赔付金。逐步建立和完善粮食大灾风险赔付制度，对于赔付率在150%~300%的损失，启动粮食大灾风险准备基金；赔付率超过300%的损失，利用再保险的方式降低风险。

（三）　粮食主销区粮食生产保险机制的案例分析

广东地处华南地区，自然灾害类型多样且发生频率较高，农业生产受自然因素影响大，而农业生产保险发挥了"稳定器"的作用，有效弥补和减轻了农民因灾害所造成的经济损失。自2007年广东实行农业保险试点以来，在保障农业生产、帮助农民灾后迅速恢复生产生活等方面发挥了重要作用。广东开创了"巨灾+指数保险"，由政府统一安排救灾，使受灾农民受益，提高受灾地区抵御风险的能力。2018年3月，广东印发了《2018—2020年广东省政策性农业保险实施方案》，要求坚持以政府引导、市场运作、自主自愿、协同推进的原则，逐步增加政策性农业保险品种，扩大保险覆盖范围，并实行动态调整机制。在保费补贴资金管理和拨付方面，实行专项管理和分账核算，增强对资金使用的监督、检查和审计，确保专款专用。

六、构建粮食主销区对主产区的补偿机制

粮食主销区对主产区的补偿问题由来已久。在具体政策实施方面，2005年中央一号文件《中共中央 国务院关于进一步加强农村工作提高农业综合生产能力若干政策的意见》中对这一问题明确提及。当时主要是针对中西部地区粮食主产区县乡的财政困难，提出通过转移支付对粮食主产县予奖励和补助。同时，提出要建立粮食产区与销区的利益协调机制，除调整中央财政对粮食风险基金的补助比例外，有关部门应抓紧研究具体实施方案。然而，十余年来，粮食主产区农民农业农村状况与主销区的差距正在拉大，粮食大省、

财政穷省的现状未能扭转，粮食主产区的利益没有得到很好补偿。粮食主产区利益补偿机制即是国家粮食安全补偿机制（蒋和平，2013）。虽然2005年以来，多数年份的中央一号文件中都提及要建立和完善对粮食主产区的利益补偿机制，支持粮食生产的政策措施向主产区倾斜，但到目前为止，具体实施的政策更多是中央政府对主产区的利益补偿，而粮食主销区是主产区所产粮食的主要消费者，由粮食主销区对主产区的利益补偿政策还没有大的实质进展，主产区与主销区农民的收入差距依然很大。我国要实现在2020年全面建成小康社会的目标，首先也必须实现农村居民人均收入比2010年翻一番。因此，粮食主产区的农民和经济社会发展问题不容忽视，加快探索粮食主销区对主产区的补偿，对于保障我国粮食安全，以及经济落后地区繁荣健康发展具有重要意义。

（一）我国粮食主产区的补偿机制

目前，我国对粮食主产区实行的是以中央政府为主、主产区配套为辅，产销合作的补偿机制。

1. 中央政府为主、主产区政府配套为辅的补贴政策

粮食主产区作为我国粮食生产的重要基地，2004年以来，以中央政府为主体，对粮食主产区实施了一系列支持政策。第一，旨在增加种粮农民收入的补贴，一般根据粮食计税面积发放。第二，价格支持政策，包括最低收购价政策、粮食收储政策以及目标价格政策等，目的是为避免谷贱伤农，保障农民获得一定收益。第三，对种粮大户、合作社等新型农业经营主体的支持。例如，黑龙江实行了种粮大户贴息奖励、超级种粮大户补贴和深松整地补贴等；还有，对合作组织实施倾斜政策。第四，对产粮大省（县）的奖励政策。第五，小型农田水利重点县补助。由中央、省和县级财政共同出资，以及少部分农民出资或劳动折算。第六，农业生态补偿，如退耕还林补助、提升土壤肥力补贴等。

2. 主产区与主销区的合作

随着粮食主销区人口增加，粮食种植面积和产量减少，产销两区进行了产销合作。

第一，签订粮食购销合作协议，可以确保主销区每年获得主产区一定量的粮食供应。政策性粮食和商品粮都在主产区采购，民营粮食企业也与主产

区企业建立了稳定的贸易合作关系。第二，主销区允许和鼓励主产区企业来主销区经营粮食贸易。主销区政府鼓励主产区相关企业建立粮食贸易公司；无偿或低价给主产区企业提供土地和厂房；鼓励主产区粮食商户入驻本地粮食批发市场等。第三，主销区委托主产区粮食企业进行粮食代收、代储和代管，并支付如仓库、储粮设施出售、租赁费等，主产区企业能够获得更多稳定收益。第四，还有一些主销区农户到主产区租地种粮。例如，浙江农户到黑龙江承包种植水稻上万亩，实现规模化、机械化、品牌化，并将粮食返销产销区。

总体来看，以上对粮食主产区的补偿机制发挥了积极作用，很大程度调动了主产区农民的种粮积极性，抑制了国际市场低价粮食可能对我国粮农带来的冲击，为主产区政府搞好粮食生产工作增添了信心。产销合作有利于增加主产区农户和企业粮食经营收益，提高主产区企业粮食经营管理水平，成为保障粮食主产区和主销区粮食供给与需求在数量和结构上匹配一致的重要纽带。

然而，当前主产区粮食生产依然面临着一些难题。第一，农业生产资料和劳动力用工价格提高，农地租用价格上涨，导致种粮成本居高不下，种粮收益越来越低于粮食作物以外的其他作物种植收益。第二，主产区农田水利基础设施老旧，灌溉水利用效率低，机耕道被承包农户部分变为农地，使机耕道越来越窄，机械化作业不便。第三，一些地方耕地撂荒，青壮年劳动力缺乏，耕种条件较差的土地流转困难。因此，不断完善对粮食主产区的补偿机制，特别是加大力度推进建立主销区对主产区粮食补偿机制，促进粮食主产区粮食生产和农村社会经济发展刻不容缓。

（二）构建粮食主销区对主产区的补偿机制

1. 以促进主产区农村经济社会发展为主要目标

十几年来，我国对粮食主产区的利益补偿可以概括为：一是提高粮食产量以保障国家粮食安全；二是增加农民收入。目前，第一个目标取得了良好效果，但第二个目标并没有完全实现。从我国近15年粮食生产供需状况看，在粮食生产价格"天花板"和粮食生产成本"地板"的双重挤压下，实现主产区农民生活富裕这条路径遇到"瓶颈"。必须在确保主产区粮食生产能力的同时，寻找到能够改善主产区农民生活的根本出路。

从发达国家及我国粮食主销区农村发展经验看，在继续支持粮食生产发展的同时，顺应我国城镇化发展趋势，通过促进粮食主产区一、二、三产业融合发展，提高农民收入，并大力改善主产区农民生产、生活条件和社会福利，从根本上促进主产区农村经济社会发展应是当前主销区对主产区利益补偿的基本目标。具体来说，通过城镇化的发展提高主产区农民的工资性收入，同时为实现适度的粮食生产规模创造条件。通过将投入资金用于主产区农村公共设施、医疗、教育、环境卫生、社区管理等消除粮食主产区和主销区农村社会差距方面，为实现党的十九大报告中提出的乡村振兴战略奠定基础。

2. 由主销区粮食补偿责任主体对补偿对象进行补偿

图 9 - 6 反映了粮食主销区对粮食主产区的补偿机制的框架。

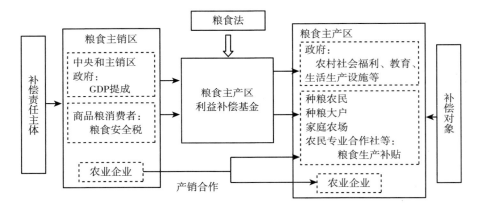

图 9 - 6　粮食主销区对粮食主产区的补偿机制框架

（1）粮食主销区政府和商品粮消费者是补偿责任主体。主销区利益补偿责任主体包括粮食主销区的政府和商品粮的消费者。

在我国工业化进程中，由于粮食生产比较优势较低以及制度、政策等原因，粮食主销区内粮食无法自给，须依靠粮食主产区供给。粮食主销区作为粮食安全不作为主体，得到了"额外"收益。例如，享受了粮食安全保障，实现了 GDP 和人均收入的高速增长等。按照帕累托改进理论，粮食主销区的政府理所当然地成为粮食主产区利益补偿的责任主体。

这里所谓商品粮消费者是那些不生产粮食，通过商品市场购买粮食而消费的人。主销区的商品粮消费者为所消费粮食的价值支付了货币，但并没有为其"在任何时候都能消费到足够的粮"付出代价。因此，他们也应该是对粮食主产区进行利益补偿的责任主体。

（2）粮食主产区政府和粮食生产者是补偿对象。多年来，粮食主产区政府把工作重心放在确保土地能够用于粮食生产。农业税的取消使得主产区政府失去了从农民粮食生产中直接获得财政收入的机会。二、三产业发展滞后，政府财政困难。同时，主产区政府承担了促进粮食生产发展的成本，并因生产粮食初级品而丧失了发展大粮食产业的收益。因此，粮食主产区政府应该是利益补偿的主体。

与粮食主销区相比，粮食生产者长期耕作粮田付出了高昂的机会成本，如粮田用于经济作物、畜牧水产等其他高收益农产品生产的机会成本，以及劳动力从事种粮以外其他产业劳动的机会成本等。这些额外付出的代价应当得到补偿。具体来说，粮食主产区粮食生产者主要有种粮农民、种粮大户、家庭农场、农民专业合作组织、农业企业等。

黑龙江作为我国产粮第一大省，国家实行了一系列政策对其进行补偿和支持，既包括了对粮食生产者的补贴，也包含了生产和收入类补贴。生产投入类补贴包含了农机具购置补贴、良种补贴、农业保险补贴。农业生态补偿包含了平均每户可得 928 元现金补助的退耕还林补助、提升土壤有机质补贴。对新型经营主体的支持主要集中于对种粮大户的贴息奖励、超级种粮大户补贴、松整地补贴和对合作组织的倾斜政策。常规产粮大县最低奖励标准 700 万元，最高奖励标准为 9000 万元。国家对黑龙江的利益补偿政策对提高种粮农民的积极性起到了一定的激励作用。

3. 出台《中华人民共和国粮食法》将主销区对主产区的利益补偿法治化

2014 年《中华人民共和国粮食法（送审稿）》第二十四条曾将"国家建立和完善粮食主产区利益补偿机制"以法律条文形式明确。加强农业立法，用法律形式将主销区对主产区的利益补偿固定下来，对于切实实现对粮食主产区的利益补偿，具有决定性作用。国内外利益补偿实施方式主要有行政和市场方式两种。行政方式就是由政府通过行政法律、税收、转移支付等手段来协调各方利益关系。立法对应该承担相应责任义务的法人、自然人具有约束力和国家强制力，并且使《中华人民共和国粮食法》下的粮食主销区对粮食主产区的利益补偿机制具有较高的稳定性，有利于保障良好利益补偿秩序。

4. 建立粮食主产区利益补偿基金

《中华人民共和国粮食法》中应明文规定设立粮食主产区利益补偿基金。基金由中央政府和主销区政府，以及商品粮消费者出资。中央政府和主销区政府的 GDP 增长提成是基于 GDP 增长对经济发展的重要作用，有利于提高主产区与主销区社会财富分配的公平性。粮食安全税以商品粮消费者为课税对象，征收依据是"谁受益，谁付费"的原则。粮食安全税应划为国税，采取低税率，由国家统一征收，由国家税务总局负责，统一划归粮食主产区利益补偿基金，并集中使用。

5. 利益补偿基金用于促进主产区农村经济社会发展

向粮食主产区支付利益补偿基金。支付原则要根据从粮食主产区调走的粮食多少，"多调多补，少调少补"。相当一部分利益补偿基金应该用于改善当地粮食生产和农民生活条件，促进第二、第三产业发展，建立和完善公共设施、医疗、教育、生活环境改善、人才培养等方面。

大力发展与粮食生产密切相关的产前、产后产业，如农机、生物肥料和农药等产前产业；粮食加工、仓储、物流等产后产业，完善粮食产业化体系，增加农民在第二、第三产业的就业，提高农民工资性收入。

在农业基础设施建设方面，为提高耕地质量，加强小型农田水利建设、高标准农田建设和中低产田改造、农业面源污染治理等。

加大对粮食主产区农村基础教育投入，大力发展农村职业教育和成人教育，培养有文化、懂技术、善经营、会管理的创业型农民。加大农村医疗资源的投入，提高农村医疗保障水平。增加农村养老保险支持力度，提高养老保险的支付水平等。

6. 分阶段循序渐进完善利益补偿机制

粮食主销区对粮食主产区利益补偿机制关系到国家粮食安全和区域协调发展，涉及的主体广泛、影响深远，应有序完成。

初级阶段，设计好补偿机制框架。通过立法将这一利益补偿机制确立在法律规范基础上。中央政府明确补偿标准、补偿方式等关键性的制度设计，建立专门机构负责管理补偿基金。

发展阶段，社会对粮食主产区利益补偿观念不断深入，起步阶段所制定的各项制度进一步落实，根据实践中得到的经验和出现的问题，对制度和操作层面的政策进行修正和完善。根据"谁受益，谁补偿"的原则，逐步拓宽补偿资金来源。提高补偿金在中央和地方财政收入的比例，引导主销区企业开展向主产区提供带动粮食产业发展的技术、投资等帮扶活动。

完善阶段，对粮食主产区的利益补偿从补偿主体到资金来源实现多样化、制度化和补偿过程规范化。将补偿基金应用于社会公共服务。形成中央政府、主销区政府和商品粮消费者全面支持主销区发展的良好氛围。

七、基于粮食种植面积视角的利益补偿标准分析

多年来，粮食主产区农村整体基础设施薄弱，农村教育、医疗、养老等条件与粮食主销区农村差别较大。在我国全面建成小康社会，加快粮食供给侧结构改革形势下，研究对主产区粮食生产利益补偿的标准具有重要的意义。

（一）对粮食主产区利益补偿的测算

运用机会成本理论测算粮食主产区利益补偿。机会成本是利用一定资源获得某种收入时所放弃的另一种收入。主产区粮食生产的机会成本是耕地用于农业生产及其他可能用途的平均收益。应该补偿给主产区的是机会成本与粮食生产收益的差额。

并非对主产区所有进行耕地利益补偿，按照主产区的耕地应首先满足本区域居民粮食需求的原则，剩余的耕地用于主销区居民粮食消费。因此，排除保障主产区粮食安全所必要的耕地面积，对"超额"耕地进行补偿。

利益补偿额＝补偿面积×单位面积补偿标准
单位面积补偿标准＝耕地机会成本－粮食生产实际平均收益
耕地机会成本＝土地平均收益

测算对粮食主产区利益补偿的框架如图9－7所示。

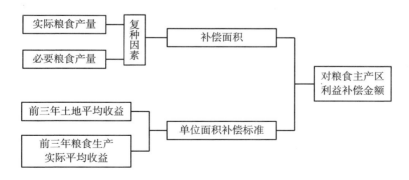

图9－7　测算对粮食主产区利益补偿的框架

（二）补偿标准、补偿面积的确定方法及数据来源和处理

1. 补偿标准

（1）土地平均收益。土地平均收益是 13 个粮食主产区单位面积土地收益与单位面积农用地收益的加权平均值。这里以地方生产总值收入法中的营业盈余来衡量粮食主产区各省份的收益，将各类企业创造的增加值扣除劳动者报酬、生产税净额和固定资产折旧。此外，创造这些营业盈余所使用的土地面积是粮食主产区各省份除农用地以外的土地面积。

（2）粮食生产实际平均收益。粮食生产的实际平均收益是主产省份粮食单位面积总收益与成本差。鉴于粮食主产省份分布跨度大，种植的主要粮食品种和种植季节差异，在测算粮食生产实际平均收益时，选取各地区典型品种测算。东北地区一年一熟，测算玉米和粳稻收益的均值；黄淮海地区一年两熟，测算河北、山东、河南、安徽玉米和小麦收益的均值之和；长江中下游地区一年两熟，测算江苏、湖南、湖北、江西、四川中籼稻和晚籼稻收益之和。

2. 补偿面积

补偿面积是粮食主产区各省份粮食生产面积中，除满足本省份居民粮食消费之外，用于满足主销区居民粮食消费的耕地面积。考虑到复种情况，采用粮食产量除以平均单产确定补偿面积。

$$\Delta X = \frac{Q_r - Q_n}{Q_a} \tag{9.1}$$

其中，Q_r 是前三年平均实际粮食产量，Q_n 是前三年平均必要粮食产量、Q_a 是前三年平均粮食平均单产。必要粮食产量即为保障本地区粮食安全必须保有的粮食产量。必要粮食产量计算公式为：

$$Q_n = P \times C_n \tag{9.2}$$

其中，P 是区域内人口数量，C_n 是人均必要粮食消费量。参照《国家粮食安全中长期规划纲要》假设人均最低粮食消费量为 390 公斤，按照 95% 的粮食自给率，人均必要粮食消费量为 370.5 公斤。

3. 数据来源和处理

在测算中涉及的指标，如粮食主产区各省份单位面积粮食总收益及成本

来自《全国农产品成本收益资料汇编》（2005 ~ 2016 年）。粮食主产区各省份的粮食产量、粮食播种面积、单位面积粮食产量、人口数、营业盈余、土地面积等主要来自《中国统计年鉴》（2005 ~ 2016 年）。其中，由于内蒙古沙漠等特殊地形，农用地以外的大量土地并非能够创造收益，通过对专家咨询，这里将内蒙古农用地以外土地面积近似为其建设用地面积的 6 倍。

（三）测算结果分析

1. 粮食主产区各省份土地平均收益大幅提高，省际间差异较大

表 9 - 1 反映了粮食主产区各省份 2006 ~ 2015 年土地平均收益的变化情况。伴随着我国经济高速增长，总体来看，各省份土地平均收益持续快速增长，但由于各省份经济发展水平不同，土地平均收益差别较大。2006 ~ 2015 年，粮食主产区各省份总体土地平均收益由 1.93 万元提高到 6.52 万元，增长了 3 倍多。其中，2006 年各省份土地平均收益大约在每公顷 0.26 万 ~ 5.85 万元之间，平均收益最低的是内蒙古，最高的是江苏。到 2015 年，各省份土地平均收益水平提高到每公顷 1.22 万 ~ 22.46 万元。江苏土地平均收益依然处于首位。

表 9 - 1　　　　2006 ~ 2015 年粮食主产区的土地平均收益　　　单位：万元/公顷

省份	2006 年	2007 年	2008 年	2009 年	2010 年	2011 年	2012 年	2013 年	2014 年	2015 年
河　北	2.47	3.02	3.41	3.43	3.48	3.77	4.38	5.00	5.34	5.45
内蒙古	0.26	0.39	0.47	0.57	0.69	0.85	1.02	1.08	1.12	1.22
辽　宁	1.88	2.31	2.71	2.95	3.22	3.70	4.21	4.94	5.36	5.81
吉　林	0.71	0.95	1.14	1.36	1.58	1.88	2.20	2.55	2.78	2.81
黑龙江	0.55	0.69	0.78	0.84	0.91	1.03	1.19	1.50	1.62	1.67
江　苏	5.85	7.73	9.16	10.32	12.03	14.22	16.85	18.97	20.97	22.46
安　徽	1.63	2.01	2.31	2.53	2.92	3.47	4.17	4.74	5.17	5.42
江　西	1.04	1.35	1.55	1.65	1.83	2.09	2.48	3.13	3.59	3.95
山　东	4.74	6.37	7.31	7.73	8.63	9.70	11.28	12.59	13.75	14.39
河　南	2.90	3.87	4.50	4.65	4.94	5.36	6.03	7.14	7.93	8.61
湖　北	1.36	1.77	2.12	2.36	2.84	3.35	3.98	5.01	5.55	5.97
湖　南	1.29	1.68	1.93	2.20	2.49	2.87	3.34	3.99	4.43	4.74
四　川	0.63	0.80	0.95	1.05	1.19	1.43	1.75	2.04	2.26	2.27

资料来源：根据《中国统计年鉴》（2005 ~ 2016 年）的相关数据计算。

2. 粮食主产区各省份粮食实际平均收益逐年减少

表 9 - 2 反映了粮食主产区各省份 2006 ~ 2015 年粮食实际平均收益的变化情况。总体来看，各省份粮食实际平均收益逐年减少。但由于南方各省份粮食生产大多数是一年两熟，粮食实际平均收益比北方省份多一些。总体看，2006 ~ 2015 年，13 个粮食主产省份粮食实际平均收益由每公顷 0.43 万元减少到 0.31 万元，降低了近 1/3。其中，2006 年各省份粮食实际平均收益大约为每公顷 0.21 万 ~ 0.66 万元，其中，河北、安徽、山东、河南最低，江苏、江西、湖北、湖南、四川最高。到 2015 年，各省份粮食实际平均收益水平进一步降低到每公顷 0.12 万 ~ 0.51 万元。这是近些年来，粮食生产资料价格上涨，人工成本、土地租金不断提高，但粮食价格并未显著提高等多种因素综合作用的结果。

表 9 - 2　　　　　2006 ~ 2015 年粮食主产区的粮食实际平均收益　　　单位：万元/公顷

省份	2006 年	2007 年	2008 年	2009 年	2010 年	2011 年	2012 年	2013 年	2014 年	2015 年
河北	0.21	0.20	0.24	0.26	0.27	0.25	0.19	0.13	0.12	0.12
内蒙古	0.35	0.33	0.32	0.33	0.41	0.51	0.54	0.44	0.36	0.25
辽宁	0.35	0.33	0.32	0.33	0.41	0.51	0.54	0.44	0.36	0.25
吉林	0.35	0.33	0.32	0.33	0.41	0.51	0.54	0.44	0.36	0.25
黑龙江	0.35	0.33	0.32	0.33	0.41	0.51	0.54	0.44	0.36	0.25
江苏	0.66	0.64	0.73	0.80	0.84	0.94	0.99	0.82	0.63	0.51
安徽	0.21	0.20	0.24	0.26	0.27	0.25	0.19	0.13	0.12	0.12
江西	0.66	0.64	0.73	0.80	0.84	0.94	0.99	0.82	0.63	0.51
山东	0.21	0.20	0.24	0.26	0.27	0.25	0.19	0.13	0.12	0.12
河南	0.21	0.20	0.24	0.26	0.27	0.25	0.19	0.13	0.12	0.12
湖北	0.66	0.64	0.73	0.80	0.84	0.94	0.99	0.82	0.63	0.51
湖南	0.66	0.64	0.73	0.80	0.84	0.94	0.99	0.82	0.63	0.51
四川	0.66	0.64	0.73	0.80	0.84	0.94	0.99	0.82	0.63	0.51

资料来源：根据《全国农产品成本收益资料汇编》（2007 ~ 2015 年）的数据计算。

3. 粮食主产区各省份单位面积补偿标准逐年提高

表 9 - 3 反映了 2006 ~ 2015 年粮食主销区应对粮食主产区各省份进行利益补偿的标准变化情况。总体看，各省份利益补偿的标准逐年提高。2006 ~ 2015 年，13 个粮食主产省份平均单位面积补偿标准从每公顷 1.52 万元增长到 6.21 万元，增加了 4 倍多。2006 年，除内蒙古和四川补偿标准为负值外，

其他省份补偿标准为每公顷 0.2 万 ~ 5.2 万元。由于土地平均收益不仅取决于农业生产效益，还更多取决于二、三产业的收益，内蒙古和四川的负补贴标准，一定程度反映出当时地广人稀、经济相对落后等原因，二、三产业的平均收益劣于粮食生产实际平均收益。2007 年以来，13 个主产省份土地平均收益已全部高于种粮收益。2015 年，各省份补偿标准提高到每公顷 0.98 万 ~ 21.95 万元。

表 9 - 3　　　　2006 ~ 2015 年对粮食主产区利益补偿的标准　　单位：万元/公顷

省份	2006 年	2007 年	2008 年	2009 年	2010 年	2011 年	2012 年	2013 年	2014 年	2015 年
河北	2.26	2.82	3.17	3.17	3.22	3.53	4.19	4.88	5.22	5.33
内蒙古	-0.08	0.06	0.14	0.24	0.27	0.34	0.48	0.64	0.76	0.98
辽宁	1.53	1.98	2.39	2.62	2.81	3.19	3.67	4.50	5.00	5.56
吉林	0.36	0.63	0.81	1.03	1.16	1.37	1.66	2.12	2.42	2.57
黑龙江	0.20	0.36	0.46	0.51	0.50	0.52	0.65	1.06	1.27	1.42
江苏	5.20	7.10	8.43	9.58	11.20	13.28	15.86	18.15	20.34	21.95
安徽	1.42	1.81	2.07	2.46	2.66	3.24	3.98	4.62	5.05	5.30
江西	0.38	0.71	0.82	0.86	1.00	1.16	1.49	2.31	2.95	3.44
山东	4.53	6.18	7.07	7.47	8.36	9.45	11.09	12.46	13.63	14.27
河南	2.68	3.68	4.26	4.39	4.68	5.11	5.84	7.01	7.81	8.49
湖北	0.71	1.13	1.39	1.57	2.00	2.41	2.99	4.20	4.91	5.47
湖南	0.64	1.04	1.20	1.41	1.66	1.94	2.35	3.17	3.80	4.23
四川	-0.02	0.17	0.22	0.26	0.35	0.49	0.76	1.23	1.63	1.76

资料来源：根据《中国统计年鉴》（2007 ~ 2016 年）以及《全国农产品成本收益资料汇编》（2007 ~ 2015 年）数据计算。

图 9 - 8 对 13 个粮食主产省份 2006 ~ 2015 年平均补偿标准进行了排序。江苏、山东、河南补偿标准较高，每公顷补偿超过了 5 万元，江苏达到每公顷 13 万元。这与三省经济发展水平高有密切关系。内蒙古、四川、黑龙江补偿标准较低，每公顷不足 1 万元。各省份补偿标准差异，一定程度反映出各地区经济发展水平的实际。江苏、山东等沿海省份经济发展水平较高，二、三产业发达，土地平均收益高；河南、安徽、湖南、湖北、吉林、黑龙江等省份的经济发展水平高于西部，但落后于东部沿海地区，土地平均收益处于中间水平；内蒙古、四川等西部省份经济发展相对滞后，土地平均收益低，补偿标准也低。

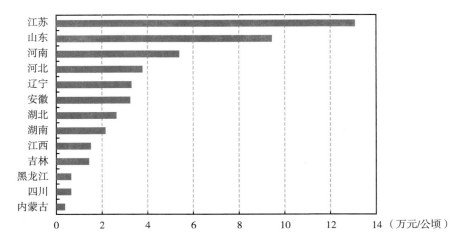

图9－8　2006～2015年13个粮食主产省份平均补偿标准

资料来源：根据《中国统计年鉴》（2007～2016年）以及《全国农产品成本收益资料汇编》（2007～2015年）数据计算。

4. 粮食主产区各省份补偿面积不断扩大

主产省份的粮食播种面积都比本省份必要播种面积大，多余面积所生产的粮食主要提供给了粮食主销区居民消费，这部分就是补偿面积。表9－4反映了补偿面积的变化情况。总体看，粮食主产区补偿面积呈增长趋势，2006～2015年，13个主产省份补偿总面积从1276.9万公顷增加到2695.7万公顷，增长1倍。主要原因是主产省份粮食单产水平提高增加了粮食总产量，使实际粮食产量增加快于各省份必要粮食产量的增长，因此，各主产省份有更大能力为主销区居民供应粮食。2006年，各主产省份补偿面积为2.2万～355.1万公顷，其中，以湖北补偿面积最少，黑龙江补偿面积最大。2015年，各主产区省份补偿面积为54.9万～751.9万公顷。其中，辽宁补偿面积最少，黑龙江补偿面积依然居首位。

表9－4　　　　　　　2006～2015年粮食主产区需补偿的耕地面积　　　　单位：万公顷

省份	2006年	2007年	2008	2009	2010年	2011年	2012年	2013年	2014年	2015年
河北	17.9	39.8	56.8	61.1	63.6	73.5	87.1	105.3	112.0	115.3
内蒙古	158.6	180.2	208.5	224.8	242.4	254.5	277.0	300.3	316.1	327.2
辽宁	29.6	35.0	39.0	25.8	21.0	28.3	51.7	70.2	56.9	54.9
吉林	239.3	234.7	238.3	234.1	248.3	260.1	283.3	301.8	319.7	336.5
黑龙江	355.1	403.6	471.4	505.4	564.5	616.9	671.7	707.7	734.3	751.9

续表

省份	2006 年	2007 年	2008 年	2009 年	2010 年	2011 年	2012 年	2013 年	2014 年	2015 年
江苏	17.1	29.4	44.0	48.0	50.3	54.0	58.6	66.1	73.1	80.5
安徽	91.7	103.4	126.3	137.3	150.5	160.6	173.9	181.3	190.4	197.4
江西	32.6	44.6	53.8	56.9	58.0	61.0	63.7	70.4	73.6	75.4
山东	70.2	101.0	115.0	122.9	127.7	131.8	137.0	143.8	150.0	157.3
河南	209.4	267.4	304.0	315.6	324.9	335.9	349.8	363.0	373.0	389.1
湖北	2.2	7.1	9.8	20.8	27.2	34.8	40.4	48.5	57.5	69.2
湖南	44.9	54.3	58.6	69.7	73.8	77.0	77.7	79.5	79.8	76.8
四川	8.3	0.2	-2.6	18.5	32.0	42.3	51.2	58.2	60.6	64.2

资料来源：根据《中国统计年鉴》（2007～2016 年）的相关数据计算。

　　图 9-9 对 13 个粮食主产省份 2006～2015 年平均补偿面积进行了排序。需补偿面积最多的是黑龙江，2006～2015 年平均需补偿 578.25 万公顷；其次为河南，平均补偿面积为 323.21 万公顷；此外，吉林和内蒙古补偿面积也较大，在 250 万公顷左右。平均补偿面积较少的是四川、湖北和辽宁，补偿面积在 30 万公顷左右。黑龙江耕地多、粮食产量大，人口少，因此，土地盈余相对多，需补偿粮食面积大；河南人口多，但粮食采取复种方式，使得播种面积大，粮食产量高，土地盈余较多，需补偿面积较大。四川、湖北由于人口较多，土地盈余相对较少，补偿面积小；辽宁由于一年一季种植粮食，种植面积相对较小，导致土地盈余面积较少，补偿面积也小。

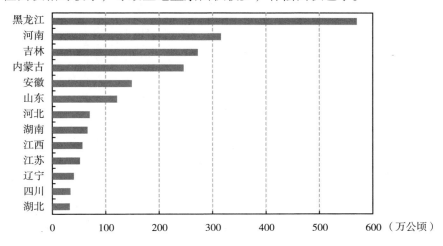

图 9-9　2006～2015 年粮食主产区平均补偿面积

资料来源：根据《中国统计年鉴》（2007～2016 年）的相关数据计算。

5. 粮食主产区的补偿总额持续增加

表 9 - 5 反映了粮食主产区各省份利益补偿总额的变化情况。2006 ~ 2015 年，由于粮食主产区补偿面积增加，补偿标准逐年提高，利益补偿总额也呈不断增加的趋势。13 个主产省份补偿总额从 1370.3 亿元增加到 12608.4 亿元，10 年提高了 8 倍。2006 年，除内蒙古和四川之外，其余 11 个主产省份补偿总额为 1.6 亿 ~ 562.1 亿元，其中，湖北补偿总额最少，河南补偿总额最多。2015 年，13 个主产省份补偿总额增加到 113.1 亿 ~ 3301.6 亿元，其中，四川补偿总额最少，河南补偿总额依然最大。

表 9 - 5				2006 ~ 2015 年粮食主产区利益补偿总额					单位：亿元	
省份	2006 年	2007 年	2008 年	2009 年	2010 年	2011 年	2012 年	2013 年	2014 年	2015 年
河北	40.3	112.4	180.3	193.5	204.7	259.0	365.1	513.5	584.8	614.1
内蒙古	- 13.5	10.9	30.2	53.6	66.1	86.0	133.5	191.5	240.1	320.4
辽宁	45.2	69.3	93.1	67.5	58.8	90.1	189.8	316.0	284.6	305.4
吉林	86.4	147.0	193.9	240.6	289.2	355.1	471.2	638.6	773.7	864.2
黑龙江	70.6	146.9	217.9	259.0	281.8	319.3	438.4	748.0	930.3	1070.0
江苏	89.0	208.3	370.4	459.7	562.6	717.2	929.9	1199.2	1487.7	1767.5
安徽	130.2	187.2	261.2	312.1	400.0	518.0	691.4	836.9	961.9	1045.4
江西	12.5	31.9	43.9	48.8	57.7	70.5	95.1	162.8	217.5	259.3
山东	317.5	623.8	813.0	917.9	1068.4	1245.9	1519.1	1792.6	2044.3	2244.2
河南	562.1	983.3	1294.1	1385.0	1519.6	1717.1	2043.4	2546.1	2912.2	3301.6
湖北	1.6	8.0	13.7	32.6	54.6	83.9	121.0	203.7	282.5	378.2
湖南	28.6	56.6	70.3	98.0	122.4	149.1	183.1	251.9	302.9	325.0
四川	- 0.2	0.0	- 0.6	4.8	11.3	20.6	38.7	71.4	98.6	113.1

资料来源：根据《中国统计年鉴》（2007 ~ 2016 年）以及《全国农产品成本收益资料汇编》（2007 ~ 2015 年）数据计算。

图 9 - 10 反映了各主产省份 2006 ~ 2015 年平均利益补偿总额在粮食主产区中所占的比例。河南和山东所占份额最大，大于或等于 20%，四川、江西和河北所占份额较小，均在 5% 或 5% 以下。江苏虽然补偿标准最高，但补偿面积很少，因此，补偿份额为 12%。

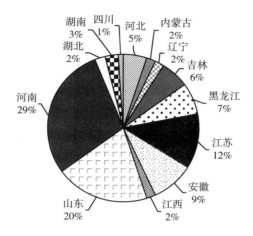

图 9 – 10 2006～2015 年各粮食主产区平均利益补偿份额

资料来源：根据《中国统计年鉴》（2007～2016 年）以及《全国农产品成本收益资料汇编》（2007～2015 年）数据计算。

八、研究结论

本章以粮食主产区各省份的粮食种植面积为突破口，对各主产区利益补偿标准、补偿面积和补偿总额进行了测算，得出以下研究结论。

（1）提升主销区粮食生产能力主要从建立保障主销区一定粮食生产能力的机制、完善粮食生产投入机制、发展粮食生产适度规模经营机制、强化粮食生产科技支撑机制、建立粮食保险实现机制五个方面着手，具体表现为：强化粮食安全监管机制、财政投入刚性增长、推动土地流转、建立产学研结合平台、加大粮食作物保险支持力度等。

（2）目前，我国实行中央政府为主、主产区政府配套为辅的补贴政策，主销区通过与主产区签订粮食购销协议、粮食贸易等方式加强合作。构建主销区对主产区的补偿机制，要以促进主产区农村经济社会发展为主要目标，由主销区政府和商品粮的消费者对主产区政府和生产者进行补偿，通过出台《中华人民共和国粮食法》将主销区对主产区利益补偿法治化、建立利益补偿基金、循序渐进地完善利益补偿机制。

（3）基于粮食种植面积视角对利益补偿标准进行分析。通过测算结果可知：主产区各省份土地平均收益大幅度提高，但省际差异大；主产区各省份粮食实际平均收益逐年减少，单位面积补偿标准和补偿面积不断扩大，补偿总额也持续增加。

（4）区域经济越发达，补偿标准越高。从计算结果来看，江苏、山东、河南单位面积土地平均收益远高于种粮收益，使得三省利益补偿标准位居各省份前列。内蒙古补偿标准最低。

（5）需要补偿面积最大的3个省份是黑龙江、河南和吉林；湖北相对来说供应主销区居民粮食的面积不多，成为需补偿面积最少的地区。

（6）补偿标准高和补偿面积大的省份补偿总额多。从各省份来看，河南、山东成为利益补偿金额最多的省份，江苏由于经济发达、补偿标准高，利益补偿总额居第3位。黑龙江虽然补偿面积大，但利益补偿标准低，利益补偿总额并不大。

第十章

完善政府调控下的
粮食市场体系研究

　　一个国家的粮食安全离不开完善、有序的粮食市场。粮食市场作为粮食供给与需求的桥梁，对于解决农民卖粮难问题、满足城乡居民口粮需求、保持粮食供需基本平衡具有重要意义，有利于增强粮食市场活力、提高市场流通效率、稳定粮食价格。为此，本章对完善政府调控下的粮食市场体系进行研究。

一、我国粮食市场历史演变与存在的问题

（一）我国粮食市场的基本构成

　　我国粮食市场体系有三个层次，即粮食初级市场、批发市场和期货市场"三位一体"。我国的粮食期货市场的发育时间比较短，市场规模也比较小，平常提到的粮食市场主要是指粮食现货市场。通常将我国的粮食现货市场分为：粮食收购市场、粮食初级市场、粮食批发市场、粮食零售市场。我国粮食市场主体可以分为三类：粮食市场的供给主体、流通主体和调控主体。其中，供给主体为农民，还包括种粮大户、种粮专业合作社等；粮食市场流通主体为市场上的经营商，包括国有粮食企业、私有粮食企业和外资粮食企业三类；粮食市场的调控主体通常为政府部门。在粮食的交易方式上，我国的粮食市场的基础主要还是粮食的收购和零售市场，收购和零售两者在市场上均占有举足轻重的地位。近年来，随着市场化的不断完善，以国家粮食交易中心为龙头、期货市

场为先导的新型粮食市场不断完善，我国已经逐渐形成传统交易和电子商务相结合，期货与现货并存，商流与物流同步发展的有序、开放的市场体系。

（二）我国粮食市场的历史演变

新中国成立后，我国实行的是高度集中的计划经济体制，随着改革开放和社会主义市场经济体制的形成，我国粮食市场经历了由"农业支持工业"到"工业反哺农业"的转变，并由高度集中的国家垄断经营逐步转向市场化经营，并逐步走向国际化。

1. 粮食自由购销阶段（1949～1952 年）

新中国成立初，我国粮食市场实行的是自由购销的制度，即是在计划经济的体制下，由市场调节粮食供给和需求。国家实行对粮食市场的宏观调控，中央掌握粮食价格的调整权，国有企业是粮食市场的主体，集贸市场是粮食市场的主要形式。

2. 粮食统购统销阶段（1953～1978 年）

1953 年，中共中央颁布的《关于实行粮食的计划收购和计划供应的命令》标志着"统购统销"这一粮食销售形式成为国家粮食市场的主流。国家在买方和卖方两个方面均产生重要的影响作用，既作为买方使用经济手段对粮食生产和销售进行控制和支配，也作为卖方调节总体的粮食价格，还需要通过高价收购粮食的方式鼓励生产者的积极性。

3. 粮食购销双轨制阶段（1979～1997 年）

1979 年，我国逐步放开粮食市场，粮食集贸市场在这一阶段形成。1985年，中共中央一号文件《关于进一步活跃农村经济的十项政策》把粮食统购改为合同定购，除了订购的部分粮食，其余的粮食都可以正常地在市场上进行销售，由生产方进行销售，但是，如果市场价格低于原统购价格，国家就会以原统购的价格对粮食进行收购。粮食的销售与购买自此进入双轨制阶段。

4. 粮食市场化改革阶段（1998～2003 年）

1999 年，国务院提出"按保护价敞开收购农民余粮；粮食收储企业实行顺价销售；粮食收购资金封闭运行；加强粮食企业自身改革"要求。2001年，国务院提出进行粮食直补试点，赋予粮食主产区省级人民政府一定的自主决策权，缩小粮食保护价政策的地区和品种。这一政策实际上局限了粮食收购保护政策的区域，在此阶段，各粮食市场均得到了一定的发展。

5. 现代粮食市场化发展阶段（2004 年至今）

2004 年出台的《关于进一步深化粮食流通体制改革的决定》《粮食流通管理条例》标志着粮食进入市场化发展阶段。在中央政府的指导下，我国的粮食市场逐步成熟，中心批发市场与区域批发市场同步发展，伴随着产供销的结合、期货现货的结合，进一步促进高层次的粮食市场的形成，提升和健全我国粮食市场体系。粮食期货市场的重要意义是能够规避风险，稳定粮食生产和保障粮食安全。自 2004 年全面开放粮食购销市场以来，我国各地都形成了多层次的粮食市场体系，其中涵盖收购、批发、零售等环节，各级有关部门也不断加强粮食市场管理，这一举措在很大程度上推进了粮食市场的快速发展。目前，我国已经基本形成了一个完善的粮食市场体系，从宏观上能够合理地配置粮食资源和调控粮食供需，极大地保障了一个国家的粮食安全。自我国开放粮食购销市场以来，政策不断推陈出新，其中具有标志性的政策包括：取消农业税，采取低价收购稻谷政策（2004 年）；采取低价收购小麦政策（2006 年）；对玉米和大豆采取了临时收储政策（2012 年）；在全国部分地区开展大豆目标价格改革试点工作（2015 年）；推进农业供给侧结构性改革工作的进行（2016 年）；首次提出要把粮食供给侧结构性改革列为农业供给侧结构性改革的重要部分（2017 年）。

（三）我国粮食市场发展现状

1. 粮食总体供需状况分析

从 20 世纪 90 年代中期至 2003 年，我国粮食播种面积一路下滑，造成粮食产量大幅度下降，为增加粮食产量、保障消费、保护国家粮食安全，我国自 2004 年逐渐取消农业税后粮食产量实现了 12 年连增，粮食储备相对充足。在总体上看（见图 10 - 1），我国的粮食产业的产量一直以来都是小于消费的，然而，我国的粮食市场却常常处于供给大于需求的局面。除了我国粮食生产以外，粮食进口也成为增加粮食供给的重要途径。尤其是城镇化的推进，城市占用了较多的农业用地，自给率较低使得中国净进口粮食逐年增加，成为农产品的纯进口国。总体来看，我国目前的粮食供需状况的情况是，粮食的消费量逐渐增加，粮食安全越来越成为关乎民生大计的重要问题，粮食生产和消费的上升趋势不断放缓，消费和供给的缺口不断增大。如果近几年粮食生产没办法得到较大的提升，国家粮食安全将可能会出现严重的危机。

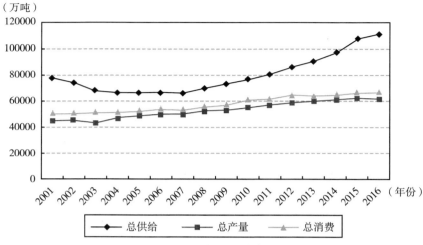

图 10 – 1   2001～2016 年我国粮食总体供需状况

资料来源：布瑞克农产品数据库。

2. 主要粮食品种供需状况分析

从稻谷供需情况来看（见图 10 – 2），整体供给的变化曲线是一个倒"U"型，先是逐渐减少再逐渐扩大，这很好地展示出了稻谷的供给与消费的关系。从时间上来看，小麦产量低于消费的年份有：2001～2005 年、2011～2016 年；小麦产量高于消费的年份有 2006～2010 年。而玉米产量大多年份都高于玉米的消费量。大豆的产量逐年下降，消费量却逐渐上升，这导致了大豆的供给与消费出现一定的缺口，这一缺口的平衡一直由进口量来补足，这也导致了我国粮食储备和进口量逐年增大。

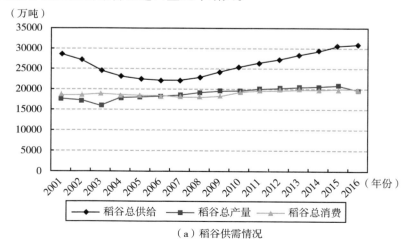

（a）稻谷供需情况

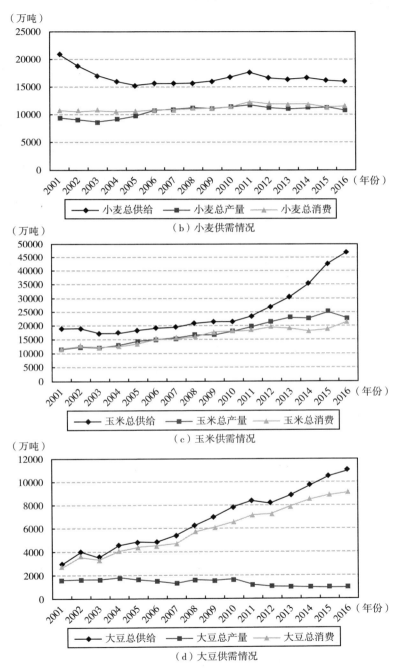

（b）小麦供需情况

（c）玉米供需情况

（d）大豆供需情况

图 10 - 2 2001～2016 年我国粮食主要品种供需状况

资料来源：布瑞克农产品数据库。

3. 城乡居民粮食消费状况分析

2001 年之后，我国经济发展速度一直较快，国内生产总值也不断增长，至 2015 年已经达到 685505.8 亿元①，这使得人民的生活水平日益提升，进而保障了社会的稳定与繁荣。农村居民家庭人均纯收入增长了近 5 倍，平均增速约为 8%，而城镇居民家庭人均纯收入也增长了近 5 倍，平均增速更是高达 9%。另外，城乡居民食物消费结构也不断优化，农村居民粮食消费量不断下降，城市居民粮食消费量不断上升，但是，农村居民粮食消费量仍然远高于城市居民粮食消费量水平，这说明了农村居民对粮食的依赖程度相对较高（见表 10－1）。原因在于城市居民收入水平相对较高，因此，对食物的选择范围更广，而不是仅仅依赖于对肉类、家禽类等的消费。

表 10－1 　　　　　　　2001～2015 年农村与城市居民消费情况

年份	农村居民消费					城市居民消费				
	消费总量（万千克）	人均粮食（千克）	肉类（千克）	禽类（千克）	蛋类（千克）	消费总量（万千克）	人均粮食（千克）	肉类（千克）	禽类（千克）	蛋类（千克）
2001	18983731.8	238.6	14.5	2.9	4.7	3830700.8	79.7	19.1	5.3	10.4
2002	18503996.5	236.5	14.9	2.9	4.7	3941642.0	78.5	23.3	9.2	10.6
2003	17091662.4	222.4	15.0	2.6	4.8	4163892.0	79.5	23.7	9.2	11.2
2004	16526401.5	218.3	14.8	3.1	4.6	4244930.6	78.2	22.9	6.4	10.4
2005	15572241.6	208.9	17.1	3.7	4.7	4328324.0	77.0	23.9	9.0	10.4
2006	15041696.0	205.6	17.0	3.5	5.0	4424059.2	75.9	23.8	8.3	10.4
2007	14263452.0	199.5	14.9	3.9	4.7	4705120.8	77.6	22.1	9.7	10.3
2008	14016440.9	199.1	13.9	4.4	5.4	4936077.3	79.1	22.7	8.0	10.7
2009	13049963.4	189.3	15.3	4.3	5.3	5244825.6	81.3	24.2	10.5	10.6
2010	12174298.2	181.4	15.8	4.2	5.1	5458707.0	81.5	24.5	10.2	10.0
2011	11207479.2	170.7	16.3	4.5	5.4	5574675.3	80.7	24.6	10.6	10.1
2012	10551674.0	164.3	16.4	4.5	5.9	5609141.6	78.8	25.0	10.8	10.5
2013	11238538.5	178.5	22.4	6.2	7.0	8868364.3	121.3	28.5	8.1	9.4
2014	10368741.6	167.6	22.5	6.7	7.2	8780155.2	117.2	28.4	9.1	9.8
2015	9625187.0	159.5	23.1	7.1	8.3	8683261.6	112.6	28.9	9.4	10.5

资料来源：《中国统计年鉴》（2002～2016 年）。

——————————

① 资料来源：《中国统计年鉴》（2016 年）。

4. 主产区与主销区粮食供需状况

粮食主产区和粮食主销区有着不同的地理地貌和气候条件，农业生产技术方面也有很大的差别，因此，在粮食的生产和销售方面也具有一定的差距。粮食主产区对于粮食主销区来说有一定的优势，体现在资源、技术和经济方面；而粮食主销区则由于人口众多，粮食无法自给自足，需求量上具有一定的缺口，需要粮食主产区来进行补足。总体来看，我国粮食产量一直保持高速增长，总量不断提升，其中，粮食主产区的粮食生产所占比重也不断提升，粮食主销区的粮食产量呈现下降趋势，所占比重也在减少（见图10-3）。基本的情况是粮食总产量呈现增长趋势，但是，粮食的生产和消费之间仍存在较大的缺口，需要靠粮食主产区的生产量来补足。因此，粮食主产区的作用则更加重要，其担负着稳定全国粮食市场和经济，平衡粮食供求的职责。

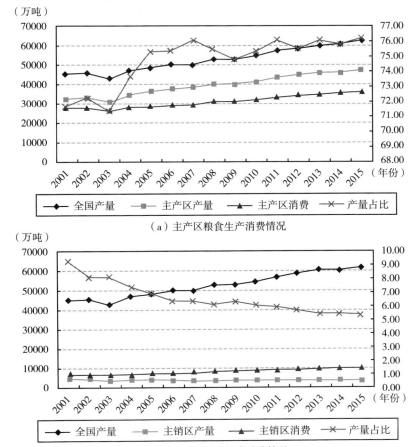

（a）主产区粮食生产消费情况

（b）主销区粮食生产消费情况

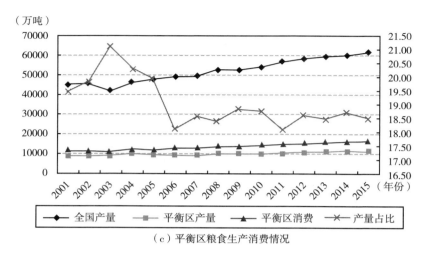

（c）平衡区粮食生产消费情况

图 10 - 3 2001～2015 年我国粮食主产区、主销区、
平衡区粮食生产消费情况

资料来源：布瑞克农产品数据库。

5. 主要粮食品种进出口状况分析

从粮食主要品种进口变化来看（见图 10 - 4），我国粮食进口由 2001 年的 1950.4 万吨增加到 2015 年的 12477.5 万吨，增长 539.7%；稻谷进口由 2001 年的 26.9 万吨增加到 2015 年的 337.7 万吨，增长 1155.4%；小麦进口由 2001 年的 73.9 万吨增加到 2015 年的 300.6 万吨，增长 306.8%；玉米进口由 2001 年的 3.9 万吨增加到 2015 年的 473 万吨，增长 12028.2%；大豆进口由 2001 年的 1393.9 万吨增加到 2015 年的 8169.2 万吨，增长 486.1%。

6. 粮食主要品种库存消费比情况分析

从消费的变化来看，稻谷的库存消费在稳步上升，小麦的库存消费则在下降，玉米的库存消费在增长，大豆的库存消费也同样在增长（见图 10 - 5）。总体来说，自 2003 年，我国的这 4 种主要粮食的库存消费量都在上升，其中，玉米的上升趋势最为明显。根据联合国粮农组织的相关规定，粮食库存量在 17% 左右是较为正常的，而我国的粮食库存量为 40%，高于这一水平，这说明了我国的粮食库存量充足，粮食安全能够得到有效的保障。

（a）粮食主要品种进口情况

（b）粮食主要品种出口情况

图 10 - 4　2001～2015 年我国粮食主要品种进出口情况

资料来源：布瑞克农产品数据库。

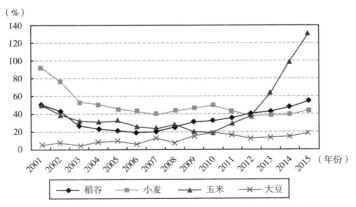

图 10 - 5　2001～2015 年我国粮食主要品种库存消费比情况

资料来源：布瑞克农产品数据库。

（四）我国粮食市场体系存在的突出问题

我国虽然已经形成了涵盖多个购销环节、多元化市场主体、多种交易方式、多层市场结构的粮食市场体系，但一些突出问题仍然存在。

2015年以来，随着科技的高速进步，我国粮食产业的发展态势也十分迅猛。但是，由于国内外粮食市场环境的变化，传统的通过提高粮食自给率来保障国家粮食安全的手段已经不能适应新的时代变化。从图10-6可以看出，我国粮食自给率在总体上呈现下降趋势，粮食供求面临较大风险。我国目前粮食进口量一直居高不下，在这种情况下应该做的就是分配好国内种植不同品种的粮食的数量和比例，与此同时控制进口，避免风险。

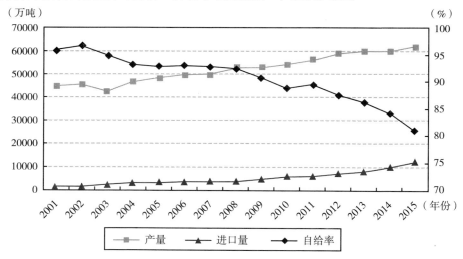

图10-6　2001~2015年我国粮食自给率情况

资料来源：《中国统计年鉴》（2002~2016年）。

经济和人口的双重增长、城镇化和工业化进程的不断加快导致了我国粮食需求的不断增长（见图10-7）。从总体上来看，我国粮食总体的需求在一定时间内仍然会呈现一个增长的趋势，这是由经济和人口的增长造成的；但是与此同时，口粮的需求量反而在不断地下降，和人口的增长呈反比的关系；另外，我们还可以注意到饲料用粮、工业用粮的需求量在稳步上升。因此，我们可以明显地得出结论，饲料和工业用粮的需求不断增加才是造成我国粮食安全风险的主要原因，而并不因为口粮需求的变化。

从总体上看，因为我国粮食市场的不断成熟，伴随着外部环境的不断变化，原本的粮食总量供给不足的矛盾如今已经逐步转化，目前，比较突出的是粮食供给不足与供给过剩两种情况并存的结构性矛盾。从粮食生产结构来看，玉米的主要问题在于由于过量的生产，供给严重过剩，库存储备压力大；大豆的主要问题在于产需缺口不断扩大，国内产能不足，进口过多。从粮食生产成本收益情况看，目前的情况是粮食生产的成本在逐步增加，而收益却在下降。从粮食进出口的情况来看，进口量长期居高不下，没有得到较好地控制，国内外的粮食价格存在倒挂的情况，不利于粮食的流通和生产成本的回收；从粮食的储备消费比来看，我国的粮食生产结构不够平衡，粮食储备的财政压力巨大，带来极强的负面影响；从生产资源情况来看，粮食生产区域普遍存在土壤肥力下降、土地资源透支使用、生态环境被破坏等问题，造成不可逆的严重环境问题。

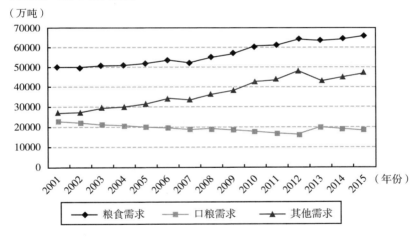

图 10 – 7 2001 ~ 2015 年我国粮食消费情况
资料来源：《中国统计年鉴》（2002 ~ 2016 年）。

二、加强粮食宏观调控体系建设

针对粮食现存的各种问题，为保障国家的粮食安全，除了充分发挥市场的作用，更需要发挥"看不见的手"的作用，加强国家的宏观调控来弥补市场调节的不足与缺陷。以下从健全粮食市场体系、创新粮食新市场、加强流通体制改革、健全价格与安全体系等方面对于加强粮食宏观调控体系建设提出建议。

1. 健全和完善粮食市场体系

从战略角度来看，首要的是确保粮食的有效供给，这也是保障国家粮食安全的重要基础。在此基础上要建立和完善良好的粮食市场体系和制度，进一步提高服务功能和服务效率，粮食的生产、收购、运输、销售等环节都要一一严格把控。其次是应该改善和规范经营和管理制度，完善相关的法律法规体系，用良好的规章制度作为保障，才能够形成良好的粮食市场。与此同时，应根据粮食资源现状和流向对粮食的布局进行调整，顺应交通条件和社会经济发展的变化趋势，做到因地制宜、有的放矢地建设和布局，保证粮食市场的特色和优势。政府作为粮食市场的调控方，不应仅注重粮食的生产和流通，还应该关注价格和政策补贴等不同的方面，全面地促进现代化有特色的粮食市场结构的形成。

2. 创新粮食新市场

在目前国内外粮食市场发展的新环境下，要按照市场发展规律，尊重市场的功能和作用，逐步地引导粮食批发市场完善结构和布局，实现功能互补、产销区相结合的现代化新型粮食批发市场。对于国家重点扶持的粮食批发市场，应该重点引导其作为代表的龙头作用，充分发挥功能，使其为国家的粮食宏观调控起到应有的服务性作用。进一步加强粮食批发市场之间的交流合作，重视粮食批发市场的基础设施建设，运用全国统一粮食竞价交易平台，提高交易效率、实现粮食在产销区域之间有效的协调与流通。要时刻关注"互联网＋"的新型市场的功能，紧密结合粮食行业的特点，不断探索粮食电子商务的新形式。政府在其中可以起到良好的引领和推动作用，可以充分利用互联网和物联网等先进的科技和技术，推广"网上粮店""网订店取""网订店送"等新模式，线上线下同步发展，不断探索服务和供应的新模式。与此同时，加快普及和深化电子商务，通过电子商务的应用和发展创新粮食市场，积极探索从粮食生产、粮食收购到粮食消费的服务供应"一条龙"模式，促进粮食市场和网络科技的融合发展。

3. 加速流通体制改革创新

在粮食总量供给相对充足，区域供给失衡的情况下，政府应该引导粮食流通在配置粮食资源上的作用，采取制定法律法规、完善标准体系、编制流通规划等手段，为粮食的有效流通创造条件。

粮食行政部门要简政放权、放管结合、优化服务，针对粮食市场经营性企业要促进其改革和转型，建立符合现代市场经济制度的企业生产经营模式；要鼓励企业之间的重组和并购，发展混合所有制经济，不断引导粮食生产企业的发展模式规模化和产业化。与此同时，应该尽可能地降低粮食流通的经济成本，形成统一的全国市场，节约人力物力，实现现代化粮食生产大流通；引进先进的技术和设备，提高粮食仓储的效率，使得粮食储存能够充分实现现代化和科技化；建立和完善粮食市场商业诚信体系，规范流通主体的行为，以制度为保障，降低支出，保障效率，充分完善我国粮食流通市场机制。

4. 架起粮食期货与现货市场之间的桥梁

粮食期货的根本还是要为实体经济服务，因此，在粮食期货的发展和运营过程中，应该考虑粮食期货和现货市场之间的桥梁作用，加强两者的沟通和联系，充分提升期货市场的服务功能，发挥其应有的功能和导向。首要采取的措施即是完善粮食企业参与期货交易相关制度，确立严格的培育和审查机制，加强对粮食企业运用期货市场工具的宣传与培训，从涉粮企业主体出发，由于对现货市场较为熟悉，更便于在原材料采购、粮食产品加工及销售等环节将现货市场与期货市场相结合，增强价格信息联动性。另外，由于期货市场对现货市场具有极强的引导作用，在实际发展中不应该一分为二地看待两者的关系，而是应该注意两者的紧密联系，既不能让农产品期货变为金融衍生品，失去本身的特性，也不能让期货市场完全虚拟化，与现货市场之间脱节。

5. 建立和健全具有我国特色的粮食价格体系

我国粮食价格基本形式和体系必须符合我国的经济社会发展特色，也要尊重市场规律，具体的要求有以下几点：主要形式应该保持为粮食市场价格，其他的价格措施仅为辅助手段；由市场决定粮食价格，价格与补贴不再结合，而是采取由市场价格高低决定补贴消费者还是补贴生产者的模式。粮食价格体系的制定与实施要坚持两个目标，即"保供给"和"保收益"，这两个目标虽有共同点，但是，在价格具体策略中要加以区分。另外，建立粮价改革利益补偿配套机制，减少在改革过程中对农民利益的损害，保证种粮收益不降低，提高农民种粮积极性。

6. 合理利用国际市场

我国作为全球最大的农产品进口国和出口国，在国际市场上具有典型的大国效应，因此，我国应该保持国内粮食价格与国际粮食价格的联动，进一步扩大自身在国际上的影响力。目前，国际化市场越来越开放，进口的渠道也在不断扩充，进口的稳定度也在不断提升，国际粮食市场日益成为我国粮食市场的重要成分，比例也在进一步扩大。因此，国际粮食市场对我国粮食市场的影响也较强，国际粮食价格的波动往往引起国内粮食价格的波动，这也是目前我国粮食价格体系需要避免的问题之一。我国应该充分合理地利用国际粮食市场，提升自己在国际上的影响力，既要抵御国际粮食价格的冲击，又能通过国际粮食价格的杠杆来保障国内粮食价格的稳定和粮食安全。

7. 加强保障粮食安全法律体系的建设

粮食安全必须得到高度的重视，政府相关部门应该明确粮食安全的重要性，以确保国家和人民的粮食安全。国家要发挥在宏观层面上的调控能力，在粮食生产消费、储备运输、进出口等环节都要加强监管，与此同时，建立成熟的法律法规，从制度层面提供稳定的激励和问责，将粮食安全视作我国经济发展的根本性战略。目前，我国粮食市场有逐步被国外大型粮食企业侵占的趋势，在努力提高本土粮食企业竞争力的同时，要适度限制外国粮企对我国粮食市场的占有率，尤其是强化我国对于主要粮食品种市场的控制。对于粮食进出口环节严加把控，运用法律手段严厉打击走私行为。加强粮食价格法律体系建设，形成有效的法律保障体系，保证粮食市场资源配置作用的发挥和市场价格形成机制的有效实施，规范粮食市场参与者的行为，减少粮食价格的操控行为和投机行为。

8. 要建立健全粮食安全预警系统

加强对粮食市场的管理，从各个层级和角度都要进行监控，通过完善的粮食安全预警体系对粮食生产加工各个环节的全面把控，保障粮食的价格稳定在一个可控的范围内。另外，还要及时地发布相关的信息，及时更新粮食供给和需求量的变化，使生产者能够做好提前的准备工作，政府应该提前预警，引导生产者做好粮食价格的预测和准备工作。要坚决守住18亿亩耕地红线，加快建设高标准农田。继续落实实施粮食安全省长责任制，各地方政府抓好本区域的粮食生产及其流通，保证本区域粮食充裕。粮食主销区和产销平衡区要足额安排粮食风险基金，提前做好准备工作，并通过制定应急方案，对各种突发的不利情况都能做出有效处理。

三、完善粮食补贴政策

我国从20世纪50年代开始对粮食生产实行财政补贴政策，包括统购统销政策、粮食保护价政策。从 1998 年开始实施粮食收购保护价政策，政策实施目的是保护农民种粮的利益。2002 年，我国开始布置实施粮食直接补贴改革试点工作，并于 2004 年在全国推广。2006 年，我国在粮食直接补贴的基础上又增加了农资综合补贴，目的是减轻化肥、农药、汽油等农业生产资料价格上涨对农民粮食生产的影响。这一系列政策构成了中国特色粮食直补政策的丰富内涵。现行粮食财政补贴政策体系如图 10-8 所示。

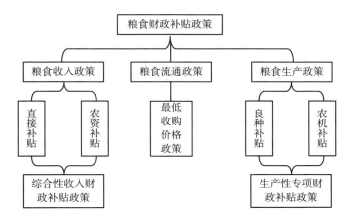

图 10-8 现行粮食财政补贴政策体系

我国粮食补贴存在以下主要问题。

1. 粮食财政补贴受益主体错位

我国粮食补贴的依据是农户的实际种植面积，但是，问题是一直以来我国采取的是家庭承包制，经营自由性较大，往往分散地经营，难以形成规模，与此同时，由于土地的流转又常常产生种植面积的变化，实际上的粮食种植面积统计工作一直难以开展。而土地流转也增加了粮食种植面积的统计难度。大部分省份地区按照农民承包土地面积而不是粮食实际种植面积进行补贴，粮食补贴变成了土地补贴。城镇化发展导致大量农村人口不断向城市转移，按照耕地面积进行的补贴发放给了流转到城市的农民，或没有进行粮食生产的土地所有者，粮农补贴变成农民补贴。

2. 补贴力度低，激励效果不明显

我国粮食补贴主要还是由政府来牵头，大部分的资金由中央政府来承担，地方政府则相对较少，补贴的实际影响力也较小，导致了地区性的差异很大。尽管近些年，中央财政不断增加对粮食财政补贴资金规模，但农业补贴增长速度仍小于农业生产成本增长幅度，主要粮食品种的成本收益率下降。与发达国家农业补贴占农民收入的比重达到20%以上的数值相比，我国农业人口基数大，农民每年人均所获得的农业补贴是其人均纯收入的5%，农业补贴对农民增收的影响作用较小，粮食财政补贴政策的效果并不是像预期的那么有效。

3. 补贴结构不合理

政策的实施效果一直不佳，农机购置和良种的补贴本来应该是重要的组成部分，却往往遭到忽视。在"黄箱""绿箱""蓝箱"政策应用方面，我国的对应政策远远没有达到应该有的效果。近年来，我国的"黄箱"政策也没有得到充分的利益，补贴规模一直保持在一个较小的范围之内；而"绿箱"补贴更是没有完全落实，对环境保护的投入远远达不到应有的水平；对于"蓝箱"政策，我国几乎没有。因此，我国亟待改革和健全粮食补贴政策体系，借鉴其他国家粮食补贴政策的成功经验，因地制宜，制定既符合WTO规则，又能保障农民种粮利益的制度。

4. 粮食财政补贴监管能力不强

在一些地区，粮食补贴款甚至被地方干部挪用、侵吞。例如，虚报粮食种植面积，冒领粮食补贴款；瞒报粮食种植面积，套取粮食补贴款；截留粮食财政补贴款。补贴申报通常是以家庭承包土地面积为依据而非按照实际种植面积补贴，大部分地区申报粮食补贴的土地面积多年未发生调整，灵活性较差。同时，粮食补贴品种与标准较多，补贴对象数量庞大，有关部门在进行粮食补贴核实工作时开展难度较大。惠农资金的管理与发放本需要多部门的通力合作，但责任追究制度使得相关职能部门责任意识变得相对淡薄，"踢皮球"现象严重，责任主体不明，以致工作效率低下。

5. 完善我国粮食补贴政策

（1）完善农村土地流转机制。土地流转制度的规范化、操作流程的清晰化和民众政策认可度的不断提升使得农地流转规模不断扩大，新型农业经营主体不断增多。我国目前的小规模家庭生产模式由于较低的抗风险能力，已经不再适应当前国家提出的现代农业发展要求，并且也严重制约政策的效果。因此，粮食补贴政策并未有效发挥对种粮大户的激励作用。针对这一问题，不断完善土地流转信息管理体系，充分发挥土地流转交易平台的作用。同时，完善补偿机制，解决好自愿流转土地的农民的基本生活问题，才能促进规模化和现代化农业的经营和发展；粮食补贴款应该更精准地发给实际种粮的农户，而不是"一刀切"；对于失地的农民，应该设立保险基金或是由政府负担其养老保险，使得农民权益真正地得到保障；另外政府还应从技术、资金、器械等方面对种粮大户进行扶持，帮助其抵御各种有可能的风险，增强其种植的积极性，进而扩大经营，形成规模经济。

（2）加大农业补贴力度。提高粮食补贴的单位标准，是提高农户种粮积极性，保障国家粮食安全的必行之策。以市场为导向，补贴标准要与市场具体情况相结合，与时俱进。可能的实施途径有：增加每年的补贴总量，直接加大补贴的力度，并减少粮食补贴中间环节，直补到农民等，提高粮食补贴资金发放效率；加强农业补贴监管，提高工作效率；利用互联网、智能化等现代信息技术，准确、高效核实农户粮食种植面积等粮食补贴相关信息等；实行对补贴资金发放进行监督和抽查，确保补贴与种植面积相符，坚决杜绝挪用、侵吞补贴资金的违法行为。

（3）稳定现有补贴政策。我国目前有粮食直接补贴、良种补贴、农机具补贴和农资补贴四种补贴。农民是粮食生产的实际种植者，粮食补贴政策的施行直接影响了农民的种粮积极性。因此，我们在选择具体补贴方式的时候，必须将农户对补贴方式的满意程度及想法考虑进去，应按照粮食实际种植面积进行补贴的发放。良种补贴要充分考虑农民和基层的实际种粮情况；农机补贴政策要根据各个地区的自然条件和经济水平来综合考虑。

（4）健全相关法律法规。在我国，粮食财政补贴往往是被视作一种附加政策，是由农业补贴政策衍生出来的，缺乏明确的法律法规，而是每年以文件的形式进行规定，具体的资金、补贴方式等常常会发生变化。这样的操作方式带来的后果就是粮食财政补贴不一致，并且补贴的对象也模糊不清，很多矛盾和问题也因此而产生。应对这样的问题，我国应该加快对粮食财政补贴的法制建设，通过法律手段保障粮食财政补贴，明确补贴的手段、对象和具体形式，使整个过程稳定和连续。最后，还要对政府的粮食补贴过程进行监控和规范，严格限制各级政府的职责权限，从根本上维护种粮农民的权益，通过法治化手段系统地维护粮食补贴系统。

四、发展期货市场

1. 完善期货市场的监管架构

我国的期货市场常常出现国家一放松政策的尺度，市场立刻陷入混乱的情况，而过度的监管又往往会使市场失去活力，发展受到限制。从长远看，促进期货市场的健康发展，既要创造宽松的发育环境，也要有适当的监督和管理。国际上做得比较好的期货市场，是在"政府—行业协会—交易所"框架下完善监管制度。这个框架的核心内容就是交易所的自我管理和行业的自律，这也正是我国期货市场所缺乏的部分。因此，应该成立行业协会，发挥行业协会的纽带作用。整个交易所处于自主运营的模式，这样才能够真正提高我国期货市场交易的效率。

2. 培育套期保值主体

农户、企业及中介组织是一个成熟的套期保值主体应该有的组成部分，然而我们不难发现，我国当前的期货市场上往往缺乏其中某一部分，或是某一部分的权利及利益残缺不全。形成这种情况的原因主要是因为我国的农户规模小且分散，又缺乏有力的中间组织，导致了整个期货市场涣散且发展极不成熟。因此，我国需要利用套期保值主体来帮助农户及种粮企业规避风险。具体手段如下：一是改革粮食企业生产运营模式；二是加大政策宣传，通过大量的宣传推广工作，构建良好的氛围，让粮食企业能够自主、自愿地参与套期保值中；三是扶持中介组织，鼓励零散的农户通过中介组织参与套期保值中，增强中介组织的信任度，汇聚每一个普通农户的力量，从而规避可能的风险。

3. 放宽投资主体的限制，提高市场流动性

市场上的投机行为往往是无法避免的，但是，我们应该对投机行为有清醒的、正确的认识。投机行为从某种程度上来说，是投机者分散了风险的危机程度，才使得市场更有活力，各类资源的配置才更加灵活。从国际上大型、成熟的期货市场来看，投机行为和投机交易量只要是维持在一定的合理范围内，就可以将其看作正常的投资者，而并不加以各种限制。我国目前的期货市场发展，正是缺少了这部分投资者和对他们的行为进行一定的规范，这一部分的资金能够在一定程度上抵御期货市场的风险。与此同时，政府应该加强对各种期货公司的管理，引进诚信度分级体系，根据不同的规模、资信程度来进行分类管理。

4. 增加粮食期货交易品种

期货市场对农产品市场的影响，以至于对整个国民经济的影响最主要体现在粮食期货交易的品种、交易量、交易金额上。当前，我国期货市场中形成规模的粮食期货品种仅有郑州小麦、大连大豆和豆粕3种，即使加上其他品种形成一定规模，但交易量较少的品种，也仅有 8 种，数量极为有限，对于期货交易的贡献也不大。而同样作为农业大国，美国的粮食期货市场中品种则达到了 27 种，这个数量超过我国的 3 倍，可以说正是因为美国粮食期货市场的良好发展，才带动了美国农业的良好发展。因此，我国目前需要丰富我国的粮食期货市场品种，为其提供源源不断的新鲜"血液"。与此同时，对于一些较小的粮食品种，也应该适当地放宽标准，或是降低其进入期货市场的保证金数额，排除这些粮食品种进入期货市场的种种门槛，提高其进入期货市场的积极性。

5. 规范现货市场交易秩序

期货市场的出现是对现货市场的一个补充，能够很好弥补现货市场的种种缺陷。然后，期货市场的运营不可能完全脱离现货市场而独立存在，期货市场的存在必须先以现货市场的存在为前提和保障。虽然，目前国际上有部分研究表明，通过高效的管理和成熟的运营，即使现货市场不够发达，也并不阻碍期货市场的产生和发展。但是，现货市场还是普遍地对期货市场具有较强的制约性，物质基础的丰沛和完善才是上层建筑的根基。因此，期货市场的发展和进步，前提是现货市场本身没有严重的问题和阻碍。我国目前的粮食现货市场发育滞后，交易秩序较为混乱，这些问题没有解决，我国的粮食期货交易市场就没有良好的物质基础，无法得到自由、充分的发展。因此，应该规范好现货市场的交易秩序，维护交易过程中的公平、公正、公开的原则，建立健全现货市场法律法规，对于目前现货市场普遍存在的不诚信问题，应采取强制的措施予以消除，为期货市场的健康发展提供前提保障和物质条件。

第十一章

完善粮食价格形成机制研究

粮食是社会生活必需的一种基础产品，粮食价格不仅关系到生产者和消费者的利益，还间接地影响其他产品的价格，因此，粮食价格一直是各国政府重点关注的对象。影响和制约粮食价格的因素多种多样，通过分析我国粮食价格变动的影响因素，对于稳定我国粮食价格有着重要作用。

粮食的价格形成机制十分复杂，涉及社会各类生产环节、要素之间的相互作用和相互制约。换句话说，粮食价格形成机制受约束粮食价格的各种力量共同影响，缺一不可。政府主导型的粮食价格制定和调整是一种政府行为，而这一决策的传递和执行又依赖企业和个人，属于自上而下的政策施行方式。市场主导型的粮食价格水平取决于生产者的经济行为，经营者和消费者在一定程度上也会对其造成影响，在这一模式中，政府的角色则转化为粮食价格的监督者。深入研究我国粮食价格的形成机制有着重要的现实意义，因为了解粮食价格的形成机制有助于我们认清粮食价格的变动，提出有利于农业发展和国民经济的政策建议，保持粮食产量和人口社会发展水平相适应，切实维护农民的基本权益，提高收入水平。

一、我国粮食价格政策演进

新中国成立至今，由经济体制的改革所引起的我国粮食价格政策的变动经过了复杂的过程。我国先后实行过 9 种价格形式：自由购销价、国家挂牌价、统购统销价、比例收购价、议购议销价、合同订购价、国家订购价、最低保护价、顺销价。新中国成立以来，我国的粮食价格变动基本上可以划分为六个阶段。第一阶段为1949~1953年，国家目标控制阶段，实行自由购销价格。第二阶段为1954~1978年，实行计划经济，国家对粮食高度的计划管理。第三阶段为1979~1984年，我国初步放开市场，实行计划经济为主，市场经济为辅。第四阶段为1985~1996年，市场机制的作用不断扩大，我国的粮食价格为双轨制价格并行，即国家定购价格和市场价格并行。第五阶段为1997~2004年，属于由国家保护价向市场形成价格转化的时间阶段。第六阶段为从2004年开始至今，这个阶段粮食的价格基本由市场来决定，政府的角色已经基本转变为宏观调控的辅助作用，虽然市场化的发展仍然不够成熟，但是，整体的发展方向是朝着全面市场化迈进。

二、我国粮食价格现状分析

（一）粮食价格现状

粮食总体价格变动及主要品种稻谷、小麦、玉米的价格变动如表11-1所示。由于数据的可获得性，本章选取了1991~2015年粮食主要品种年度价格数据，用于分析的基础数据来源于对应年份的《中国粮食年鉴》和库瑞克农产品数据库。

表11-1　　　　　　　1991~2015年中国主要粮食品种价格及价格变动率

年份	稻谷		小麦		玉米		粮食	
	价格（元）	变动率（%）	价格（元）	变动率（%）	价格（元）	变动率（%）	价格（元）	变动率（%）
1991	28.5	5.6	30.0	11.1	21.1	8.2	26.1	13.5
1992	29.3	2.8	33.1	10.3	24.3	15.2	28.4	8.8
1993	40.4	37.9	36.5	10.3	30.2	24.3	35.8	26.1
1994	71.2	76.2	56.5	54.8	48.2	59.6	59.4	65.9
1995	82.1	15.3	75.4	33.5	67.0	39.0	75.1	26.4
1996	80.6	-1.8	81.0	7.4	57.2	-14.6	72.3	-3.7
1997	69.4	-13.9	70.1	-13.5	55.8	-2.4	65.1	-10.0

续表

年份	稻谷		小麦		玉米		粮食	
	价格（元）	变动率（%）	价格（元）	变动率（%）	价格（元）	变动率（%）	价格（元）	变动率（%）
1998	66.9	-3.6	66.6	-5.0	53.8	-3.6	62.1	-4.6
1999	56.6	-15.4	60.4	-9.3	43.7	-18.8	53.0	-14.7
2000	51.7	-8.7	52.9	-12.4	42.8	-2.1	48.4	-8.7
2001	53.7	3.9	52.5	-0.8	48.3	12.9	51.5	6.4
2002	51.4	-4.3	51.3	-2.3	45.6	-5.6	49.2	-4.5
2003	60.1	16.9	56.4	9.9	52.7	15.6	56.5	14.8
2004	79.8	32.8	74.5	32.1	58.1	10.2	70.7	25.1
2005	77.7	-2.6	69.0	-7.4	55.5	-4.5	67.4	-4.7
2006	80.6	3.7	71.6	3.8	63.4	14.2	72.0	6.8
2007	85.2	5.7	75.6	5.6	74.8	18.0	78.8	9.4
2008	95.1	11.6	82.8	9.5	72.5	-3.1	83.5	6.0
2009	99.1	4.2	92.4	11.6	82.0	13.1	91.3	9.3
2010	118.0	19.1	99.0	7.1	93.6	14.1	103.8	13.7
2011	134.5	14.0	104.0	5.1	106.1	13.4	115.4	11.2
2012	138.1	2.7	108.3	4.1	111.1	4.7	119.9	3.9
2013	136.5	-1.2	117.8	8.8	108.8	-2.1	121.1	1.0
2014	140.6	3.0	120.6	2.4	111.9	2.8	124.4	2.7
2015	138.0	-1.8	116.4	-3.5	94.2	-15.8	116.3	-6.5

注：粮食价格数据是每年报价的名义现货价格（每50公斤平均出售价格）。

　　如图 11 - 1 和图 11 - 2 所示，在 1991～2015 年期间，我国粮食主要品种稻谷、小麦、玉米及粮食总体价格的变化经历了两个阶段。1991～2002 年为第一个阶段，粮食总体价格在 1995 年达到一个峰值 75.1 元；在 2002 年稻谷、小麦、玉米及粮食总体价格出现最小值，分别为 51.4 元、51.3 元、45.6 元、49.2 元；2002 年之后为第二个阶段，在这一阶段，粮食的价格增长相对比较平稳。

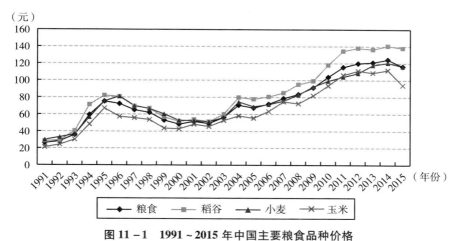

图 11 - 1　1991 ~ 2015 年中国主要粮食品种价格

注：粮食价格数据是每年报价的名义现货价格（每 50 公斤平均出售价格）。

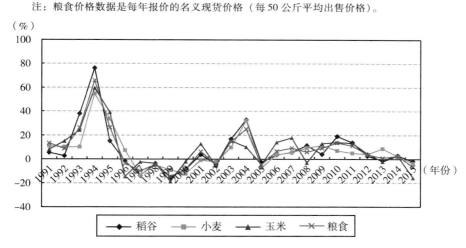

图 11 - 2　1991 ~ 2015 年中国主要粮食品种年度价格变动率

从图 11 - 1 和图 11 - 2 可以看出，自 1991 年，稻谷、小麦、玉米价格相继上行，于 1995 ~ 1996 年相继达到高位。随后稻谷、小麦、玉米价格开始下降，于 2002 年，达到低谷。2002 年之后，除在 2004 年出现波动外，其他年份我国粮食主要品种价格稳中趋涨，价格略有波动，但总体呈现出稳中缓慢上升的趋势。在 2015 年，粮食价格普遍开始下降。

（二）粮食价格形成分析

在不考虑任何外生变量的条件下，仅从粮食价格变动本身出发，分析了粮食价格的形成。但毋庸置疑的是，有诸多外界的因素将直接或者间接地影响粮食价格的形成及其变动。要对粮食价格变动的原因有更整体的把握，从而为制定中国化背景下的中国粮食安全政策提出建议，就需要对影响粮食价格变动的因素做进一步分析。

1. 变量选择

在每期开始时，由 3 个参数变量决定了经济状态：上期稻谷储备 S_{t-1}^s，稻谷计划生产数量 H_{t-1}，外生性的生产冲击 ε_t。将前 3 个状态变量结合为一个状态变量，本期稻谷可获得数量：

$$A_t = (1-\delta) \cdot S_{t-1}^s + H_{t-1} \cdot \varepsilon_t + I_t$$

在 t 时期，消费者稻谷需求数量为 $D(P_t)$，可获得的稻谷一部分用于消费者消费需求，一部分用于出口，一部分用于储备，市场均衡：

$$A_t = D(P_t) + S_t^s + X_t$$
$$(1-\delta) \cdot S_{t-1}^s + H_{t-1} \cdot \varepsilon_t + I_t = D(P_t) + S_t^s + X_t$$
$$D(P_t) = (1-\delta) \cdot S_{t-1}^s + H_{t-1} \cdot \varepsilon_t + I_t - S_t^s - X_t$$

消费者反需求函数为 $P(D_t)$，价格 P_t 改写为 $P(H_{t-1} \cdot \varepsilon_t + (1-\delta) \cdot S_{t-1}^s + I_t - S_t^s - X_t)$，由于，

$$供给 = 产量 + 进口 + 期初储备$$
$$需求 = 消费 + 出口 + 期末储备$$
$$需求 = 供给$$
$$需求 = 产量 + 进口 + 期初储备 - 消费 - 出口 - 期末储备$$

价格和消费是线性的简单关系，设计量模型为：

$$jg = \beta_0 + \beta_1 cl + \beta_2 jk + \beta_3 cb_1 + \beta_4 ck + \beta_5 xf + \beta_6 cb_2 + \varepsilon \qquad (11.1)$$

其中，jg 为价格，cl 为产量，jk 为进口数量，cb_1 为期初储备，ck 为出口数量，xf 为消费量，cb_2 为期末储备。

2. 稻谷价格变动的影响因素分析

稻谷价格变动的回归检验结果如表 11－2 所示。稻谷产量、稻谷期初储备对价格有负影响，稻谷期末储备、稻谷消费、稻谷出口对价格影响为正。

表 11 - 2　　　　　　修正计量模型后的稻谷回归参数估计结果

自变量	参数估计值	参数标准差	t 统计量	P 值
常数项	- 154.9785	68.36570	- 2.266904	0.0353
产量	- 0.196774	0.054028	- 3.642056	0.0017
期初储备	- 0.212164	0.050511	- 4.200337	0.0005
消费	0.211072	0.051737	4.079704	0.0006
期末储备	0.206134	0.050252	4.101967	0.0006
出口	0.199764	0.078268	2.552303	0.0095

3. 小麦价格变动的影响因素分析

小麦价格变动的回归检验结果如表 11 - 3 所示，小麦产量、小麦进口、小麦期初储备对小麦价格有负影响，小麦出口、小麦期末储备、小麦消费对小麦价格影响为正。

表 11 - 3　　　　　　修正计量模型后的小麦参数估计结果

自变量	参数估计值	参数标准差	t 统计量	P 值
常数项	- 135.4055	39.85906	- 3.397107	0.0032
消费	1632.184	715.8003	2.280223	0.0350
产量	- 1632.163	715.8006	- 2.280193	0.0350
期初储备	- 1632.167	715.7997	- 2.280201	0.0350
期末储备	1632.164	715.7996	2.280197	0.0350
出口	1632.164	715.7961	2.280207	0.0350
进口	- 1632.174	715.8014	- 2.280205	0.0350

4. 玉米价格变动的影响因素分析

玉米价格变动的回归检验结果如表 11 - 4 所示，玉米期末储备对玉米价格有负影响，玉米产量、玉米进口对玉米价格影响为正。

表 11 - 4　　　　　　修正计量模型后的玉米参数估计结果

自变量	参数估计值	参数标准差	t 统计量	P 值
常数项	- 19.34679	7.640123	- 2.532262	0.0194
产量	0.006206	0.000635	9.775640	0.0000
进口	0.031893	0.013655	2.335633	0.0295
期末储备	- 0.001280	0.000500	- 2.562842	0.0181

5. 研究结论

为了便于考察影响粮食价格的各个因素，将其分为内源因素和外源因素。

内源因素是影响粮食价格的基础性因素，是决定粮食价格的基本依据，其包括前期的粮食产量、粮食期初储备、粮食消费、粮食期末储备等；外源因素相对于粮食市场内部因素来讲，具有外部性的特性，其包括粮食出口、粮食进口和粮食价格调控政策。但不同粮食品种，其影响因素和影响效果不同：稻谷产量、稻谷期初储备对稻谷价格有负向影响，稻谷期末储备、稻谷消费、稻谷出口对稻谷价格有正向影响；小麦产量、小麦进口、小麦期初储备对小麦价格有负向影响，小麦出口、小麦期末储备、小麦消费对小麦价格有正向影响；玉米期末储备对玉米价格有负向影响，玉米产量、玉米进口对玉米价格有正向影响。

（三）政策建议

在探讨我国的粮食安全问题时，需要充分了解粮食市场变化的各类影响因素，综合不同粮食品种价格变动的特征，并结合国内和国际的市场做出正确的反应。我国的粮食价格体系不是独立的，而是和市场机制紧密相连的，要提高我国粮食安全水平，也必须从综合的角度充分发挥粮食市场的调控机制和价格形成机制。

第一，发挥粮食市场价格形成机制，建设完善国内粮食流通体系。以完善粮食物流产业为抓手，增强粮食价格稳定性，确保政策施行的效果。保证合理的粮食储备规模和储备区域布局，充分发挥好粮食储备的调控作用。加强对粮食生产的政策扶持力度和补贴力度，要不断完善粮食生产的补贴方法，增加粮食生产上的基础设施建设，鼓励创新，保证粮食生产的稳定和增长。

第二，加强对粮食商品期货市场的适当管理和有效监管，改善期货市场的投机性交易，以便提高市场绩效。在发展粮食期货市场时应注意加强期货市场与现货市场之间的联系和紧密对接，利用期货市场转移粮食市场中可能出现的各种风险；引导更多的粮食生产经营主体利用好期货市场，提高交易的稳定性。

第三，合理判断国际粮食市场的局势，及时调整国内粮食市场和国际粮食市场的关系。通过灵活的粮食进出口机制，实现对粮食总体价格的稳定，形成较为平稳的粮食贸易，保障粮食的供给以及进出口。适当引导和拓宽多元化的国际粮食市场，可以为我国优化农业生产结构、实现数量与质量双重提高提供机遇。

第四，完善相关法律，形成有效的法律保障体系，为避免粮食市场的投机行为，必须有相应的法律法规对粮食市场的管理者进行一定的约束。要逐步完善粮食价格管理重要制度、法律建设和价格管理执法机制，在充分发挥市场调节作用下，适度发挥行政手段与法律手段，建立稳定的价格形成机制。

三、粮食收储对粮食市场价格的作用

粮食问题一直以来都是我国学者重点关注的问题，粮食储备和粮食价格的稳定对于人民生活来说也发挥着重要的作用。粮食价格的变动往往会对粮食生产者的生产积极性造成影响，也会给粮食生产者的收入带来各种正面或是负面的影响。因此，在一定的程度上，怎样稳定粮食市场，保障粮食生产和销售的可持续性是探索粮食安全的重要课题。粮食收储能够满足人们对粮食的需求，调控粮食价格，满足粮食的季节性和地域性需求，缓解市场供给不足的问题，具有重要的现实意义。粮食收储的规模和形式往往是多种多样的，每一类的粮食收储在发挥对粮食市场的调控上都具有其独特的功能和意义。

粮食储备的变动与粮食价格的变动都是反映粮食供给和需求状况的重要指标。某一时点上的粮食价格是这一时点上粮食供给和粮食需求相互作用的结果，粮食价格的变动方向和变动大小反映出了粮食供给和需求相对力量的大小和变动方向。粮食的储备量和粮食供给量、粮食消费量之间有着明显的相关性，粮食价格的变动和粮食储备的变动都能很好地对粮食需求的不足做出反应。粮食储备能够发挥的一个重要作用就是对粮食价格进行稳定，调节市场上的粮食供给，保障人们生活所必需的粮食消费量，保障粮食生产者的基本收益。粮食储备的变动是粮食调控的一种反应指标，不能仅作为一个剩余变量，它是为稳定粮食价格而调节粮食市场供给和需求的一个结果，粮食储备变动和粮食价格变动之间存在一定的相互作用。

（一）模型建立与数据

要分析粮食储备变动与粮食价格变动之间的关系，必须掌握粮食储备变动、粮食价格变动的长期动态关系、发展现状和特点以及对未来的可能趋势进行预测，这样才能顺应经济社会发展规律，才能采取有针对性的政策措施进行科学引导，不断提高中国粮食价格，稳定粮食价格波动，制定适宜的粮食储备政策。

1. 模型建立

本章试图从短期动态关系和长期均衡关系两个方面研究我国粮食储备与粮食价格变动之间的关系问题，而向量自回归（VAR）模型的引入正是同时解决这两个大的方面问题的最为有效的计量方法。向量自回归是基于数据的统计学性质来设定模型，将经济系统中每一个内生变量作为系统中所有内生变量的滞后项的函数进行模型构建，从而将单变量自回归模型扩展到由时间序列变量组成的向量自回归模型。自 1890 年西蒙斯将向量自回归模型引入经济学中，它已经成为了分析与预测多个相关经济变量或者指标的最合适的操作模型之一，常用于预测相互联系的时间序列变量和分析随机扰动因素对变量系统的动态冲击效果，从而解释各种经济冲击对经济变量形成的影响。本章将要处理的是两个变量间的动态关系，故采用含有两个变量滞后 n 期的非限制性向量自回归模型（unrestricted VAR）。用下式表示：

$$Y_t = \mu + \prod 1 Y_{t-1} + \prod 2 Y_{t-2} + \cdots + \prod n Y_{n-1} \tag{11.2}$$

其中，Y_t 为 2×1 阶内生当期变量列向量，μ 为 2×1 阶常数项列向量。$\prod 1, \cdots,$ $\prod n$ 均为 2×2 阶参数矩阵，$\mu_t \in \prod n$ 是 2×1 阶随机误差列向量。构造 VAR 模型的关键是确保其稳定性，这也是确定 VAR 模型最优滞后期的重要评判标准。稳定 VAR 模型特征方程根的倒数均要求小于 1。

VAR 模型采用多方程联立的形式，在模型的每一个方程中，内生变量对模型的全部内生变量的滞后值进行回归，从而估计全部内生变量的动态关系。本章主要研究粮食储备变动与粮食价格变动之间的关系，因此，构建包含 CB 和 JG 的无约束 VAR 模型，如式（11.3）所示：

$$X_t = A_1 X_{t-1} + A_2 X_{t-2} + \cdots + A_P X_{t-P} + \varepsilon_t \tag{11.3}$$

其中，X 表示二维的内生变量向量，A 表示相应的系数矩阵，P 为内生变量的滞后阶数。

2. 数据来源

由于涉及国家机密，粮食储备数据一般是不公开的，因此，目前对农民的存粮研究缺乏业界统一的估计。比较可行的途径是通过粮食储备的年度变动总量考察粮食的总需求与总供给，对我国粮食储备的年际变动率进行一个大致的估计，然后通过估值进一步确定和粮食价格之间的作用关系。每年粮食储备的变动是一个变量数据，而粮食储备总规模是一个存量数据，而存量的变化和变量的变化都会极大地影响粮食价格的变动。传统的粮食主要包括稻谷、小麦、玉米等，笔者在具体分析时选择这 3 种主粮为研究对象。由于数据的可获得性，选取了 1991～2015 年粮食储备变动数据和粮食价格变动数据。将获得的数据分别进行处理，得到了粮食价格变动数据、粮食储备变动数据这两组数据，供 VAR 模型分析使用。

3. 粮食主要品种储备的历史状况

粮食储备具有独特的功能，能够在粮食市场的供需平衡上产生较强的调节作用，而粮食储备的各个指标之间的关系应该是：当年粮食储备变动量 = 粮食产量 + 净进口量 − 消费总量。

1991～2015 年中国粮食主要品种储备变动如图 11 – 3 所示。从整体上看，我国粮食主要品种稻谷、小麦、玉米的储备在年度间的变动非常明显，均在 2003 年出现最大负向变动；2009 年之后，稻谷、小麦、玉米的储备年度增长趋势明显，玉米储备的增长远超过稻谷和小麦。这与玉米的增产有直接关系，这不仅保障了玉米供给，而且在一定程度上提高了我国粮食安全水平。

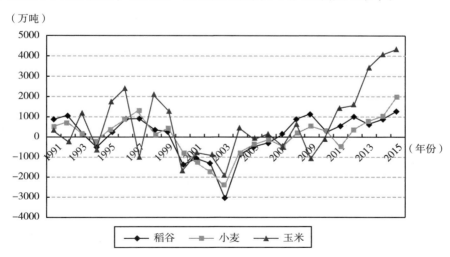

图 11 – 3　1991～2015 年中国粮食主要品种储备变动的状况

4. 指标选择

选取衡量粮食储备变动的指标变量 *CB* 为粮食储备的变动量（万吨）；衡

量价格变动的指标变量为价格变动率（百分比）。笔者将根据研究需要，尽可能全面地衡量粮食主要品种价格变动与粮食储备变动之间的关系。

（二）计量分析

1. 稻谷储备变动与价格变动之间关系

（1）协整检验。采用 VAR 模型协整检验，检验过程采用修正项（CE）中含有截距项但不含确定性趋势项的方法，VAR 系统协整检验结果如表 11 - 5 所示。

表 11 - 5　　　　　　　　稻谷 VAR 模型协整检验结果

项目	方程个数	特征值	迹统计量	临界值1%	临界值5%	临界值10%	P 值
储备变动	没有	0.652980	26.37647	19.93711	15.49471	13.42878	0.0008
	至多一个	0.179343	4.150642	6.634897	3.841466	2.705545	0.0416
项目	方程个数	特征值	最大特征值统计量	临界值1%	临界值5%	临界值10%	P 值
价格变动	没有	0.652980	22.22583	18.52001	14.26460	12.29652	0.0023
	至多一个	0.179343	4.150642	6.634897	3.841466	2.705545	0.0416

从表 11 -5 中稻谷储备变动和稻谷价格变动的协整检验结果可以看出，稻谷储备变动和稻谷价格变动的迹统计量在1%、5%、10% 显著性水平上分别有 19.93711、15.49471、13.42878 < 26.37647 和 3.841466、2.705545 < 4.150642 <6.634897；稻谷储备变动和稻谷价格变动的最大特征值统计量在1%、5%、10% 显著性水平上分别有 18.52001、14.26460、12.29652 < 22.22583 和 3.841466、2.705545、4.150642 <6.634897。稻谷储备变动和稻谷价格变动的迹统计量和最大特征值统计量检验都表明在 1% 显著性水平上存在一个协整关系，在 5%、10% 显著性水平上存在两个协整关系。检验结果表明，1991～2015 年，稻谷储备变动与价格变动之间存在稳定的长期均衡关系。

（2）脉冲响应函数分析。采用 VAR 系统格兰杰因果检验方法，序列仍然采用 CE 中含有截距项但不含确定性趋势项的方法的形式。格兰杰因果关系检验的原假设都假定变量间不存在因果关系，如果 P 值在1%、5%、10% 置信水平上显著时，即出现小概率事件，则拒绝原假设，具体的检验结果如表 11 -6 所示。

表 11 - 6   稻谷格兰杰因果检验结果

零假设	卡方统计量	P 值	结论
价格变动不是引起储备变动的格兰杰原因	0.4668	0.9940	不拒绝
储备变动不是引起价格变动的格兰杰原因	5.1300	0.0546	10% 上不拒绝

从表 11 -6 中稻谷格兰杰因果检验结果可以看出，不拒绝原假设稻谷价格变动不是稻谷储备变动的格兰杰原因，10% 置信水平上不拒绝原假设稻谷储备变动不是稻谷价格变动的格兰杰原因。可以得出结论：稻谷价格变动不是稻谷储备变动的格兰杰原因，10% 置信水平上稻谷储备变动不是稻谷价格变动的格兰杰原因。这就意味着，短期内，稻谷价格水平变动不是引起稻谷储备量变动的格兰杰原因，稻谷储备变动是引起稻谷价格变动的格兰杰原因。这里需要特别说明，格兰杰因果检验仅仅在统计学角度说明了事物之间存在着一定的因果性，并不能完全证明其两者之间的因果关系，不能作为学术上的最终依据。但是，格兰杰关系检验是可以作为一种辅助手段，是对因果关系的一种说明和补充，即使不能对因果关系本身肯定或是否定，也可以在一定程度上提供参考。

（3）脉冲响应函数分析。脉冲响应结果如图 11 -4 所示，通过图 11 -4 我们可以看出稻谷储备变动和价格变动分别在对方变动冲击下产生的脉冲响应。

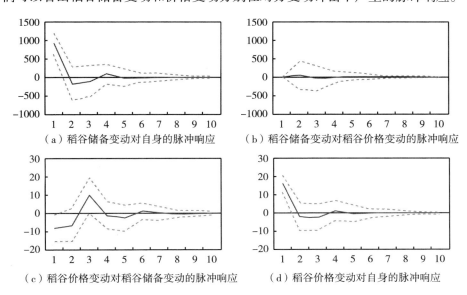

（a）稻谷储备变动对自身的脉冲响应   （b）稻谷储备变动对稻谷价格变动的脉冲响应

（c）稻谷价格变动对稻谷储备变动的脉冲响应   （d）稻谷价格变动对自身的脉冲响应

图 11 -4   稻谷脉冲响应

从稻谷储备变动对稻谷价格变动的脉冲响应图来看，当稻谷价格变动受到一个偶然因素冲击时，稻谷储备变动当期没有发生变动，从第二期到第三期稻谷储备变动响应逐渐变大，持续两期时间，这表明在稻谷价格变动初期，稻谷价格变动对稻谷储备变动存在着正面影响，期间效应逐渐增强，稻谷储备变动响应逐渐变大。在第三期之后，稻谷价格变动对稻谷储备变动仍存在着正面影响，但期间效应逐渐减弱，稻谷储备变动响应也逐渐减弱，之后稻谷的储备量也呈现减小的趋势。这个结果与前文的协整分析的结果不吻合，协整分析表明稻谷储备变动与稻谷价格变动存在稳定的长期均衡关系；与格兰杰因果分析的结果不吻合。由格兰杰因果分析可知，稻谷价格变动在短期内不是稻谷储备变动的原因。

从稻谷价格变动对稻谷储备变动的脉冲响应图来看，当稻谷储备受到偶然因素冲击发生变动时，稻谷价格的反应起初为负值，并且负向效应持续两期时间。这表明在稻谷储备变动初期，对稻谷价格变动存在着负面影响，期间效应逐渐减弱，稻谷价格变动响应逐渐变小。从第二期之后反应逐步变为正值，在第三期之后，反应逐步归于 0 值。这个结果与前文的协整分析的结果不吻合，协整分析表明稻谷储备变动与稻谷价格变动存在稳定的长期均衡关系；与格兰杰因果分析的结果不吻合，格兰杰因果分析表明在 10% 置信水平上稻谷价格变动在短期内不是稻谷储备变动的原因。

从稻谷储备变动对自身的脉冲响应图来看，稻谷储备受自身偶然因素冲击时在第一期波动较大，随后不断下降，反应起初为正值，并且正向效应逐渐减弱，反应逐步趋近 0 值。这表明在稻谷储备变动对稻谷储备变动存在着负面影响，期间效应稻谷储备变动对自身冲击的响应逐渐变小。

从稻谷价格变动对自身的脉冲响应图来看，稻谷价格受自身偶然因素冲击时在第一期波动较大，随后不断下降，反应起初为正值，随后不断下降，反应起初为正值，并且正向效应逐渐减弱，反应逐步趋近 0 值。这表明在稻谷价格变动初期，对稻谷价格变动自身存在着负面影响，期间效应逐渐减弱，稻谷价格变动对自身冲击的响应逐渐变小，反应逐步趋近 0 值。

从脉冲反应函数图 11-4 可以看出，系统对冲击的反应是不稳定的。稻谷价格在短期内对自身具有冲击效应，但冲击效应会随着作用期数增加而减少，最后接近于 0；同样的稻谷储备在短期内对自身具有冲击效应，但冲击效应会随着作用期数的增加而减少，最后接近于 0；稻谷储备在短期内对稻谷价格具有冲击效应，但冲击效应会随着作用期数的增加而减少，最后接近于 0；同样地，稻谷价格在短期内对稻谷储备具有冲击效应，但冲击效应会随着作用期数的增加而减少，最后接近于 0。

2. 小麦储备变动与价格变动之间关系

（1）协整检验。采用 VAR 模型协整检验，检验过程采用 CE 中含有截距项但不含确定性趋势项的方法，VAR 系统协整检验结果如表 11 – 7 所示。

表 11 – 7 小麦 VAR 模型协整检验结果

项目	方程个数	特征值	迹统计量	临界值 1%	临界值 5%	临界值 10%	P 值
储备变动	没有	0.608365	25.31612	19.93711	15.49471	13.42878	0.0012
	至多一个	0.235173	5.630207	6.634897	3.841466	2.705545	0.0176
项目	方程个数	特征值	最大特征值统计量	临界值 1%	临界值 5%	临界值 10%	P 值
价格变动	没有	0.608365	19.68592	18.52001	14.26460	12.29652	0.0063
	至多一个	0.235173	5.630207	6.634897	3.841466	2.705545	0.0176

从表 11 – 7 小麦储备变动与小麦价格变动的协整检验结果可以看出，小麦储备变动与小麦价格变动的迹统计量在 1%、5%、10% 显著性水平上分别有 19.93711、15.49471、13.42878 < 25.31612 和 3.841466、2.705545、5.630207 < 6.634897，小麦储备变动与小麦价格变动的最大特征值统计量在 1%、5%、10% 显著性水平上分别有 18.52001、14.26460、12.29652 < 19.68592 和 3.841466、2.705545、5.630207 < 6.634897。

（2）格兰杰因果关系检验。采用 VAR 系统格兰杰因果检验方法，序列仍然采用 CE 中含有截距项但不含确定性趋势项的方法的形式。具体的检验结果如表 11 – 8 所示。

表 11 – 8 小麦格兰杰因果检验结果

零假设	卡方统计量	P 值	结论
价格变动不是引起储备变动的格兰杰原因	0.7692	0.2641	不拒绝
储备变动不是引起价格变动的格兰杰原因	119389	0.0217	1% 不拒绝

从表 11 – 8 中的小麦格兰杰因果检验结果可以看出，不拒绝原假设小麦价格变动不是小麦储备变动的格兰杰原因；1% 置信水平上不拒绝原假设小麦储备变动不是小麦价格变动的格兰杰原因。可以得出结论：当最优滞后期选择为 1 时，小麦价格变动不是小麦储备变动的格兰杰原因，1% 置信水平上小

麦储备变动不是小麦价格变动的格兰杰原因。

（3）脉冲响应函数分析。图11－5直观形象地给出了小麦储备变动在小麦价格变动冲击下的脉冲响应，以及小麦价格变动在小麦储备变动冲击下的脉冲响应。

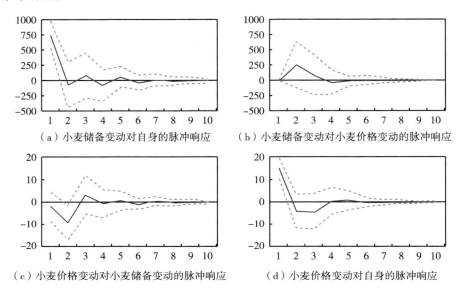

图11－5　小麦脉冲响应

从图11－5（b）来看，当小麦价格水平受到一个偶然因素冲击时，小麦储备当期没有发生变动，从第一期到第二期小麦储备变动响应逐渐变大，持续一期时间，小麦价格变动对小麦储备变动存在着正面影响，期间效应逐渐增强，小麦储备变动响应逐渐变大。在第二期之后，小麦价格仍然正向影响小麦储备量，但是影响效果逐渐减小，小麦的储备变动逐渐平稳，之后无限地趋近于0。综合起来，小麦价格变动对小麦储备的影响甚微。这与前文的协整分析出现了冲突，也和格兰杰因果分析出现了冲突，协整分析说明在一个较短的时间内，小麦价格发生变动不会影响小麦储备的变动，而是处在一个长期的稳定均衡关系之下。

从图11－5（c）来看，当小麦储备受到偶然因素冲击发生变动时，小麦价格的反应起初为负值，并且负向效应持续两期时间。这表明小麦储备变动在初期对小麦价格变动存在着负面影响。从第三期之后，对小麦价格变动存在着正面影响，期间效应先增大，持续两期后逐渐减弱，小麦价格变动响应逐渐变小，小麦价格变动开始下降，小麦价格变动的反应随着时间推移逐渐趋于平稳接近 0 值，这个结果与前文的协整分析的结果不吻合，前文的协整检验的结果是小麦储备变动和小麦价格变动之间存在一个长期的、稳定的均衡关系，协整检验的结果与格兰杰因果分析的结果产生了冲突。

从图 11 - 5 （a）来看，小麦储备受自身偶然因素冲击时在第一期波动较大，随后不断下降，反应起初为正值，这表明小麦储备变动对自身变动存在着正面影响，期间效应小麦储备变动对自身冲击的响应逐渐变小，反应逐步趋近 0 值。

从图 11 - 5 （d）来看，小麦价格受自身偶然因素冲击时在第一期波动较大，随后不断下降，反应起初为正值，这表明在小麦价格变动初期，对小麦价格变动自身存在着正面影响，随着时间推移，期间效应呈现波动状态，并逐渐减弱，小麦价格变动对自身冲击的响应逐渐变小，反应逐步趋近 0 值。

3. 玉米储备变动与价格变动之间关系

（1）协整检验。采用 VAR 模型协整检验，检验过程采用 CE 中含有截距项但不含确定性趋势项的方法，VAR 系统协整检验结果如表 11 - 9 所示。

表 11 - 9　　　　　　　　玉米 VAR 模型协整检验结果

项目	方程个数	特征值	迹统计量	临界值1%	临界值5%	临界值10%	P 值
储备变动	没有	0.483231	16.69674	19.93711	15.49471	13.42878	0.0328
	至多一个	0.126218	2.833413	6.634897	3.841466	2.705545	0.0923
项目	方程个数	特征值	最大特征值统计量	临界值1%	临界值5%	临界值10%	P 值
价格变动	没有	0.483231	13.86333	18.52001	14.26460	12.29652	0.0578
	至多一个	0.126218	2.833413	6.634897	3.841466	2.705545	0.0923

从表 11 - 9 可以看出，玉米储备变动与玉米价格变动的迹统计量在 1% 、5% 、10% 显著性水平上分别有 15.49471、13.42878 < 16.69674 < 19.93711 和 2.705545 < 2.833413 < 6.634897、3.841466；玉米储备变动与玉米价格变动的最大特征值统计量在 1% 、5% 、10% 显著性水平上有 12.29652 < 13.86333 < 18.52001、14.26460 和 2.705545 < 2.833413 < 6.634897、3.841466。这说明着在 1991 ~ 2015 年，小麦储备变动与小麦价格变动之间存在稳定的长期均衡关系。

（2）格兰杰因果关系检验。具体的检验结果如表 11 - 10 所示。

表 11 - 10　　　　　　　　　玉米格兰杰因果检验结果

零假设	卡方统计量	P 值	结论
价格变动不是引起储备变动的格兰杰原因	4.1570	0.1251	不拒绝
储备变动不是引起价格变动的格兰杰原因	0.2862	0.8667	不拒绝

从表 11 - 10 中的玉米格兰杰因果检验结果可以看出，不拒绝原假设玉米价格变动不是玉米储备变动的格兰杰原因；不拒绝原假设玉米储备变动不是玉米价格变动的格兰杰原因。可以得出结论：当最优滞后期选择为 1 时，玉米价格变动不是玉米储备变动的格兰杰原因，玉米储备变动不是玉米价格变动的格兰杰原因。这就意味着，短期内，玉米储备量变动量不是引起玉米价格变动的格兰杰原因，而玉米价格水平变动不是引起玉米储备量变动的格兰杰原因。

（3）脉冲响应函数分析。图 11 - 6 直观形象地给出了玉米储备变动在玉米价格变动冲击下的脉冲响应，以及玉米价格变动在玉米储备变动冲击下的脉冲响应。

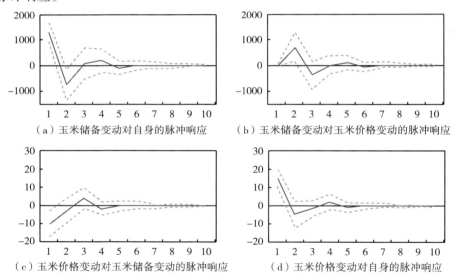

（a）玉米储备变动对自身的脉冲响应　　　（b）玉米储备变动对玉米价格变动的脉冲响应

（c）玉米价格变动对玉米储备变动的脉冲响应　　（d）玉米价格变动对自身的脉冲响应

图 11 - 6　玉米脉冲响应

从图 11 - 6（b）来看，当一个偶然的事件发生的时候，玉米价格水平会受到冲击，但是储备量并不会发生改变。从第一期到第二期，玉米的储备量不断增大，并且持续时间较长，这说明了在初期，玉米价格变动能够促进玉米储备的变动，市场价格越高储备量就会越大。到了第二期之后，玉米的价格变动则会负面影响玉米的储备量，但是影响效果则不断减小，后期逐渐的平稳。

　　从图 11 -6（c）来看，当玉米储备受到偶然因素冲击发生变动时，玉米价格的反应起初为负值，并且负向效应持续四期时间，这表明玉米储备变动在初期对玉米价格变动存在着正面影响，从第四期之后，对玉米价格变动存在着负面影响，期间效应逐渐减弱，玉米价格变动响应逐渐变小，玉米价格变动开始下降，玉米价格变动的反应随着时间推移逐渐趋于平稳接近 0 值，由此看来，玉米储备变动和玉米价格变动之间的影响仅存在于较为短期的范围之内，长期来看则影响效果甚微。

　　从图 11 -6（a）来看，玉米储备受自身偶然因素冲击时在第一期波动较大，随后不断下降，反应起初为正值，这表明玉米储备变动对自身变动存在着正面影响，期间效应玉米储备变动对自身冲击的响应逐渐变小，反应逐步趋近 0 值。

　　从图 11 -6（d）来看，玉米价格受自身偶然因素冲击时在第一期波动较大，随后不断下降，反应起初为正值，这表明在玉米价格变动初期，对玉米价格变动自身存在着负面影响，并且正向效应持续二期时间。在第二期之后，反应变负值，这表明在玉米价格变动初期，对玉米价格变动自身存在着负面影响，期间效应逐渐减弱，随着时间推移，玉米价格变动对自身冲击的响应逐渐变小，反应逐步趋近 0 值。

　　从图 11 -6 可以看出，系统对冲击的反应是不稳定的。玉米价格变动在短期内对自身具有冲击效应，但冲击效应随着作用期数的增加而减少，最后接近于 0；玉米储备变动在短期内对自身具有冲击效应，但冲击效应随着作用期数的增加而减少，最后接近于 0；玉米储备变动在短期内对玉米价格变动具有冲击效应，但冲击效应随着作用期数的增加而减少，最后接近于 0；玉米价格变动在短期内对玉米储备变动具有冲击效应，但冲击效应随着作用期数的增加而减少，最后接近于 0。

（三）研究结论

　　本书对粮食主要品种稻谷、小麦、玉米的储备和价格之间的关系进行了系统的研究，得出以下结论。

　　（1）协整检验表明，稻谷储备变动与稻谷价格变动之间存在稳定的长期均衡关系，小麦储备变动与小麦价格变动之间存在稳定的长期均衡关系，玉米储备变动与玉米价格变动之间存在稳定的长期均衡关系。

　　（2）格兰杰因果检验表明，稻谷价格变动不是稻谷储备变动的格兰杰原因，10%置信水平上稻谷储备变动不是稻谷价格变动的格兰杰原因。小麦价格变动不是小麦储备变动的格兰杰原因，1%置信水平上小麦储备变动不是小麦价格变动的格兰杰原因。玉米价格变动不是玉米储备变动的格兰杰原因，玉米储备变动不是玉米价格变动的格兰杰原因。格兰杰因果检验的结果表明了储备变动与价格变动之间存在着相互影响关系。

（3）通过脉冲响应可得变量间短期关系。从脉冲分析的结果可以明显地看出，系统对于冲击的反应具有较大的波动性。脉冲响应能够解释在一个较短的时间内，粮食价格和粮食储备的相互作用。也就是说，粮食价格变动和储备变动之间毫无疑问地存在一种相互作用，粮食的储备变动和价格变动互相会造成影响作用。

（四）政策建议

粮食生产的季节性、周期性和粮食价格的变动性是粮食市场的典型特征。粮食储备具有一定程度的相机抉择性和逆向操作性，达到平稳粮食价格和维护社会稳定的作用。粮食价格具备变动性，是由多方共同作用来决定的，因此，应该将粮食价格控制在一定的范围内，保障生产可持续性，维持一定量的粮食储备，保障我国粮食安全。我国粮食储备在短期内储备变动与价格变动有一定的相互影响，其稳定效果受到了抑制，其成效并不明显，而且还具有一定的时滞性。

首先，要明确粮食储备的目标，对目标进行妥善管理。我国地广人多，粮食的生产量和消费量巨大，粮食对于我国人民来说也是基本生活所必需的，必须有安全保障。因此，我国的首要目标是保证粮食可得性，让居民日常的生活得到保障，另外，还应该稳定粮食价格，让人民能够买得起粮食，才不会产生社会恐慌，这些都是保障粮食安全所衍生出来的目标和方向。

其次，处理好中央储备、地方储备和社会储备之间的关系。必须处理好这些关系，提高中央粮食储备的调控性，加强政府的管理和调控，保障粮食储备维持在一个较高的水准。另外，还应该兼顾社会粮食储备的方式，适当地引导有能力的企业和社会机构进行粮食储备，增强粮食储备的总体能力，稳定粮食价格，保障粮食安全。

最后，应运用科学的技术和手段，对粮食储备的品种进行优化，对粮食储备的结构进行调整，因为不同的粮食品种有不同的储备成本和时间，这些差异导致了对储备的要求和硬件条件有差异。再加之不同地区的粮食生产侧重点不同，居民的消费水平也不同，这方面也需要协调和管控。生产地区和销售地区的协调发展，在一方面可以节约粮食储备的成本，节省经济成本；另一方面还可以较好地满足居民的日常消费，维护社会的稳定。

四、粮食目标价格制度

（一）目标价格的内涵

许多学者从不同角度对粮食目标价格这一概念进行过定义，但是，公认的最早提出这一定义是在1973年，美国国会颁布的《农业和消费者保护法》正式以书面的形式确定下来的。当时的观点是，粮食目标价格是由粮食生产成本和利润补贴两方面共同决定的。而国内对于粮食目标价格的准确界定一直存在争论，最主要的几种观点：一种观点认为，粮食目标价格是一种政策性的参考价格，这一价格将农民的合理收益考虑在内，并且结合了一定区域和时间内，可能对粮食种植成本造成影响的各个因素，具备较强的合理性，目的是维持某一地区的粮食生产稳定性；另一种观点认为，粮食的目标价格是一个上限价格，这一价格是根据粮食价格因素测算出来的，设定粮食上限价格的最终目标是为了实现国家的政策目标；还有的观点认为，粮食的目标价格是一种反映粮食生产成本和农民收益的政策性价格，设定的根本目的是保证粮食供求平衡、稳定粮食价格等。

目标价格不能单单和粮食价格画上等号，而指的是粮食种植农户实际上获得补贴的总体价格。实际上，只有在市场价格低于目标价格的时候，农民才能够获得补贴，如果市场价格高于或是等于目标价格，农民则无法获得补贴。目标价格政策具备较强的优势，因为其可以抵御国际化的粮食危机和国际市场的行为变化，避免本国粮食市场受到国际粮食价格波动的干扰，进而保持粮食总量平衡和维持粮食价格，进而保护本国生产者的最基本利益。我国的粮食补贴分直接和间接两种方式，直接补贴通常是指对生产资料的补贴，然而国内不少专家学者的研究发现，这一补贴方式往往会带来生产资料价格的上升，农民购买生产资料的支出增加，导致其获得的补贴金额减少。间接补贴通常是指对价格的支持补贴，这一补贴方式的特征是农民获得较少的直接补贴金额，而消费者需要花费更高的价格去购买受保护的产品，从而增加农民的生产性收入。事实上，生产者、配额持有者和国家财政获得的资金来源往往正是这一部分，由于价格上涨而失去的消费者剩余，尽管支持价格补贴对粮食价格和粮食产量都产生扭曲。目标价格在一定程度将政策带来的负担发生了转移，负担的对象从消费者转移到了纳税人，消费者仍然有权利购买市场上进口或是国内生产的同类产品。从贸易角度来说也没有任何直接的限制，因为这一种价格保护政策是直接由政府支付给农民的，并没有动用关税手段或是差别征税手段，因此更加的合理和科学。

（二） 建立粮食目标价格制度的原因

一直以来，我国的粮食收购都采取最低收购价格制度，这一制度是农民种粮利益和粮食生产的重要保障，但是与此同时也带来了一些负面影响，如粮食市场价格扭曲和国内外粮食价格倒挂的问题。我国自 2004 年开始对稻谷和小麦实行最低收购价以来，对维持粮食生产总量起到了举足轻重的作用。实际上，粮食市场价格不是由市场供应关系决定的，在这一制度下，因为有最低收购价托底，市场价一定比最低收购价要高，进而不断抬高市场价格，呈现一个明显的扭曲状态。目前，我国粮食市场面临的一个问题是粮食价格总体高于国际市场，导致进口的压力较大，甚至出现为了赚取高额利益而走私的现象。而政策性的收储会加剧这样的矛盾，粮食产品因为价格倒挂造成亏损，政府的财政负担也越来越严重。这些问题都是最低收购价格制度运行过程中亟待解决的。与之相反，目标价格制度则具备更多的优点，在目标价格制度下，农产品市场价格水平是真实的供求关系状况的反映，政府对农业价格的支持政策并不会对市场造成过大的影响。最终结果是无论市场价格和目标价格的关系如何，农民始终跟随市场价格，不会出现市场价格和最低收购价格两种价格扭曲的状况，并且整个过程简洁，便于管理，因此，目标价格制度一直被广泛的采用。

（三） 粮食目标价格制度存在的主要问题

1. 对基础数据的处理缺乏管理规范

从改革试点地区看，目前对于数据库的建立和数据联网运行的重视远远不足，缺乏以系统的眼光看待问题。如何去具体地衡量这一指标，涉及量化的过程操作性不够强。具体体现为：第一，农户的实际种植面积数据缺乏真实性，农户作为理性的经济人，往往倾向于谎报和虚报的情况，以期获得更多的利益；第二，政府不承认的"黑地"数量众多，使得补贴的精准度大打折扣；第三，政府的补贴是否直接发放到了实际种植户的手里，监管上具有较大的局限性。另外，目前我国要求的"一卡通"模式，即直接将费用发送到种植农户的户头上，在实际的操作上仍然有一些问题亟待解决：第一，我国缺乏专门面向种植户的账户，面向土地出租方的显然已经不符合政策要求，不能继续再使用，因此，处于一个矛盾的状态；第二，我国的土地流转平台不够专业，就实际情况来看，农户仍然在大量地进行私下土地流转，而不是经过正规的管理系统，其安全性和规范性有待考量。实际上，土地出租方和实际种植农户之间存在一个利益再次分配的问题，大部分补贴费用都存在一个分配的问题，是否将补贴费用如数地发给了实际种植农户，是否发生分配上的纠纷是目前需要解决的问题。

2. 目标价格水平偏低，粮食种植结构没有得到改善

我国目前污染十分严重，土壤退化和土地质量下降的问题日益严重。再加上长期的化肥和农药的使用，导致病虫害的现象泛滥，土壤出现各种问题，农作物的生产量下降。例如，在一些严寒和高温区域，种植玉米的较多，但是由于地质条件，种出的玉米水分较高，在运输和储存过程中极易发霉和变质，导致销量受到严重打击，给生产玉米的农民和当地财政形成巨大的经济压力，不利于当地农业生产发展和经济发展。

3. 政策细节执行不到位

国家自 2014 年实施了大豆目标价格补贴政策，但政策并没有起到关键的作用，大豆目标价格政策的实施不足以促进粮豆轮作。大豆目标的发布时间在 2014 年 5 月，但是由于时间关系，大豆已经种植，政策并没有起到应有的效果。而到 2015 年 1 月《大豆目标价格实施方案》下发，大豆已经收获完毕，由于中间有一个时间的差别，无法核实当期大豆的种植面积。再加上新政策实施第一年，很多农民的接受度不高，对于政策的细节仍然没有理解，不清楚目标价格和实际价格之间的关系，往往倾向于谨慎观望，不敢大量出售自己的产品。最终导致市场上出现长期僵持的现象，生产者和消费者双方的利益都受损。

（四）粮食目标价格制度构建要求

1. 改革粮食行政管理体制

由于政策背景发生改变，政策目标也相应地需要改变。首要目标是要确保粮食安全，不仅要考虑国内的影响，还要着力于消除国际上出现的负面影响。与此同时，政策的设计、实施、监督、反馈等环节都更加的精细，因此，要求政府在宏观层面上进行调控，贯彻落实各项制度的具体要求。

（1）切实转变职能，健全管理体制。首要是依据《粮食流通管理条例》和《国务院关于完善粮食流通体制改革政策措施的意见》的精神，健全我国粮食行政管理体制，完善粮食行政管理部门的机构设置，明晰和协调具体的职能权限，健全各级粮食管理行政体系，这样才有利于粮食流通的执法、监管以及统计工作的开展。其次是根据实际的需求，核实各级部门的具体职责，落实人员和机构的职能分工，进一步健全粮食性质管理体制。涉及执法、监督、检查、统计、调查等环节，都应该有对应的机构和具体的人员，加强工作人员的素质，保障工作能够顺利开展。

（2）加强领导，密切配合，确保粮食流通体制改革顺利推进。我国目前粮食流通体制想要顺利改革，首要步骤是根据科学发展和社会主义新农村建设的基本要求，健全粮食行政管理体制。从大局出发，各部门密切配合，加强合作，各级政府责任落到实处，有序完善工作机制和职能。责任的追查机制需要不断完善，自始至终抓实，才能确保粮食价格稳定。

2. 建立粮食信息系统

建立粮食信息系统的目的是对粮食市场有一个精准的把控。

（1）建立政府粮食信息服务系统。政府方面，要指定政府的权威机构，保证粮食信息的公开、透明，各类流通、消费、进出口数据，以及粮食生产状况等都应该有明晰的公开机制。具体的途径有建立粮食的供需平衡表制度，将粮食的供需情况和平衡情况清楚地展示出来，便于生产经营和消费的各方人员作出合理的判断。另外，除了公布粮食政策以外，建立粮食信息服务系统的另一个重要功能是还能规范网上办理各类相关许可证的事项，政府的公共服务质量也可因此而提高，各类经营主体在实际的办理和审核过程中也更加方便。

（2）建立市场信息服务系统。在市场方面，仍然有很多可行的手段。例如，可行度较高的办法是及时建立信息服务系统时要和现有的粮食期货与现货市场的信息相配套，保证粮食价格的权威。另外，还要完善粮食价格调控的预警机制，制定科学合理的价格预警线，做一个提前的分析和预判的工作，通过合理的规划和预判，推动我国粮食产业平稳的发展。

3. 建立三元价格体系

三元价格体系是指目标价格、最低收购价格、市场价格三元，尤其应该指出，建立目标价格制度的同时不能放弃最低收购价格制度，而是两者相互补充，相互完善。以大豆为例，我国是世界上最大的大豆消费国，贸易自由度是最高的，为了应对国际大豆价格的剧烈波动给我国市场带来的不利影响，大豆的储备调节政策应该采取降低临时收储价格的手段。

4. 实行反周期补贴制度

目标价格要与反周期补贴制度配套一起实施。有效价格是指支持价格和市场价格之中的最大者，对于反周期补贴总额，其自身的制度特征决定了在提高农民收入的功能性上较强。在实际的核算中，既要控制要素成本，又要考虑渐进性，注意核算价格和成本。具体来说，人工成本的核算过程较为复杂，既要考虑农村市场的用工价格，又要考虑和城市用工价格的差距，为了保证城乡公平和实现城乡发展一体化，必须综合考虑所有的客观因素。另外，就控制市场价格或支持价格而言，关键的措施在于提高市场价格。

5. 发展粮食产销合作社

发展粮食产销合作社可以降低反周期补贴的交易成本，还可以减低补贴总额，使得农民在市场中转移收入。目前，我国建立了部分粮食合作社，但总体来说运营还不够成熟，可以在以下方面进一步采取措施。一是鼓励创建粮食产销合作社。政府应该对粮食产销合作社加大政策力度支持，这样可以弥补我国粮食产销合作社建立规模不足、运营时间不长的先天缺陷。二是规范粮食产销合作社经营。政府部门对粮食产销合作社给予指导，促使整个行业的规范，另外，应该严厉打击套取国家补贴的不法行为，确保农民自身的利益不受损。三是加大农民合作社财政支持。要确保政府部门支持资金真正用到了合作社的项目上，整个资金的使用过程应该保持公开和透明。在项目实施期，每一个合作社的扶持工作要落到实处，力争扶持达到较为理想的效果。四是促进合作社发展粮食加工业。其中最重要的是加工环节，这一环节不仅是合作社的成员获得自身的利益，也能够提高农产品的竞争力，便于在市场上获得更多的关注和收益。另外，合作社还应该积极参加农产品交易会、博览会等，不断拓展自身的眼界，使得市场空间能够得到丰富。

五、粮食价格机制创新要求

价格是经济利益关系的代表，是商品内在价值的体现，与人和社会的利益关系十分密切。可以说价格的上下波动不仅影响了商品的消费量，也影响了生产关系的变化。在政府主导型和市场主导型的粮食价格形成机制下，政府和市场的各方参与者分别扮演了调控粮食价格的重要力量，粮食价格的形成机制是受多种因素共同影响和作用的，只是受影响的形式和程度不同。

1. 建立市场主导型粮食价格形成机制

政府必须尊重粮食市场价格形成机制，在以坚持粮食市场价格形成机制的基础上，实现有机结合。各级、各地政府应当通过加快粮食批发市场的建设来完善粮食市场流通体系，为粮食生产者、加工者、经销者、消费者之间建立完善的流通渠道，有效平衡城乡之间、地区之间粮食供需平衡，从而保证粮食供需平衡和粮食市场价格相对稳定。

2. 完善粮食价格信息网络和价格异动监测机制

各级粮食主管部门应共同对粮食生产、流通、加工、消费过程中的粮食价格进行实时监测，并分析和预测粮食价格变动趋势，对粮食市场价格提出有效的指导性意见。粮食价格受多种因素的影响，各级粮食主管部门需要高度重视粮食价格影响因素对粮食价格的冲击。同时，各级粮食主管部门应对影响粮食价格变动的关键影响因素进行跟踪，并加强对监控信息的处理和分析能力，完善价格变动监测机制，建立健全粮食安全预警系统。

3. 粮食价格调控机制创新

各级粮食主管部门在启动粮食最低收购价格政策时应当谨慎，当市场粮食价格偏离正常轨道，粮食主管部门应慎重启动粮食最低收购价格政策来及时纠正粮食市场价格调节机制失灵的问题。由于粮食补贴政策对各级政府的财政造成了一定的压力，各级粮食主管部门应当探索运用金融政策对粮食价格进行宏观调控：各级地方政府应为粮食生产者提供无追索的政策性贷款，解决农户在粮食生产过程遇到的资金短缺问题；与此同时，建立健全政策性贷款担保机制，从制度的角度来全面地防范和消除金融机构的信贷风险。

六、完善我国粮食价格形成机制的对策

粮食价格的形成是粮食市场的核心和基础。粮食价格受到气候因素、政策因素、供求情况、社会因素及国际市场等多种因素的影响。为达到完善我国粮食价格形成机制的目的，则应从以下三个方面着手。

（一）完善粮食储备调节机制和粮食进出口调节机制

粮食市场的稳定离不开粮食储备，而粮食储备必须要灵活机动，才能应对市场的变化和粮食价格的波动。我国的粮食储备制度还处在发展的初级阶段，制度体系不够成熟，常常有粮食价格波动的情况出现。

1. 完善粮食储备调节机制

针对我国粮食储备制度存在的问题，首先，要建立健全我国粮食预警报警系统，为粮食价格宏观调控提供参考依据。其次，对粮食市场的供求调控应该适当放宽，进而转向对粮食市场价格的调控，让整个粮食价格市场的调控机制升级和更新，更适应社会经济的变化，更加的科学和合理，形成粮食生产者、消费者对粮食价格的稳定预期，从而把粮食价格波动控制在合理的区间内，抑制粮食价格波动。最后，合理的粮食储备水平必须综合国际粮食市场形势的因素，提高粮食储备能力和供给保障水平。

2. 完善粮食进出口调节机制

我国粮食进出口调节机制并不健全，许多年中，我国粮食进出口没有能够调节国内粮食供需平衡和防止粮食价格异常波动，因此，完善粮食进出口调节机制势在必行。首先，要建立稳定的多元化贸易伙伴关系，降低进口粮食的成本，减少进口粮食价格的不确定性。其次，对于粮食进出的总量必须严格控制，要建立一个稳定的供需平衡机制，灵活地运用国家粮食的进出口，来解决国内的粮食供需冲突。有效利用"两个市场、两种资源"。最后，要避免国内粮食政策与粮食进出口政策之间的冲突，对粮食国内外贸易政策进行协调，提高粮食进出口对国内粮食市场供需余缺的调控能力。

（二）完善粮食价格与其他相关商品价格的联动机制

粮食领域中出现的"新剪刀差"严重地挫伤农民的种粮积极性，还可能会威胁到我国的粮食安全，降低粮食生产的效率，阻碍可持续发展。想要消除这种"剪刀差"，必须采取粮食价格与其他商品的联动机制，使用市场手段，多方共同调控，将粮食价格稳定在一个合理的范围之内。

1. 完善农资价格与粮食价格的联动机制

农民收益的下降可能是由种粮成本的快速上升造成的，粮食价格和农资价格同步上涨，但是，粮食价格的上涨幅度明显更大。国家应该根据粮食变动和农资变动的幅度，通过粮食价格和农资生产资料价格的联动，保障农民的收入水平不下降，进而增强国家粮食安全性。具体手段如下：一是要完善生产资料和农资综合直补机制，生产资料包括化肥、农机等，当农资价格上涨时要及时地给予农户补贴，维护农户的利益，在一定情况下，农资补贴的范围也可适当扩大；二是要对农资产品的价格进行调控，限制其在一定的合理范围之内，避免出现急剧波动的情况；三是要扩大农资淡季的商业储备，未雨绸缪，提前计划和预测使用量。

2. 完善粮食作物价格与经济作物价格的联动机制

我国粮食产业受到土地资源的严重限制，由于土地资源的总量相对有限，导致了粮食作物和经济作物之间本身就存在互相排斥、互相竞争的现象。因此，我国目前首要任务是要建立完善的粮食作物和经济作物的联动机制，两种作物之间的价格互相制约/互相调控，达到一个较为稳定的平衡状态。还应该通过国家手段来进行干预，避免粮食作物和经济作物收入差距过大。

3. 完善粮食价格与打工收入价格的联动机制

健全粮食价格与打工收入价格联动机制具有重要的现实意义，首先，可以保障粮食产量不下降。建议政府加强农资价格监管，防止农资产品的价格波动太大，出现上涨严重或是劣质产品坑害农民的现象出现。应该及时了解农民的实际情况，明确农民的实际需求，提高粮食保护收购价格。其次，政策应该向粮食主产区倾斜，多劳多得，产量越大和优质比例越大的地区，理应获得更大量的补贴的政策支持。

4. 完善国内粮价与国际粮价的联动机制

粮食是控制通货膨胀的有效手段，实际上，我国目前的粮价虽然与国际粮价相挂钩，但是仍然具有较强的独立性。但是，随着我国粮食供给结构的变化，和粮食价格不断的市场化，与国际接轨，国际粮价和国内粮价的关联性也会不断变大。以石油价格为例，我国石油价格的形成机制可以为粮食价格的形成机制提供借鉴，那就是通过大幅度地提高保护价，使得比价关系维持在一个相对合理的范围内。根据我国的现实国情，制定合理可行的各种配套政策，才能彻底解决粮食领域出现的"剪刀差"现象。

（三）完善粮食最低收购价长效机制

伴随国内外目前粮食供需的新变化，粮食最低收购机制应该进一步完善，进而完善其他农业补贴的协调机制。首先，确定合理、科学的粮食最低收购价格应符合生产成本标准、平均利润标准和国际粮价标准，这些标准是稳定粮食生产、保护粮食生产者积极性、促进粮食可持续生产的保障和前提。其次，要完善粮食最低收购价格管理以发挥最低收购价格政策对粮食生产的保护和促进作用，各级政府价格主管部门应保持粮食市场价格的相对稳定，抑制波动。最后，要加强粮食最低收购价政策与其他农业补贴政策的整合，以此保护粮食生产者的种粮积极性，促进粮食增产和农民增收：应加大对粮食生产者的良种补贴，支持生产者积极改良粮食品种；适度提高粮食直接补贴、农机具购置补贴等农业补贴，以应对农药、化肥、农用工具、农用生产服务价格的大幅度上涨。

第十二章

我国粮食安全评价研究

在党中央、国务院高度重视和一系列支农惠农政策的扶持下。2004 ~ 2015 年，我国的粮食生产实现了"十二连增"，尽管在"去库存"背景下，2016 年，粮食总产量止步于"十二连增",[①] 2017 年，粮食总量依然高达 6.2 亿吨，这是自 2013 年以来，我国粮食生产能力连续 5 年保持在 6 亿吨以上[②]，粮食生产取得可喜成绩。

党的十九大报告提出"确保国家粮食安全，把中国人的铁饭碗牢牢端在自己手中"这一重要论断，进一步表明党中央对我国国情、粮情的深刻把握和保障粮食安全的坚定决心。

一、评价指标体系的创建意义重大

作为大国，保持口粮自给很有必要。但是在高产背后，我国粮食生产存在的问题应引发更深入的思考。

从国内环境来看，一是消费数量刚性增长，消费结构升级。2020 年，饲料粮消费比重提升，占粮食消费需求总量的 41%（2010 年为 36%）；而口粮比重会下降到 43%（2010 年为 49%）。[③] 二是品种结构性矛盾加剧。水稻供需长期偏紧，玉米供需关系趋紧，大豆生产徘徊不前，进口依存度逐年提高。

---

① 林远. 粮食总产量结束十二连增［EB/OL］. 人民网，2016 - 12 - 09.

② 《中国统计年鉴》（2018 年）。

③ 根据中国农业科学院农业经济与发展研究所 IAEDModel 数据库数据计算。

三是城镇化加速粮食危机。2016 年我国城镇化率达到 57.4%，比 2012 年提高 4.8%。[1] 在此过程中，大片良田被蚕食。四是种粮比较效益偏低，务农人员不断减少。特别是大量的青壮年劳动力不愿意从事农业生产。五是污染危害加剧。农药、化肥、农膜、生活垃圾、工业污染等现象触目惊心，粮食安全形势严峻。

　　考虑到国际市场因素对我国粮食安全的认知尤为重要。第一，"进口粮入市，国产粮入库"现象日趋严重。根据海关总署公布的数据，2017 年，中国粮食累计进口 13062 万吨，较上年增加 13.9%，我国粮食进口总量创历史新高。与此同时，中国的粮食价格也在不断增长。第二，外资逐渐渗透到粮食产业各个环节，粮食定价权旁落。目前，世界粮食交易量的 80% 都垄断性地控制在美国艾地盟（ADM）、邦吉（Bunge）、嘉吉（Cargill）和法国路易·达孚（LouisDreyfus）这四大粮商手中，牢牢掌握定价权。而且包括四大粮商在内的外资正在加紧中国粮食领域全面布局，逐渐进入原料仓储、粮食加工、粮食销售各个领域，将对中国粮食安全带来极大危害。第三，粮食种子受制于人。我国的种业公司一半以上都被控制在外资手里。第四，国际市场粮食供给日益趋紧。受全球人口增长、耕地和水资源约束、气候异常因素以及粮食转化生物能源等因素的影响，全球粮食供给紧张，我国利用国际市场弥补国内市场对个别产品或者个别品种的需求难度不断加大。

　　综上所述，多年来，我国的粮食市场一直处于紧平衡的状态，再加上近年来人口数量增加、城镇化步伐不断加快、居民生活水平的提升都导致了粮食的消费进一步增加。我们深刻认识到进一步深化粮食供给侧结构性改革的迫切性，必须采取有效措施维护粮食安全。这就需要我们对粮食安全形势有客观系统的评价，对粮食安全的测度应当建立一套科学合理适用性强的评价体系，做好粮食安全的评价与预警，在此基础上，提出有针对性的政策建议，切实保障国家粮食安全。

二、指标选取原则

　　在建立粮食安全综合评价指标体系时，需要遵循以下原则。

---

[1]　统计局：2016 年末我国常住人口城镇化率达 57.4%［EB/OL］. 央广网，2017 – 07 – 11.

1. 可操作性原则

选择指标时，充分考虑数据易获得、指标易计算，选用现有统计资料中相对成熟和公认的指标，指标含义清晰，涉及统计范围明确。本指标主要运用于对全国粮食安全水平进行评价，因此，建立的指标不但要反映我国的粮食安全基本情况，而且评价结果要能够用于相应的分析和判断，进而有助于解决实际问题。

2. 系统性原则

粮食安全本身就是一个复杂的社会系统工程，在对其进行评价时要全面考虑粮食安全所涉及的各个方面及其内在联系，要保证指标之间既有相关性，又有独立性；指标体系既能反映直接效果，又能反映间接效果。

3. 代表性原则

从粮食安全的主要方面确定评价指标，力求用精炼的指标来反映粮食主产区的本质特征，一个指标已经反映的内容，原则上不再设置另外指标，以避免因陷于过多细节而不能把握粮食安全的本质，影响评价的准确性。

4. 独立性原则

指标之间的关系应该是相互补充，避免重复或是指标之间强相关的现象出现，使得指标科学性不够强。

5. 相对全面性原则

粮食安全是一项包括社会、经济、生态成分在内的系统工程。因此，粮食安全评价指标体系的涵盖面不能太窄，要力求各项指标及权重能从不同层次上较为全面地反映粮食安全状况。

6. 可比性原则

指标不仅要具有纵向可比性，而且要具有横向可比性，指标体系要从我国国情出发，使指标设置既符合实际需要，又具有省际和国际的可比性。

三、评价指标体系构建

借鉴联合国粮农组织（FAO）监测粮食安全的四大维度指标体系及相关学者的研究，结合我国国情和粮情，笔者认为，我国粮食安全应当从数量安全指标、质量安全指标、资源消耗指标、产业安全指标、进口依存度指标五个层面来综合进行评价。以期发现粮食安全综合水平、单项指标发展水平，从而提出有针对性的政策建议。

（一） 指标选取

1. 指标选取

我国粮食安全评价指标体系从数量安全、质量安全、资源消耗、产业安全、国际市场安全五个方面构建，共形成 5 项一级指标、8 项二级指标和 14 项三级指标的评价指标体系（见表 12-1）。数据主要来源于中国农业科学院农业经济与发展研究所 IAEDModel 数据库、《中国统计年鉴》、《全国农产品成本收益资料汇编》及 UN COMTRADE 数据库。

表 12-1　　　　　　　　我国粮食安全评价指标体系三级指标

一级指标	权重	二级指标	权重	三级指标	权重
数量安全指标	60	生产保障指标	48	口粮自给率（%）	16.8
				饲料粮自给率（%）	16.8
				人均粮食产量（吨/人）	14.4
		产销平衡指标	6	粮食库存与消费比（%）	6.0
		损耗指标	6	粮食浪费量（千吨）	3.0
				农作物受灾成灾面积比重（%）	3.0
质量安全指标	10	生产环节生态环境安全指标	10	亩均化肥施用量（公斤/亩）	3.5
				亩均农药使用量（公斤/亩）	3.5
				亩均农膜使用量（公斤/亩）	3.0
资源消耗指标	20	土地资源消耗指标	20	粮食种植面积比重（%）	8.0
				粮食土地生产率（吨/公顷）	12.0
产业安全指标	5	生产效益指标	2.5	粮食成本利润率（%）	2.5
		价格竞争力指标	2.5	国内粮食价格与进口粮食价格比	2.5
国际市场安全指标	5	粮食进口难度指标	5	粮食进口比重（%）	5.0

2. 指标含义及变动趋势

（1）口粮自给率。口粮自给是我国粮食安全的底线。口粮自给无论从农业经济发展，还是从政治社会安全视角看都是我国粮食安全的核心要素。因此，对于粮食安全而言，口粮自给率是正向指标。

粮食自给率是指一个国家或地区粮食生产满足消费的程度，通常用一个国家或地区当年粮食总产量（TO）占当年粮食总消费量（TC）百分比，各种粮食作物的自给率为一个国家或地区当年各种粮食作物总产量占当年该种作物消费量的百分比。口粮自给率的计算公式表示如下：

$$口粮自给率 = \frac{TO_{口粮}}{TC_{口粮}} \tag{12.1}$$

其中，$TO_{口粮}$是当年口粮总产量，$TC_{口粮}$是当年口粮消费量。

本研究对于口粮的定义包括小麦、水稻和玉米产量，其他杂粮可以忽略不计。原因如下：大米和小麦作为口粮是共识。对于玉米而言，口粮用途消费年均（2001～2016年）占玉米产量的6.14%，约10390万吨。如果不包括这个数量的玉米在内，口粮就不完整。因此，口粮总产量中必须包含这一比例的玉米在内。

由于没有数据统计粮食中多少比重是用来作为口粮用途而生产的，但是，消费中却可以区分出口粮、饲料粮、工业用途、加工等所占比重，因此，用水稻口粮消费占总消费比重、小麦口粮消费占总消费比重、玉米口粮消费占总消费比重来替代粮食中各种作物口粮产量的占比，从而折算出水稻口粮产量、小麦口粮产量和玉米口粮产量。

综合来看，我国口粮自给率高达100%～130%，口粮产量高于口粮消费量，口粮绝对安全，也因此带来了高库存的问题（见图12-1）。其中，口粮产量先升后降，而口粮消费量一直呈减少趋势。

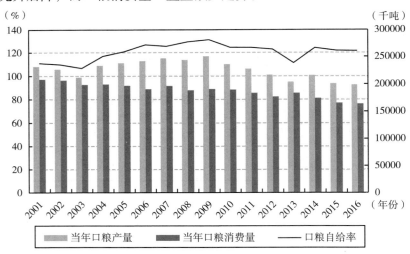

图 12 - 1　2001～2016 年我国口粮自给率

注：口粮产量 = 水稻口粮产量 + 小麦口粮产量 + 玉米口粮产量，其中，水稻口粮产量 = 水稻总产量 × 水稻口粮消费占粮食总产量比重；小麦口粮产量 = 小麦总产量 × 小麦口粮消费占粮食总产量比重；玉米口粮产量 = 玉米总产量 × 玉米口粮消费占粮食总产量比重。

资料来源：中国农业科学院农业经济与发展研究所 IAEDModel 数据库。

从三大主粮各自的自给率来看,水稻口粮自给率最高,其次为小麦口粮自给率,玉米口粮自给率大部分年份要高于小麦,因为玉米的口粮用途占比很少,对口粮自给率影响较小(见图 12 - 2)。

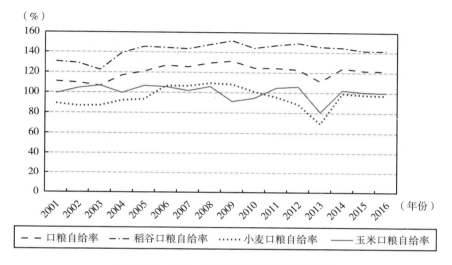

图 12 - 2 2001 ~ 2016 年分品种口粮自给率

注:口粮产量 = 水稻口粮产量 + 小麦口粮产量 + 玉米口粮产量。

资料来源:中国农业科学院农业经济与发展研究所 IAEDModel 数据库。

(2)饲料粮自给率。随着城乡居民消费结构的改变,膳食结构中肉奶蛋的消费比重会相应提高,与之相对应的是饲料粮的消费将大幅提高,如果过度依赖进口,也会对我国粮食安全造成负面影响。因此,饲料粮自给率也是衡量我国粮食安全的重要正向指标。公式表示如下:

$$饲料粮自给率 = \frac{TO_{饲料粮}}{TC_{饲料粮}} \qquad (12.2)$$

其中,$TO_{饲料粮}$ 是当年饲料粮总产量,$TC_{饲料粮}$ 是当年饲料粮消费量。饲料粮为玉米。本研究将除口粮外,其余 90% 的玉米产量作为饲料粮产量。

综合来看,饲料粮自给率位居一个较高的比重,为 80% ~ 110% 的比值(见图 12 -3)。其中,饲料粮产量和饲料粮总消费量随着时间的推移整体呈现上升趋势。

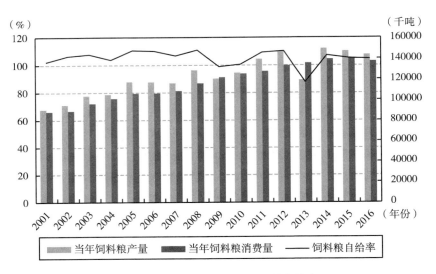

图 12 - 3   2001 ~ 2016 年饲料粮自给率

注：饲料粮产量 = 水稻饲料粮产量 + 小麦饲料粮产量 + 玉米饲料粮产量，其中，水稻饲料粮产量 = 水稻总产量×水稻饲料消费占粮食总产量比重；小麦饲料粮产量 = 小麦总产量×小麦饲料消费占粮食总产量比重；玉米口粮产量 = 玉米总产量×玉米饲料消费占粮食总产量比重。

资料来源：中国农业科学院农业经济与发展研究所 IAEDModel 数据库。

分品种来看，作为主要饲料作物玉米对饲料粮自给率的影响最大，2001 ~ 2009 年保持在 100% 以上的自给水平，2010 年后有所下降，到 2014 年稳定在 100% 的自给率水平（见图 12 - 4）。因此，我国当前大量进口玉米并不完全是由于产量缺口，更多是由于进口玉米质优价良，这也造成了我国玉米大量的库存。

（3）人均粮食产量。相较于粮食总产量指标，人均粮食产量更能比较出一国粮食生产能力，只有人均粮食产能高，粮食安全才更有保障。因此，对于粮食安全而言，该指标是正向指标。公式表示如下：

$$人均粮食产量 = \frac{粮食总产量}{人口总数} \qquad (12.3)$$

2015 年及之前，人均粮食产量整体呈上升趋势，由 2001 年的 355.9 千克/人上升到 2015 年的 453.2 千克/人（见图 12 - 5）。到 2016 年，随着种植业结构的调整，人均粮食产量开始下降，为 447 千克/人。

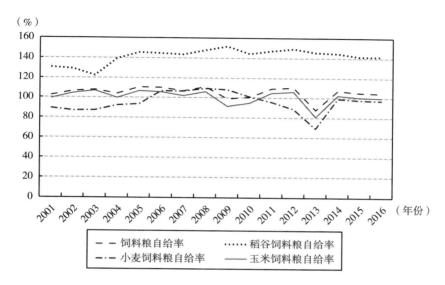

图 12 - 4 2001~2016 年分品种饲料粮自给率

注：饲料粮产量 = 水稻饲料粮产量 + 小麦饲料粮产量 + 玉米饲料粮产量。

资料来源：中国农业科学院农业经济与发展研究所 IAEDModel 数据库。

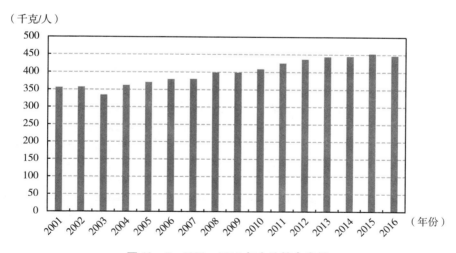

图 12 - 5 2001~2016 年人均粮食产量

资料来源：《中国农村统计年鉴》（2002~2017 年）。

（4）粮食库存消费比。库存与消费比是联合国粮农组织提出的衡量世界粮食安全水平的一个量化指标。粮食为水稻、小麦和玉米三大主粮。该指标反映了一国应对粮食危机的能力。但是，在我国目前高库存的前提下，库存并不是越高越好。当库存在17%～18%时，粮食库存较为经济合理；低于17%时粮食安全受到威胁；高于18%则粮食安全成本过高。因此，对于我国当年高于18%的粮食库存而言，该指标对于粮食安全是负向指标。

2001～2006年粮食库存消费比不断降低，在2006年为最低值30.72%，之后开始上升到2016年的43.93%。其中，小麦的库存消费比最高；其次为玉米；水稻除2010～2014年略高于玉米外，其他年份库存消费比整体最低（见图12－6）。

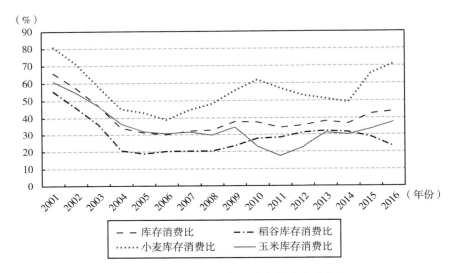

图12－6　2001～2016年三大主粮库存消费比

注：2013～2016年的水稻库存消费比数据缺失，2016年的小麦库存消费比数据缺失，2014～2016年的玉米库存消费比数据缺失，缺失数据由已有数据对时间进行回归，进行递推所得。

资料来源：根据中华粮网2017年的数据整理所得。

（5）粮食浪费量。粮食损耗使我国粮食造成巨大的浪费，我国每年在餐桌外环节的粮食损失浪费高达350亿公斤以上，接近我国全年粮食总产量的6%，[①] 威胁我国粮食安全。导致我国粮食损失浪费较高的环节主要有：在粮食收割环节逢雨天致使水稻发芽霉变的发生；在粮食收储环节，因虫霉鼠雀造成的损失；在粮食运输环节的撒漏；工业加工环节的损耗等。对于粮食安

———————————

① 魏艳，马丽.350亿公斤！我国巨大粮食损耗浪费产生在哪儿?[EB/OL].人民网，2015－11－12.

全而言，该指标是负向指标。公式表示如下：

$$粮食浪费量 = 粮食总产量 \times 6\%^①\qquad(12.4)$$

整体来看，随着粮食产量的增加，粮食浪费量也在不断提高，直到 2016 年有下降趋势，浪费量依然达到 33328 千吨，对国家粮食安全带来隐患（见图 12－7）。

（千吨）

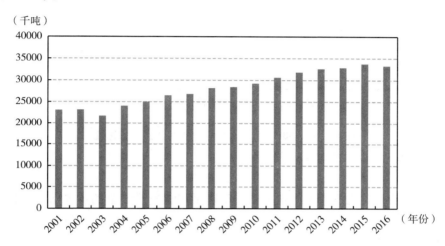

图 12－7　2001～2016 年三大主粮浪费量

注：粮食总产量数据 = 水稻产量 + 小麦产量 + 玉米产量。

资料来源：中国农业科学院农业经济与发展研究所 IAEDModel 数据库。

（6）农作物受灾成灾面积比重。理论上该指标应该为粮食作物受灾成灾面积比重，但是，由于没有专门针对粮食方面灾害面积的统计资料，因此，选用替代变量农作物受灾成灾面积比重。假定粮食作物受灾成灾面积比重和全部农作物受灾成灾面积比重一致。对于粮食安全而言，该指标是负向指标。公式表示如下：

$$农作物受灾成灾面积比重 = \frac{（受灾面积 + 成灾面积）}{农作物播种面积}\qquad(12.5)$$

随着我国农业基础设施建设的不断完善，农业科技水平的不断提升，农业管理水平的不断进步，农作物受灾成灾面积比重在波动中下降，到 2016 年，指标值为 23.94%（见图 12－8）。

---

① 魏艳，马丽.350 亿公斤！我国巨大粮食损耗浪费产生在哪儿?［EB/OL］.人民网,2015－11－12.

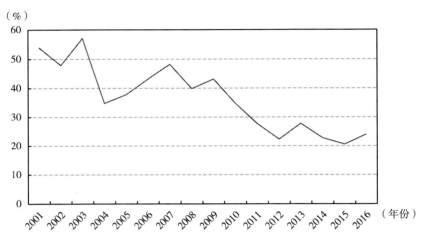

图 12 - 8 2001 ~ 2016 年农作物受灾成灾面积比重

资料来源：国家统计局网站数据查询板块。

（7）亩均化肥施用量。这一指标是衡量粮食质量安全的重要指标，也是粮食生产重要的生态安全指标。过去的粮食安全战略是在一个封闭的经济条件下，核心是立足国内市场，保住粮食安全，往往是以我国粮食是否增产作为目标，至于粮食生产以多少资源和环境为代价，都可以不考虑。在现阶段化肥已经过量使用的前提下，化肥施用量越多对环境的破坏性越强，我们认为是粮食安全的负向指标。

从 2004 年以来，伴随着粮食生产的连年增产，亩均化肥施用量也在增加。2016 年亩均施用量为 24.93 公斤/亩，当前我国已经把化肥减量增效当成一项重要工作，否则将给我国农业生产，乃至粮食安全带来不利影响（见图 12 - 9）。

（8）亩均农药使用量。这一指标是衡量粮食质量安全的重要指标，也是粮食生产重要的生态安全指标。在现阶段农业已经过量使用的前提下，农业使用量越多对环境的破坏性越强，我们认为是粮食安全的负向指标。但是，由于没有专门针对粮食方面农药使用量的统计资料，因此，选用替代变量农作物的亩均农药使用量，我们假定粮食作物的亩均化肥使用量与农作物亩均化肥使用量接近。公式表示如下：

$$亩均农药使用量 = \frac{农药使用量}{农作物播种面积} \tag{12.6}$$

（公斤/亩）

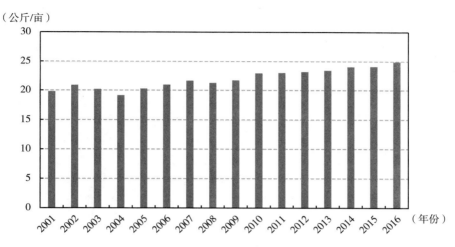

图 12 – 9　2001～2016 年三大主粮亩均化肥施用量

资料来源：《全国农产品成本收益资料汇编》（2002～2017 年）。

亩均农药使用量变动趋势如图 12 – 10 所示。

（公斤/亩）

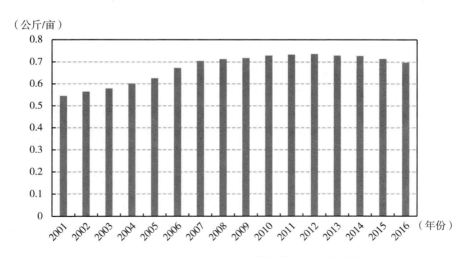

图 12 – 10　2001～2016 年农作物亩均农药使用量

资料来源：国家统计局网站数据查询板块和《中国统计年鉴》（2002～2017 年）。

（9）亩均农膜使用量。这一指标同样也是衡量粮食质量安全和粮食生产生态安全的重要指标。在现阶段尽管农膜对于农作物增产是促进作用，但是，由于农户很少采用可降解农膜，以及回收工作不力等因素，农膜在土地中日益增多的残留对于农业发展是不利的。因此，本研究认为，在当前状态下，该指标是粮食安全的负向指标。

三大主粮作物的亩均农膜使用量经历了先下降后上升的过程，2009 年是一个明显的转折点，也是用量低谷阶段，到 2016 年，农膜亩均使用量高达 0.23 公斤，绝大部分残留在土地中或者进行焚烧，对土壤和空气造成极大危害（见图 12 - 11）。

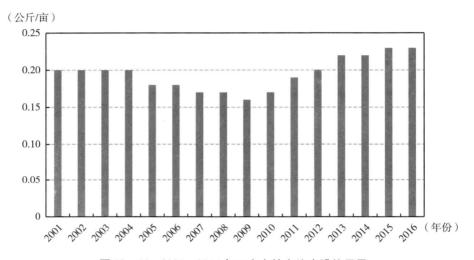

（公斤/亩）

图 12 - 11　2001 ~ 2016 年三大主粮亩均农膜使用量

资料来源：《全国农产品成本收益资料汇编》（2002 ~ 2017 年）。

（10）粮食种植面积比重。这是反映粮食对土地资源消耗的一个重要指标，是衡量粮食在一国农业中的作用如何。通常来讲，粮食种植面积占比越大，粮食安全程度越高。因此，对于粮食安全而言，该指标是正向指标。计算公式如下：

$$三大主粮播种面积比重 = \frac{三大主粮播种面积}{农作物播种面积} \qquad (12.7)$$

水稻、小麦和玉米三大主粮播种面积占比经历了先下降后上升的趋势，2003 年及之前，三大主粮播种面积占比呈下降趋势。2004 年开始，粮食生产得到空前的重视，经历了几年的恢复期后，稳定在 50% 以上的水平，占比较高，对国家粮食安全是利好现象（见图 12 - 12）。

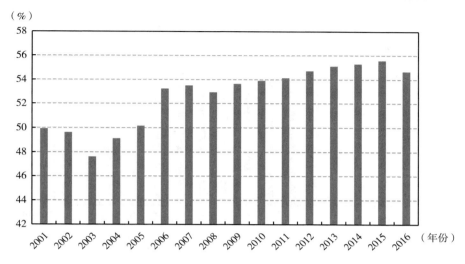

图 12 - 12 2001 ~ 2016 年三大主粮播种面积占比

资料来源：《中国统计年鉴》（2002 ~ 2017 年）。

（11）粮食土地生产率。这是反映粮食的土地资源利用效率的重要指标。土地生产率越高，土地资源的利用率越高，粮食安全程度就越高，该指标是正向指标。计算公式如下：

$$三大主粮土地生产率 = \frac{三大主粮总产量}{三大主粮播种面积} \qquad (12.8)$$

还有两个指标——粮食的劳动生产率以及粮食的亩均水资源消耗量，是衡量另外两种重要资源（劳动力和水资源）粮食生产效率的重要指标，但是由于数据不可获，我们很遗憾地放弃这两个指标。第一，劳动力有第一产业从业人员这个指标，但是这个指标大于粮食生产从业人员，如果用这个变量作为分母，会低估粮食生产的劳动生产率这个指标值，造成较大误差，因此，没有合适替代变量可供选择。第二，水资源也没有专门针对粮食生产消耗方面的统计资料，同样也没有合适的替代变量。

整体来看，三大主粮土地生产率稳中有升，到 2016 年达到 6. 10 吨/公顷。土地生产率的提高，是衡量我国粮食安全水平提高的重要指标之一（见图 12 - 13）。

（吨/公顷）

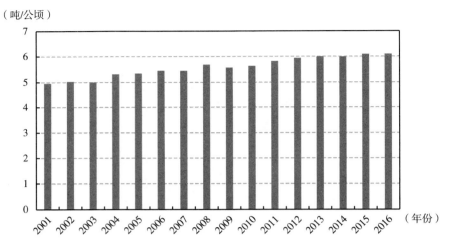

图 12 - 13　2001 ~ 2016 年三大主粮土地生产率

资料来源：《中国统计年鉴》（2002 ~ 2017 年）。

（12）粮食成本利润率。该指标越高，表明粮食生产为取得利润而付出的代价越小。因此，该指标是正向指标。

从数据来看，我国三大主粮生产为取得利润而付出的代价越来越大，到 2016 年为 - 7.34%（见图 12 -14）。如果这样的趋势长期持续，将严重影响我国粮食的竞争力。如果得不到改观，为保持粮食生产，需要国家进行补贴，

（%）

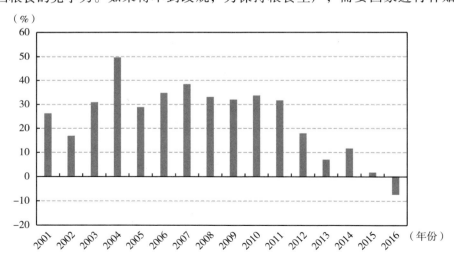

图 12 - 14　2001 ~ 2016 年三大主粮成本利润率

资料来源：《全国农产品成本收益资料汇编》（2002 ~ 2017 年）。

这样无疑会触及贸易规范的条款限制，同样也会增加政府负担，不是一条可持续发展之路。

（13）国内粮食价格与进口粮食价格比。这是衡量粮食产业安全的重要指标。三大主粮国内价格与进口价格比是由水稻、小麦和玉米的生产者价格与进口价格的比值平均所得。价格越高，市场竞争力越差，对粮食安全越不利，是负向指标。计算公式如下：

$$水稻国内价格与进口价格比 = \frac{水稻生产者价格}{大米进口价格} \qquad (12.9)$$

$$小麦国内价格与进口价格比 = \frac{小麦生产者价格}{小麦进口价格} \qquad (12.10)$$

$$玉米国内价格与进口价格比 = \frac{玉米生产者价格}{玉米进口价格} \qquad (12.11)$$

数据显示，我国三大主粮与进口粮相比，近年来价格劣势明显。特别是小麦和玉米，这也是为什么我国库存量多、进口量居高不下的重要原因。2016 年，三大主粮的国内外价格比为 1.28，而小麦高达 1.57，也就是说，国内生产者价格竟然是国外进口价格的 1.57 倍（见图 12 – 15）。

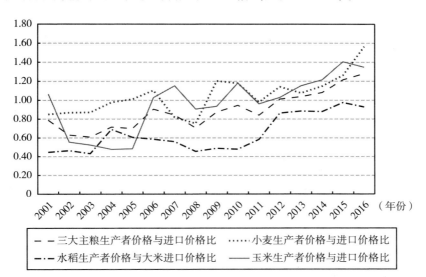

图 12 – 15　2001～2016 年三大主粮生产者价格与进口价格比

注：美元兑人民币汇率为 6.84∶1；水稻价格比为水稻生产者价格与大米进口价格比。

资料来源：中国农业科学院农业经济与发展研究所 IAEDModel 数据库。

（14）粮食进口比重。由于世界粮食生产总量有限，能供出口的粮食总量更少，因此，在进口粮食的时候不仅要考虑能否"买得起"，还要考虑能否"买得到"的问题。该指标值越高表明从世界进口难度越大，对粮食安全的威胁也越大，是负向指标。公式表示如下：

$$粮食进口比重 = \frac{IN_{中国}}{EX_{世界} - EX_{中国}} \qquad (12.12)$$

其中，$IN_{中国}$为中国粮食进口量，$EX_{中国}$为世界粮食出口量，$EX_{中国}$为中国粮食出口量。

根据图 11 – 16 可以看出，从 2009 年后，三大主粮进口占比有明显的递增趋势，这表明三大主粮从国际市场获取粮食的难度越来越大，对我国粮食安全的威胁也越来越大（见图 12 – 16）。

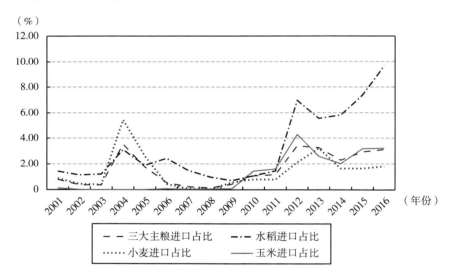

图 12 – 16　2001 ~ 2016 年三大主粮进口占比

注：水稻数据为 HS1006；小麦数据为 HS1001 和 HS1101；玉米数据为 HS1005 和 HS110220。
资料来源：UN COMTRADE 数据库。

3. 指标原始数值及标准化值

综上所述，将各指标汇总后（见表 12 – 2）通过公式（12.13）、式（12.14）对指标数据进行标准化（见表 12 – 3），标准化后的数据没有单位，为 0 ~ 1 的数值。

表 12 - 2   三级指标原始数值

序号	指标	2001 年	2002 年	2003 年	2004 年	2005 年	2006 年	2007 年	2008 年
1	口粮自给率（%）	111.05	109.73	106.62	116.96	120.84	126.83	125.47	129.35
2	饲料粮自给率（%）	102.29	106.51	107.80	103.89	110.63	110.24	106.90	111.00
3	人均粮食产量（公斤/人）	355.90	357.00	334.30	362.20	371.30	379.90	380.60	399.10
4	库存消费比（%）	65.89	57.41	47.09	34.24	31.23	30.00	32.18	32.77
5	粮食浪费量（亿吨）	0.23	0.23	0.22	0.24	0.25	0.27	0.27	0.28
6	农作物受灾成灾面积比重（%）	53.95	47.92	57.10	34.78	37.81	43.20	48.26	39.85
7	三大主粮苗均化肥施用量（公斤/亩）	19.80	20.90	20.20	19.14	20.29	20.96	21.67	21.28
8	农作物苗均农药使用量（公斤/亩）	0.55	0.57	0.58	0.60	0.63	0.67	0.70	0.71
9	三大主粮每苗农膜用量（公斤/亩）	0.20	0.20	0.20	0.20	0.18	0.18	0.17	0.17
10	三大主粮播种面积占农作物种植面积比重（%）	49.94	49.63	47.62	49.14	50.16	53.25	53.51	52.94
11	三大主粮土地生产率（吨/公顷）	4.96	5.03	5.00	5.32	5.35	5.45	5.45	5.68
12	三大主粮成本利润率（%）	26.29	16.91	30.91	49.69	28.84	34.83	38.49	33.14
13	三大主粮生产者价格与进口价格比	0.79	0.63	0.61	0.72	0.70	0.91	0.84	0.71
14	三大主粮进口比重（%）	0.78	0.78	0.78	0.78	0.78	0.78	0.78	0.78

续表

序号	指标	2009年	2010年	2011年	2012年	2013年	2014年	2015年	2016年
1	口粮自给率（%）	131.21	124.46	124.27	122.79	111.19	124.11	121.73	121.46
2	饲料粮自给率（%）	98.96	100.62	109.31	110.37	87.76	107.22	105.20	104.61
3	人均粮食产量（公斤/人）	398.70	408.70	425.20	436.50	443.50	445.00	453.20	447.00
4	库存消费比（%）	37.87	37.55	34.32	35.64	38.17	36.88	42.58	43.93
5	粮食浪费量（亿吨）	0.28	0.29	0.31	0.32	0.33	0.33	0.34	0.33
6	农作物受灾成灾面积比重（%）	43.15	34.83	27.68	22.30	27.73	22.71	20.53	23.94
7	三大主粮亩均化肥施用量（公斤/亩）	21.74	22.98	23.03	23.22	23.44	24.08	24.11	24.93
8	农作物亩均农药使用量（公斤/亩）	0.72	0.73	0.73	0.74	0.73	0.73	0.71	0.70
9	三大主粮每亩农膜用量（公斤/亩）	0.16	0.17	0.19	0.20	0.22	0.22	0.23	0.23
10	三大主粮播种面积占农作物种植面积比重（%）	53.65	53.92	54.15	54.73	55.12	55.31	55.58	54.69
11	三大主粮土地生产率（吨/公顷）	5.57	5.64	5.82	5.94	5.99	5.99	6.09	6.10
12	三大主粮成本利润率（%）	32.04	33.77	31.70	17.98	7.11	11.68	1.79	-7.34
13	三大主粮生产者价格与进口价格比	0.88	0.95	0.84	1.01	1.04	1.08	1.21	1.28
14	三大主粮进口占比重（%）	0.78	0.78	0.78	0.78	0.78	0.78	0.78	0.78

表12-3 三级指标标准化值

序号	指标	2001年	2002年	2003年	2004年	2005年	2006年	2007年	2008年	2009年	2010年	2011年	2012年	2013年	2014年	2015年	2016年
1	口粮自给率	0.11	0.30	0.18	0.00	0.20	0.31	0.44	0.37	0.45	0.66	0.67	0.70	0.74	0.85	0.86	1.00
2	饲料粮自给率	0.62	0.81	0.86	0.69	0.98	0.97	0.82	1.00	0.48	0.55	0.93	0.97	0.00	0.84	0.75	0.72
3	人均粮食产量	0.00	0.01	-0.22	0.06	0.16	0.25	0.25	0.44	0.44	0.54	0.71	0.83	0.90	0.92	1.00	0.94
4	库存消费比	0.00	0.24	0.52	0.88	0.97	1.00	0.94	0.92	0.78	0.79	0.88	0.84	0.77	0.81	0.65	0.61
5	粮食浪费量	0.11	0.12	0.00	0.19	0.27	0.39	0.42	0.54	0.56	0.63	0.74	0.84	0.90	0.93	1.00	0.96
6	农作物受灾成灾面积比重	0.09	0.25	0.00	0.61	0.53	0.38	0.24	0.47	0.38	0.61	0.80	0.95	0.80	0.94	1.00	0.91
7	三大主粮亩均化肥施用量	0.89	0.70	0.82	1.00	0.80	0.69	0.56	0.63	0.55	0.34	0.33	0.30	0.26	0.15	0.14	0.00
8	农作物亩均农药使用量	1.00	0.90	0.82	0.71	0.58	0.33	0.17	0.12	0.10	0.04	0.01	0.00	0.04	0.05	0.12	0.20
9	三大主粮每亩农膜用量	0.43	0.43	0.43	0.43	0.71	0.71	0.86	0.86	1.00	0.86	0.57	0.43	0.14	0.14	0.00	0.00
10	三大主粮播种面积占农作物种植面积比重	0.29	0.25	0.00	0.19	0.32	0.71	0.74	0.67	0.76	0.79	0.82	0.89	0.94	0.97	1.00	0.89
11	三大主粮土地生产率	0.00	0.06	0.04	0.32	0.35	0.44	0.43	0.64	0.54	0.60	0.76	0.86	0.91	0.91	0.99	1.00
12	三大主粮成本利润率	0.59	0.43	0.67	1.00	0.63	0.74	0.80	0.71	0.69	0.72	0.68	0.44	0.25	0.33	0.16	0.00
13	三大主粮生产者价格与进口口价格比	0.73	0.97	1.00	0.84	0.87	0.56	0.65	0.86	0.60	0.50	0.65	0.40	0.36	0.30	0.10	0.00
14	三大主粮进口比重	0.81	0.93	0.94	0.00	0.52	0.88	0.97	1.00	0.91	0.73	0.70	0.04	0.08	0.37	0.17	0.12

（1）正向指标的标准化公式为：

$$X_{正ij} = \frac{V_{ij} - \min(V_{ij})}{\max(V_{ij}) - \min(V_{ij})} \tag{12.13}$$

其中，$X_{正ij}$ 为正向指标标准化后的值；V_{ij} 为各指标原始值；$\min(V_{ij})$ 为各指标在 2001～2016 年中的最小值；$\max(V_{ij})$ 为各指标在 2001～2016 年中的最大值；i 为各指标，取值为 1～14，j 为时间，取值为 2001～2016 年。

（2）负向指标的标准化公式为：

$$X_{负ij} = \frac{\max(V_{ij}) - V_{ij}}{\max(V_{ij}) - \min(V_{ij})} \tag{12.14}$$

其中，$X_{负ij}$ 为负向指标标准化后的值；V_{ij} 为各指标原始值；$\min(V_{ij})$ 为各指标在 2001～2016 年中的最小值；$\max(V_{ij})$ 为各指标在 2001～2016 年中的最大值；i 为各指标，取值为 1～14，j 为时间，取值为 2001～2016 年。

（二）模型选取

本部分从粮食安全指数基础模型入手，从整体走势及较上年变化情况两个视角阐释我国粮食安全状况。由于综合指数法具有简单明确、易于理解的优点，本部门采用综合指数法对我国粮食安全走势进行整体和分项评价。并采用专家打分法，确定各级指标权重值，建立粮食安全评价指标体系。

（1）粮食安全综合指数模型表示如下：

$$FSI_{综合} = \sum_{i=1}^{n1} W_{1i} Z_{1i} \tag{12.15}$$

其中，$FSI_{综合}$ 为粮食安全综合水平，W_{1i} 为各一级指标的权重，Z_{1i} 为一级指标指数，$i = 1～5$，$n1$ 为一级指标总数，共有 5 个。

（2）一级指标指数模型表示如下：

$$Z_{1i} = \sum_{i=1}^{n2} W_{2i} Y_{2i} \tag{12.16}$$

其中，Z_{1i} 为各一级指标的指数值，W_{2i} 为各二级指标的权重，Y_{2i} 为二级指标指数，$i = 1～8$，$n2$ 为一级指标总数，共有 8 个。

（3）二级指标指数模型表示如下：

$$Y_{2i} = \sum_{i=1}^{n3} W_{3i} X_{3i} \tag{12.17}$$

其中，Y_{2i} 为各二级指标的指数值，W_{3i} 为各三级指标的权重，X_{3i} 为三级指标指数，$i = 1 \sim 14$，$n3$ 为三级指标总数，共有 14 个。

根据式（12.15）至式（12.17），粮食安全综合模型指数模型可写为：

$$FSI_{综合} = \sum_{i=1, j=1}^{n3} W_{3j} X_{3i} \tag{12.18}$$

$$W_{3j} = W_{1i} \times W_{2i} \times W_{3i} \tag{12.19}$$

其中，$FSI_{综合}$ 为粮食安全综合水平，W_{3j} 为各一级指标的权重，X_{3i} 为三级指标指数，$i = 1 \sim 14$，$n3$ 为一级指标总数，共有 14 个。

（三）安全形势评判对应值

对于粮食安全的综合指标设定阈值范围及对应的不同亮灯评价标准，即粮食安全总指数 $FSI_{综合}$ 的得分值，对应不同的阈值区间和相应的亮灯状态，以此显示我国粮食的安全状况，粮食阈值状态、亮灯状态、安全评价如表 12 - 4 所示。设定"绿灯"为安全（阈值区间为 90 ~ 100），"蓝灯"为较安全（阈值区间为 80 ~ 89），"黄灯"为警示性安全（阈值区间为 70 ~ 79），"橙灯"为不安全（阈值区间为 60 ~ 69），"红灯"为较危险（阈值区间为 59 及以下）。

表 12 - 4　　　　　　　　三大主粮安全评判标准

序号	数值区间	安全评价	亮灯
1	90 ~ 100	安全	绿灯
2	80 ~ 89	较安全	蓝灯
3	70 ~ 79	警示性安全	黄灯
4	60 ~ 69	不安全	橙灯
5	59 及以下	较危险	红灯

四、粮食安全水平评价

（一）粮食安全整体形势不断好转

根据表 12 - 3 中标准化的三级指标值和式（12.18）对粮食安全综合指

数进行测算，结果如图 12－17 所示。整体来看，我国粮食安全形势从 2001 年开始在波动中不断好转，在 2014 年达到最好形势，随后出现下降趋势。

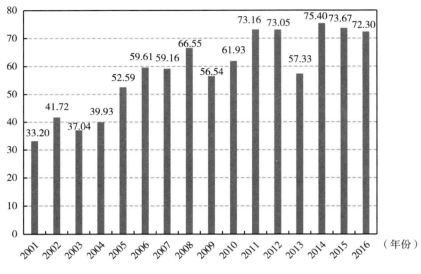

图 12－17　2001～2016 年三大主粮综合指数

（二）我国粮食安全处于警示性安全状态

分区间来看，2001～2005 年，我国粮食处于较危险阶段，为"红灯"状态。从 2004 年开始国家一系列支持粮食生产的措施实施以来，取得明显成效。2006～2010 年为不安全状态，除 2009 年的红灯状态外，其余年份以"橙灯"为主，粮食形势较上一阶段有所好转。2011～2016 年基本为警示性安全状态，除 2013 年外，其他年份综合指数为 70 多一点。整体上，2014～2016 年，我国三大口粮安全处于警示性安全状态，应亮"黄灯"。较危险的情况是近三年粮食安全水平呈下降趋势，且均处于粮食安全的"下界限"，如果不采取相应有效措施，很容易滑落到不安全状态区间，亮起"橙灯"。

（三）2016 年我国粮食安全处于警示性安全的下界限

2016 年，我国整体粮食安全综合指数值为 72.3（警示性安全阈值 70～90），其阈值处于警示性安全的下界限附近，亮"橙灯"。根据粮食安全综合指数变化趋势分析，2016 年较 2015 年粮食安全状况下降，主要原因在于粮食耕种收成本利润率下降、粮食生产生态安全状态下降、库存消费比值增加（产销平衡状态恶化）、粮食进口价格劣势增加、粮食进口难度加大等因素，造成目前我国粮食产量、库存量、进口量"三量齐高"。

五、粮食安全未来趋势判断

　　未来十年，在我国"稳口粮、稳大豆、增玉米"等政策措施引导下，稻谷播种面积将逆转缩减趋势，单产将呈提高趋势，产量稳步增长，保持在较高水平。随着农田基础设施条件的改善，种业加快发展，以及增产技术的推广应用，国内优质小麦播种面积不断扩大，玉米也呈增产趋势，我国粮食供应保障更加有力。消费总量继续增长，食物消费结构不断升级，饲料粮消费和工业消费持续增加。[①]

　　口粮稳定，中国人的饭碗牢牢端在自己手里。预计 2030 年稻谷产量达到 22248 万吨，以 2018～2020 年 3 年平均数为基数，未来年均增速 0.5%；稻米消费也有所增长，2030 年达 15504 万吨，与基期相比年均增速 0.2%；国内外稻米价格倒挂现象依然存在，大米贸易将保持进口增加、出口减少趋势，预计 2030 年进口量 450 万吨，出口量 150 万吨。预计 2030 年小麦总产量为 13579 万吨，较基期增长 2.0%；总消费量为 14120 万吨，较基期增长 6.7%；进口量将从展望初期的高位持续回落，2030 年预期降至 528 万吨。[②] 饲料粮中，大豆进口增速放缓，预计 2030 年总产量达 2087 万吨，年均增速 0.7%；总消费量为 1.27 亿吨，年均增速 0.9%；进口量为 1.1 亿吨，年均增速 1.0%。未来玉米产需缺口将逐步缩小，国内玉米供求关系由趋紧逐步向基本平衡格局转变。2030 年总产量达 3.32 亿吨，年均增长 2.4%；总消费量 3.32 亿吨，年均增长 1.4%；进口短期增加并将突破配额，之后将有所回落，预计 2030 年进口量为 650 万吨左右。[③]

---

　　①　农业农村部市场预警专家委员会. 中国农业展望报告（2020－2029）[M]. 北京：中国农业科学技术出版社，2020.

　　②③　十年后农业什么样？《中国农业展望报告 2021－2030》发布 [EB/OL]. 新京报. 2021－04－20.

六、政策建议

1. 保障口粮安全，非口粮可适度进口

上述研究表明，我国在口粮与非口粮的战略制定上可以有所差别。

（1）口粮必须高度自给。立足国内生产稳定、提质增效，把中国人的饭碗牢牢掌握在自己手里。一是应对口粮安全的主要举措是对大米和小麦这两个品种进行价格激励与重点保护。二是更加重视粮食品种与品质调剂。以满足人们优质、新鲜等品质特征的口粮的需求。

（2）对于非口粮而言，一是可以放开市场。放开以后，由市场调节。价低，则少生产多进口，价高则增加生产。二是将非口粮的补贴转向口粮补贴。鼓励国内口粮生产。三是通过国际市场弥补空缺。采用进口或者海外租地的方式进行非口粮生产，解决我国耕地资源稀缺和供给不平衡不充分的矛盾。但是，依然要考虑适度的问题，避免中国的非口粮安全处于内外夹击的危险境地。

2. 改善农业生态环境，缓解农业资源紧张压力

要想让我国粮食生产实现可持续发展，改善农业生态环境迫在眉睫。

（1）要健全环保立法，严格环保执法。为了让保护农业生态环境有法可依，要在现有法律基础上，制定针对农业生态环境保护的相关法律，并且在执法过程中要严格落实，对破坏农业生态的行为进行处罚，才能从根本上改善农业生态环境。

（2）运用经济手段来激励环境友好农业生产方式的运用，遏制农业生态环境污染行为。应该对农业生态较好的农田进行经济补偿，推广新型、绿色的农业生产方式，采取测土配方进行施肥，对生态系统进行全面的涵养，避免污染；应该适当限制化肥、农药和农业薄膜的使用量，提高回收率，做到资源的循环再利用；可通过政府购买服务，引导农民开展各项有利于环境保护和可持续发展的活动，比如进行植树造林、水资源循环利用等。

（3）提高生态文明意识。目前，我国公众的生态文明意识呈现"认同度高、知晓度低、践行度不够"的状态，粮食生产也是如此。政府应该引导农业和粮食生产走向生态化道路。人类对自然生态系统的干预不能超出其自身的限度，这是我们在进行粮食生产时必须坚守的原则。

3. 严格保护耕地水等粮食生产资源生产要素

（1）保护耕地资源。通过以下两条途径切实保护耕地资源不被占用。一是实行严格的保护政策，通过中央强硬的手段，严格非农业占用土地的程序和权限，不能随意更改。对于基本农田保护区内的耕地，必须严格用途，不能擅自转变为非农用地。二是推行退耕还林政策，在一定范围之内。耕地可适当休耕，保护土地的土壤肥力，保证粮食生产具有可持续性。

（2）节约用水。目前，我国农业用水占到总用水的比例较大，如何平衡粮食安全和水资源利用之间的关系将是亟待研究的一个重点问题。粮食生产需要大量的水，增加农业产值必定需要增加水资源的利用，而水资源又相对匮乏，尤其是城镇社会生活用水也有较大的需求量，这两者之间存在一个明显的矛盾。因此，要采用合理的方法平衡粮食安全与水资源之间的关系。一是提高水资源利用率。通过实施工程节水、种植耐旱品种、精细整地和蓄水保墒可以有效地提高水资源利用效率。二是在用水效率低和水资源较为短缺的区域减少农业用水，并适度降低粮食自给率。

（3）培育粮食生产新型经营主体。新型经营主体能够很好地解决目前我国农村人力资源不足，农业技术较为落后的问题，有利于提升农村农业生产机械化和规模化的程度。培育新型经营主体可以考虑以下三个方面。一是从政府的角度来看，应该鼓励和引导对土地经营机制的创新，监督好土地流转的过程，避免由于经营规模过大而带来的各种负面影响，确保经营者的经营能力和经营现状之间的匹配。二是从政策角度来看，政府应当给予新型经营主体各种政策的扶持，避免其出现资金、基础设施建设方面的困难。可提供各项财政、金融、税收的配套政策，从根本上解决新型经营主体的后顾之忧，推动其带动农村经济的发展。三是社会化服务需要进一步完善。要以粮食生产的大户和家庭农产作为基础，结合粮食生产合作社、粮食深加工企业等平台，完善各类以服务型组织为支撑的新型农业经营体系。另外，还需注重人才的培养，尤其是实用技术和管理上的人才，加强对其的服务和指导，促使其在相应的岗位上发挥出应有的作用。

4. 完善强农惠农政策，增加种粮吸引力

（1）财政目标应该以增加农民收入和粮食产量为基本目标，通过完善财政补贴和增加补贴规模的手段，不断增加生产者生产粮食的积极性。一是继续把"粮食"领域作为公共财政支出和中央预算内投资的优先领域。适当地对补贴方式进行改革和调整，重点向重要的农产品、新型经营主体等方向倾斜，尤其要照顾粮食主产区。对于承包土地面积较大或是承包期较长的种粮大户应该提供适当的土地流转补贴，提高其从事农业生产的积极性，另外针对农业机械的利用，还应提供农机服务补贴，对于作业面积较大的新型经营主体，避免其生产技术受到限制。二是扶持资金要专款专用。专项的扶持资金可以从土地出让金、土地有偿使用费和基本建设费中进行整合，以支持粮食产业的发展。还需要吸引社会资本和国外资本的注入，实现融资渠道的多样化，融资水平不断提高，融资效果不断加强。

（2）创新扶持农业保险的政策工具。一是要推出有针对性的保险产品，均匀分担新型经营主体的各项风险，提高农业保险的质量和种类。二是拓展农业保险的覆盖范围，提高赔付标准。增强农业抵抗风险的能力，弥补农户在农业生产过程中付出的经济成本。三是要发挥资金融通功能，通过经济补偿制度分散银行的风险，有效刺激农民参加保险的需求，从根本上保障农民的基本权益不受到侵害。

（3）防止农民粮食出售困难的情况出现。一是完善粮食最低收购价政策。粮食最低收购价的制定要科学合理，要调查每年的粮食成本收益，对当年粮食最低收购价进行核算，使得市场机制充分调节粮食生产。二是要责任落实到政府，引导粮食加工企业和饲料生产企业等入市，保证多元主体参与粮食格局。三是通过大力宣传推广优质粮食品种，鼓励农民种植优质粮食品种，增加产量和收益，保障农民的权益不受侵害。

5. 加大基础设施和农业科技投入力度，提高粮食生产效率

在资源环境约束下，农业基础设施的好坏决定了农业生产的能力和经济社会的发展是否能顺利进行，也是保障国家粮食安全的要求。因此，国家近年来加大了对农业基础设施的研发和推广力度，一方面能够保障粮食市场稳定，促进粮食产量提升；另一方面也能提高粮食生产者的积极性。

（1）逐步提高中央和省级财政对农业的投入比例。提高预算内固定资产投资用于农业基本建设的数量、比重以及增长幅度。可借鉴债券的做法，为粮食主产区的基础设施建设筹措资金。可以结合国家多个部门，如国家发展改革委、农业农村部、银保监会等，共同研发和推行，先做试点，确保资金的筹措工作能够顺利进行，最后再开展全国性的推广。

（2）加快构建农业科技的稳定投入机制，完善农业科技创新体系建设。一是实用科技的应用。对于中低产的农田来说，改造其耕作条件和基础设施是尤为重要的。应通过对新型粮食品种的推广和对病虫害的防治，建设高标准的粮田，提高粮食的生产率，此外，应该引进各种新型技术，例如滴灌技术、农业机械技术和防灾减灾技术等，解决农业生产中的各种问题。二是加快自主知识产权科技研发能力。为了保证较高的农业科技贡献，需要培育具有自主知识产权的优良品种，配以科学先进的培育栽培技术，提高粮食产量。三是加强基层农业技术组织的培养，汇聚基层的力量，建立健全自主知识产权推广体系，全面地增大粮食生产效率。

6. 调整我国粮食国际贸易战略，充分发挥比较优势

（1）转变贸易方式。我国目前的贸易方式主要为调剂现货余缺方式，这种方式仍然存在很多缺陷和不足，应当早日转换为以签订长期合同为主的贸易方式，充分发挥优势，提升贸易的效率。

（2）利用国际贸易发挥比较优势，适当地调整粮食品种和结构的比例。通过市场的选择，淘汰一些竞争力不足的产品，虽然，短期之内可能会影响一些部门的利益，但是从长远的眼光来看，这样的模式更符合长久的可持续发展战略。粮食对土地资源的要求较高，属于土地资源密集型产品，因此，目前的主要进口产品应该向非口粮领域转变，才能进一步发挥贸易的比较优势。

7. 完善粮食市场间接调控体系，减少非理性逆向调节行为

市场经济的本质要求就是要粮食市场的机制作用充分和全面的发展。但是，市场运行经验告诉我们，粮食具有自身独特的特点，只有建立高效的间接调控系统，全面集中粮食管理权力，才能够保证粮食市场的高效、正常运营。这样就对政府提出了更多的要求，首先，要建立健全粮食供应预警系统，通过系统机制来保障粮食供应的安全。其次，应该减少非理性的逆向调节行为，调节粮食供应状况，可以利用的手段包括贸易手段、调节储备、提高价格支持等，多种手段同时使用，控制粮食价格的波动范围维持在一个较窄的幅度内，尽量避免出现大涨和大跌的情况。

第十三章

我国粮食安全预警研究

　　我国是世界上人口最多的国家，也是口粮消费最多的国家。因此，保障我国粮食安全，无论对世界粮食供求，还是对我国社会稳定，都具有举足轻重的意义。受农业资源、环境、农业科技、市场等因素约束，我国在粮食增产和粮食品种结构合理化方面，尚需不断发展和完善。随着人口增长，工业化、城镇化发展，我国粮食供需将持续停留在紧平衡状态。我国处于日益开放的国际市场中，近年来，粮食进口量增加较快。国际市场上的粮价比我国低，同时为满足我们国内多样化的消费需求，需要适当进口一些优良粮食品种进行调剂。但由于我国缺乏全球粮食定价权和竞争优势，粮食进口也会加剧粮食安全的外部不确定性。例如，从稻谷和大米进口情况看，根据海关数据库的数据显示，2015 年，稻谷和大米进口量首次突破300 万吨，2017 年，稻谷和大米进口量已接近 400 万吨，是 2008 年的 13.5 倍（蒋和平，2019）。稻米进口激增并非由国内产量减少所致，主要原因之一是最低稻谷收购价连年提高，拉大了我国稻米价格与国际市场价格差距，使越南、巴基斯坦等国原料米以其低价优势大举进入国内市场。2017 年，政府调低稻谷最低收购价，落实稻米供给侧结构改革。然而我国还有大面积水稻生产采用传统耕作，单位人工成本、生产资料成本等较高，对农民水稻种植具有不利影响。大米作为我国居民的主要口粮，如果稻米生产、进出口剧烈变化，就会对我国大米市场产生重要影响，进而影响粮食安全。因此，分析我国口粮供求、粮食进口状况，并对未来口粮、粮食进口安全进行警情分析非常必要。

一、主要口粮品种水稻安全预警

（一）口粮安全的内涵

口粮安全是国家粮食安全的基础。在"以我为主、立足国内、确保产能、适度进口、科技支撑"的国家粮食安全战略下，我国主要口粮安全的内涵至少包括四个方面。第一，水稻、小麦的生产能力能够满足人民对大米和面粉数量、质量的需求；水稻、小麦生产过程中的劳动和物质投入成本与其市场价格有一个合理比例，保证种粮农民获得合理收入。第二，水稻、小麦的生产和消费基本平衡，人民的饭碗主要装国产粮食。第三，水稻、小麦生产在良好生态环境下进行，尽量避免和减少气候病虫害发生，土地免受污染、水利水质状况良好。第四，水稻和小麦产业在品种和价格上具有一定竞争力，保证国内稻米和小麦生产、消费免受国际市场冲击。以上四方面也是对我国口粮安全最基本的要求，任何一方面出现问题，口粮安全都有可能受到冲击。

（二）口粮安全预警方法

口粮安全预警是对我国未来口粮状况进行评估和预测，对于可能出现的口粮不安全状况提前预报，以便相关部门及时采取对策，防范或化解风险，确保我国经济和社会稳定。口粮安全预警需要应用预警相关理论和方法，确定能够反映口粮安全状况的指标，对反映这些指标的一系列数据变化情况进行科学分析，从而评估口粮安全现状、安全程度或风险程度，并对未来口粮安全趋势作出评判。

口粮安全预警是粮食安全预警的一个组成部分。在国际上，20 世纪 70 年代，联合国粮农组织（FAO）研发了全球粮食和农业信息与预警系统（GIEWS），通过收集分析世界各地区（国家）的农业数据，监测和预警全球的粮食安全状况。在我国，20 世纪 90 年代开始，粮食安全预警引起了一些学者关注。如陶骏昌和陈凯等（1992）、顾海兵和刘明（1994）、梅方权等（2000）、马九杰等（2001）、李志强等（2002）、吕新业（2006）、李志强（2009）等。

最初我国学者运用较多的粮食安全预警模型主要有：粮食趋势产量增长率预警模型（顾海兵等，1994）、粮食供求预警模型（顾焕章等，1995）、粮食安全系数预警模型（朱泽，1997）、粮食周期波动预警模型（李玉珠等，1997）、景气分析预警模型（李志强，1998）和粮食安全综合预警模型（马九杰，2001）等。近年来，粮食安全预警的研究方法更加丰富，如 AHP 层次分析法和灰色关联分析法（周丽，2008；吕伟彩，2012；王娜等，2014）、信息融合的多因素分析法（孙晓燕等，2011）、熵权可拓决策模型（雷勋平等，2012）、谱分析法（周晶等，2013）、改进灰色模型法（孟凡琳，2017）等。这些研究大多数综合水稻、小麦、玉米和大豆 4 种粮食作物为研究对象，对科学指导我国粮食安全实践提供了技术支撑，但对口粮、进口粮食以及消费结构的预警研究还相当欠缺。

基于以上研究成果，本章借鉴马九杰的粮食安全综合预警模型思想，以口粮主要品种水稻为主要研究对象，从数据源角度出发，改进指标和指标权重设定，根据当前我国粮食安全战略及粮食安全形势，收集整理 2000 ~ 2016 年水稻安全相关指标基础数据，建立水稻安全指标体系，运用 AHP 层次分析法确定预警指标的权重，以水稻安全综合系数来量化口粮安全性，并进行警情判断。在此基础上，运用灰色关联分析模型预测口粮安全预警指标，从而得出 2020 年、2025 年和 2030 年的水稻安全综合系数以及警情状态。最后，根据我国口粮安全状况，提出相应的对策建议。

（三）水稻安全综合模型的构建

1. 层次分析法

层次分析法（the analytic hierarchy process，AHP）由美国运筹学家 T. L. 萨蒂（T. L. Saaty）正式提出。该方法将决定问题发展方向的影响因素按照不同属性，依主次轻重分解成若干层次；之后对于每一层次的因素用成对比较法，并按照 1 ~ 9 的比较尺度赋值，构造判断矩阵；对判断矩阵合理性进行检验。若检验通过，可以按照矩阵中的指标权重赋值，进行决策。本研究拟采用此方法确定口粮安全预警指标的权重，这是完成口粮安全预警的基础工作。

2. 水稻安全预警指标

我国口粮安全状况受多种因素影响，近年来，口粮安全重点已经从保障产量转向口粮数量、质量并重，满足多样化居民口粮需求，更加注重营养安全等微观层面。为此，这里主要从水稻生产能力、水稻产销平衡、水稻质量和生态安全、水稻贸易安全四个方面确定口粮安全预警指标层次（见表 13 – 1）。

表 13 – 1 水稻安全预警指标层次

目标	一级指标	二级指标
口粮安全 （A）	水稻生产能力 （B_1）	水稻总产量（C_1）
		水稻单产波动系数（C_2）
		农业生产资料价格指数（C_3）
		水稻价格波动系数（C_4）
		水稻单位面积纯收益（C_5）
		水稻单位产量使用的耕地面积（C_6）
	水稻产销平衡 （B_2）	水稻消费量与产量比（C_7）
		人均水稻占有量（C_8）
	水稻质量和生态安全 （B_3）	水稻化肥使用年增长率（C_9）
		农药使用年增长率（C_{10}）
		成灾受灾率（C_{11}）
	水稻贸易安全 （B_4）	水稻外贸依存度（C_{12}）
		国产与进口大米（面粉）价格比（C_{13}）

第一，水稻生产能力（B_1）指标。口粮生产能力是确保口粮安全的最基础因素，反映口粮安全的指标主要有 6 个。水稻总产量（C_1）、水稻单产波动系数（C_2）和农业生产资料价格指数（C_3），反映一定时期农业生产资料价格变动程度的动态相对数，对于农民种粮积极性和口粮生产能力具有重要影响。此外，还有水稻价格波动系数（C_4）、水稻单位面积纯收益（C_5）和水稻单位产量使用的耕地面积（C_6）。

第二，水稻产销平衡（B_2）指标。这些指标反映我国口粮供给满足城乡居民口粮需求的程度，这里选取了 2 个主要指标：水稻消费量与产量比（C_7）和人均水稻占有量（C_8）。

第三，水稻的质量和生态安全指标（B_3）。在城乡居民口粮消费方面，粮食的品质、粮食的安全性是衡量居民口粮消费满意度的根本标准，同时保持良好的粮食生产环境，是粮食生产可持续发展的前提。因此，这里主要选择了 3 个指标：水稻化肥使用年增长率（C_9）、农药使用年增长率（C_{10}）和成灾受灾率（C_{11}）。

第四，水稻的贸易安全指标（B_4）。口粮进口对我国口粮安全具有直接影响。这里主要选择了 2 个指标：外贸依存度（C_{12}）和国产与进口大米价格比（C_{13}）。

以上指标中，水稻单产波动系数（C_2）和水稻价格波动系数（C_4）的计算方法，使用了 DPS 软件分别对水稻的单产和价格进行了一元线性回归分析，模型整体回归均表现为显著，模型拟合度较好。在此基础上，波动系数计算公式是：波动系数＝观察值/残差。

3. 各级指标的权重确定

首先利用德尔菲（Delphi）法请专家根据经验分别对水稻安全预警一级指标和二级指标的权重赋值。在此基础上，使用 Matlab 软件，分别对一级指标项下的二级指标权重值进行判断矩阵检验。对于未通过检验的指标权重，再与专家探讨，进行微调，最终保证所有水稻安全预警指标权重具有现实和科学意义。最后在已确定的一级指标和二级指标的权重基础上，得出二级指标在口粮安全中的综合权重，为测算口粮安全综合系数提供尺度。

4. 水稻安全综合系数模型

综合系数法简单明确，容易理解，在国外多领域研究有广泛运用，在国内不仅包括前述的粮食安全研究，在生态文明等方面也广泛采用。例如，包存宽、汪涛等（2017）对我国 31 个省份生态文明建设效果评价也采用了这一方法。

以水稻生产能力、水稻产销平衡、水稻质量和生态安全、水稻贸易安全等一级指标，以及其项下的二级指标值为基数，以德尔菲法和判断矩阵检验得出的预警指标权重值，建立口粮安全综合系数模型：

$$K = \sum_{i=1}^{n} M_i W_i \qquad (13.1)$$

其中，K 为水稻安全综合系数，M_i 为各项指标值，W_i 为各项指标的权重。$i = 1, 2, 3, \cdots, n, n$ 为指标总数。

（四）判断矩阵赋值及检验结果

1. 对一级、二级指标判断矩阵赋值

在对水稻安全预警指标层次图中的一级、二级指标赋值时，依据指标对比的重要程度赋值。基本原则是：两指标相比，同等重要，赋值 1；一个指标比另一个指标稍重要，赋值3；一个指标比另一个指标明显重要，赋值5；一个指标比另一个指标非常重要，赋值7；一个指标比另一个指标极端重要，赋值9。对于介于上述判断中间的情况，根据两两指标比较的重要程度，可以相应赋值。

根据这个原则，结合水稻安全中各指标的具体含义和两两指标相比重要程度，请本领域专家为一级、二级指标重要程度赋值，形成矩阵。

表13-2是对水稻安全一级指标的相对重要性赋值形成的矩阵。其中，B_1表示水稻生产能力，B_2表示水稻产销平衡，B_3表示水稻质量和生态安全，B_4表示水稻贸易安全。这些指标都是正向指标。

表13-2　　　　　　　　一级指标水稻安全相对重要性判断矩阵

指标	B_1	B_2	B_3	B_4
B_1	1	4	2	5
B_2	1/4	1	1/5	1/4
B_3	1/2	5	1	2
B_4	1/5	4	1/2	1

表13-3是对口粮安全二级指标水稻生产能力相关指标的相对重要性进行赋值得到的矩阵。其中，C_1是水稻总产量，C_2是单产波动系数，C_3是农业生产资料价格指数，C_4是水稻价格波动系数，C_5是水稻单位面积纯收益，C_6是水稻单位产量使用的耕地面积。在这6个指标中，单产波动系数C_2、农业生产资料价格指数C_3、水稻价格波动系数C_4和水稻单位产量使用的耕地面积C_6是负向指标。它们的数值越大，越容易降低水稻生产能力。

表13-3　　　　　　　　二级指标水稻生产能力相对重要性判断矩阵

指标	C_1	C_2	C_3	C_4	C_5	C_6
C_1	1	8	2	6	4	9
C_2	1/8	1	3	2	3	5
C_3	1/2	1/3	1	2	3	4
C_4	1/6	1/2	1/2	1	2	2
C_5	1/4	1/3	1/3	1/2	1	2
C_6	1/9	1/5	1/4	1/2	1/2	1

表 13 - 4 是对口粮安全二级指标产销平衡相关指标的相对重要性赋值得到的矩阵。其中，C_7 是水稻消费量与产量比，C_8 是人均水稻占有量。水稻消费量与产量比 C_7 是负向指标，数值越大，越不利于产销平衡。

表 13 - 4　　　　　　　二级指标产销平衡指标相对重要性判断矩阵

指标	C_7	C_8
C_7	1	6
C_8	1/6	1

表 13 - 5 是对口粮安全二级指标质量和生态安全指标的相对重要性赋值得到的矩阵。其中，C_9 是化肥使用年增长率，C_{10} 是农药使用年增长率，C_{11} 是成灾受灾率。这 3 个指标都是负向指标，指标数值越大，稻米的质量和生态环境越容易受到不良影响。

表 13 - 5　　　　　　二级指标质量和生态安全指标相对重要性判断矩阵

指标	C_9	C_{10}	C_{11}
C_9	1	2	3
C_{10}	1/2	1	3
C_{11}	1/3	1/3	1

表 13 - 6 是对水稻安全二级指标贸易安全指标的相对重要性赋值得到的矩阵。其中，C_{12} 是水稻外贸依存度，C_{13} 是国产与进口大米价格比。这 2 个指标也是负向指标，指标数值越大，越易于危及贸易安全。

表 13 - 6　　　　　　　二级指标贸易安全指标相对重要性判断矩阵

指标	C_{12}	C_{13}
C_{12}	1	1/5
C_{13}	5	1

2. 判断矩阵检验结果

（1）对水稻安全一级指标相对重要性判断矩阵检验。使用 Matlab 软件计算表 12 - 2 判断矩阵中的特征向量 λ，并进行一致性检验，结果如表 13 - 7

所示。CR 是相对一致性指标，通常 CR 值越小，表明判断矩阵的一致性越好，当 CR < 0.1 时，判断矩阵具有满意的一致性，否则，就需要对矩阵两两指标的重要程度重新进行判断，达到矩阵满意的一致性。检验结果 CR = 0.09，矩阵通过了一致性检验。在水稻安全方面，水稻生产能力 B_1 的权重为 0.5，水稻产销平衡 B_2 的权重为 0.07，水稻质量和生态安全 B_3 的权重是 0.28，水稻贸易安全 B_4 的权重是 0.16。

表 13 - 7　　　　　水稻安全一级指标相对重要性判断矩阵检验结果

指标	B_1	B_2	B_3	B_4	权重	λ	CR	一致性检验
B_1	1	4	2	5	0.50			
B_2	1/4	1	1/5	1/4	0.07	4.24	0.09	通过
B_3	1/2	5	1	2	0.28			
B_4	1/5	4	1/2	1	0.15			

（2）对水稻安全二级指标相对重要性判断矩阵检验。在水稻安全二级指标判断矩阵中，表 13 - 4 水稻产销平衡矩阵和表 13 - 6 水稻贸易安全矩阵都是二阶矩阵。只有三阶以上矩阵才需要进行一致性检验。因此，对表 13 - 3 水稻生产能力矩阵、表 13 - 5 水稻质量和生态安全矩阵进行一致性检验。

水稻生产能力指标矩阵检验结果（见表 13 - 8）显示，CR = 0.09，矩阵通过检验。在水稻生产能力方面，水稻总产量 C_1 的权重是 0.5，单产波动系数 C_2 的权重是 0.18，农业生产资料价格指数 C_3 的权重是 0.14，水稻价格波动系数 C_4 的权重是 0.08，水稻单位面积纯收益 C_5 的权重是 0.06，水稻单位产量使用的耕地面积 C_6 的权重是 0.04。

表 13 - 8　　　　二级指标水稻生产能力指标相对重要性判断矩阵检验结果

指标	C_1	C_2	C_3	C_4	C_5	C_6	权重	λ	CR	一致性检验
C_1	1	8	2	6	4	9	0.50			
C_2	1/8	1	3	2	3	5	0.18			
C_3	1/2	1/3	1	3	3	4	0.14	6.57	0.09	通过
C_4	1/6	1/2	1/3	1	2	2	0.08			
C_5	1/4	1/3	1/3	1/2	1	2	0.06			
C_6	1/9	1/5	1/4	1/2	1/2	1	0.04			

水稻质量和生态安全指标矩阵检验结果（见表 13 - 9）显示，CR =

0.05，矩阵通过了一致性检验。在质量和生态安全方面，化肥使用年增长率 C_9 的权重是 0.53，农药使用年增长率 C_{10} 的权重是 0.33，成灾受灾率 C_{11} 的权重是 0.14。

表 13 – 9　　　　　二级指标质量和生态安全指标相对重要性判断矩阵检验结果

指标	C_9	C_{10}	C_{11}	权重	λ	CR	一致性检验
C_9	1	2	3	0.53			
C_{10}	1/2	1	3	0.33	3.0536	0.05	通过
C_{11}	1/3	1/3	1	0.14			

（五）二级指标在水稻安全中的综合权重

根据表 13 – 4 和表 13 – 6 的二阶矩阵，可简单得出其中指标的权重。水稻消费量与产量比 C_7 的权重是 0.83，人均水稻占有量 C_8 的权重是 0.17（见表 13 – 10）。水稻外贸依存度 C_{12} 的权重是 0.20，国产与进口大米价格比 C_{13} 的权重是 0.80（见表 13 – 11）。

表 13 – 10　　　　　　产销平衡指标相对重要性权重

指标	C_7	C_8	权重
C_7	1	6	0.83
C_8	1/6	1	0.17

表 13 – 11　　　　　　贸易安全指标相对重要性权重

指标	C_{12}	C_{13}	权重
C_{12}	1	1/5	0.20
C_{13}	5	1	0.80

综合一级指标权重值，以及各一级指标项下二级指标权重值，可得出 13 个二级指标的综合权重（见表 13 – 12）。

表 13 - 12　　　　　　　　　二级指标综合权重

目标	一级指标	二级指标	二级指标综合权重
水稻安全（A）	水稻生产能力（B_1）0.50	水稻总产量（C_1）0.5	0.25
		单产波动系数（C_2）0.18	0.09
		农业生产资料价格指数（C_3）0.14	0.07
		水稻价格波动系数（C_4）0.08	0.04
		水稻单位面积纯收益（C_5）0.06	0.03
		单位产量使用的耕地面积（C_6）0.04	0.02
	产销平衡（B_2）0.07	消费量与产量比（C_7）0.83	0.06
		人均水稻占有量（C_8）0.17	0.01
	质量和生态安全（B_3）0.28	化肥使用年增长率（C_9）0.53	0.15
		农药使用年增长率（C_{10}）0.33	0.09
		成灾受灾率（C_{11}）0.14	0.04
	贸易安全（C_8）0.15	水稻外贸依存度（C_{12}）0.20	0.03
		国产与进口大米价格比（C_{13}）0.80	0.12

（六）水稻安全综合系数测算

1. 水稻安全预警指标数据及来源

根据前述水稻安全相关 13 个预警指标，这里对 2000~2016 年相应各指标数据进行了整理计算（见表 13 - 13）。其中，外贸依存度由我国进口稻米量占稻谷产量的比例表示。原始数据来源于《中国统计年鉴》、《中国农村统计年鉴》、《全国农产品成本收益资料汇编》、海关数据库、《中国农产品价格调查年鉴》，以及 FAO 数据库。

2. 水稻安全预警指标数据的标准化

将表 13 -13 中量纲不同的指标数值转化为可以比较的标准化数据。根据概率统计学原理，概率分布曲线具有正态分布的特点，将水稻安全 13 个二级指标数据归一化为标准正态分布。通过这种归一化处理后的标准化数据分布完全相同。这种方法涉及指标的均值和方差等，比其他处理方法包含更多的信息量。

表 13－13   水稻安全预警指标数据

年份	C_1 稻谷产量（万吨）	C_2 单产波动系数	C_3 农业生产资料价格指数（上年=100）	C_4 水稻价格波动系数	C_5 稻谷每亩净利润（元）	C_6 单位产量使用的耕地面积（公顷/吨）	C_7 稻谷消费量与产量比	C_8 人均稻谷占有量（吨）	C_9 稻谷化肥施用年增长率（%）	C_{10} 农药施用年增长率（%）	C_{11} 成灾面积占受灾面积比例（%）	C_{12} 外贸依存度（%）	C_{13} 国产与进口大米价格比
2000	18790.8	0.03	99.1	0.16	50.07	15.9	7.8	0.15	0.2	-3.2	62.9	0.18	0.43
2001	17758.0	0.01	99.1	0.11	81.38	16.2	8.0	0.14	-1.0	-0.4	60.9	0.22	0.41
2002	17453.9	0.00	100.5	-0.10	37.55	16.2	8.1	0.14	3.4	2.8	57.9	0.19	0.42
2003	16065.6	-0.01	101.4	-0.23	74.80	16.5	8.4	0.12	-0.5	1.1	59.7	0.23	0.55
2004	17908.8	-0.03	110.6	0.06	285.09	15.8	7.5	0.14	-7.0	4.6	43.9	0.61	0.95
2005	18058.8	-0.04	108.3	-0.02	192.71	16.0	7.1	0.14	7.0	5.3	51.4	0.41	0.84
2006	18171.8	-0.06	101.5	-0.05	202.37	15.9	6.9	0.14	-1.3	6.7	59.9	0.56	0.82
2007	18603.4	-0.07	107.7	-0.07	229.13	15.5	6.6	0.14	4.3	11.5	51.2	0.36	0.49
2008	19189.6	0.07	120.3	-0.04	235.62	15.2	6.4	0.14	-4.1	12.8	55.7	0.22	0.45
2009	19510.3	0.05	97.5	-0.11	251.20	15.2	6.1	0.15	0.0	2.2	45.0	0.24	0.47
2010	19576.1	0.04	102.9	0.02	309.82	15.3	5.9	0.15	4.4	2.9	49.5	0.27	0.35
2011	20100.1	0.03	111.3	0.11	371.27	15.0	5.6	0.15	-0.6	1.6	38.3	0.41	0.60
2012	20423.6	0.02	105.6	0.09	285.73	14.8	5.4	0.15	-0.4	1.1	46.0	1.63	0.95
2013	20361.2	0.00	101.4	0.04	154.79	14.9	5.4	0.15	1.3	-0.2	45.6	1.57	1.05
2014	20650.7	-0.01	99.1	0.02	204.83	14.7	5.3	0.15	1.6	0.3	50.9	1.76	0.95
2015	20822.5	-0.02	100.4	-0.03	175.40	14.5	5.1	0.15	1.3	-1.3	56.9	2.30	1.05
2016	20707.5	-0.03	100.1	-0.07	141.96	14.6	5.0	0.1	1.9	-2.4	52.1	2.43	1.25

资料来源：《中国统计年鉴》、《中国农村统计年鉴》、《全国农产品成本收益资料汇编》、海关数据库、《中国农产品价格调查年鉴》，以及 FAO 数据库。

设原始指标数据 $X = (x_{ij})mn$，其中，m 为待评方案数，评价指标有 n 项。先对数据进行标准化变换：

$$X'_{ij} = (x_{ij} - \bar{x}_j)/S_j(i = 1,2,\cdots,m;j = 1,2,\cdots,n) \qquad (13.2)$$

对数据进行标准化后，为消除负值，将坐标向上平移 3 个单位。令 $y_{ij} = 3 + x_{ij}$，然后用 y_{ij} 替代 x_{ij}，得到水稻安全预警指标标准化数据（见表 13 – 14）。

表 13 – 14 水稻安全预警指标数据标准化

年份	C'_1	C'_2	C'_3	C'_4	C'_5	C'_6	C'_7	C'_8	C'_9	C'_{10}	C'_{11}	C'_{12}	C'_{13}
2000	2.80	3.81	2.19	4.70	1.50	3.76	4.13	3.59	2.87	1.67	4.53	2.22	2.03
2001	2.05	3.29	2.19	4.19	1.82	4.24	4.30	2.59	2.50	2.31	4.24	2.27	1.96
2002	1.82	3.03	2.43	2.04	1.36	4.24	4.39	2.59	3.85	3.03	3.81	2.23	2.00
2003	0.81	2.77	2.58	0.72	1.76	4.71	4.65	0.59	2.66	2.64	4.07	2.28	2.45
2004	2.16	2.25	4.11	3.68	3.97	3.60	3.87	3.59	0.67	3.44	1.81	2.76	3.84
2005	2.26	1.99	3.73	2.86	3.00	3.92	3.52	2.59	4.95	3.59	2.88	2.51	3.46
2006	2.35	1.47	2.59	2.56	3.10	3.76	3.34	2.59	2.41	3.91	4.10	2.70	3.39
2007	2.66	1.21	3.63	2.35	3.38	3.12	3.08	4.13	5.00	2.85	2.45	2.24
2008	3.09	4.85	5.74	2.66	3.45	2.64	2.91	2.59	1.56	5.29	3.50	2.27	2.10
2009	3.32	4.33	1.93	1.94	3.61	2.64	2.65	3.59	2.81	2.89	1.96	2.29	2.17
2010	3.37	4.07	2.83	3.27	4.23	2.80	2.47	3.59	4.16	3.05	2.61	2.33	1.75
2011	3.75	3.81	4.23	4.19	4.87	2.33	2.21	3.59	2.63	2.76	1.00	2.51	2.62
2012	3.99	3.55	3.28	3.99	3.97	2.01	2.04	3.59	2.69	2.64	2.11	4.05	3.84
2013	3.94	3.03	2.58	3.47	2.60	2.17	2.04	3.59	3.21	2.35	2.05	3.97	4.19
2014	4.15	2.77	2.19	3.27	3.12	1.85	1.95	3.59	3.30	2.46	2.81	4.21	3.84
2015	4.28	2.51	2.41	2.76	2.81	1.53	1.77	3.59	3.21	2.10	3.67	4.89	4.19
2016	4.20	2.25	2.36	2.35	2.46	1.69	1.69	3.59	3.39	1.85	2.98	5.06	4.89

3. 水稻安全综合系数测算

由于 13 个指标对水稻安全的贡献程度明显不同，在进行水稻安全综合评价时，使用加权合成法测算水稻安全综合系数。2000 ~ 2016 年水稻安全综合系数结果如表 13 – 15 所示。

表 13 – 15　　　　　　　　　　水稻安全综合系数

年份	C_1	C_2	C_3	C_4	C_5	C_6	C_7	C_8	C_9	C_{10}	C_{11}	C_{12}	C_{13}	水稻安全综合系数
2000	0.69	0.34	0.16	0.18	0.05	0.07	0.23	0.04	0.42	0.15	0.18	0.07	0.26	2.59
2001	0.51	0.30	0.16	0.16	0.06	0.07	0.24	0.03	0.37	0.21	0.16	0.07	0.25	0.59
2002	0.45	0.27	0.17	0.08	0.04	0.07	0.25	0.03	0.57	0.28	0.15	0.07	0.25	0.36
2003	0.20	0.25	0.18	0.03	0.05	0.08	0.26	0.01	0.39	0.24	0.16	0.07	0.31	0.28
2004	0.54	0.20	0.29	0.14	0.12	0.06	0.22	0.03	0.10	0.32	0.07	0.09	0.48	0.71
2005	0.56	0.18	0.26	0.11	0.09	0.07	0.20	0.03	0.73	0.33	0.11	0.08	0.44	0.17
2006	0.58	0.13	0.18	0.10	0.10	0.07	0.19	0.03	0.35	0.36	0.16	0.08	0.43	0.65
2007	0.66	0.11	0.26	0.09	0.10	0.06	0.17	0.03	0.61	0.46	0.11	0.08	0.28	0.57
2008	0.77	0.44	0.41	0.10	0.11	0.05	0.16	0.03	0.23	0.49	0.14	0.07	0.26	0.55
2009	0.82	0.39	0.14	0.08	0.11	0.05	0.15	0.04	0.41	0.27	0.08	0.07	0.27	1.07
2010	0.84	0.37	0.20	0.13	0.13	0.05	0.14	0.04	0.61	0.28	0.10	0.07	0.22	0.83
2011	0.93	0.34	0.30	0.16	0.15	0.04	0.12	0.04	0.39	0.25	0.04	0.08	0.33	1.06
2012	0.99	0.32	0.23	0.16	0.12	0.04	0.11	0.04	0.39	0.24	0.08	0.13	0.48	0.96
2013	0.98	0.27	0.18	0.14	0.08	0.03	0.12	0.04	0.47	0.22	0.08	0.12	0.53	0.93
2014	1.03	0.25	0.16	0.13	0.10	0.03	0.10	0.04	0.48	0.23	0.11	0.13	0.48	1.05
2015	1.06	0.23	0.17	0.11	0.09	0.03	0.10	0.04	0.47	0.19	0.14	0.15	0.53	1.07
2016	1.04	0.20	0.17	0.09	0.08	0.03	0.10	0.04	0.50	0.17	0.12	0.16	0.61	1.01

（七）水稻安全警限设定及警情分析

1. 水稻安全警限设定

假定各年水稻安全综合系数服从正态分布，按照正态分布原理，水稻安全综合系数应主要分布在均值附近，离均值越远，发生的可能性越小，表 13 – 15 中的数据均值为 0.74，标准差为 0.29。以 1 倍标准差作为水稻安全异常的基准，水稻安全综合系数（K）处于 1.03 ~ 1.32 之间时，我国水稻处于安全状态。以 2 倍标准差作为水稻安全超异常的基准，水稻安全综合系数（K）介于 0.16 ~ 0.46 之间时，我国水稻处于不安全状态；水稻安全综合系数（K）介于 1.03 ~ 1.32 之间时，我国水稻处于很安全状态；水稻安全综合系数（K）> 1.32 时，我国水稻处于非常安全状态；当水稻安全综合系数（K）< 0.16 时，

我国水稻处于危险状态（见表 13 - 16）。

表 13 - 16　　　　　　　　　　　　　水稻安全警限

水稻安全综合系数（K）	安全状态
> 1.32	非常安全
1.03 ~ 1.32	很安全
0.47 ~ 1.02	安全
0.16 ~ 0.46	不安全
< 0.16	危险

2. 水稻安全警情分析

根据设定的警限，2000 ~ 2016 年，我国水稻大部分年份处于安全或很安全状态。很安全的年份是：2009 年、2011 年、2014 年和 2015 年；安全年份是：2000 ~ 2001 年、2004 年、2006 年、2007 年、2008 年、2010 年、2012 年、2013 年和 2016 年；不安全年份是 2002 年、2003 年、2005 年（见表 13 - 17）。

表 13 - 17　　　　　　　　　　水稻安全综合系数排序

年份	水稻安全综合系数	排名	安全状态
2009	1.07	1	很安全
2015	1.07	2	
2011	1.06	3	
2014	1.05	4	
2016	1.01	1	安全
2012	0.96	2	
2013	0.93	3	
2010	0.83	4	
2000	0.72	5	
2004	0.71	6	
2006	0.65	7	
2001	0.59	8	
2007	0.57	9	
2008	0.55	10	
2002	0.36	1	不安全
2003	0.28	2	
2005	0.17	3	

（八）2020 年、2025 年和 2030 年水稻安全警情预测

目前，在社会、经济、农业、生态、环境等领域预测的方法有很多，如季节模型、线性回归模型、指数平滑模型、灰色预测系统 GM（1，1）模型等。使用灰色模型预测不仅具有严格的理论基础，而且预测的结果比较稳定。粮食生产、流通、消费受多种因素影响，包含着已知信息和不确定信息，对这样的指标进行预测，符合灰色预测的条件。具体来说，灰色预测以反映预测对象特征的时间序列构造灰色预测模型，对其未来的发展趋势进行预测。

党的十九大报告提出，2020 年是我国全面建成小康社会决胜期，到本世纪中叶把我国建设成富强民主文明和谐美丽的社会主义现代化强国。为此，以 2020 年为预测起点，并继续选择此后的 2 个五年计划完成时点 2025 年和 2030 年为预测节点，对我国水稻安全综合系数进行预测。具体做法是首先采用灰色预测法分别对前述 13 项指标在 2020 年、2025 年和 2030 年的情况进行预测，在此基础上，根据前述指标重要性权重得出这 3 年的水稻安全综合系数预测值，最后依据警限范围，判断 2020 年、2025 年和 2030 年我国水稻安全程度。

1. 建立灰色预测模型 GM（1，1）

设有 n 个观测值的时间序列 $X^{(n)}$

$$X^{(0)} = [X^{(0)}(1), X^{(0)}(2), X^{(0)}(3) \cdots X^{(0)}(n)]$$

在建立模型前对数据进行预处理，对 $X^{(0)}$ 序列累加生成序列：

$$X^{(1)} = [X^{(1)}(1), X^{(1)}(2), X^{(1)}(3) \cdots X^{(1)}(n)] \tag{13.3}$$

其中，$X^{(1)}(k) = \sum_{i=1}^{k} X^{(0)}(i), i = (1, 2, \cdots, n)$。

$GM(1,1)$ 模型是一个包含单变量的一阶微分方程构成的动态模型：

$$X^{(0)}(k) = az^{(1)}(k) = b, k = (1, 2, \cdots, n) \tag{13.4}$$

其中，$z^{(1)}(k)$ 是 $X^{(1)}(k)$ 的紧邻均值生成序列，即 $z^{(1)}(k+1) = \frac{1}{2}[X^{(1)}(k+1) + X^{(1)}(k)]$。

式（12.4）的白化方程为：

$$\frac{dx^{(1)}}{dt} + ax^{(1)} = b \tag{13.5}$$

其中，a 称为发展系数，b 称为内生控制灰数。

设 $\hat{a}$ 为待估参数向量，$\hat{a} = \begin{pmatrix} a \\ b \end{pmatrix}$，利用最小二乘法求解可得：

$$\hat{a} = (B^T B)^{-1} B^T Y_n \tag{13.6}$$

其中，

$$B = \begin{bmatrix} -1/2 [X^{(1)}(1)] + X^{(1)}(2) & 1 \\ -1/2 [X^{(1)}(2)] + X^{(1)}(3) & 1 \\ \vdots & \vdots \\ -1/2 [X^{(1)}(n-1)] + X^{(1)}(n) & 1 \end{bmatrix} \quad Y_n = \begin{bmatrix} X^{(0)}(2) \\ X^{(0)}(3) \\ \vdots \\ X^{(0)}(n) \end{bmatrix}$$

求解微分方程，得预测模型为：

$$\hat{X}^{(1)}(k+1) = \left[X^{(0)}(1) - \frac{b}{a} \right] e^{-ak} + \frac{b}{a} \quad (k = 1, 2, \cdots, n) \tag{13.7}$$

2. 指标预测

根据上述理论分析，依据表 13 – 13 中的数据，分别预测 2020 年、2025 年和 2030 年三个时点 C_1 至 C_{13} 的数据值（见表 13 – 18）。这里主要说明稻谷总产量的预测结果，其他指标预测与此类似。

运用 2000 ~ 2016 年稻谷总产量数据，使用 Matlab 软件，运行灰色预测模型，时间变量设定到 2035 年，模型检验结果：均方差比值 $C = 0.34512$。由于 $C \leqslant 0.35$，则此模型精度等级为 1 级（好）；小误差概率 $P = 0.94118$，由于 $0.8 \leqslant P < 0.95$，则此模型精度等级为 2 级（合格）；发展系数 $a = -0.014585$，灰作用量 $b = 16670.8295$，由于 $-a < 0.3$，则此模型适合用于中长期预测。预测值 2020 年稻谷产量为 2.25 亿吨，2025 年稻谷产量为 2.42 亿吨，2035 年稻谷产量为 2.61 亿吨。

由于 13 个指标数据的年际变动轨迹不同，在对 13 个指标，利用其 2000 ~ 2016 年的数据进行预测时，并不能都通过检验。这里以预测检验通过为基本准则，对 2000 ~ 2016 年间的数据进行了筛选。选择原则是必须采用最新数据，尽量兼顾历史较远的数据（见表 13 – 18）。另外，为了使预测结果更加贴近实际，有 6 项指标采取了其他预测方法。其中，水稻价格波动系数按年均变动值预测；稻谷每亩净利润按年均变动率预测；稻谷化肥施用年增长率按年均变动率预测；成灾面积占受灾面积比例按各年平均值预测；外贸依存度，2025 年和 2030 年按照我国粮食安全底线 5% 预测；国产与进口大米价格比按照年均变动率预测。

表 13 – 18　　　　　　　　　　　水稻安全二级指标预测结果

年份	稻谷产量（亿吨）	单产波动系数	农业生产资料价格指数（上年=100）	水稻价格波动系数	稻谷每亩净利润（元）	单位产量使用的耕地面积（公顷/吨）	稻谷消费量与产量比	人均稻谷占有量（吨）	稻谷化肥施用年增长率	农药施用年增长率	成灾面积占受灾面积（%）	外贸依存度	国产与进口大米价格比
2020	2.25	0.22	94.28	-0.07	181.94	13.97	4.16	0.16	1.94	0.03	52.2	3.98	1.56
2025	2.42	0.03	88.80	-0.07	248.11	13.40	3.46	0.16	2.01	0.00	52.2	5.00	2.07
2030	2.61	0.00	83.64	-0.06	338.34	12.85	2.88	0.17	2.09	0.00	52.2	5.00	2.73
使用的数据年份或预测方法	2000～2016年	2007～2016年	2009～2016年	按年均变动值预测	按年均变动率预测	2000～2016年	2000～2016年	2001～2016年	按年均变动率预测	2008～2016年	各年平均值预测	我国粮食安全底线	按年均变动率预测

3. 水稻安全综合系数及警度预测

依据式（12.8）测算 2018～2030 年水稻安全综合系数。其中，M_i 是 2018～2030 年的 13 个指标的预测值，W_i 是 13 个指标对于水稻安全重要程度的综合权重值。从结果中选出预测年份的结果，并按照前面设定的警限，对水稻安全程度进行判断（见表 13 – 19）。预计 2020 年、2025 年和 2030 年我国水稻安全综合系数分别为 1.02、1.04 和 1.06，2020 年我国处于粮食安全状态，2025 年和 2030 年我国将处于粮食很安全状态。

$$K = \sum_{i=18}^{31} M_i W_i \qquad (13.8)$$

表 13 – 19　　　　　　　　　　　水稻安全综合系数预测结果

年份	水稻安全综合指数	安全程度
2020	1.02	安全
2025	1.04	很安全
2035	1.06	很安全

（九）　小结

本部分研究通过建立水稻安全综合模型，从水稻生产能力、产销平衡、质量和生态安全，以及贸易安全四个方面，对我国水稻安全状况进行了分析。将评价水稻安全状况的这四方面内容进一步细化为若干个具有代表性的可数据化、可衡量具体指标，形成了水稻安全预警指标二层图。运用 AHP 层次分析法，确定了反映各层次指标在水稻安全中重要性的权重。利用综合系数法，得出 2000～2016 年我国水稻安全综合系数，并对此期间我国水稻安全状况进行了评价。在此基础上，利用灰色预测法，对 2020 年、2025 年和 2030 年我国水稻安全状况进行了预测。

1. 水稻生产稳步发展，利润降低

从水稻安全评价指标变化看，2000～2016 年，我国水稻产量总体看，保持了稳定增长态势，从 1.88 亿吨提高到 2.07 亿吨，产量提高了 10.1%。稻谷每亩净利润呈现波动性下降，由最高值 2010 年的 309.82 元减少到 2016 年的 141.96 元，利润减半。[①] 这对种植水稻农民的收入带来直接影响。

2. 对国外稻米需求增长较快

在我国稻米产量增加的同时，进口稻米量与稻米产量的比值在逐年提高。外贸依存度由 0.18% 提高到 2.43%。国产与进口大米价格比正在提高。由 2013 年 1.05 增加到 2016 年 1.25。综合上面水稻产量增加，利润减少的情况，可以判断，我国稻米的国际竞争力正在降低，同时也反映出稻米的结构性过剩问题。

3. 我国总体水稻安全状况良好

2000～2016 年，我国有 14 年水稻安全综合系数在安全或很安全的警度区间，具体处于水稻安全的时段正好与 2004 年我国实施粮食直补政策吻合。2004 年以后，特别是 2009 年、2011 年、2014 年和 2015 年水稻安全综合系数处于高位警度区间，是很安全的状态。

---

① 《中国统计年鉴》（2001 年）、《中国统计年鉴》（2017 年）、《全国农产品成本收益资料汇编》（2001 年）和《全国农产品成本收益资料汇编》（2017 年）。

4. 未来我国水稻将保持安全态势

利用灰色模型对水稻安全进行中长期预测，稻谷产量稳步增加，单产波动趋于平稳，稻谷每亩净利润提高，稻谷化肥施用量增加，进口量与产量比提高，国产与进口稻米价格比进一步增大。预计 2020 年、2025 年和 2030 年我国水稻处于很安全的状态。

二、粮食进口安全预警

（一）粮食进口安全内涵

粮食进口已成为我国粮食安全的重要影响因素。我国是世界上最大的大豆进口国，近年来，玉米以及国产玉米的替代品进口量增加，稻米、小麦已经连续多年净进口。在中国农业对外开放的新格局下，以"创新、协调、绿色、开放、共享"发展理念为引领，按照"适度进口"粮食安全新战略要求，我国粮食进口安全的内涵包括三个方面。

第一，分粮食品种确保合理的粮食自给率。我国口粮应保持 95% 自给率，充分满足国内城乡居民需求。饲料粮适度进口，其中，大豆在现有进口水平上，争取逐步减量，降低依赖国际市场带来的风险。

第二，粮食有一定的贸易竞争力。当前我国粮食供求的主要矛盾已变为结构性矛盾，其中一个主要原因是农业综合效益不高、国际竞争力不强。与国际市场价格进行比较，2015 年，我国谷物的价格水平比国际市场平均高出 30%～50%，大豆高出 40%～50%。这种状况为国外粮食长驱直入进入国内提供了便利条件，导致大豆国内供给不足，依赖国际市场，玉米及玉米替代品大量进口，国产玉米满仓的局面。如果贸易竞争力长期下降，可能对我国粮食进口安全产生影响。

第三，粮食进口的可得性。当我国粮食供需出现缺口时，能否及时按照粮食品种和数量从国际市场进口，直接关系到我国的粮食安全。受到各国粮食生产和消费情况，以及粮食安全政策影响，在国际市场上，各国提供的粮食交易数量是有限的，我国某种粮食进口量在世界进口总量中所占份额较大时，进口的可获得性会降低。

（二）粮食进口安全的预警指标

根据粮食进口安全的内涵，从粮食自给率、粮食贸易竞争力和粮食进口可获得性三个方面确定粮食进口安全预警指标层次（见表 13 – 20）。

表 13 – 20　　　　　　　　　　粮食进口安全预警指标层次

目标	一级指标	二级指标
粮食进口安全（A'）	粮食自给率（B'_1）	水稻自给率（C'_1）
		小麦自给率（C'_2）
		玉米自给率（C'_3）
		大豆自给率（C'_4）
	贸易竞争力（B'_2）	国产大米与进口大米价格比（C'_5）
		国产小麦与进口小麦价格比（C'_6）
		国产玉米与进口玉米价格比（C'_7）
		国产大豆与进口大豆价格比（C'_8）
	可获得性（B'_3）	稻米进口量占世界总进口量的比例（C'_9）
		小麦进口量占世界总进口量的比例（C'_{10}）
		玉米进口量占世界总进口量的比例（C'_{11}）
		大豆进口量占世界总进口量的比例（C'_{12}）

第一，粮食自给率（B'_1）指标。粮食自给率是衡量粮食进口安全的根本因素，反映粮食进口安全的指标主要有 4 个：水稻自给率（C'_1）、小麦自给率（C'_2）、玉米自给率（C'_3）和大豆自给率（C'_4）。

第二，贸易竞争力（B'_2）指标。这里主要从国内、国际粮食价格比较上来反映贸易竞争力。主要指标有：国产大米与进口大米价格比（C'_5）、国产小麦与进口小麦价格比（C'_6）、国产玉米与进口玉米价格比（C'_7）和国产大豆与进口大豆价格比（C'_8）。

第三，可获得性（B'_3）指标。若想在国际市场上进口到粮食，进口量在世界上的份额是必须考虑的因素。因此，这里选择的指标是：稻米进口量占世界总进口量的比例（C'_9）、小麦进口量占世界总进口量的比例（C'_{10}）、玉米进口量占世界总进口量的比例（C'_{11}）和大豆进口量占世界总进口量的比例（C'_{12}）。

（三）粮食进口安全综合系数模型及系数测算

1. 粮食进口安全综合系数模型

这里继续采用综合系数法建立模型和测算。以粮食自给率、贸易竞争力、可获得性等一级指标，以及其项下的二级指标值为基数，以德尔菲法和判断矩阵检验得出的预警指标权重值，建立粮食进口安全综合系数模型：

$$K' = \sum_{i=1}^{n} M_i' W_i' \qquad (13.9)$$

其中，K' 为粮食进口安全综合系数，M_i' 为各项指标值，W_i' 为各项指标的权重。$i = 1, 2, 3, \cdots, n$，n 为指标总数。

2. 粮食进口安全各级指标的权重

利用 AHP 层次分析法确定粮食进口安全各级指标权重。请专家根据经验分别对粮食进口安全预警一级指标和二级指标的权重赋值。在对表 13 – 20 中的一级、二级指标赋值时，依然遵循前面提到的基本原则，请专家依据两两指标对比的重要程度赋值。在此基础上，使用 Matlab 软件，分别对一级指标项下的二级指标权重值进行判断矩阵检验。对未经过一致性检验的矩阵，再与专家研究调整权重值，直到通过判断矩阵检验。根据确定的粮食进口安全一级指标和二级指标权重，需要计算出每个二级指标在粮食进口安全中的综合权重，从而为测算粮食进口安全综合系数提供科学依据。测算粮食进口安全一级、二级指标的判断矩阵，每个矩阵都通过了一致性检验。

表 13 – 21 中，B_1' 表示粮食自给率，B_2' 表示贸易竞争力，B_3' 表示可获得性。这 3 个指标都是正向指标。在粮食进口安全中所占的权重分别是 0.09、0.13 和 0.79。检验结果 CR = 0.0659，矩阵通过了一致性检验。

表 13 – 21　　　　　　粮食进口安全一级指标相对重要性判断矩阵及检验结果

指标	B_1'	B_2'	B_3'	权重	λ	CR	一致性检验
B_1'	1	8	7	0.09			
B_2'	1/8	1	2	0.12	3.0764	0.0659	通过
B_3'	1/7	1/2	1	0.79			

表 13 – 22 中，C_1' 是水稻自给率，C_2' 是小麦自给率，C_3' 是玉米自给率，

C_4' 是大豆自给率。这 4 个指标都是正向指标。4 种作物的自给率越高，我国总体粮食自给率也越高。水稻自给率（C_1'）、小麦自给率（C_2'）、玉米自给率（C_3'）和大豆自给率（C_4'）在粮食自给率中所占的权重分别是 0.35、0.31、0.22 和 0.18。检验结果 CR = 0.095，矩阵通过了一致性检验。

表 13 - 22　粮食进口安全二级指标粮食自给率相对重要性判断矩阵及检验结果

指标	C_1'	C_2'	C_3'	C_4'	权重	λ	CR	一致性检验
C_1'	1	9	5	8	0.32			
C_2'	1/9	1	2	3	0.31	4.2564	0.095	通过
C_3'	1/5	1/2	1	3	0.22			
C_4'	1/8	1/3	1/3	1	0.15			

表 13 - 23 中，C_5' 是国产大米与进口大米价格比，C_6' 是国产小麦与进口小麦价格比，C_7' 是国产玉米与进口玉米价格比，C_8' 是国产大豆与进口大豆价格比。这 4 个指标是负向指标。国内国际价格比越高，贸易竞争力越低。国产大米与进口大米价格比（C_5'）、国产小麦与进口小麦价格比（C_6'）、国产玉米与进口玉米价格比（C_7'）和国产大豆与进口大豆价格比（C_8'）在我国粮食贸易竞争力中的重要性权重分别是 0.73、0.15、0.07 和 0.05。检验结果 CR = 0.0679，矩阵通过了一致性检验。

表 13 - 23　粮食进口安全二级指标贸易竞争力相对重要性判断矩阵及检验结果

指标	C_5'	C_6'	C_7'	C_8'	权重	λ	CR	一致性检验
C_5'	1	7	5	1/6	0.73			
C_6'	1/7	1	5	1/6	0.15	4.1833	0.0679	通过
C_7'	1/5	1/5	1	1/3	0.07			
C_8'	6	6	3	1	0.05			

表 13 - 24 中，C_9' 是稻米进口量占世界总进口量的比例，C_{10}' 是小麦进口量占世界总进口量的比例，C_{11}' 是玉米进口量占世界总进口量的比例，C_{12}' 是大豆进口量占世界总进口量的比例。这 4 个指标也是负向指标。我国粮食进口量占世界总进口量比例越大，粮食的可获得性越小。稻米进口量占世界总进口量的比例（C_9'）、小麦进口量占世界总进口量的比例（C_{10}'）、玉米进口量占世界总进口量的比例（C_{11}'）和大豆进口量占世界总进口量的比例（C_{12}'）

在粮食可获得性中的重要程度权重分别是 0.10、0.08、0.13 和 0.69。检验结果 CR = 0.0966，矩阵通过了一致性检验。

表 13 – 24   粮食进口安全二级指标可获得性相对重要性判断矩阵及检验结果

指标	C_9'	C_{10}'	C_{11}'	C_{12}'	权重	λ	CR	一致性检验
C_9'	1	9	7	5	0.10			
C_{10}'	1/9	1	2	2	0.08	4.2608	0.0966	通过
C_{11}'	1/7	1/2	1	2	0.13			
C_{12}'	1/5	1/2	1/2	1	0.69			

综合一级指标权重值，以及各一级指标项下二级指标权重值，可得出粮食进口安全 12 个二级指标的综合权重（见表 13 – 25）。

表 13 – 25   粮食进口安全预警指标综合权重

目标	一级指标	二级指标	二级指标综合权重
粮食进口安全（A'）	粮食自给率（B_1'）（0.08）	水稻自给率（C_1'）（0.32）	0.03
		小麦自给率（C_2'）（0.31）	0.03
		玉米自给率（C_3'）（0.22）	0.02
		大豆自给率（C_4'）（0.15）	0.01
	贸易竞争力（B_2'）（0.13）	国产大米与进口大米价格比（C_5'）（0.73）	0.09
		国产小麦与进口小麦价格比（C_6'）（0.15）	0.02
		国产玉米与进口玉米价格比（C_7'）（0.07）	0.01
		国产大豆与进口大豆价格比（C_8'）（0.05）	0.01
	可获得性（B_3'）（0.79）	稻米进口量占世界总进口量的比例（C_9'）（0.10）	0.08
		小麦进口量占世界总进口量的比例（C_{10}'）（0.08）	0.06
		玉米进口量占世界总进口量的比例（C_{11}'）（0.13）	0.10
		大豆进口量占世界总进口量的比例（C_{12}'）（0.69）	0.54

3. 粮食进口安全综合系数测算

（1）粮食进口安全预警指标数据及来源。根据前述粮食进口安全相关 12 个预警指标，这里对 2000 ~ 2016 年相应各指标数据进行了整理计算（见表 13 – 26），原始数据来源于联合国粮农组织（FAO）数据库和海关数据库。4 种粮食作物自给率是各种粮食作物总产量占其需求量的百分比。在这里需求量以实际消费量来表示，4 种粮食作物的需求量计算公式是：需求量 = 产量+进口量−库存−出口量。其中，2014～2016 年 4 种粮食作物的自给率是根据 FAO 数据库 2000～2013 年的数据，依据自给率的年均变化率测算得出。此外，关于 4 种粮食作物国产与进口价格比这一指标，进口价格根据海关年鉴各品种粮食进口额与进口量的比值得出。

表 13−26　　　　　　　　　　　粮食进口安全预警指标数据

年份	C_1' 水稻自给率（%）	C_2' 小麦自给率（%）	C_3' 玉米自给率（%）	C_4' 大豆自给率（%）	C_5' 国产大米与进口大米价格比	C_6' 国产小麦与进口小麦价格比	C_7' 国产玉米与进口玉米价格比	C_8' 国产大豆与进口大豆价格比	C_9' 稻米进口量占世界总进口量的比例（%）	C_{10}' 小麦进口量占世界总进口量的比例（%）	C_{11}' 玉米进口量占世界总进口量的比例（%）	C_{12}' 大豆进口量占世界总进口量的比例（%）
2000	105.9	110.1	135.8	53.5	0.4	0.7	0.4	1.3	2.6	1.8	6.1	26.3
2001	113.3	120.1	110.2	47.7	0.4	0.7	1.2	1.2	2.6	1.5	6.5	28.6
2002	114.9	124.3	119.1	57.9	0.4	0.8	0.6	1.2	2.6	1.5	5.8	24.4
2003	125.7	136.3	145.1	39.0	0.6	0.8	0.1	1.4	2.8	1.5	5.7	35.3
2004	102.0	98.5	99.2	44.5	0.9	0.8	0.5	1.3	4.6	7.1	6.0	38.2
2005	99.5	99.1	104.6	35.0	0.8	0.8	0.5	1.4	3.3	4.0	5.8	43.5
2006	102.3	97.5	91.4	33.9	0.8	1.0	1.4	1.6	4.0	1.2	5.5	46.3
2007	100.4	100.3	97.8	29.3	0.5	1.0	1.0	1.5	3.1	1.2	4.3	44.6
2008	100.2	92.9	93.4	26.4	0.4	1.0	0.9	0.9	2.3	0.8	4.1	50.0
2009	100.0	90.6	94.2	23.9	0.5	1.2	1.0	1.3	2.7	1.5	4.7	55.6
2010	99.9	93.2	92.5	19.6	0.4	1.3	1.0	0.9	2.7	1.6	6.1	59.8
2011	99.6	102.9	93.3	21.1	0.6	0.6	1.0	1.4	3.0	1.8	5.5	60.0
2012	94.9	95.8	91.2	17.6	0.9	1.1	1.2	1.4	7.4	3.1	8.1	62.6
2013	95.7	93.3	93.3	15.5	1.0	1.0	1.7	1.1	7.2	4.2	6.1	63.6
2014	95.9	94.1	92.0	14.3	1.0	1.2	1.6	1.5	7.9	2.5	4.9	63.4
2015	96.1	94.8	90.7	13.2	1.0	1.3	1.9	1.9	9.7	2.6	6.2	64.5
2016	96.3	95.5	89.4	12.2	1.2	1.2	1.0	1.2	10.5	2.6	5.0	64.9

资料来源：联合国粮农组织（FAO）数据库和海关数据库。

（2）粮食进口安全预警指标数据的标准化。与水稻安全预警指标数据标准化方法相同，将粮食进口安全 12 个二级指标数据归一化为标准正态分布（见表 13−27）。

表 13 - 27   粮食进口安全预警指标数据标准化

年份	C_1'	C_2'	C_3'	C_4'	C_5'	C_6'	C_7'	C_8'	C_9'	C_{10}'	C_{11}'	C_{12}'
2000	2.41	2.60	4.04	3.63	0.91	0.91	0.77	1.90	1.26	1.62	2.46	0.42
2001	3.31	3.38	2.50	3.23	0.91	0.91	2.43	1.49	1.26	1.43	2.89	0.58
2002	3.50	3.70	3.04	3.93	0.91	1.34	1.19	1.49	1.26	1.43	2.14	0.29
2003	4.81	4.63	4.61	2.64	1.65	1.34	0.15	2.31	1.33	1.43	2.03	1.05
2004	1.94	1.71	1.83	3.01	2.76	0.91	0.98	1.90	1.98	5.04	2.35	1.25
2005	1.64	1.75	2.16	2.36	2.39	1.34	0.98	2.31	1.51	3.04	2.14	1.62
2006	1.98	1.63	1.36	2.29	2.39	2.20	2.84	3.13	1.76	1.24	1.82	1.82
2007	1.74	1.84	1.75	1.97	1.28	1.34	2.01	2.72	1.44	1.24	0.53	1.70
2008	1.72	1.27	1.48	1.78	0.91	2.20	1.81	0.26	1.15	0.98	0.32	2.08
2009	1.70	1.09	1.53	1.60	1.28	3.06	2.01	1.90	1.29	1.43	0.96	2.47
2010	1.68	1.29	1.43	1.31	0.91	3.49	1.81	0.26	1.29	1.50	2.46	2.76
2011	1.65	2.05	1.48	1.41	1.65	0.48	2.01	2.31	1.40	1.62	1.82	2.77
2012	1.08	1.50	1.35	1.17	2.76	2.63	2.43	2.31	3.00	2.46	4.60	2.96
2013	1.17	1.30	1.48	1.03	3.13	2.20	3.46	1.08	2.93	3.17	2.46	3.03
2014	1.20	1.36	1.40	0.95	3.13	3.06	3.25	2.72	3.18	2.08	1.17	3.01
2015	1.22	1.42	1.32	0.87	3.13	3.49	3.87	4.37	3.84	2.14	2.57	3.09
2016	1.25	1.47	1.24	0.80	3.87	3.06	2.01	1.49	4.13	2.14	1.28	3.12

（3）粮食进口安全综合系数测算。由于 12 个指标对粮食进口安全的贡献程度不同，在进行粮食进口安全综合评价时，使用加权合成法测算粮食进口综合安全系数（见式 13.9）。在计算过程中，考虑指标的正向和负向差别。2000～2016 年粮食进口安全综合系数结果如表 13 - 28 所示。

表 13 - 28   粮食进口安全综合系数

年份	C_1'	C_2'	C_3'	C_4'	C_5'	C_6'	C_7'	C_8'	C_9'	C_{10}'	C_{11}'	C_{12}'	粮食进口安全综合系数
2000	0.06	0.06	0.07	0.04	0.09	0.02	0.01	0.01	0.10	0.10	0.25	0.23	2.44
2001	0.08	0.08	0.04	0.04	0.09	0.02	0.02	0.01	0.10	0.09	0.29	0.31	2.32
2002	0.09	0.09	0.05	0.05	0.09	0.03	0.01	0.01	0.10	0.09	0.22	0.15	2.59
2003	0.12	0.11	0.08	0.03	0.16	0.03	0.00	0.02	0.10	0.09	0.21	0.56	2.19
2004	0.05	0.04	0.03	0.04	0.26	0.02	0.01	0.01	0.15	0.31	0.24	0.67	1.48
2005	0.04	0.04	0.04	0.03	0.23	0.03	0.01	0.01	0.12	0.19	0.22	0.87	1.48
2006	0.05	0.04	0.02	0.03	0.23	0.04	0.03	0.02	0.14	0.08	0.18	0.98	1.45
2007	0.04	0.05	0.03	0.02	0.12	0.03	0.02	0.02	0.11	0.08	0.05	0.91	1.80

续表

年份	C_1'	C_2'	C_3'	C_4'	C_5'	C_6'	C_7'	C_8'	C_9'	C_{10}'	C_{11}'	C_{12}'	粮食进口安全综合系数
2008	0.04	0.03	0.03	0.02	0.09	0.04	0.02	0.00	0.09	0.06	0.03	1.12	1.68
2009	0.04	0.03	0.03	0.02	0.12	0.06	0.02	0.01	0.10	0.09	0.10	1.33	1.29
2010	0.04	0.03	0.03	0.02	0.09	0.07	0.02	0.00	0.10	0.09	0.25	1.49	1.01
2011	0.04	0.05	0.03	0.02	0.16	0.01	0.02	0.00	0.11	0.10	0.18	1.49	1.05
2012	0.03	0.04	0.02	0.01	0.26	0.05	0.02	0.00	0.23	0.15	0.47	1.59	0.31
2013	0.03	0.03	0.02	0.01	0.30	0.04	0.03	0.01	0.23	0.20	0.25	1.63	0.42
2014	0.03	0.03	0.02	0.01	0.30	0.06	0.03	0.02	0.25	0.13	0.12	1.62	0.58
2015	0.03	0.04	0.02	0.01	0.30	0.07	0.04	0.03	0.30	0.13	0.26	1.66	0.32
2016	0.03	0.04	0.02	0.01	0.37	0.06	0.02	0.01	0.32	0.13	0.13	1.68	0.38

（四）粮食进口安全警限设定及警情分析

1. 粮食进口安全警限设定

假定各年粮食进口安全综合系数服从正态分布，按照正态分布原理，粮食进口安全综合系数应主要分布在均值附近，离均值越远，发生的可能性越小，表12－28中的数据均值为1.34，标准差为0.77。以1倍标准差作为粮食进口安全异常的基准，粮食进口综合安全系数（K）介于0.77～2.11时，我国粮食进口处于安全状态。以2倍标准差作为粮食进口安全超异常的基准，粮食进口综合安全系数（K）介于0～0.77时，我国粮食进口处于不安全状态；粮食进口综合安全系数（K）介于2.11～2.88时，我国粮食进口处于很安全状态；当粮食进口综合安全系数（K）>2.88时，我国粮食进口处于极其安全状态；当粮食进口综合安全系数（K）<0时，我国粮食进口处于危险状态（见表13－29）。

表13－29   粮食进口安全警限

粮食进口综合安全系数	安全状态
>2.88	非常安全
2.11～2.88	很安全
0.77～2.11	安全
0～0.76	不安全
<0	危险

2. 粮食进口综合安全警情分析

根据设定的警限，2012 年以来，我国粮食进口安全状态欠佳，此前大部分年份粮食进口处于安全或很安全状态。根据测算，2012～2016 年，我国粮食进口处于不安全状态，粮食进口安全综合系数仅仅为 0.31～0.58。2004～2011 年，我国粮食进口处于安全状态，粮食进口安全综合系数介于 1.01～1.8。2000～2003 年，我国粮食进口处于很安全状态，粮食进口安全综合系数介于 2.19～2.59（见表 13－30）。

表 13－30　　　　　　　　　　粮食进口安全综合系数排序

年份	粮食进口安全综合系数	排名	安全状态
2002	2.59	1	很安全
2000	2.44	2	
2001	2.32	3	
2003	2.19	4	
2007	1.80	1	安全
2008	1.68	2	
2004	1.48	3	
2005	1.48	4	
2006	1.45	5	
2009	1.29	6	
2011	1.05	7	
2010	1.01	8	
2014	0.58	1	不安全
2013	0.42	2	
2016	0.38	3	
2015	0.32	4	
2012	0.31	5	

（五）2020 年、2025 年和 2030 年粮食进口安全警情预测

粮食进口安全不仅涉及国内粮食生产、消费，还受到国际市场粮食供应量、粮食价格等多种因素影响。这些因素同样包含着已知信息和不确定信息，对粮食进口安全进行预测，符合灰色预测的条件。这里所使用的灰色预测模

型 GM（1，1），与前面的口粮安全预警中的模型一致。因此，省略对该模型的详细描述。

1. 指标预测

依据表 13 - 26 中的数据，分别预测 2017 ~ 2030 年 12 个指标的相应数值。经过模型检验为合格。将各指标在 2020 年、2025 年和 2030 年三个预测值汇总（见表 13 - 31）。由于 12 个指标数据的年际变动轨迹不同，在对各指标预测时，利用 2000 ~ 2016 年的数据，并不能都通过检验。这里以预测检验通过为基本准则，对 2000 ~ 2016 年的数据进行了筛选。选择原则是必须采用最新数据，尽量兼顾历史较远的数据。另外，为了使预测结果更加贴近未来的可能性，对于大豆进口量占世界总进口量的比例 C'_{12} 按照其年均变动率进行预测。这里主要说明稻米自给率的预测结果，其他指标预测与此类似。

表 13 - 31　　　　　　　　　粮食进口二级指标预测结果

年份	水稻自给率（%）	小麦自给率（%）	玉米自给率（%）	大豆自给率（%）	国产大米与进口大米价格比	国产小麦与进口小麦价格比	国产玉米与进口玉米价格比	国产大豆与进口大豆价格比	稻米进口量占世界总进口量的比例（%）	小麦进口量占世界总进口量的比例（%）	玉米进口量占世界总进口量的比例（%）	大豆进口量占世界总进口量的比例（%）
2020	87.2	81.0	77.5	8.0	1.8	1.4	2.0	1.3	14.2	4.9	4.5	74.2
2025	81.4	73.5	69.5	4.8	2.9	1.7	2.7	1.2	25.5	6.8	3.7	76.8
2030	76.1	66.7	62.4	2.9	4.9	2.0	3.6	1.1	45.8	9.5	3.1	66.3
使用的数据年份或方法	2001 ~ 2016 年	2004 ~ 2016 年	2001 ~ 2016 年	2001 ~ 2016 年	2005 ~ 2016 年	2011 ~ 2016 年	2003 ~ 2016 年	2015 ~ 2016 年	2000 ~ 2016 年	2006 ~ 2016 年	2013 ~ 2016 年	按年均变动率预测

水稻自给率（C'_1）的预测。运用 2000 ~ 2016 年稻谷自给率数据，使用 Matlab 软件，运行灰色预测模型，时间变量设定到 2030 年。模型检验结果：均方差比值 $C = 0.62312$。由于 $0.5 < C \leqslant 0.65$，则此模型精度等级为 3 级（勉强）；小误差概率 $P = 0.82353$，由于 $0.80 \leqslant P < 0.95$，则此模型精度等级为 2 级（合格）；发展系数 $a = 0.013694$，灰作用量 $b = 115.3554$，此模型适合用于中长期预测。水稻自给率预测值为 2020 年 87.2%，2025 年 81.4%，2030 年 76.1%。

2. 粮食进口安全综合系数及警度预测

依据式（13.10）测算 2018 ~ 2030 年粮食进口安全综合系数。其中，M_i

是 2018 ～ 2030 年的 12 个指标的预测值，W_i 是 12 个指标对于粮食进口安全重要程度的综合权重值。选出预测年份的结果，并按照前面设定的警限，对粮食进口安全程度进行判断（见表 13 – 32）。预计 2020 年、2025 年和 2030 年我国粮食进口安全综合系数分别为 0.74、0.54 和 0.46，2020 年、2025 年和 2030 年粮食进口为不安全状态。

$$K = \sum_{i=18}^{31} M_i W_i \tag{13.10}$$

表 13 – 32   粮食进口综合安全系数预测结果

年份	粮食进口综合安全系数	安全程度
2020	0.74	不安全
2025	0.54	不安全
2035	0.46	不安全

（六）小结

本部分研究通过建立粮食进口安全综合模型，从粮食自给率、贸易竞争力、可获得性三个方面，对我国粮食进口安全状况进行了分析。将评价粮食进口安全状况的这三方面内容进一步细化为若干个具有代表性的可数据化、可衡量具体指标，形成了粮食进口安全预警指标层次图。运用 AHP 层次分析法，确定了反映各层次指标在粮食进口安全中重要性的权重。利用综合系数法，得出 2000 ～ 2016 年我国粮食进口安全综合系数，并对此期间我国粮食进口安全状况进行了评价。在此基础上，利用灰色预测法，对 2020 年、2025 年和 2030 年我国粮食进口安全状况进行了预测。

1. 自给率降低，内外价格比增大，进口在全球份额扩大

从粮食进口安全评价指标变化看，2000 ～ 2016 年，自给率均表现出下降。但作为口粮的水稻和小麦自给率并未跌破 95%。口粮保持在我国粮食安全基准线上。饲料粮自给率中，大豆自给率下降最快，由 53.5% 降到 12.2%。所有作物进口量在全球市场进口量的比例都有所提高。特别是大豆，由 26.3% 增加到 64.9%。

2. 近年来，我国粮食进口安全状态欠佳

根据设定的警限，粮食进口安全综合系数进入不安全范围。原因主要来

自多年来我国畜牧业的发展，人们对植物蛋白及植物油需求增加，而由于国内大豆生产成本、价格等原因，产量徘徊不前。大豆缺口只能由进口弥补。而正是由于大豆的供需矛盾非常突出，预计未来一段时间内，我国仍然将依赖大量的进口，以维持国内的消费水平。

3. 未来我国粮食进口不安全

利用灰色模型对粮食水稻安全进行中长期预测，自给率继续降低，国内生产者价格与进口价格比继续提高，进口量占世界总进口量比例保持增大。预计 2020 年、2025 年和 2030 年我国粮食进口处于不安全状态，值得引起高度关注，需采取政策措施，确保实现我国粮食进口安全。

三、政策建议

1. 优化粮食品种结构和粮食产能

随着我国城乡居民温饱问题的基本解决，人们的饮食消费发生了明显变化。消费者对粮食的品质要求不断提高，应坚持水稻、小麦等口粮基本自给，并减少无效及低档供给。顺应市场需求，生产适销对路粮食。各地区应该根据自身资源条件，积极推广适合本地区的新型品种，一方面充分利用当地的自然资源条件，培育具有地方性特色的品种；另一方面也要满足市场多样化的要求，及时把握市场转变的方向。大力推广优质小麦、玉米、大豆的生产，坚持优胜劣汰的原则，组织种粮大户和龙头企业签订合同，生产和销售相结合，引导当地农民按照市场的需求进行种植。

2. 大力建设高标准农田，转变粮食生产方式

在我国粮食生产优势区域，采取生产基地的模式，改善当地生产经营的基本条件，提高科技水平，引进先进的管理理念和生产技术，推进规模化、标准化管理模式。在大力发展优质、高产粮食品种的同时，也注重当地生态环境的治理，避免环境污染，实现可持续发展。加强重大生态工程建设，实现粮食生产中化肥农药使用量零增长；切实治理解决农业资源环境突出问题；全面推进粮食产业废弃物资源化利用，让透支的资源环境得以休养生息；大力推进粮食产业标准化生产，提高粮食及加工品质量安全；建立以绿色生态为导向的粮食生产补贴机制；积极稳妥扩大休耕轮作制度试点；大规模实施节水工程；加快完善国家支持农业节水政策体系；发展清洁环保、节能减排、节粮减损的粮食行业循环经济。

3. 大力推进粮食产业科技创新

加强种业科技创新。种业是粮食产业的基础，要加大国家对粮食品种选育的支持力度。要调整粮食供给结构，加大农机装备的研究开发力度。加大粮食生产安全投入品的研发和应用，改善生态环境，提高粮食品质，保障食品安全。加快健全粮食生产装备技术体系，大力发展粮食生产、加工、储藏等方面的新技术和适宜装备。加强食品制造业科技创新，开发营养健康产品。

大力推进农业科技创新与推广。加强种业等基础性重大科技的联合攻关和科技成果转化平台建设；推进种业科研成果权益改革，落实科研人员权益分享、持股兼职等激励政策；推进基层农技推广体系改革，促进公益性机构和经营性组织协同发展。

4. 推动国内粮食安全储备体系建设

要想保障国内粮食安全，目前看来比较有效的措施是主动建设国内粮食安全储备体系，通过粮食安全储备体系应对可能出现的各种风险挑战。粮食安全储备体系应综合考虑粮食的生产安全、消费安全、市场稳定等因素，形成全面、高效的粮食安全预警机制。在突发情况发生时，能够较快为国内粮食安全提供缓冲，稳定国内经济形势。政府应该从全局角度出发，一方面，采取进口粮食管制，减少对国际进口粮食的依赖性；另一方面，要设计粮食安全储备计划，减少成本，实现资源的最优配置。这两方面同时进行，才能够推动国内粮食安全储备体系的顺利建立和完善，保障我国的粮食安全。

5. 完善粮食进口管理制度，确保粮食进口安全

完善粮食进口管理制度，从制度层面为粮食安全提供根本的保障。具体包含两方面的内容。一是建立完善粮食进口相关机制，引进科学透明的制度，合理地进行进口粮食的管理。只有管理制度明晰、管理手段精准、管理方式科学的进口粮食管理机制，才是进口粮食安全的保障。二是形成粮食安全保障的长效机制，通过融资手段、税收补贴等的调整，提升农民和种粮企业的生产积极性，保障其基本权益。

第十四章

国家粮食中长期安全的
战略重点与路径选择

目前，我国粮食综合生产能力稳定提升，农产品供给充足。但由于我国人口基数大且人口数量仍处于持续增长态势，粮食需求量逐步增加。受自然资源条件约束的影响，我国粮食供给与需求"紧平衡"状态凸显，结构性矛盾突出，保证国家粮食中长期安全任务仍然重大。

一、新形势下我国区域粮食安全格局分析

我国是一个以农业为基础的国家，用世界上 7% 的耕地养活了世界上 1/5 的人口。① 虽然近些年我国人口增长速度有所减缓，但是由于 14 亿人的人口基数较大，因此，对粮食的需求量也居高不下。随着经济的发展和科技的进步，我国粮食产业也有了巨大的进步，粮食生产方式也有着较大的创新，自 2004 年开始，我国粮食生产实现了连续 12 年增加。但是，我国粮食生产仍然面临着一些困境，比如粮食生产的比较效益开始下滑、生产成本开始上升，以及耕地质量下降、耕地面积减少、环境不断恶化等，这些都给我国粮食生产带来了很大的阻碍。除此之外，我国粮食种植还存在地区种植结构差异较大，种植方式不合理的现象，粮食储备方面也存在储备规模较大，储备品种

---

① 世界人口日 | 养活全球 20% 的人口仅靠世界 7% 的耕地资源 [EB/OL]. 中国封面，2020 – 07 – 12.

失衡等问题，这些都给我国解决粮食安全带来了严峻的挑战。目前我国粮食安全格局突出特征主要表现为以下五个方面。

1. 粮食生产高产量、高库存、高进口"三高"并存

根据《中国统计年鉴》数据显示，2004～2014年，我国粮食生产实现"十二"连增，2015年仍达到6.21亿吨，2016年降为6.16亿吨，2017年为6.18亿吨。从2013年起，我国粮食生产已经连续5年超过6亿吨。粮食生产持续增长是我国社会经济稳定发展的基石。但值得我们关注的是，我国的粮食产量逐年提升，但是，粮食进口量依然居高不下。以大豆为例，近五年来我国大豆对外的依存度超过了80%，从中我们可以看出粮食的生产和进口之间仍然存在较大的"慢炖"，我国农产品的生产结构仍有待进一步优化。长期以来，我国更重视小麦、玉米和稻谷的生产，而对大豆的重视不足，这导致了大豆的发展逐渐不平衡，而国外的粮食到岸价格又低于国内价格，激发了国内市场进口量一直居高不下，严重危害了我国的粮食安全。另外，在政府最低收购价和临时收储价政策保护下，中国粮食库存量超过2.5亿吨，[①]收储政策也导致了财政负担沉重。

2. 农产品供需结构错位，出现结构性失衡问题

随着我国经济社会的快速发展，人民生活水平不断提高，人们不再单纯地为了解决温饱，而是逐渐地开始追求吃得安全和吃得健康，饮食结构已经发生了很大的变化。但是目前农产品的供给仍然以低档的、原始的产品为主，缺乏多样化、优质化的个性农产品，不能满足消费者的需求，这导致了有的农产品出现滞销的情况，而真正受欢迎的农产品却又供不应求。由于这些结构上的失衡导致农产品供需错位，农业生产和生态功能不能很好地得到发挥，农业新业态不能得到进一步的发展，这在很大程度上限制了我国农业生产和农产品的销售。

3. 农业生产成本"地板"与价格"天花板"两板挤压

近年来，国外大宗农产品的价格持续走低，导致国内大部分品种价格高于国外，出现农产品"价格倒挂"现象。国内农产品价格上涨空间基本封闭，但农产品成本却在不断抬高，"两板挤压"下农民利益越来越低。农产品成本越来越高，主要原因有以下三个方面。一是土地承包经营权流转价格明显提高。二是雇用劳动力成本提高，随着经营规模扩大，种粮大户须雇用

---

① 万吨. 求解2.5亿吨主粮高库存［EB/OL］. 一财网，2016－01－29.

一定数量的短工或长工进行协同生产，但是，近年来农村雇工费用大幅度提高。近几年农村劳动力短缺，在这种待遇下，仍然难以雇到合适的劳动力。大户种粮人工成本已占总成本的 20%～30%，而且还有逐年上升之势。三是获得农业贷款难，目前，农村信贷办理手续复杂，贷款额度小，同时缺乏有效的抵押、质押物，多数种粮大户无法及时从银行获得足够农业生产贷款，转而只能依靠利息远高于银行利率的民间借贷，而"高利贷"往往成为"压倒农民的最后一根稻草"。

4. 农用资源消耗过度、生态破坏和环境污染加重

近年来，我国施行的耕地"占补平衡"政策较好地抑制了耕地持续减少的势头，但是却带来一个新的问题，那就是补充的耕地质量往往不如被占耕地的质量，甚至相差在 2～3 个等级，这导致了农业生产受到一定程度的制约。目前，我国农业生产环境代价越来越大，不仅农业发展不可持续，竭泽而渔的生产方式也与安全、绿色、健康的农产品需求南辕北辙，如化肥和农药过量施用导致农村环境负荷增加，2015 年，我国水稻、玉米、小麦化肥和农药利用率仅为 35.2% 和 36.6%。[①] N、P、K 等营养元素大量流失，造成了极其严重的生态破坏，土壤结构不断被破坏，地力不断下降，大量的农药和化肥的使用也会带来水环境的污染和酸化。部分地区水域甚至出现水体富营养化的严重污染，水源遭到破坏、水质恶化，甚至影响到居民的用水安全。规模化养殖畜禽粪便排放对水环境污染严重，农村废水中 COD、氨氮成为我国水体第一污染源。畜禽废弃物排放不但会造成农村水体富营养化，水质恶化，畜禽粪便中的致病菌，如大肠杆菌、沙门氏菌等，还会经过雨水淋溶进入地表水，通过渗滤污染地下水，严重危害农村居民的健康。

5. 农业科技含量低

中国农业科技支撑能力低。2015 年，13 个主产区省份的平均农业科技进步贡献率为 58.4%，高于全国平均水平 56.0%，但低于主销区 7 个省份平均 63.7%（王一杰等，2018）。提高农业综合生产能力、实现农业提质增效，根本出路在农业科技，粮食主产区应当因地制宜，不断提高农业科技水平的贡献率。目前，我国粮食主产区大部分省份农业科技水平落后于主销区，与发达国家差距更是高达 15 个百分点以上。我国粮食生产科技进步率迫切需要提升。

---

① 我国三大主粮化肥、农药利用率明显提升 [EB/OL]. 新华网，2015–12–02.

二、确保我国粮食中长期安全的战略重点与路径选择

(一) 树立新型的粮食安全观

1. 树立新的国家粮食安全观念

新时代应当全面改变传统的粮食安全观念,不再单单追求粮食产量的提升,而是要同时满足质和量的需求,以应对社会日益增长的粮食需求和自然环境的变化。当前我国新的粮食安全观念应当结合粮食生产和生态改善,促进农业资源转换效率不断提高,促进资源利用高效科学。其内容主要包括:数量平衡安全、质量无害安全、效益递增安全、生态环境安全四大组成部分。它们之间相辅相成,缺一不可。

2. 从 "以主攻粮食产量为重" 的导向转变为 "以保证粮食有效供给为重" 的导向

当前,面对人民日益增长的美好生活需要和不平衡不充分的发展之间的矛盾,我国粮食生产必须从追求高产和增产的 "高产量" 导向转变为调优结构、注重提高品质的 "以粮食有效供给为重" 的发展导向。而粮食的有效供给主要包括有效果、有效率和有效益三大要点。其中,有效果即某种一定量的粮食只有进入消费者口中被真正食用,使其营养被吸收,产生有利于人类正常生长发育的效果,才能算作 "有效果"。若粮食在运输、仓储、加工、食用等过程中因多种原因被损耗、抛弃或浪费;以及粮食中含有超标的重金属和农药残留等物质和因长期存储或其他原因,造成营养价值严重下降或极低等情况均属于无效供给。而有效率是指粮食的生产、运输、加工、存储、营销、食用等各环节都要讲求效率。这些生产与消费链条中各个环节的效率归根结底是农业资源转化为粮食使用价值的转化率。此外,有效益表示粮食供给主要依靠本国的粮食生产。粮食生产作为一种产业,必须努力追求社会效益、经济效益和生态效益的和谐统一。

3. 今后的粮食安全应突出三大有效点

(1) 有效的粮食生产。粮食作为一种特殊商品,要坚持适销对路。从供给侧结构性改革角度出发,今后的粮食生产应从三个方面加强有效供给。第一,提高粮食的营养价值,降低毒害物质的含量,重点关注绿色有机的无公

害粮食。培养和扶持一批具有影响力的粮食品牌，推广中高档的粮食产品。第二，优化粮食品种结构，使之适应城乡居民对粮食的需求，满足最广大人民的需求，注意粮食生产的灵活性，注重种地养地的合理轮作与种养结合，进行粮饲、粮豆、粮经等轮作模式的合理推广。第三，从粮食收割、运输、储存、加工、消费等环节遏止浪费，减少无效损耗，保障粮食有效供给。

（2）有效的粮食进口。在全球化和市场化的背景下，要从宏观上把握我国的粮食供需平衡，根据国内粮食生产情况，利用粮食配额和关税与非关税措施，合理调控各种粮食的进口量。对于我国产能强、库存大的粮食品种，要少进口或不进口，避免出现"进口粮"把"国产粮"挤进仓库积压的怪现象。

（3）有效的粮食储备。继续执行粮食"去库存"政策，从种、产、加、销等环节出发，坚决解决好"超高库存"问题。粮食安全不是"越多越安全"，而是"适量安全，过多会形成新的不安全"。根据我国目前的粮食消费量、粮食产能预测，我们测算我国未来5年的适宜粮食储备量应为1.8亿吨左右（上限2.2亿吨，中值1.7亿吨，下限1.4亿吨）。所以，中储粮等相关部门应做好粮食储存方案的合理调整，可适当加强粮库的现代化建设，提高库存效率，降低储备成本，减少损耗。

（二）深化粮食生产供给侧结构性改革的路径选择

1. 路径一：提升粮食生产资源利用效率

推行绿色生产方式，修复治理生态环境，既要还历史旧账，也为子孙后代留生存和发展空间。一是保障粮食安全的核心是保障粮食生产能力，依法划定的基本农田是一条不能逾越的红线。要严格执行基本农田保护的法律法规，坚决制止城镇化、工业化过程中新的圈地运动。改革土地征用办法，区分经营性用地与公益性用地，提高用地补偿标准，防止农民失地失业。强化土地专项资金的征收管理，主要用于复垦土地，确保补充耕地数量。二是大力发展高效节水农业，扩大农田有效灌溉面积，大力发展高效节水灌溉技术，引入抗旱节水作物品种，积极推广先进节水技术。三是减少农药、化肥等投入品的不合理使用，坚持化肥减量提效、农药减量控害。四是加快修订农兽药残留标准，推进园艺作物标准园、畜禽标准化示范场的建设，努力实现农牧业生产设施、过程和产品的标准化过程。五是开展地膜回收工作。鼓励农户使用可降解农膜，开展残膜回收与综合利用工作，建设一批废旧农膜回收加工试点，鼓励第三方企业加入，实施废旧农膜回收工作。落实畜禽规模养殖环境影响评价制度。六是畜禽废弃物综合利用。推广畜禽规模化、标准化养殖。支持规模化养殖场开展畜禽粪污综合利用。鼓励农家肥积造一体化发展模式。

2. 路径二：优化粮食生产区域布局

2007 年中央一号文件《中共中央 国务院关于积极发展现代农业扎实推进社会主义新农村建设的若干意见》首次提出要"以主体功能区规划为依托，科学合理划定稻谷、小麦、玉米粮食生产功能区和大豆、棉花、油菜籽、糖料蔗、天然橡胶等重要农产品生产保护区""抓紧研究制定功能区建设标准，完善激励机制和支持政策"。2017 年 3 月，国务院印发了《关于建立粮食生产功能区和重要农产品生产保护区的指导意见》，对我国的粮食生产功能区和重要农产品保护区进行了划定和建设，对粮食生产布局进行了优化，主要内容有以下四个方面。一是引导和鼓励粮食生产的集中化，发挥规模经济的优势。促进各地区进行适度的农业生产结构和农业产业布局的调整，引导资金、人才等生产要素的汇聚，形成一定的规模。另外，要鼓励优势项目，放弃发展不良的项目，从而实现资源的最优配置，避免规模经济带来的一些负面影响。各地区应该充分发挥主观能动性，结合自身的气候条件、资源禀赋和经济社会发展现状，结合一些有特色的粮食品种，形成自己的独特竞争力。通过完善的分工和规模化的生产，使资源得到较好的配置，使自身的优势得到较好的展现。二是大力发展粮食产地加工，促进粮食主产区发展。二、三产业发展滞后是粮食主产区发展滞后、农民增收困难的主要原因。因此，要充分发挥粮食主产区粮食产量大的优势，依托原料优势，大力发展粮食加工业，积极延伸粮食产业链，提高粮食产品增值能力。首先，要适应新型城镇化背景下主食产品消费快速化的新特点，大力推进主食工业化，主要是馒头、面条等面食的工业化生产；其次，要加强粮食加工产品的研发，在传统的米、面制品外开发新产品，重点开发高附加值的功能性食品和休闲食品；最后，要加强粮食加工废弃物的开发利用，利用加工副产品生产胚芽油、膳食纤维等产品，提高资源利用率。三是重视粮食生产与资源匹配，促进可持续发展。加强对各地土地资源、水资源调查，摸清家底，引导粮食生产向水土资源丰富的区域集中。加强水资源缺乏的粮食主产区的农业结构调整，黄淮海地区尤其是地下水超采严重的地区可逐步调减高耗水的冬小麦，改种耐旱节水作物和春玉米等雨热同期作物。西北部地区可适当减少高纬度区玉米种植面积，扩大大豆种植面积；东北地区缺水地区应放缓水改旱步伐。大力发展节水农业，加快推进以大中型灌区续建配套和节水改造、末级渠道节水改造为重点的水利基础设施建设，实施支干输水渠道的全面整治，推广喷灌、滴灌、微灌等节水技术，全面提高水资源利用效率。大力保护土地资源。开展土地地力提升，推广施用有机肥、秸秆腐熟还田、秸秆过腹还田、种植绿肥等措施，提高土壤有机质。四是打造品牌，提升粮食主产区价值效益。围绕农产品质量和效益提升，重点扶持一批国家重要农产品品牌，增加市场推广和品牌建设，搭建相关销售平台，不断扩大品牌的市场影响力。组织品牌营销活动，疏通品牌与消费者之间的沟通渠道，开展各种形式的推广活动，不断激发品牌的新功能。鼓励发展农村电子商务，通过专业的培训和经验的交流，促进农村和企业之间的协同合作，给农产品的销售带来更宽的视野，强化农业品牌的推广工作，通过系列的宣传活动，塑造农产品的品牌价值，提升农民的收入水平。

3. 路径三：深化粮食价格形成机制改革

农产品价格是引导生产、调节供求最直接、最管用的信号。政府对关系国计民生的重要农产品市场进行宏观调控是必需的，出发点就是弥补市场机制不足，防止"谷贱伤农"和"米贵伤民"。目标价格不是粮食价格，而是农民应获得补贴的价格。目标价格的作用机制为：当市场价格低于目标价格时，给予农户一定的补贴；当市场价格高于目标价格时，不给予农民补贴。目标价格能够抵御国际市场行为变化的冲击影响，保证本国生产者获得的保护价格不受削弱，从而确保粮食总量平衡、粮食价格稳定以及农户收益率等目标的制定能够真实地反映生产消耗资源成本和合理利润的价格。棉花、大豆目标价格改革3年试点已结束，应评估总结棉花、大豆目标价格改革试点经验，尽早出台后续政策方案。大豆和棉花的后续政策制定要各有侧重，既要与国际规则相符合，又要注意与新政策之间的衔接，不断进行机制创新手段的丰富。要以增产为目标，提高粮食生产的竞争力，稳定粮食生产和市场。

要坚定玉米收储政策"市场定价、价补分离"改革的战略定力，不折不扣落实中央改革部署，确保实施玉米"市场化收购"加"补贴"新机制。我国2016年取消了从2007年起实施的玉米临时收储政策，在东北三省和内蒙古自治区将玉米临时收储政策调整为"市场化收购＋补贴"机制。市场化收购是玉米价格由市场形成，反映市场的供求关系，调节生产与需求，生产者随行就市出售玉米，各类市场主体自主入市收购；"补贴"是建立玉米生产者补贴制度，对东北三省和内蒙古自治区给予一定的财政补贴，用以保持优势产区玉米市场的稳定。"市场化收购＋补贴"实施以来，国家统计局公布的全国粮食生产数据显示，2016 年全国粮食总产量 6.16 亿吨，比 2015 年减少 520 万吨，减少 0.8%。其中，2016 年，我国玉米播种面积为 3676 万公顷，比 2015 年下降 205 万公顷，降幅 5.3%；2016 年，我国玉米产量 2.20 亿吨，比 2015 年减产 503 万吨，减幅 2.9%。

4. 路径四：优化粮食产业链价值链

2015 年中央一号文件《中共中央 国务院关于加大改革创新力度加快农业现代化建设的若干意见》和 2014 年 12 月召开的中央农村工作会议都提出，要把产业链、价值链等现代产业组织方式引入农业，促进一、二、三产业融合互动。当前，我国经济发展步入"提质增效"阶段。只有加快农业发展方式转变，将农业由"一次产业"升级为"三产深度融合"，催生新业态的产生，才能将过去主要追求产量增长的"拼资源、拼环境"粗放式发展，转变到"数量、质量效益并重"的轨道上来，推进农业产业结构的深度调整，从根本上保障现代农业的可持续发展。

5. 路径五：提升粮食科技与装备支撑能力

保证粮食生产安全的重点由产量安全转为能力安全。要以长远的眼光来看待粮食生产，不断增强粮食综合生产能力，提高粮食种植农户的积极性。还要建立农民增收的机制，延长农业产业链，拓宽农民收入渠道，既要保障粮食生产的稳定性，也要满足粮食市场的需求和供给平衡。一是加强耕地资源的利用和保护，严守耕地红线，划定基本农田，加快高标准农田建设，防止城市建设用地过度挤占耕地；二是加强农业基础设施建设，改善农村农业的生活生产条件；三是提高农业科技贡献率，积极鼓励土地集约化利用、合理布局农业生产区域，积极引入农业节水技术，提高农业抗灾减灾能力。强化农业科技自主创新，加快种业体制创新。

第十五章

主要结论与政策建议

一、主要结论

粮食安全始终是关系国民经济发展、社会稳定和国家自立的全局性重大战略问题。2004~2015 年以来，我国粮食生产实现了史无前例的 12 年连增，粮食储备充足，维持着 95% 左右的自给率。但在新形势下，我国粮食问题也呈现了一些新的变化，包括产业比较利益低下、结构性紧缺矛盾突出、国内外价格倒挂等，外加中美贸易摩擦升级诸多不确定因素，我国粮食安全形势不容乐观。以全面推进的农村改革为抓手，运用系统思维，创新性地来审视和研究粮食安全保障体系，将完善国家粮食安全保障体系纳入全面深化改革的宏大背景下，突破了传统粮食安全研究的思维定式，把粮食安全及其保障问题置于新的历史时期中来审视，对于完善国家粮食安全保障体系的研究，具有重要而深远的现实意义。本书以中国进入全面深化改革的战略机遇期和中国粮食安全保障面临新形势作为研究的宏观背景，着重以改革的视角和变革创新的思维，围绕建设和完善国家粮食安全保障体系展开研究。整个研究主要从理论基础、实践检验、案例分析，综合运用发展经济学、农业经济学、产业经济学和粮食经济学的理论与方法，在借鉴国外发达国家建设粮食安全保障体系和我国粮食主产区与主销区保障粮食安全典型案例基础上，重点研究了近年来国家粮食安全保障的现状、发展趋势和存在问题，剖析构建国家粮食安全保障体系的典型案例和难点，以及在改革的视角下，对于面临新形势的中国粮食安全问题应该如何从体制机制方面系统地构建保障体系。研究取得的主要结论如下。

（1）新时代新的粮食安全观念为：在质与量两方面同时满足全社会对粮食日益增长的需求的基础上，改善自然环境，促进生态良性循环，使粮食综合生产能力和农业资源转化效率稳步提升。新粮食安全观包括四大组成部分，即数量平衡安全、质量无害安全、效益递增安全、生态环境安全；突出三大有效点，即有效的粮食生产、有效的粮食进口和有效的粮食储备。

（2）新常态下我国粮食安全保障的战略目标为：以推进农业供给侧结构性改革为主线，重点增加绿色优质粮食产品供给、有效促进种粮农民持续增收和保障粮食质量安全，坚守耕地红线，依靠科学技术，提高粮食综合生产能力，推动粮食产业创新发展、转型升级和提质增效，从粮食生产、储备、流通、风险防范环节全面构建符合我国国情和粮情的粮食安全保障体系，具体目标包括：一是建立稳产、高产、优质、持续的新型粮食生产体系；二是建立合理、科学、安全、先进的新型粮食储备体系；三是建立低碳、低耗、高效、现代的新型粮食流通体系；四是建立适用、权威、系统、灵敏的新型风险防范体系。

（3）2000～2014年，我国稻谷、小麦和玉米产量都实现了增长，玉米已经超过稻谷成为粮食产量中占比最高的粮食品种，大豆产量减少。但从消费方面看，我国城乡居民大米和小麦消费日益减少，并且减少幅度均超过了稻谷和小麦增产幅度，玉米和大豆间接消费不断增加。分区域来看，2000～2014年，我国稻谷主产区向东北区转移，小麦生产集中度提高，玉米主产区向东北和西北延展，大豆生产蒙新区是亮点。从消费端来看，主要消费区稻谷和小麦消费增加。通过将粮食生产重心与粮食消费重心进行叠置分析可以发现，我国稻谷、玉米和小麦的生产重心位于消费重心的北边。

（4）2004～2015年，粮食主产区粮食综合生产能力总体上均呈现上升的趋势，粮食综合生产能力综合指数从56.23提高到65.30，比2004年提高16.13%。粮食主产区的粮食综合生产能力、自然资源水平和粮食产出能力远远高于非粮食主产区。分省份来看，粮食主产区粮食综合生产能力的排序呈现动态变化，能力较强且保持稳定的有黑龙江、吉林和江苏，能力排名提高较快的有内蒙古、河北和河南，能力排名下降较快的是四川和江西。

（5）对河南唐河县小麦成本收益的分析发现，唐河县小麦生产成本、土地成本不断上升，而小麦种植的比较收益下降，导致小麦生产成本收益率有所降低，小麦生产节本增效面临着重重困难，究其制约唐河县小麦节本增效的主要因素有：农资市场不规范，生产要素价格迅速攀升；小麦品种混杂，农产品市场竞争力弱；经营管理粗放，资源浪费严重；土地流转进程缓慢，土地租金价格高。

（6）对湖南水稻成本收益的分析发现，湖南水稻节本增效效果明显，投入产出相对较高。通过对家庭农场种双季稻的纯收益和种粮小户水稻生产纯收益进行对比分析可见，家庭农场收入主要凭借着农户实行规模经营，种植面积大，将流转的土地集中管理产生经济效益，但是，土地租金不断攀升、生产成本高是制约家庭农场种粮积极性的重要因素。从小规模农户纯收益看，粮食收入是家庭收入的主要来源，节本增效对农户增加纯收入有着重要的作用，农户必须通过精细化管理实现农业经济增长。

（7）通过对我国13个粮食主产省份农村生产环境质量综合评价可以发现，粮食主产区山东和河南农村生态环境质量最差，其主要原因在于农业发展体量大，但生产方式粗放，单位耕地面积的化肥、农药及地膜施用强度很大，流失率也很高，造成农村单位耕地面积污染承载力很高。内蒙古、四川和东北三省农村生态环境质量相对较好，主要原因在于这些省份地域面积大，农村环境容量大，农业污染排放对土地和水资源的压力较小。

（8）粮食主产区农村生态环境质量与经济发展水平呈倒"U"型曲线关系，农村生态环境综合指数、COD、氨氮、总磷、总氮与经济发展的关系通过二次估计模型验证，符合EKC假说，表明随着经济水平的增长，我国农村生态环境质量将呈现先恶化后好转的变化态势。我国农村生态环境质量好转的拐点为人均GDP 81151元/人（2000年不变价），主产区13个省份处于拐点左侧，尚未达到拐点。

（9）以2012年和2015年的数据为例，从地区生产总值、人均收入、财政税收等指标衡量主产区和主销区经济发展水平差距。研究发现，粮食生产多、可调出比重多的主产省份并不是经济发展最快、农业经济增加值最高的省份。粮食主销区的城镇居民人均可支配收入、农民人均纯收入高于主产区，打击了种粮农民的生产积极性。由于种粮并不能给地方政府带来丰厚的财政收入，导致农业大省均为财政穷省，使得产粮大省缺乏财力对农业事务进行投入，不利于我国粮食长期可持续发展。

（10）2004～2015年，与粮食主产区、粮食产需平衡区相比，主销区的粮食播种面积，以及粮食产量在全国的比例都明显降低，粮食生产能力正在减弱。但是，主销区的人口数量占全国总人口比例逐步提高，城镇化程度也高于全国平均水平，主销区居民对粮食的需求必然不断增大。主销区居民粮食消费占全国粮食消费总量比例提高，特别是间接粮食消费量占比增加。

（11）对7个主销区的面板数据建立随机效应模型，并进行回归分析发现，粮食产量与主销区粮食产需平衡缺口存在负相关；口粮消费量、间接粮食消费量和城镇人口比例与主销区粮食产需平衡缺口存在正相关。主销区居民膳食结构的改变，城镇化发展，会促进粮食缺口不断扩大。提升主销区粮食生产能力主要从建立保障主销区一定粮食生产能力的机制、完善粮食生产投入机制、发展粮食适度规模经营机制、强化粮食生产科技支撑机制、建立粮食保险机制实现机制五个方面着手，具体表现为强化粮食安全监管机制、财政投入刚性增长、推动土地流转、建立产学研结合平台、加大粮食作物保险支持力度等。

（12）通过协整检验表明，稻谷、小麦、玉米储备变动与稻谷价格变动之间存在稳定的长期均衡关系。格兰杰因果检验表明，稻谷价格变动不是稻谷储备变动的格兰杰原因，从脉冲分析可以发现，在短期内，粮食主要品种的储备变动受价格变动的影响，价格变动受储备变动的影响，两者之间存在一定的相互作用。为达到完善我国粮食价格形成机制的目的，则应从以下三个方面着手：完善粮食储备调节机制和粮食进出口调节机制；完善粮食价格与其他相关商品价格的联动机制；完善粮食最低收购价长效机制。

（13）2014～2016年，我国三大口粮安全处于警示性安全状态，应亮"黄灯"。较危险的情况是粮食安全水平呈下降趋势，且均处于粮食安全的"下界限"，如果不采取相应有效措施，很容易滑落到不安全状态区间，亮起"橙灯"。根据粮食安全综合指数变化趋势分析，2016年较2015年粮食安全状况下降，主要原因在于粮食耕种收成本利润率下降、粮食生产生态安全状态下降、库存消费比值增加（产销平衡状态恶化）、粮食进口价格劣势增加、粮食进口难度加大等因素。

（14）通过建立水稻安全综合模型，从水稻生产能力、产销平衡、质量和生态安全，以及贸易安全四个方面，对我国水稻安全状况进行了分析。结果显示：水稻生产稳步发展，利润降低；对国外稻米需求增长较快；我国总体水稻安全状况良好；未来我国水稻将保持安全态势。研究通过建立粮食进口安全综合模型，从粮食自给率、贸易竞争力、可获得性三个方面，对我国粮食进口安全状况进行了分析。结果显示：自给率降低，内外价格比增大，进口在全球份额扩大；近年来，我国粮食进口安全状态欠佳；未来我国粮食进口不安全。

（15）深化粮食生产供给侧结构性改革的路径选择包括：提升粮食生产资源利用效率；优化粮食生产区域布局；深化粮食价格形成机制改革；优化粮食产业链价值链；提升粮食科技与装备支撑能力。

二、政策建议

粮食乃安天下之本，粮食安全是治国安邦头等大事。保障粮食安全，对于我国实现全面建设小康社会伟大目标、构建社会主义和谐社会以及推进社会主义新农村建设具有非常重要的意义。当前，我国的粮食安全形势总体来看是向好的，粮食综合生产能力不断提高，食物供给日益丰富，粮食供需基本平衡。但随着我国人口继续增长，其对粮食的需求量将不断加大，我国粮食安全的基础始终是比较脆弱的。笔者基于改革视角下对我国国家粮食安全问题进行了深入研究，针对供给侧结构性改革下我国粮食安全中存在的问题和面临的严峻挑战，为保障未来一段时间内粮食安全形势的整体稳定，提出以下政策建议。

1. 高度重视国家粮食安全，加快国家顶层设计

我国人口众多，保证人口的口粮需求任务重大。粮食安全的保障对于全面建成小康社会、推动国家经济平稳较快发展具有十分重要的意义。在任何时期，都应紧抓国家粮食安全不放松，将确保粮食安全作为政府决策的重中之重。粮食安全是我国实现农业现代化的基础。粮食安全需要从战略上优化布局。应当从确保"粮食安全"目标转向"口粮安全＋食物安全"战略。应以多种农产品均衡发展为目标，建立全局性的农业支持和保障体系。应总结新中国成立以来粮食生产发展的经验和教训，针对新时期新变化找出夯实国家粮食安全的有效对策，不断提高粮食综合生产能力。应制定好具体措施，深切落实国家保证粮食安全的各项政策，逐步发展壮大粮食产业经济、深化粮食供给侧结构性改革、加快粮食行业转型发展。应处理好粮食产业化各环节、中央和地方、国际与国内、粮食数量与质量之间的关系，把握我国粮食安全的主要矛盾，改革创新，从而进一步提高我国粮食安全水平。

新时代应当树立新的粮食安全观念，主要包括：数量平衡安全、质量无害安全、效益递增安全、生态环境安全四大组成部分。应从"以主攻粮食产

量为重"的导向转变为"以保证粮食有效供给为重"的导向。粮食生产必须从追求高产和增产的"高产量"为重的导向，转变为调优结构、提高质量的"以粮食有效供给为重"的发展导向。粮食的有效供给主要包括有效果、有效率和有效益三大要点。有效果即某种一定量的粮食只有进入消费者口中被真正食用，使其营养被吸收，产生有利于人类正常生长发育的效果，才能算作"有效果"。有效率是指粮食的生产、运输、加工、存储、营销、食用等各环节都要讲求效率。有效益表示粮食供给应主要依靠本国能盈利的粮食生产。粮食生产作为一种产业，必须努力追求社会效益、经济效益和生态效益的和谐统一。

2. 粮食生产向优势区域集中，优化资源配置和生产合理布局

我国国土辽阔，各地资源禀赋不同，不同省份和地区形成了粮食生产的比较优势。对于处于比较优势的粮食主产区域，应集中力量生产优势较大的主导粮食产品。然后通过地区之间的粮食贸易，互相交换，从而达到降低成本、提高收益的目的。根据粮食品种，重新划定和细化各品种的主产区域，优化调整主产区的农业生产种植结构，给予不同的品种和区域差异化、契合当地实际的支持政策。一方面，主产区在做好粮食生产环节的同时，应大力发展粮食加工业，运用主产区自身的原料优势，推动粮食产业的工业化。改变传统的初产品低价格销售的情况，延伸产业链，增加高附加值产品如营养品、保健品和休闲食品等的研发与市场开拓。另一方面，应发挥自身的"虹吸效应"，吸引农业发展和粮食生产所需的技术、资本、人才等先进生产要素向主产区的集聚，加强资源的合理配置，形成规模效应。在不同的粮食主产区域构建成一条甚至多条主导粮食产品产业链，带动整个粮食主产区的农民增收致富和区域的快速发展。

3. 加大优质粮食品种研发力度，增加高质量粮食产品供应

在食物消费结构中，我国城乡居民对口粮需求数量所占比重相对减少，但对营养价值高、口感好的粮食产品需求日益旺盛，针对市场的需求侧发生的巨大变化，粮食供给侧也应作出相应的调整，保证有效的粮食生产。今后的粮食生产应从四个方面加强有效供给。第一，注重提高质量，保障粮食的无害性，提高营养价值，推进粮食品牌建设，增加"无公害、绿色、有机"的中高档粮食产量。第二，注重优化品种结构和科学合理的生产模式。我国粮食品种结构应随着城乡居民粮食需求变化而调整，应加强对优质粮食品种的选育和研发工作。种子科研工作由提高产量向提高质量转变，发展专用粮食品种育种来适应不同区域和不同生态条件，并用于不同的用途。以市场需求为导向，如玉米应加大对高油、高蛋白种子品种培育；加大对强筋小麦和弱筋小麦种子品种的培育。从种子品种出发，增强主要粮食品种抗病虫害、抗旱、抗低温、抗倒伏等抵抗自然灾害的能力。注重种地养地的合理轮作与种养结合，进行粮饲、粮豆、粮经等轮作模式和"稻田养虾、稻田养鸭"等粮田养殖模式的合理推广。第三，要在粮食收割、运输、储存、加工、消费等环节坚决遏止浪费，减少无效损耗，保障粮食有效供给。第四，应建立健全农资市场长效监管机制，增强其储备制度管理和农资市场的准入与准出制度，加强对制种企业的监管，严防假冒伪劣种子进入市场，控制"套包"现象的发生。无论是企业还是科研单位，应树立起自身的社会责任，政府应起到宏观调控的作用，履行好自身职责，保护好农民的利益不受损害。

4. 完善和健全对粮食主产区的利益补偿机制

对粮食主产区的利益补偿，中央财政发挥了巨大作用，而长期以来，减少粮食播种面积、大力发展第二和第三产业的粮食主销区对主产区的利益补偿所占比例仍偏小。健全对粮食主产区的利益补偿机制，可形成一整套的补偿制度，对补偿标准、补偿模式做进一步的探索。笔者认为，主产区对主销区的补偿标准，可按照调入粮食的数量来计算，粮食价格随市场价格、物价水平而波动。主销两区之间签订合同，既要满足粮食主销区的粮食需求和供应，又要保证主产区获得相应的收益。补偿模式可采取定向援助、对口支援等多种形式，加强主产区和主销区的利益联结机制。增加对主产区的生态环境保护利益补偿，实行特殊的保护政策和财政转移支付政策，增强对主产区内农村生态环境治理。逐年增加对产粮大县的利益补偿资金数量，扩大支持和补贴范围。除直接的资金投入外，应更多注重增强产粮大县的粮食生产能力建设，主销区运用自身的人才优势为产粮大县提供农业教育、科技和社会化服务。

5. 保护粮食生产者利益，调动粮农生产积极性

粮食生产者的积极性对于保障国家粮食安全至关重要，调动粮农生产积极性的关键在于使其获得持续性的、稳定的、与城镇居民或与从事二、三产业差距较小的收入。一是要为粮农提供政策保障和支持。合理运用"绿箱"政策，不断加大财政转移支付力度，提高种粮补贴标准，有效增加粮农收益。建议废除耕地地力保护补贴，代之以对种粮进行专项补贴，分品种施策。玉米每亩补 150 元，水稻和小麦每亩补 250 元，大豆每亩补 300 元。将以往的普惠制补贴方式转变为"奖补结合""以奖代补"方式，让真正从事粮食生产、为社会提供商品粮，对保障国家粮食安全作出自己一份贡献的生产者树立信心、增强动力。二是完善农业基础设施，要为粮食生产者提供良好的生产条件。实行项目倾斜，坚持统一规划、综合治理的原则，着力加强灌溉排水、土壤改良、道路整治、机耕道、电力配套、仓库储备等工程建设，统一农业财政资金管理，最大限度地发挥政府财政资金的作用，让广大粮食生产者受益。三是要为主产区农民增收创造良好的外部环境，尤其是产业化发展环境。适度引导工商资本下乡、争取扶持项目及资金，让农民在农闲时节实现在当地就业，增加额外收入。

6. 加强粮食生产队伍建设，增加对农村人力资本投资

在坚持家庭承包经营的基础上，创新发展多种合作经营模式，构建完善的新型农业经营体系，促进粮食生产的集约化和适度规模化。引导农民转变观念，鼓励农民工返乡创业，增强新型经营主体辐射带动能力和示范功能。积极对各类经营主体带头人和负责人进行技术培训和指导，下发各类粮食生产技术规程，宣传和为其讲解粮食生产种植新技术。基层农业技术人员在粮食生产的关键环节，深入田间地头，切实为农民解决生产中遇到的实际问题。定期召集种粮大户、普通农户给予培训，农民资格不受限制，根据农时安排培训课程，增强培训的实效性。同时，农民田间学校采用启发式、互动式教学方式，培训课程在田间现场讲解，贴近实际，农民可在现场提问提高农民的积极性和参与度。要积极抓住乡村振兴和二、三产业融合发展机遇，用先进的实用技术和科学的管理方法武装农民，使粮食生产者转变传统观念，吸收新思想，掌握新技术，使他们会经营，懂得运用低成本实现最大收益，从而提高新型职业农民的新地位。

7. 协调农业发展与环境保护之间的关系，推动绿色发展

在全社会树立起农业经济与环境质量协调发展的指导思想，走出一条低化学要素投入、高科学技术和高素质人才投入、少环境污染的绿色农业发展道路。出台一系列农业污染治理政策，各级政府部门严格执行，并加强监督和验收。加大对环境友好型和资源节约型农业技术的研发力度，加大这些清洁技术的推广力度和示范效应，环境教育和信息的公开，建立以绿色生态为导向的粮食生产补贴机制，让农民逐步转变以提高粮食产量为唯一目标的传统观念，在种植经营过程中自觉按照绿色方式进行生产，促进农业面源污染

减排。各地区应适当调整农业结构，因地制宜制定区域性针对政策，大力发展循环农业模式，将种植业和养殖业相结合，获得最佳的经济效益和生态效益。对于在前期已经造成的污染，推行农村环境污染第三方治理模式，即政府与社会资本合作，整县推进。政府发挥主导作用，建设一批农村环保设施，提高对农业废弃物的综合利用率，并采取补贴方式吸引其他社会资本的投入和各类市场主体的参与。

8. 粮食期货市场和现货市场相互补充，提高市场交易规范程度

期货市场和现货市场作为粮食市场交易的最主要的两种方式，应加强两者的沟通和联系。充分提升期货市场的服务功能，发挥其应有的功能和导向，要为期货市场发展提供一个宽松的环境，同时也应健全期货市场监管机制，增强期货交易所的自我管理，提高交易效率。针对当前我国期货市场发育仍不成熟的现状，应培育套期保值主体，农民群体数量多但是规模较小且分散，发挥好中介组织或是合作经济组织的作用，让粮食企业、中介组织等参与套期保值来规避风险。应适当放宽期货市场的资金准入门槛，增加期货市场活力，提高市场的流动性。丰富我国的粮食期货市场品种，逐步规范现货市场交易秩序，在市场经济中提高现货市场的公平和公正。期货市场和现货市场的相互补充与紧密联系，提高粮食市场的现代化程度。

9. 合理利用国际粮食市场和资源，保障我国国内粮食安全

在全球化和市场化的背景下，要从宏观上把握我国的粮食供需平衡。一是建立稳定的贸易关系。加强与我国粮食进口来源国家的合作和谈判，掌握贸易主导权，建立完善的储备和物流体系，以及风险预警系统，减少国际粮价波动对国内粮食造成的不良影响。二是积极走出去，与友好国家开展农业合作，通过在国外建立粮食生产基地，而我国提供大量资金支持其本地基础设施建设、土地开发、品种改良等项目，利用国外资源满足本国市场需求。

10. 完善我国粮食价格形成机制，加快推进粮食目标价格改革

（1）构建国家、省、县三级价格信息网络服务体系，全面加强粮食品种、种植面积、产量、价格等相关信息的收集、整理、汇总及发布，以此构建粮食价格安全数据库平台，便于粮食信息的高效传递和实时监管。在保障粮食成本价的基础上，放开粮食价格管制，继续探索和完善农产品价格形成机制，大力发挥市场的决定性作用，同时做好市场定价、价补分离政策的实施，也应对最低收购价进行适度的调整，可先行试点、稳中推进。逐步完善粮食价格管理重要制度和执法机制，在市场的决定性作用下，适当采用行政手段与法律手段，建立稳定的价格形成机制。此外，应健全粮食多层次保险体系建设，尤其是自然灾害风险和价格风险管理，以促进农民稳定增收。

（2）有效推行粮食目标价格应抓好三个"确定"，即合理确定目标价格、科学确定补贴方式、有效确定补贴发放时间和途径。要确定好粮食生产成本、合理的利润、理顺差价关系，制定粮食目标价格应尽可能地反映地区差价、质量差价和季节差价。建议将早籼稻、玉米及主产区列为改革试点品种及区域，做好粮食生产经营监测工作，强化市场监管用好托市收购和临储政策，及时、精确将补贴金额落实到位，加强对粮食目标价格制度进行更多的配套机制建设。

11. 藏粮于农业资源，提高资源利用率

农业生产是以自然资源为基础的，各类资源质量的好坏直接决定着农业生产的水平。耕地资源、水资源作为粮食生产的重要物质基础，应加强对其保护。坚守 18 亿亩耕地红线，严格控制和严厉打击非法占用农业用地、农业用地转为非农业用地、占补平衡耕地质量不对称等用地乱象，切实保护现有耕地。继续推行高标准农田建设和耕地质量提升行动，综合治理荒漠化、盐碱化和被污染的耕地，通过生物化学技术，实施测土配方施肥，提高耕地产能。做好耕地休耕管理，在部分耕地上实行相对休耕，将休耕制度试点的成功经验和做法逐步向全国推广，并形成各省份特色，逐步实施局部轮换地相对休耕，实现藏粮于地。实施"立体粮食"战略，用"山水粮食"辅助于"耕地粮食"，挖掘山水林植物淀粉的生产潜力，补充耕地粮食，减轻耕地资源压力。

粮食生产离不开水资源的支撑且我国农业用水需求量大，为维持粮食生产的可持续发展和保证国家水资源安全，实施节水工程、蓄水保墒等高新技术来合理平衡粮食安全和水资源利用，有效提高水资源利用效率。确立水资源开发利用控制底线和水功能区限制纳污红线，对水资源管理利用实行最严格的管控。除了具有刚性约束的自然资源以外，逐利性的社会资源如资本、人力资源和市场以及化肥、农药等投入要素，利用率的提高仍有巨大潜力，应通过政策的引导和科学技术的创新来激发资源的再利用活力。

12. 创新农村金融政策，促进粮食产业发展

建设和完善合作性金融、商业性金融和政策性金融相结合的农村金融服务体系，逐步加大金融支农力度，着力解决农民种粮"难贷款"问题。县域商业银行、农信社等金融机构，针对粮食生产季节性特点，定向安排信贷资

金，缓解粮食规模经营主体的资金需求。为种粮大户等制定相应授信额度，对种粮大户，适当延长购置大中型农机具农户的贷款期限。探索扩大抵押物范围，在风险可控前提下，对以农村承包土地经营权、大型农机具等作为抵押物的种粮大户给予贷款。建立粮食经营主体信用评定制度。对新型农业经营主体的贷款便捷通道，政府可以为其担保，适度降低贷款利息、延长贷款时间、简化贷款手续；继续探索利用厂房、硬件设备抵押贷款的新渠道。

13. 加快构建农业社会化经营服务体系，适应农业现代化道路

提升粮食综合生产能力，应不断提高农业生产性服务水平，形成多元化、多层次、多形式经营服务体系。在农资投入上，对化肥、农药等农资集中采购，进行长期合作以获取较大的价格优惠，大大降低农资成本；在耕种收割上，由专业人员统一机械化作业，缓解小块及偏僻农田流转难、减轻劳动力不足等问题。开展农村订单式托管服务，并学习借鉴一些地方经验做法，推进"九代"（代育秧、代旋耕、代机插、代肥水管理、代病虫害防治、代机收、代烘干、代存粮、代销售）服务模式。鼓励粮食主产区发展粮食生产、加工、运输等全方位的社会化服务。建立农村土地流转服务平台，及时发布有关土地流转信息，逐步解决信息不对称、不畅通的问题。支持各级农技人员投放主要精力积极深入田间、地头，面对面对农民进行指导，引导农民严把操作质量关，不断推广农业科技，促进现代化粮食产业发展。

参 考 文 献

[1] 安琪，朱晶，林大燕. 日本粮食安全政策的历史演变及其启示 [J]. 世界农业，2017 (2)：77-81, 87.

[2] 白美清. 中国粮食储备体系二十年的回顾与展望 [J]. 粮食问题研究，2011 (3)：4-6.

[3] 白玉兴，李彪，刘朝伟. 关于我国粮食流通与粮食安全的研究 [J]. 粮食流通技术，2009 (1)：5-6.

[4] 北京交通大学中国产业安全研究中心. "十二五"我国粮食安全保障体系构建研究 [R]. 2009.

[5] 财政部财政科学研究所课题组. 中国的农业补贴：形势分析与政策建议 [J]. 经济研究参考，2004 (75)：1-8.

[6] 蔡昉，王美艳. 从穷人经济到规模经济——发展阶段变化对中国农业提出的挑战 [J]. 经济研究，2016, 51 (5)：14-26.

[7] 蔡昉. 中国经济增长展望：从人口红利到改革红利 [M]. 英国：爱德华·艾尔加 (Edward Elgar) 出版社；北京：社会科学文献出版社，2016.

[8] 蔡文香，卢万合，冯婧，吴妍，杨学坤. 中国粮食安全脆弱性评价与政策建议 [J]. 中国人口·资源与环境，2015, 25 (S1)：319-322.

[9] 曹宝明，刘婷，虞松波. 中国粮食流通体制改革：目标、路径与重启 [J]. 农业经济问题，2018 (12)：33-38.

[10] 曹娜. 粮食安全视阈下我国粮食进口控制问题研究 [J]. 中国农业资源与区划，2017, 38 (7)：22-28.

[11] 陈百明，周小萍. 中国粮食自给率与耕地资源安全底线的探讨 [J]. 经济地理，2005 (2)：145-148.

[12] 陈璐，胡月，韩学平，郭翔宇. 国家粮食安全中主产区粮食生产及其贡献的量化对比分析 [J]. 中国土地科学，2017, 31 (9)：34-42.

［13］陈绍充，王卿. 中国粮食安全预警系统构建研究［J］. 宏观经济研究，2009（1）：56－62.

［14］陈锡文. 当前农村改革发展中需高度关注的三个问题［J］. 时事报告，2010（12）：8－21.

［15］陈锡文. 全面深化"三农"问题改革的思考［J］. 当代农村财经，2014（6）：7－9.

［16］陈锡文. 粮食安全面临三大挑战［J］. 中国经济报告，2014（2）：8－13.

［17］陈锡文. 强化农业基础地位保障国家粮食安全［N］. 粮油市场报，2010－11－03（1）.

［18］陈晓珍. 风险评估在食品安全管理中的应用［J］. 科技信息，2012（13）：67－69.

［19］陈秩分，李先德，王士海，赵立军. 农业和粮食系统负责任投资原则的影响研究［J］. 农业经济问题，2015，36（8）：35－41，110－111.

［20］成福云. 干旱灾害对21世纪初我国农业发展的影响探讨［J］. 水利发展研究，2002，2（10）：31－33.

［21］成升魁，李云云，刘晓洁，王灵恩，吴良，鲁春霞，谢高地，刘爱民. 关于新时代我国粮食安全观的思考［J］. 自然资源学报，2018，33（6）：911－926.

［22］成升魁，汪寿阳，刘旭，刘晓洁，吴良. 新时期我国国民营养与粮食安全［J］. 科学通报，2018，63（18）：1764－1774.

［23］成升魁，汪寿阳. 新时期粮食安全观与粮食供给侧改革［J］. 中国科学院院刊，2017，32（10）：1074－1082.

［24］程广燕，王小虎，郭燕枝，黄家章. 大食物理念下国家粮食安全保障需求与途径对策［J］. 中国农业科技导报，2017，19（9）：1－7.

［25］程国强，陈良彪. 中国粮食需求的长期趋势［J］. 中国农村观察，1998（3）：3－8，13.

［26］程国强. 着力增强粮食安全保障能力［N］. 经济日报，2012－04－11（13）.

［27］程亨华，肖春阳. 中国粮食安全及其主要指标研究［J］. 2002（12）：16－20.

［28］仇景万. 提高粮食产量确保中国粮食安全的政策建议［J］. 中国

人口·资源与环境, 2016, 26 (S1): 522 – 525.

[29] 崔宁波, 董晋. 新时代粮食安全观: 挑战、内涵与政策导向 [J]. 求是学刊, 2020, 47 (6): 56 – 65.

[30] 邓大才. 粮改目标与新粮食流通体制目标的矛盾与协调 [J]. 北京农业职业学院学报, 2003 (4): 26 – 28.

[31] 刁秀华, 郭连成. 中国、俄罗斯粮食安全问题分析 [J]. 东北亚论坛, 2016, 25 (3): 59 – 70, 127 – 128.

[32] 丁声俊, 朱立志. 世界粮食安全问题现状 [J]. 中国农村经济, 2003 (3): 71 – 80.

[33] 丁声俊, 朱玉辰. 健全和完善中国粮食市场体系 [J]. 国家行政学院学报, 2003 (3): 48 – 51.

[34] 丁声俊. 中国粮业的走向与粮企的根本应对 [J]. 粮食科技与经济, 2004 (4): 2 – 4.

[35] 丁声俊. 开辟新型的粮食流通主渠道 [J]. 求是, 2005 (3): 33 – 34.

[36] 杜辉, 张美文, 陈池波. 中国新农业补贴制度的困惑与出路: 六年时间的理性反思. 中国软科学, 2010 (235): 1 – 7.

[37] 封志明, 肖池伟, 李鹏. 中国—东盟自由贸易区粮食生产与贸易的时空格局演变 [J]. 自然资源学报, 2017, 32 (6): 937 – 950.

[38] 付叶青, 王征兵. 中国粮食安全的评价指标体系设计 [J]. 统计与决策, 2010 (14): 42 – 44.

[39] 高峰, 王学真, 羊文辉. 农业投入品补贴政策的理论分析 [J]. 农业经济问题, 2004 (8): 49 – 52.

[40] 高利伟, 徐增让, 成升魁, 许世卫, 张宪洲, 余成群, 孙维, 武俊喜, 曲云鹤, 马杰. 西藏粮食安全状况及主要粮食供需关系研究 [J]. 自然资源学报, 2017, 32 (6): 951 – 960.

[41] 高茂盛, 范建忠, 吴清丽. 旱涝灾害对陕西省粮食生产的影响研究 [J]. 中国农业大学学报, 2012, 17 (3): 149 – 153.

[42] 高铁生. 发展现代物流增进粮食安全 [J]. 中国流通经济, 2008 (6): 12 – 15.

[43] 高铁生. 粮食安全视角下我国粮食物流发展对策 [J]. 中国流通经济, 2009 (6): 8 – 10.

[44] 公茂刚，王学真. 国际粮价波动规律及对我国粮食安全的影响与对策 [J]. 经济纵横，2016（3）：111-118.

[45] 官雪，李玉环，吕玮，张军，刘晓旭，杨晓. 泰安市粮食耕地人口承载力评价 [J]. 中国人口·资源与环境，2017，27（S1）：258-261.

[46] 顾莉丽，郭庆海. 我国粮食主产区的演变与可持续发展 [J]. 经济纵横，2011（12）.

[47] 顾莉丽，郭庆海. 玉米收储政策改革及其效应分析 [J]. 农业经济问题，2017，38（7）：72-79.

[48] 郭淑敏，马帅. 我国中东部粮食主产区粮食综合生产能力研究 [M]. 北京：中国农业出版社，2008.

[49] 郭晓鸣，虞洪. 现代粮食产业发展模式重构探析——基于四川省新津县的探索实践 [J]. 农业经济问题，2018（1）：87-97.

[50] 郭修平. 粮食贸易视角下的中国粮食安全问题研究 [D]. 长春：吉林农业大学，2016.

[51] 郭志涛. 完善地方粮食储备体系的思考 [J]. 粮食科技与经济，2008（5）：12-13.

[52] 国家粮食局课题组. 粮食支农政策与促进国家粮食安全研究 [M]. 北京：经济管理出版社，2009.

[53] 国家统计局重庆调查总队课题组. 保障我国粮食安全的政策建议 [J]. 经济研究参考，2015（36）：29-30.

[54] 国务院发展研究中心课题组. 我国粮食生产能力与供求平衡的整体性战略框架 [J]. 改革，2009（6）：5-35.

[55] 韩俊，姜长云. 我国粮食消费需求的变化趋势 [J]. 黑龙江农业科学，2009（4）.

[56] 韩俊. 中国农业现代化六大路径 [J]. 上海农村经济，2012（11）：4-8.

[57] 韩俊. 加快构建符合中国国情的粮食安全保障体系 [J]. 学术随笔，2012（8）：12-15.

[58] 韩俊. 提高粮食生产能力确保国家粮食安全 [J]. 农村经济，2013（5）：28-35.

[59] 韩立民，李大海，王波. "蓝色基本农田"：粮食安全保障与制度构想 [J]. 中国农村经济，2015（10）：34-41.

[60] 韩荣青，郑度，戴尔阜，吴绍洪，赵明华. 中国粮食主产区生产潜力对气候波动响应研究 [J]. 资源科学，2014，36（12）：2611 - 2623.

[61] 何蒲明，刘红，魏君英. 农民分化对粮食生产影响的实证研究——基于粮食主产区的动态面板数据 [J]. 经济与管理研究，2014（4）：54 - 58.

[62] 何忠伟. 中国粮食供求模型及其预测 [J]. 新疆农垦经济，2005（3）：41 - 44.

[63] 和春军，赵黎明，张亚兰. 中心城市粮食储备体系研究 [J]. 河北学刊，2010（5）：147 - 149.

[64] 侯立军. 加强我国粮食物流宏观调控的举措构思 [J]. 经济问题，2006（8）：37 - 39.

[65] 侯立军. 略论加强我国粮食流通宏观调控体系建设 [J]. 粮食储藏，2009（5）：50 - 56.

[66] 胡非凡，吕新业，吴志华. 新形势下中国粮食安全创新探析 [J]. 学习与探索，2016（3）：87 - 92.

[67] 黄季焜，冀县卿. 农地使用权确权与农户对农地的长期投资 [J]. 管理世界，2012（9）：76 - 81，99，187 - 188.

[68] 黄季焜，杨军，仇焕广. 新时期国家粮食安全战略和政策的思考 [J]. 农业经济问题，2012，33（3）：4 - 8.

[69] 黄季焜. 中国的粮食安全面临巨大的挑战吗 [J]. 科技导报，2004（9）：17 - 18.

[70] 黄季焜. 必需的代价——加入世贸组织对中国粮食市场的影响 [J]. 国际贸易，1998（11）：12 - 19.

[71] 黄锦东，卢艳霞，周小平. 中国基本农田保护20年实施评价及创新路径 [J]. 亚热带水土保持，2012，24（2）：27 - 31.

[72] 黄黎慧，黄群. 我国粮食安全问题与对策 [J]. 粮食与食品工业，2005（5）：1 - 5.

[73] 黄祖辉，王建英，陈志钢. 非农就业、土地流转与土地细碎化对稻农技术效率的影响 [J]. 中国农村经济，2014（11）：4 - 16.

[74] 霍增辉，吴海涛，丁士军. 中部地区粮食补贴政策效应及其机制研究——来自湖北农户面板数据的经验证据 [J]. 农业经济问题，2015，36（6）：20 - 29，110.

[75] 冀名峰. 日本粮食流通体制变革及其给我们的启示 [J]. 改革，

2000，（3）：124－127.

[76] 贾晋，王珏，肖慧琳. 中国粮食储备体系优化的理论研究评述 [J]. 经济学动态，2011（3）：97－100.

[77] 江晶，蒋和平. 粮食主产区发展现代农业的路径选择——以吉林省榆树为例 [J]. 农业经济，2012（8）：52－54.

[78] 江丽，安萍莉. 我国自然灾害时空分布及其粮食风险评估 [J]. 灾害学，2011，26（1）：48－53.

[79] 姜长云，张艳平. 我国粮食生产的现状和中长期潜力 [J]. 经济研究参考，2009（15）.

[80] 姜长云. 粮食供求平衡下的"不可掉以轻心" [N]. 粮油市场报，2010－02－24（2）.

[81] 姜长云. 中国粮食安全的现状与前景 [J]. 经济研究参考，2012（40）：12－35.

[82] 姜长云. 推进农业供给侧结构性改革的重点 [J]. 经济纵横，2018（2）：91－98.

[83] 蒋和平，吴桢培. 建立粮食主销区对主产区转移支付的政策建议 [J]. 中国发观察，2009（12）：24－25.

[84] 蒋和平，杨东群，王晓君. 新时代我国粮食安全导向的变革与政策调整建议 [J]. 价格理论与实践，2018（12）：34－39.

[85] 蒋和平，尧珏，蒋黎. 新时期中国粮食安全保障的发展思路与政策建议 [J]. 经济学家，2020（1）：110－108.

[86] 蒋和平，尧珏，杨敬华. 新时期中国粮食安全保障的隐患和解决建议 [J]. 中州学刊，2019（6）.

[87] 蒋和平，张忠明，蒋黎. 粮食生产区利益补偿机制研究 [M]. 北京：经济科学出版社，2013.

[88] 蒋和平. 粮食主产区亟待解决的五大问题 [J]. 中国发展观察，2014（7）：33－34.

[89] 蒋和平. 粮食安全与发展现代农业 [J]. 农业经济与管理，2016（1）：13－19.

[90] 蒋辉，张康洁. 粮食供给侧结构性改革的当前形势与政策选择 [J]. 农业经济问题，2016，37（10）：8－17，110.

[91] 蒋黎，朱福守. 我国主产区粮食生产现状和政策建议 [J]. 农业

经济问题，2015，36（12）：17－24，110.

[92] 蒋有光，王红斌. 流通市场放开与粮食安全措施 [J]. 农村经济，2004（1）：11－13.

[93] 柯炳生. 对粮食安全问题的若干看法与建议 [N]. 农民日报，2004－02－21.

[94] 柯炳生. 美国的粮食政策 [J]. 农业经济问题，1994（5）：60－63.

[95] 雷勋平，吴杨，叶松，陈兆荣，王亮. 基于熵权可拓决策模型的区域粮食安全预警 [J]. 农业工程学报，2012，28（6）：233－239.

[96] 黎东升，曾靖. 经济新常态下我国粮食安全面临的挑战 [J]. 农业经济问题，2015，36（5）：42－47，110.

[97] 李博伟，张士云，江激宇. 种粮大户人力资本、社会资本对生产效率的影响——规模化程度差异下的视角 [J]. 农业经济问题，2016，37（5）：22－31，110.

[98] 李成贵. 粮食直接补贴不能代替价格支持——欧盟、美国的经验及中国的选择 [J]. 中国农村经济，2004（8）：54－58.

[99] 李光泗，朱丽莉. 我国粮食价格波动及其调控途径 [J]. 价格理论与实践，2011（1）：34－35.

[100] 李国祥. 新形势下如何保障粮食安全 [J]. 中国农业信息，2014（18）：4－5，14.

[102] 李经谋，刘文进. 中国粮食市场发展报告 [M]. 北京：中国财政经济出版社，2018.

[102] 李柯瑶. 基于粮食安全视角的食品和生态安全问题研究 [J]. 中国农业资源与区划，2016，37（5）：120－124.

[103] 李立辉，曾福生. 新常态下中国粮食安全面临的问题及路径选择——基于日本、韩国的经验和启示 [J]. 世界农业，2016（1）：75－78.

[104] 李鹏，谭向勇. 粮食补贴政策对农民种粮净收益的影响分析——以安徽省为例 [J]. 农业技术经济，2006（1）：44－48.

[105] 李鹏，肖池伟，封志明，姜鲁光，刘影. 鄱阳湖平原粮食主产区农户水稻熟制决策行为分析 [J]. 地理研究，2015，34（12）：2257－2267.

[106] 李鹏. 中国粮食储备体制改革思考与建议 [J]. 中国市场，2018（31）：9－12，19.

[107] 李琪. 完善我国粮食主产区利益补偿机制的对策探讨 [J]. 企业

研究, 2012 (12): 153 - 155.

[108] 李蕊. 中国粮食安全法治保障理路研究 [J]. 湖北社会科学, 2020 (8): 123 - 132.

[109] 李瑞锋, 肖海峰. 我国贫困农村地区居民的家庭食物安全影响因素分析 [J]. 农业技术经济, 2007 (3): 44 - 49.

[110] 李先德, 王士海. 国际粮食市场波动对中国的影响及政策思考 [J]. 农业经济问题, 2009 (9): 9 - 15.

[111] 李勇, 蓝海涛. 中长期中国粮食安全财政成本及风险 [J]. 中国农村经济, 2007 (5): 4 - 12, 62.

[112] 李友华, 毕家豪. 构建与完善国家粮食安全战略体系及其实施对策 [J]. 农业经济与管理, 2016 (5): 5 - 12.

[113] 李志强, 赵忠萍, 吴玉华. 中国粮食安全预警分析 [J]. 中国农村经济, 1998 (1): 27 - 32.

[114] 刘立涛, 刘晓洁, 伦飞, 吴良, 鲁春霞, 郭金花, 曲婷婷, 刘刚, 沈镭, 成升魁. 全球气候变化下的中国粮食安全问题研究 [J]. 自然资源学报, 2018, 33 (6): 927 - 939.

[115] 刘璐璐, 宋戈, 黄善林, 聂学海, 王萌萌. 基于粮食安全的黑龙江省耕地压力时空特征分析 [J]. 东北师大学报 (自然科学版), 2018, 50 (1): 138 - 143.

[116] 刘明亮, 陈百明. 我国近期粮食生产的波动性及其与农业自然灾害发生状况的相关分析 [J]. 灾害学, 2000, 15 (4): 78 - 85.

[117] 刘先才. 粮食安全: 产区销区如何对接 [J]. 江苏农村经济, 2005 (1): 14 - 15.

[118] 刘晓梅. 从近期市场粮食价格上涨看我国的粮食安全状况 [J]. 价格理论与实践, 2004 (2): 28 - 29.

[119] 刘晓梅. 关于我国粮食安全评价指标体系的探讨 [J]. 财经经济, 2004 (9): 56 - 61.

[120] 刘旭. 依靠科技自主创新 提升国家粮食安全保障能力 [J]. 科学与社会, 2011, 1 (3): 8 - 16.

[121] 刘悦, 刘合光, 孙东升. 世界主要粮食储备体系的比较研究 [J]. 经济社会体制比较, 2011 (2): 47 - 53.

[122] 龙方. 粮食安全评价指标体系的构建 [J]. 求索, 2008 (12):

9 – 11，40.

［123］吕捷，林宇洁. 国际玉米价格波动特性及其对中国粮食安全影响［J］. 管理世界，2013（5）：76 – 87.

［124］吕新业，胡向东. 农业补贴、非农就业与粮食生产——基于黑龙江、吉林、河南和山东四省的调研数据［J］. 农业经济问题，2017，38（9）：85 – 91.

［125］吕新业. 我国粮食安全现状及未来发展战略［J］. 农业经济问题，2003（11）.

［126］罗翔，张路，朱媛媛. 基于耕地压力指数的中国粮食安全［J］. 中国农村经济，2016（2）：83 – 96.

［127］马九杰，崔卫杰，朱信凯. 农业自然灾害风险对粮食综合生产能力的影响分析［J］. 农业经济问题，2005（4）：14 – 17.

［128］马九杰，张象枢，顾海兵. 粮食安全衡量及预警指标体系研究［J］. 管理世界，2001（1）：66 – 72，154 – 162.

［129］马九杰，孔祥智. 粮食流通体制改革［M］. 广州：广东经济出版社，1999.

［130］马林静，王雅鹏，田云. 中国粮食全要素生产率及影响因素的区域分异研究［J］. 农业现代化研究，2014，35（4）：385 – 391.

［131］马述忠，叶宏亮，任婉婉. 基于国内外耕地资源有效供给的中国粮食安全问题研究［J］. 农业经济问题，2015，36（6）：9 – 19，110.

［132］马文杰. 粮食主产区利益补偿问题的博弈分析［J］. 湖北社会科学，2010（2）.

［133］马晓河，黄汉权，王为农，蓝海涛，方松海. "七连增"后我国粮食形势及政策建议［J］. 宏观经济管理，2011（6）：11 – 13.

［134］马晓河. 粮食安全政策把关——关于调整粮食生产和安全十大具体政策的思考［N］. 中国经济导报，2009 – 05 – 26（B01）.

［135］马晓河. 农业投入不足或影响粮食安全［N］. 粮油市场报，2011 – 05 – 25（1）.

［136］毛学峰，刘靖，朱信凯. 中国粮食结构与粮食安全：基于粮食流通贸易的视角［J］. 管理世界，2015（3）：76 – 85.

［137］毛学峰，曾寅初. 中国农产品价格政策干预的边界确定——基于产品属性与价格变动特征的分析［J］. 江汉论坛，2014（11）：52 – 57.

［138］毛雪峰，刘靖，朱信凯. 中国粮食结构与粮食安全：基于粮食流通贸易的视角［J］. 管理世界，2015（3）：3-6.

［139］门可佩，魏百军，唐沙沙，周丽，蒋梁瑜. 基于 AHP-GRA 集成的中国粮食安全预警研究［J］. 统计与决策，2009（20）：96-98.

［140］聂凤英，丁声俊. 干旱危及世界粮食安全［N］. 人民日报，2012-07-12（22）.

［141］聂振邦. 2010 中国粮食发展报告［M］. 北京：经济管理出版社，2010.

［142］聂振邦. 现代粮食流通产业发展战略研究［M］. 北京：经济管理出版社，2008.

［143］牛海鹏，肖东洋，郜智方. 多层次作用边界下粮食主产区耕地保护外部性量化及尺度效应［J］. 资源科学，2016，38（8）：1491-1502.

［144］农业部农业贸易促进中心课题组，倪洪兴，于孔燕. 粮食安全与"非必需进口"控制问题研究［J］. 农业经济问题，2016，37（7）：53-59.

［145］潘刚. 维护国家粮食安全需建立粮食主产区利益补偿制度［J］. 红旗文稿，2011（9）.

［146］彭佳颖，谢锐，赖明勇. 国际粮食价格对中国粮食价格的非对称性影响研究［J］. 资源科学，2016，38（5）：847-857.

［147］彭克强. 粮食生产与自然灾害的关联及其对策选择［J］. 改革，2008（8）：90-94.

［148］彭小辉，史清华，朱喜. 中国粮食产量连续增长的源泉［J］. 农业经济问题，2018（1）：97-109.

［149］屈宝香. 我国粮食区域流通、贸易与产业发展对策建议［J］. 中国粮食经济，2003（8）：4-7.

［150］屈宝香，李文娟，尹昌斌，钱静斐. 我国粮食产需平衡变化及对策［J］. 中国食物与营养，2010（1）：4-7.

［151］任育锋. 自然灾害对我国粮食安全影响的实证研究［J］. 安徽农业科学，2011，39（19）：11809-11811.

［152］尚旭东，常倩，王士权. 政府主导农地流转的价格机制及政策效应研究［J］. 中国人口·资源与环境，2016，26（8）：116-124.

［153］邵立民. 我国粮食安全与粮食流通体系研究［J］. 中国农业资源与区划，2007（8）：1-4.

［154］邵立民. 我国粮食安全预警系统研究［J］. 农业经济管理，2011
（2）：10 – 19.

［155］石自忠，胡向东. 随机冲击对中国粮食价格波动的影响［J］. 华
中农业大学学报（社会科学版），2015（2）：33 – 40.

［156］苏小姗，祁春节，田建民. 水资源胁迫下基于粮食安全的现代农
业技术创新趋势及策略［J］. 农业现代化研究，2012，33（2）：207 – 210.

［157］苏晓燕，张蕙杰，李志强，邓勇. 基于多因素信息融合的中国粮
食安全预警系统［J］. 农业工程学报，2011，27（5）：183 – 189.

［158］苏桉芳，王祥，陈昌楠. 中国粮食价格低频波动影响因素研究：
基于面板 VAR 模型［J］. 农业技术经济，2012（10）：22 – 30.

［159］孙东升，孔凡丕，钱静斐. 发展土地股份合作与三产融合是保障
粮食安全和粮农增收的有效途径［J］. 农业经济问题，2017，38（12）：4 –
7，110.

［160］孙东升，梁仕莹. 我国粮食产量预测的时间序列模型与应用研究
［J］. 农业技术经济，2010（3）：97 – 106.

［161］孙林，倪卡卡. 国际粮食价格波动非对称性分析——基于 T 分布
下 EGARCH 模型［J］. 南京农业大学学报（社会科学版），2013，13（2）：
68 – 75.

［162］孙林，庞冠琪，王健. 国际粮食价格对粮食主产国实施出口限制
的影响——损失规避视角［J］. 中国农村经济，2015（8）：76 – 88.

［163］谭砚文，杨重玉，陈丁薇，张培君. 中国粮食市场调控政策的实
施绩效与评价［J］. 农业经济问题，2014，35（5）：87 – 98，112.

［164］唐华俊，罗其友. 基于比较优势的种植业区域结构调整［J］. 中
国农业资源与区划，2001（5）：37 – 41.

［165］陶然，刘明兴，章奇. 农民负担、政府管制与财政体制改革
［J］. 经济研究，2003（4）：3 – 12.

［166］田光明，臧俊梅. 城乡统筹视角下农村土地制度创新的苏南模式
分析——基于苏州市渭塘镇的个案研究［J］. 经济体制改革，2014（3）：
80 – 84.

［167］田建民. 粮食安全长效机制构建的核心——区域发展视角的粮食
生产利益补偿调节政策［J］. 农业现代化研究，2012（2）：22 – 25.

［168］田甜，李隆玲，武拉平. 新形势下中国粮食安全问题及与其他粮

食主产国的比较——基于世界粮食安全指标（GFSI）分析 [J]. 世界农业，2015（12）：196－201，244.

[169] 田甜. 国际粮食市场波动及利用研究 [D]. 北京：中国农业大学，2017.

[170] 佟丹丹. 粮食安全视角下我国粮食进出口策略 [J]. 改革与战略，2017，33（7）：179－181，185.

[171] 万宝瑞. 深化对粮食安全问题的认识 [C] //段应碧. 纪念农村改革30周年学术论文集. 北京：中国农业出版社，2008：173－182.

[172] 万宝瑞. 发展旱作农业对保障粮食安全的启示 [J]. 农业经济问题，2013，34（12）：4－7.

[173] 万宝瑞. 确保我国农业三大安全的建议 [J]. 农业经济问题，2015，36（3）：4－8，110.

[174] 汪希成，吴昊. 我国粮食供求结构新变化与改革方向 [J]. 社会科学研究，2016（4）：130－135.

[175] 王晨，王济民. 预期利润、农业政策调整对中国农产品供给的影响 [J]. 中国农村经济，2018（6）：101－117.

[176] 王大为，蒋和平. 基于农业供给侧结构改革下对我国粮食安全的若干思考 [J]. 经济学家，2017（6）：78－87.

[177] 王道龙，钟秀丽，李茂松，杨修. 20世纪90年代以来主要气象灾害对我国粮食生产的影响与减灾对策 [J]. 灾害学，2006，21（1）：18－22.

[178] 王国丰. "京粮"腾飞的翅膀 [J]. 中外企业文化，2009（3）：37－39.

[179] 王国敏，张宁. 中国粮食安全三层次的逻辑递进研究 [J]. 农村经济，2015（4）：3－8.

[180] 王国敏，周庆元. 我国粮食综合生产能力影响因素的实证分析 [J]. 四川大学学报（哲学社会科学版），2016（3）：82－88.

[181] 王灵恩，侯鹏，刘晓洁，成升魁. 中国食物可持续消费内涵及其实现路径 [J]. 资源科学，2018，40（8）：1550－1559.

[182] 王明利. 有效破解粮食安全问题的新思路：着力发展牧草产业 [J]. 中国农村经济，2015（12）：63－74.

[183] 王倩，余劲. 农地流转背景下地块规模对农户种粮投入影响分析 [J]. 中国人口·资源与环境，2017，27（5）：129－137.

［184］王帅. 粮食的"地理可获得性"与粮食安全［J］. 农业经济问题，2018（6）：38－48.

［185］王帅. 全球粮食贸易中关键点的风险与我国粮食安全［J］. 国际经济合作，2017（11）：20－28.

［186］王冗民，杨锋，杨少瑕，陈小丽. 粮食安全视角下的农业资源与环境要素的效用分析［J］. 中国农业资源与区划，2017，38（2）：72－75.

［187］王小月. 经济新常态下四川粮食安全问题及对策建议［J］. 农村经济与科技，2017，28（11）：8－11.

［188］王学真，公茂刚，吴石磊. 国际粮食价格波动影响因素分析［J］. 中国农村经济，2015（11）：77－84.

［189］王雪琪，邹伟，朱高立，曹铁毅. 地方政府主导农地流转对农户转入规模与粮食单产的影响——以江苏省五地市为例［J］. 资源科学，2018，40（2）：326－334.

［190］王雅鹏. 对我国粮食安全路径选择的思考——基于农民增收的分析［J］. 中国农村经济，2005（3）：4－11.

［191］王亚伟，韩珂，苏克勤，梁保松. 自然灾害对河南省粮食综合生产能力的影响分析［J］. 河南农业大学学报，2011，45（6）：726－730.

［192］王颜齐，郭翔宇. 种植户农业雇佣生产行为选择及其影响效应分析——基于黑龙江和内蒙古大豆种植户的面板数据［J］. 中国农村经济，2018（4）：106－120.

［193］王玉斌，陈慧萍. 中国粮食产量波动及其国际比较［J］. 新疆农垦经济，2008（6）：29－32.

［194］卫龙宝，张艳虹，高叙文. 我国农业劳动力转移对粮食安全的影响——基于面板数据的实证分析［J］. 经济问题探索，2017（2）：160－167.

［195］魏洪斌，吴克宁，赵华甫，夏敏峰，刘巧芹. 中国中部粮食主产区耕地等别空间分布特征［J］. 资源科学，2015，37（8）：1552－1560.

［196］闻海燕. 加快浙江畜牧业区域布局调整［J］. 浙江经济，2014（4）：38－39.

［197］闻海燕. 市场化条件下粮食主销区的农户粮食储备与粮食安全［J］. 粮食问题研究，2004（1）：33－34.

［198］吴昊，李育冬. 基于状态空间模型的气候变化与中国粮食安全动态关系研究［J］. 中国农业资源与区划，2015，36（2）：1－8.

［199］吴兰. 粮食安全视阈下我国进口粮源保障体系建构与实现机制 ［J］. 农业经济, 2018 (1): 137 - 138.

［200］吴文斌, 唐华俊, 杨鹏, 周清波, 陈仲新, Ryosuke SHIBASAKI. 基于空间模型的全球粮食安全评价 ［J］. 地理学报, 2010, 65 (8): 907 - 918.

［201］吴文斌, 杨鹏, 唐华俊, 周清波, 陈仲新, 柴崎亮介. 一种新的粮食安全评价方法研究 ［J］. 中国农业资源与区划, 2010, 31 (1): 16 - 21.

［202］吴文斌, 杨鹏, 唐华俊. 一种新的粮食安全评价方法研究 ［J］. 中国农业资源与区划, 2010 (2): 16 - 21.

［203］吴珍彩. 粮食主产区利益补偿的理论分析和政策建议 ［J］. 农业经济, 2016 (3): 9 - 11.

［204］吴志华, 胡学君. 中国粮食安全研究述评 ［J］. 江海学刊, 2003 (3): 69 - 73, 207.

［205］伍世安, 刘萍, 付兴. 论中国粮食目标价格的目标及测算: 以玉米为例 ［J］. 江西财经大学学报, 2012 (1): 18 - 27.

［206］武舜臣, 王静, 顾智鹏. 粮食安全预警指标体系研究述评 ［J］. 农业经济, 2015 (10): 12 - 14.

［207］相慧, 孔祥斌, 武兆坤, 史婧然, 张青璞. 中国粮食主产区耕地生产能力空间分布特征 ［J］. 农业工程学报, 2012, 28 (24): 235 - 244.

［208］肖国安, 刘友金, 向国成, 仇怡, 谷洪波, 龚日朝, 王文涛. 国家粮食安全战略研究论纲 ［J］. 湘潭大学学报 (哲学社会科学版), 2009, 33 (6): 39 - 45.

［209］肖国安, 王文涛. 粮食安全预警研究综述及一种新的预警模型 ［J］. 湘潭大学学报 (哲学社会科学版), 2006 (1): 129 - 133.

［210］肖国安, 王文涛. 中国粮食安全报告 ［M］. 北京: 红旗出版社, 2009.

［211］肖小勇, 李崇光, 李剑. 国际粮食价格对中国粮食价格的溢出效应分析 ［J］. 中国农村经济, 2014 (2): 42 - 55.

［212］谢高地, 成升魁, 肖玉, 鲁春霞, 刘晓洁, 徐洁. 新时期中国粮食供需平衡态势及粮食安全观的重构 ［J］. 自然资源学报, 2017, 32 (6): 895 - 903.

［213］谢洪燕, 贾晋. 新时期我国国家粮食储备目标、功能的调整与优

化［J］．宏观经济研究，2013（12）：3－10，34．

［214］辛翔飞，孙致陆，王济民，张怡．国内外粮价倒挂带来的挑战、机遇及对策建议［J］．农业经济问题，2018（3）：15－22．

［215］徐逢贤等．中国农业扶持与保护［M］．北京：首都经济贸易大学出版社，1999．

［216］徐建明，孟俊，刘杏梅，施加春，唐先进．我国农田土壤重金属污染防治与粮食安全保障［J］．中国科学院院刊，2018，33（2）：153－159．

［217］徐田华．农产品价格形成机制改革的难点与对策［J］．农业经济问题，2018（7）：70－77．

［218］徐振宇，李朝鲜，李陈华．中国粮食价格形成机制逆市场化的逻辑：观念的局限与体制的制约［J］．北京工商大学学报（社会科学版），2016，31（4）：24－32．

［219］徐志刚，谭鑫，郑旭媛，陆五一．农地流转市场发育对粮食生产的影响与约束条件［J］．中国农村经济，2017（9）：26－43．

［220］许朗，李艳梅，刘爱军．我国近年旱情演变及其对农业造成的影响［J］．干旱区资源与环境，2012，26（7）：53－56．

［221］颜晓飞，邵源春．干旱和洪涝灾害对我国粮食产量影响的实证分析［J］．现代经济，2009，8（5）：152－153．

［222］杨春．中国主要粮食作物生产布局变迁及区位优化研究［D］．杭州：浙江大学，2009．

［223］杨丹，庞博，张鹏岩，李颜颜．城镇化与粮食安全的耦合协调关系测度与特征分析——以中原经济区为例［J］．江苏农业科学，2018，46（11）：328－336．

［224］杨东群，蒋和平．我国粮食主销区的粮食安全问题研究——基于粮食产需平衡缺口视角［J］．中国农业科技导报，2017，19（7）：1－9．

［225］杨建利，靳文学．粮食主产区利益补偿机制研究［J］．农村经济，2015（5）：9－13．

［226］杨建利，靳文学．粮食主产区和主销区利益平衡机制探析［J］．农业现代化研究，2012（3）：129－134．

［227］杨静，陈亮，冯卓．国际农业垄断资本对发展中国家粮食安全影响的分析——兼对保障中国粮食安全的思考［J］．中国农村经济，2017（4）：75－87．

[228] 杨军，仇焕广，黄季焜. 生物液体能源发展对我国农业发展和粮食安全的影响 [J]. 中国农业资源与区划，2008（4）：1-4.

[229] 杨世义. 农业区域化布局的几个问题 [J]. 中国农业资源与区划，1995（5）：10-13.

[230] 杨勇，邓祥征，李志慧，吴锋，李小云. 2000—2015年华北平原土地利用变化对粮食生产效率的影响 [J]. 地理研究，2017，36（11）：2171-2183.

[231] 姚成胜，李政通，易行. 中国粮食产量变化的驱动效应及其空间分异研究 [J]. 中国人口·资源与环境，2016，26（9）：72-81.

[232] 姚成胜，邱雨菲，黄琳，李政通. 中国城市化与粮食安全耦合关系辨析及其实证分析 [J]. 中国软科学，2016（8）：75-88.

[233] 姚成胜，滕毅，黄琳. 中国粮食安全评价指标体系构建及实证分析 [J]. 农业工程学报，2015，31（4）：1-10.

[234] 叶晓云，孙强. 以浙江为例 浅谈粮食产销区合作 [J]. 中国粮食经济，2004（5）：49-50.

[235] 叶兴庆. 把保障粮食安全放在突出位置 [J]. 农村工作通讯，2020（17）：50.

[236] 余慧容，刘黎明. 可持续粮食安全框架下的农业"走出去"路径 [J]. 经济学家，2017（5）：84-90.

[237] 余强毅，吴文斌，唐华俊，陈佑启，杨鹏. 基于粮食生产能力的APEC地区粮食安全评价 [J]. 中国农业科学，2011，44（13）：2838-2848.

[238] 余志刚，樊志方. 粮食生产、生态保护与宏观调控政策 [J]. 中国农业资源与区划，2017，38（5）：108-112，140.

[239] 曾福生，匡远配. 粮食产销区之间协调机制的实现研究 [J]. 粮食科技与经济，2005（5）：4-6.

[240] 曾福生. 建立农地流转保障粮食安全的激励与约束机制 [J]. 农业经济问题，2015，36（1）：15-23，110.

[241] 曾亿武，郭红东，金松青. 电子商务有益于农民增收吗？——来自江苏沭阳的证据 [J]. 中国农村经济，2018（2）：49-64.

[242] 翟虎渠，刘旭. 中国粮食与农业综合生产能力科技支撑研究 [M]. 北京：科学出版社，2008.

［243］翟书斌，蔺长平. 中国现代粮食流通产业支持政策研究［J］. 粮食科技与经济，2013，38（4）：14－16.

［244］詹琳，蒋和平. 粮食目标价格制度改革的困局与突破［J］. 农业经济问题，2015，36（2）：14－20，110.

［245］张昌彩. 国外粮食储备管理及其对我国的启示［J］. 经济研究参考，2004（24）：33－43.

［246］张冬平，郭震，刘培培. 2000－2011年国内外粮食价格波动：影响因素及启示［J］. 经济问题探索，2012（3）：163－169.

［247］张冬平，魏仲生. 粮食安全与主产区农民增收问题［M］. 北京：中国农业出版社，2006.

［248］张广翠. 中国粮食安全的现状与前瞻［J］. 人口学刊，2005（3）：37－41.

［249］张红宇. 政策支撑保障粮食"八连增"［N］. 经济日报，2011－12－05（006）.

［250］张红宇. 把握新常态下农业发展的趋势性变化［J］. 山西农经，2015（2）：8.

［251］张红宇. 建立我国粮食生产稳定增长机制研究［J］. 新视野，2005（4）：17－19.

［252］张红宇. 农业大县最重要的考核指标是农业［J］. 中国农村观察，2011（1）：6－11.

［253］张慧，王洋. 中国耕地压力的空间分异及社会经济因素影响——基于342个地级行政区的面板数据［J］. 地理研究，2017，36（4）：731－742.

［254］张敬岳，张光宏，胡银花. 城镇化背景下土地与产业协调发展及互动关系研究［J］. 农业经济问题，2018（4）：91－98.

［255］张丽丽，王建军. 自然灾害对我国粮食生产影响的实证研究［J］. 南方农村，2010，26（3）：27－33.

［256］张利国，鲍丙飞. 我国粮食主产区粮食全要素生产率时空演变及驱动因素［J］. 经济地理，2016，36（3）：147－152.

［257］张瑞娟，高鸣. 新技术采纳行为与技术效率差异——基于小农户与种粮大户的比较［J］. 中国农村经济，2018（5）：84－97.

［258］张瑞娟，任晓娜. 粮食价格形成和波动机制研究——文献综述与评析［J］. 中国农业大学学报，2016，21（1）：141－146.

［259］张社梅，李冬梅. 农业供给侧结构性改革的内在逻辑及推进路径［J］. 农业经济问题，2017，38（8）：59 - 65.

［260］张淑萍. 基于资源配置效率的粮食安全风险及其防控［J］. 农村经济，2016（8）：22 - 29.

［261］张维理，徐爱国，张认连，冀宏杰. 中国耕地保育技术创新不足已危及粮食安全与环境安全［J］. 中国农业科学，2015，48（12）：2374 - 2378.

［262］张文宣. 小农户生产现代化的理论分析与经验证实［J］. 经济问题，2020（9）：92 - 99.

［263］张晓恒，周应恒，严斌剑. 农地经营规模与稻谷生产成本：江苏案例［J］. 农业经济问题，2017，38（2）：2，48 - 55.

［264］张学军. 流通贸易视角下中国粮食安全问题分析［J］. 世界农业，2016（8）：10 - 15，242.

［265］张彦君. 粮食直接补贴政策效果及影响路径分析［D］. 咸阳：西北农林科技大学，2017.

［266］张扬. 粮食安全下粮食主产区利益补偿新思路［J］. 现代经济探讨，2014（1）：70 - 73.

［267］张云华. 关于粮食安全几个基本问题的辨析［J］. 农业经济问题，2018（5）：27 - 33.

［268］张振霞. 粮食金融化视角下粮食安全问题思考［J］. 中国农业资源与区划，2016，37（2）：195 - 198.

［269］赵爱栋，彭冲，许实，曾薇，马贤磊. 生态安全约束下耕地潜在转换及其对粮食生产的影响——以东北地区为例［J］. 中国人口·资源与环境，2017，27（11）：124 - 131.

［270］赵波. 中国粮食主产区利益补偿机制的构建与完善［J］. 中国人口·资源与环境，2011（6）：20 - 27.

［271］赵丽平，侯德林，王雅鹏，尹宁. 城镇化与粮食生产技术效率的互动关系研究［J］. 中国人口·资源与环境，2017，27（8）：106 - 114.

［272］赵青，许皞，郭年冬. 粮食安全视角下的环京津地区耕地生态补偿量化研究［J］. 中国生态农业学报，2017，25（7）：1052 - 1059.

［273］赵晓峰，赵祥云. 新型农业经营主体社会化服务能力建设与小农经济的发展前景［J］. 农业经济问题，2018（4）：99 - 107.

［274］赵予新. 国家粮食安全成本研究［M］. 郑州：河南人民出版

社，2008．

［275］郑风田，普蓂喆．反思政策性粮食储备体系：目标分解与制度重构［J］．中州学刊，2019（11）：42－48．

［276］钟甫宁．正确认识粮食安全和农业劳动力成本问题［J］．农业经济问题，2016，37（1）：4－9，110．

［277］钟欣．我国食品安全现状与控制体系研究［J］．中国保健营养，2013，23（3）：1002．

［278］钟钰，李光泗，果文帅．中国粮食市场调控效率的实证检验——基于粮食价格波动分析［J］．经济问题，2016（4）：111－116．

［279］周明建，叶文琴．发达国家确保粮食安全的对策及对我国的借鉴意义［J］．农业经济问题，2005（6）：74－78．

［280］周伟，Boulanger Mathieu，吴先明．农业跨国公司垄断对我国粮食安全的影响［J］．西北农林科技大学学报（社会科学版），2016，16（3）：84－93．

［281］周旭英，张华，屈宝香，任天志．调整中国粮食生产区域布局的基本思路与措施［J］．中国农业信息，2003（12）：8－10．

［282］周应恒．近期中国主要农业国内支持政策评估．农业经济问题，2009（5）：4－11．

［283］朱大威，金之庆．气候及其变率变化对东北地区粮食生产的影响［J］．作物学报，2008，34（9）：1588－1597．

［284］朱晶，钟甫宁．入世后我国与世界粮食生产的波动比较与市场融合［J］．现代经济探讨，2004（12）：18－21．

［285］朱晶，钟甫宁．市场整合、储备规模与粮食安全［J］．南京农业大学学报，2004，4（3）：15－19．

［286］朱希刚．中国粮食问题研究［M］．北京：中国农业出版社，1998．

［287］朱希刚．中国粮食供需平衡分析［J］．农业经济问题，2004（12）：12－19．

［288］朱晓禧，方修琦，高勇．基于系统科学的中国粮食安全评价研究［J］．中国农业资源与区划，2012，33（6）：11－17．

［289］朱新华，曲福田．不同粮食分区间的耕地保护外部性补偿机制研究［J］．中国人口·资源与环境，2008（5）：148－153．

［290］朱泽．中国粮食安全状况的实证研究［J］．调研世界，1997

（3）：22 – 27.

［291］朱泽. 建立和完善我国粮食安全体系［J］. 红旗文稿，2004
（20）：9 – 12.

［292］朱泽. 中国粮食安全问题：实证研究与政策选择［M］. 武汉：
湖北科学技术出版社，1998.

［293］祝坤艳. 经济新常态下我国粮食安全问题及发展研究［J］. 中国
农业资源与区划，2016，37（4）：209 – 213.

［294］庄道元，陈超，赵建东. 不同阶段自然灾害对我国粮食产量影响
的分析［J］. 软科学，2010，24（9）：39 – 42.

［295］邹凤羽. 我国粮食流通期货市场发展研究［J］. 财贸研究，2003
（3）：28 – 30.

［296］邹美因，胡岳岷. 农民问题：中国粮食安全的根本问题［J］. 西
部论坛，2015，25（3）：24 – 31.

［297］Badiane O. National Food Security and Regional Integration in West
Africa［R］. Wissenschaftsverlag Vauk，Kiel，1988.

［298］Barraclough S L. An End to Hunger? The Social Origins of Food Strat-
egies［R］. A Report Prepared for the United Nations Research Institute for Social
Development and for the South Commission based on UNRISD Research on Food
Systems and Society，London，1991.

［299］Bigman D. The Measurement of Food Insecurity：Chronic under Nutri-
tion and Temporary Food Deficiencies. In Bigman D & Berck P，eds. Food Security
and Food Inventories in Developing Countries［C］. Wallingford，UK，CAB Inter-
national，1993.

［300］Christiaensen L J，Boisvert R N，Hoddinott J. Validating Operational
Food Insecurity Indicators Against a Dynamic Benchmark：Evidence from Mali
［R］. World Bank Policy Research Working Paper，No 2471，2000.

［301］Chung K，Haddad L，Ramakrishna J，et al. Identifying the Food Inse-
cure：The Application of Mixed-Method Approaches in India［R］. IFPRI，Wash-
ington，DC，1997.

［302］Doocy S，Teferra S，Norell D，Burnham G. Credit Program Outcomes：
Coping Capacity and Nutritional Status in the Food Insecure Context of Ethiopia
［J］. Social Science & Medicine，2005，60：2371 – 2382.

［303］FAO. Agriculture: Toward 2000 ［R］. 1981.

［304］FAO. Approaches to World Food Security ［R］. 1983.

［305］FAO. Report of the World Food Conference ［R］. 1974.

［306］FAO. The State of Food and Agriculture ［R］. 1994.

［307］FAO. The State of Food Insecurity in the World 2009 ［R］. 2009.

［308］FAO. The Struggle for Food Security ［R］. 1979.

［309］FAO. Trade Reform and Food Security, Commodity Policy and Projections Service ［R］. Food and Agriculture Organization of the United Nations, 2003.

［310］FAO. World Food Security: A Reappraisal of the Concepts and Approaches ［R］. Director – General's Report, 1983.

［311］Hoddinott J, Yohannes Y. Dietary Diversity as a Food Security Indicator ［R］. FCND Briefs from IFPRI, No 136, 2002.

［312］H. HollyWang, Bingfan Ke. Effciency Tests of Agriculture Commodity Future Markets In China ［J］. Australian Journal of Agricultural and Resource Economics, 2005, 49 (2): 125 – 141.

［313］Maxwell S, Frankenberger T R. Household Food Security: Concepts, Indicators, Measurements: A Technical Review ［M］. New York: United Nations Children Fund and International Fund for Agricultural Development, 1992.

［314］P J Gregory, J S I Ingram, M Brklacich. Climate Change and Food Security ［J］. Phiosophical Transaction of the Royal Society B Biological Sciences, 2005, 360 (1463): 2139 – 2148.

［315］Peter Basiotis, Eileen Kenned. Maintaining Food and Nutrition Security in the United States with Welfare Reform ［J］. American Journal of Agriculture Economics, 2003, 85 (3).

［316］R W Fogel. The Escape from Hunger and Premature Death, 1700 – 2100: Europe, America, and the Third World ［M］. Cambridge: Cambridge University Press, 2004.

［317］Reutlinger S, Knapp K. Food Security in Food Deficit Countries ［R］. World Bank Staff Working Paper No. 393, Washington DC, 1980.

［318］Rose D, Oliverira V. Validation of a Self-Reported Measure of Household Food. Insecurity with Nutrient Intake Data ［R］. 1997.

［319］ Sirkka H, Pekka J, Jari K. The Ecological Transparency of the Information Society ［J］. Futures, 2001 （33）: 319 – 337.

［320］ Smith L C, El Obeid A E, Jensen H H. The Geography and Causes of Food Insecurity in Developing Countries ［J］. Agricultural Economics, 2000, 22 （2）: 199 – 215.

［321］ Smith, L Obeid, A Jensen H. The Geography and Causes of Food Insecurity in Developingcountries ［J］. Agricultural Economics, 2000 （22）: 199 – 215.

［322］ Sugeno M, Nishiwaki Y, Kawai H, Harima Y. Fuzzy Measure Analysis of Public Attitude Towards the Use of Nuclear Energy ［J］. Fuzzy Sets and Systems, 1986 （12）: 59 – 89.

［323］ Valdes A. Food Security for Developing Countries ［M］. Boulder: Westview Press, 1981.

［324］ World Bank. Poverty and Hunger: Issues and Options for Food Security in Developing Countries ［R］. 1988.

图书在版编目（CIP）数据

新时期中国粮食安全问题与对策研究/蒋和平，杨东群，
王晓君著 . —北京：经济科学出版社，2021.5
ISBN 978 - 7 - 5218 - 2511 - 4

Ⅰ.①新…　Ⅱ.①蒋…　②杨…　③王…　Ⅲ.①粮食问题 –
研究 – 中国　Ⅳ.①F326.11

中国版本图书馆 CIP 数据核字（2021）第 077114 号

责任编辑：齐伟娜　赵　芳
责任校对：隗立娜
责任印制：范　艳

新时期中国粮食安全问题与对策研究

蒋和平　杨东群　王晓君／著

经济科学出版社出版、发行　新华书店经销

社址：北京市海淀区阜成路甲 28 号　邮编：100142

总编部电话：010 - 88191217　发行部电话：010 - 88191540

网址：www.esp.com.cn

电子邮箱：esp@esp.com.cn

天猫网店：经济科学出版社旗舰店

网址：http://jjkxcbs.tmall.com

北京季蜂印刷有限公司印装

710×1000　16 开　22.25 印张　390000 字

2021 年 9 月第 1 版　2021 年 9 月第 1 次印刷

ISBN 978 - 7 - 5218 - 2511 - 4　定价：89.00 元

（图书出现印装问题，本社负责调换。电话：010 - 88191510）

（版权所有　翻印必究　举报电话：010 - 88191586

电子邮箱：dbts@esp.com.cn）